Warman's® COINS *and* PAPER MONEY

IDENTIFICATION AND PRICE GUIDE • 6TH EDITION

Published by

Krause Publications, a division of F+W Media, Inc.
700 East State Street • Iola, WI 54990-0001
715-445-2214 • 888-457-2873
www.krausebooks.com

To order books or other products call toll-free 1-800-258-0929
or visit us online at www.krausebooks.com

ISBN-13: 978-1-4402-4202-1
ISBN-10: 1-4402-4202-X

Cover Design by Jana Tappa
Designed by Sandi Carpenter
Edited by Paul Kennedy

Printed in China

TABLE OF CONTENTS

INTRODUCTION

Thanks to Bi Sheng for his role in helping to create this new edition of *Warman's Coins and Paper Money*. Bi Sheng (also spelled Pi Sheng in some translations) was an 11th century Chinese commoner who invented movable type. His invention opened the door to modern printing, which made books and other publications available to the masses. Bi Sheng is also the subject of at least two commemorative coins – a 1988 5-yuan coin issued by China and a 1995 crown issued by the Isle of Man.

Bi Sheng is just one of many important and interesting historical figures readers will meet in the pages that follow. They will also learn about important historical events, other important historical inventions, unique cultural aspects of the countries covered, and economic history. Collecting the coins documented in this book provides a virtual history of a country or, when collecting across multiple countries, a virtual history of the world.

This 6th edition of *Warman's Coins and Paper Money* builds on the previous edition, which was extensively revamped from earlier works. It covers the most popularly collected eras of the most popularly collected countries. Extensive listings for the United States, Canada, Great Britain, and Mexico have been carried over and updated from the previous edition. Listings for other countries provide a wide-ranging overview of what is available to collect from the selected countries.

HOW TO COLLECT COINS

A coin collection can be whatever an individual wants it to be. Collect what you like and what brings you pleasure as a leisure-time hobby. It's also good to have a strategy and a road map to your collecting pursuits. Following are some tips and comments on traditional collecting strategies.

Series: The traditional coin-collecting pursuit of acquiring one example of each date and mintmark within a particular series may seem daunting at first considering the vast scope of world coins. Some denominations and designs within those denominations span several decades or even a century or more.

To get started, a collector can break down a series into smaller parts. For example, a collector interested in Lincoln cents can start with those depicting the Lincoln Memorial on the reverse, which begin in 1959. A collector can also get started by collecting simply one date of each Lincoln Memorial cent rather than seeking an example of every mintmark of a particular date.

Type: Rather than seeking an example of every date and mintmark within a series, many collectors seek just one example of each type of coin within a particular focus. For example, a collector assembling a 20th century type set of U.S. 5-cent coins would seek one Liberty nickel, one Buffalo nickel, and one Jefferson nickel. The representative coins could be of any date and mintmark within each series, thus accommodating any collecting budget.

Country: Collectors sometimes focus on coins of a particular country because of some emotional nexus with that land. It may have been their ancestors' homeland, or they may simply like the coin designs and history of a particular country.

Region: A coin collection can also focus on a particular continent or geographic region, such as Europe, the Middle East, or Southeast Asia.

Empire: A coin collection can be a virtual history book of an empire. It can document the dates of an empire's rise to power, the reigns of monarchs, and changes in political entities.

Era: Some collectors focus on coins of a particular era. It could be a certain century or decade, the reign of a certain monarch, an era with personal significance to a collector, or an important historical time.

One per country: Another common collecting strategy is to acquire one example of the coinage of as many countries as possible. Narrowing the focus here could include a particular geographic region, century, or era.

Theme: The proliferation of modern commemorative and circulating commemorative coins gave rise to collecting coins with a common theme. Examples include coins that depict animals or ships, coins from one or more countries that commemorate a certain event, or coins of a certain date, such as 2000.

Collector's choice: Various aspects of the listed strategies overlap and can be combined and mixed to form a goal that interests an individual collector. The result should be a coin collection that is affordable and attainable for the collector, and a collection that brings enjoyment and satisfaction.

HOW TO HANDLE COINS

The less coins are handled, the better. Dirty, oily hands – even if they appear to be clean – lead to dirty, oily coins. Oftentimes, however, coins have to be handled, particularly when searching circulating coins or when transferring a coin to a holder. When it is necessary to handle a coin, it should be held by the edges between the thumb and forefinger. Avoid contact with the coin's obverse and reverse surfaces.

Also, handle coins over a soft surface so they will not be damaged if accidentally dropped.

SHOULD I CLEAN MY COINS? NO.

Luster is an important aspect when grading certain high-end coins, but in general, a coin's grade and its corresponding value depend on the amount of wear on the coin, not how shiny it is. Cleaning – particularly home-brewed methods – is often abrasive and will damage a coin rather than improve it.

There may be certain instances when it is desirable to clean a coin, but that is best left to experienced opinions as to when and how.

HOW TO STORE COINS

Folders: Cardboard folders are the most inexpensive and common form of organizing and storing a collection. They can be purchased at many hobby shops and bookstores.

They provide a spot for each date and mintmark in a particular series, thus acting as a road map for the collector. They are also compact and convenient; they take up little space on a bookshelf and can be pulled down and opened for easy viewing.

The spots for the coins consist of holes in the cardboard sized specially for the particular series covered by the folder. They are meant to be a tight fit so the coins, once inserted, won't fall out. Place the coin in the hole at an angle, so one side of the coin is in the hole. On the side of the coin sticking up, press down and toward the angled side until the coin snaps into place.

The process isn't always graceful; thus, some of the basic rules for handling coins have to be suspended when working with folders. But folders are still suitable for storing coins plucked from circulation and getting started in coin collecting.

2-by-2s: Low to moderately priced coins offered for sale at shops and shows are usually stored in cardboard holders commonly called "2-by-2s" because they are 2 inches square. They consist of two pieces with a clear Mylar window in the center. The coin is placed between the two pieces, which are then stapled together.

These 2-by-2 holders are also inexpensive. They are suitable for long-term storage and offer a number of advantages over the basic folder:

– The window in the holder allows both sides of the coin to be viewed.

– The entire coin is enclosed.

– The coin can be handled by the edges when being inserted into the holder.

As for disadvantages:

– Storing an entire collection of a particular series takes up more space.

– The coins can be viewed only one at a time.

– Caution should be used when inserting or removing coins from the holders to make sure the staples' sharp edges don't damage the coins.

– There is no road map to the series. A separate checklist is needed.

The 2-by-2 holders can be stored in long, narrow boxes specially sized to hold them. They can also be inserted into pockets in a plastic page, which can then be inserted into a three-ring binder.

Originally the plastic pages contained polyvinylchloride, which produced a soft, flexible pocket. But the substance breaks down over time, resulting in a green slime that could contact the coins. Manufacturers then started substituting Mylar for the PVC. The Mylar does not break down, but the page containing it is more brittle and not as flexible.

Flips: Similar in size to the cardboard 2-by-2s, plastic "flips," to use the vernacular, are another common storage method for coins for sale. They consist of a plastic pocket, into which the coin is inserted, with a flap that folds down over the pocket. Coin dealers will often staple the flap shut.

Flips offer many of the same advantages as the cardboard 2-by-2s:

– Although they cost more, flips are still inexpensive.

– The entire coin is enclosed.

– Both sides of the coin can be viewed.

– The coin can be handled by the edges when being inserted into the holder.

Also, they don't have to be stapled shut, thus eliminating the possibility of the staples scratching the coin.

The big disadvantage to flips is their composition. They, too, originally contained polyvinylchloride. Manufacturers then started making flips containing Mylar, but the resulting product again is more brittle and not as flexible as the old PVC flips.

For long-term storage, it's best to remove coins from flips and transfer them to another type of holder.

Albums: Coin albums are a step up from the basic folder. They are in book form and contain a hole for each date and mintmark in the particular series covered. The hole has a clear plastic back and a clear plastic front. The plastic front slides out, and the coin can be placed in the hole. The plastic front is then slid back over the hole.

Albums combine many of the advantages of 2-by-2s and folders:

– They are compact and convenient, and can be stored on a bookshelf.

– They are affordable.

– Both sides of the coin can be viewed.

– Their labeled holes act as a road map to a series.

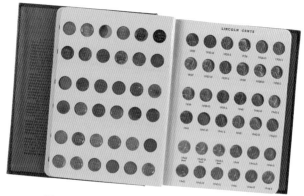

– The entire coin is enclosed.

– The coin can be handled by the edges when being inserted.

The disadvantage to albums is that sliding the plastic front can damage a coin in the holder if the plastic rubs against the coin. Thus, albums are not recommended for expensive uncirculated coins.

Hard-plastic holders: Hard-plastic holders are the top of the line in coin shortage but are still affordable. They consist of two pieces with one or more clear windows through which the coin can be viewed. The two pieces are held together with plastic screws or snap together.

To insert a coin into the holder, the two pieces are separated and the coin is placed face up into the bottom piece. The top piece is then placed over the bottom piece, and the two pieces are screwed or snapped together again.

Some of the world's great numismatic rarities are stored in hard-plastic holders. They offer all of the advantages of the less expensive storage methods but in a safe, inert environment.

Slabs: In 1986, a group of coin dealers got together and formed the Professional Coin Grading Service. For a fee, dealers and collectors could submit coins to the service and receive a professional opinion on their grades. After grading, a coin is encapsulated in an inert hard-plastic holder with a serial number and the service's opinion on its grade indicated on the holder.

The concept was successful, and several competing services were established in succeeding years. Today, most coins valuable enough to justify the grading fee have been graded by one of the services and encapsulated in its holder.

The grading-service holders are common at coin shows and shops, and acquired the nickname "slabs." The holders are suitable for long-term storage of high-end collectible coins.

COIN MARKET UPDATE

Rising prices for gold and silver bullion have been the dominant factors affecting the coin market in recent years. Bullion prices form the base value for any coin composed of gold, silver, or another precious metal. At the very least, a coin containing precious metal is worth its intrinsic value – the amount of precious metal contained in the coin (in troy ounces) times the current trading price for gold or silver bullion. Thus, rising gold and silver bullion prices generally mean rising gold and silver coin prices.

The precious-metals markets can be volatile as they respond to global events and economic conditions. That volatility, in turn, will affect gold and silver coin prices, which users should keep in mind as they consult the value listings in this book. Many daily newspapers report precious-metals prices in the financial sections of their print editions and Web sites. Among them is *USA Today*. Go to www.usatoday.com, click on Money, and then scroll down to Commodities.

Detailed information on precious-metal content was added for coins of the featured countries (United States, Canada, Great Britain, and Mexico) in the last edition. Basic precious-metal information is provided for coins of all countries.

ABOUT THE VALUE LISTINGS

Coin values listed in this book are estimated retail prices. These are the approximate prices collectors can expect to pay when buying the listed coins in the listed grades from dealers at shows and shops, and through advertisements in coin-collecting magazines.

The date in individual listings is the date on the coin or the year in which the coin was issued in those instances where coins are not dated. A letter following the date indicates the mintmark on the coin.

Many design varieties of early coinage may exist for particular dates of coins. Rarer varieties and those with no significant difference in value are not listed.

GRADING

Grading refers to the amount of wear on a coin. Specific guidelines can apply to specific types of coins, but following are some general guidelines for each grade.

Uncirculated: This generic uncirculated grade (abbreviated as "Unc" in the listings) is used for many of the world coins listed in this book. Uncirculated coins should show no wear in their designs, but they may have varying degrees of original luster and blemishes such as contact marks (marks obtained when the coins bang against each other during shipment), hairline scratches, and scuff marks.

MS-63: This is a more specific uncirculated (or "mint state") grading designation used for U.S. coins listed in this book. Some professional grading services also apply the term to world coins. According to the American Numismatic Association's official grading standards for U.S. coins, an MS-63 coin may have "slightly impaired" luster, "numerous small contact marks," and a "few scattered heavy marks."

MS-65: A higher standard of uncirculated, an MS-65 coin is "above average and eye appeal is very pleasing," according to the ANA guidelines. A few small, scattered contact marks may be present, and one or two "small patches of hairlines" may show.

Extremely Fine: An XF (or sometimes shorted to EF) coin will show wear heavy enough to be seen without a magnifying glass, but 90 percent to 95 percent of the minute design details will still be sharp and clear.

Very Fine: A VF coin shows obvious signs of wear, but most design details will still be clear.

Fine: About half the design details remain on an F coin. All lettering should be legible, but it may be somewhat weak.

Very Good. Coins grading VG exhibit heavy wear. All design outlines are clear, but most will be worn off.

Proof: "Proof" (abbreviated as PF in the listings) describes a process of manufacture rather than a grade. Proof coins are struck from specially selected, highly polished planchets and dies. They usually receive multiple strikes from the coining press at increased pressure. The result is a coin with mirror-like surfaces and, in recent years, a cameo effect on its raised design surfaces.

To command the values listed in this book, proof coins should meet the MS-65 or higher standard for grading uncirculated coins.

COMPOSITION ABBREVIATIONS

The following abbreviations are used for compositions in the general world coin section:

AL – aluminum	N – nickel
B – billon	PL – platinum
BR – brass	S – silver
BZ – bronze	SS – stainless steel
C – copper	ST – steel
G – gold	T – tin
I – iron	Z – zinc

COLLECTING PAPER MONEY

As shown in the illustrations in this book, world paper money offers another colorful collecting category – both literally and in terms of the personalities and cultures depicted on it. The same strategies for coin collecting can be applied to world paper money. Above all, remember the first rule of collecting: Collect what you like.

Following are some other tips specific to paper-money collecting:

Handling: As with coins, handle paper money carefully and only when necessary. The most fragile parts of a note are the corners. Never fold a note; it immediately reduces its value. And never attempt to clean a note or repair it with tape.

Storage: A number of specialty products are available for safely storing collectible paper money. Among the most popular are plastic envelopes that allow both sides of a note to be viewed. Make sure, however, that the product is intended specifically for safe, long-term storage of collectible paper money.

Dates: The dates given in the paper-money listings are series dates. This is the date in which the series of notes was authorized. The dates do not necessarily indicate the actual year of issue.

Grading: Following is an overview of paper-money grading terms:

Uncirculated: A note that shows no wear. It should have no folds, tears, edge rounding, stains, or staple holes.

Extremely Fine: An XF note will show only slight signs of wear. It will still be crisp to the touch. Slight rounding of the corner points is possible, but there should be no significant folds, creases, tears, stains, or staple holes.

Very Fine: A VF note is clean with obvious but moderate signs of wear. Creases that break the ink will be visible but generally only one in each direction and not too deep. Its corner points will be dull. Although not limp, it will have only some of its original crispness. No significant stains should be visible.

Fine: An F note is worn but not worn out. Its crispness will be gone, and it may have heavy creases but none that threatens its structural integrity. Edges may not be perfectly smooth but are not irregularly worn.

Very Good: A VG note is worn and limp with deep creases. Edges are worn and not even. Some ink marks or smudges are visible. Tiny tears may be present, but no parts are missing. Small staple or pin holes may also be present.

UNITED STATES COINS
✑ Introduction ✑

The decimal system of coinage used in the United States today is based largely on a proposal put forth by Thomas Jefferson in the nation's fledgling years. Coinage was scarce in Colonial America. The mother country, Great Britain, held on tightly to its royal right to mint coins. The few coins that did circulate in the Colonies were foreign issues brought to America by trade with other countries or settlers arriving from other lands. Thus, barter largely fueled commerce in the Colonies.

Upon establishment of the United States, the Articles of Confederation originally granted individual states the right to produce copper coins. These state issues, along with foreign coins, circulated during the country's early days, but the mishmash of state-issued and foreign coins and their varying standards were unwieldy and susceptible to fraud and counterfeiting, particularly in interstate commerce.

In 1782, U.S. Superintendent of Finance Robert Morris proposed establishing a national mint, which could produce a standard coinage for use throughout the country. Despite approval from a congressional committee, Morris was unable to follow through on his plan, and Thomas Jefferson picked up the cause in 1784. But again, the effort got bogged down in debate over various proposals for a national coinage.

Finally, in April 1792, Congress passed an act establishing the U.S. Mint. The act authorized the following denominations: half cent and cent in copper; "half disme," "disme," quarter dollar, half dollar, and dollar in silver; and a quarter eagle ($2.50), half eagle ($5), and eagle ($10) in gold. The denominations and standards were based largely on Jefferson's proposal for a decimal coinage. "The most easy ratio of multiplication and division is that by ten," Jefferson wrote. "Every one knows the facility of Decimal Arithmetic."

The following July, the Mint produced 1,500 silver half dismes, or 5-cent pieces, which are regarded as the nation's first official coinage. U.S. coinage began in earnest in 1793 with the production of more than 35,000 half cents and more than 36,000 cents. By 1796, in addition to half cents and cents, the Mint was producing silver half dimes, dimes, quarters, half dollars, and dollars, and gold $2.50, $5, and $10 coins. By the mid-1800s, the Mint was producing about 17 million coins annually in 12 denominations.

Over the years, the Mint has made various adjustments and revisions to U.S. coinage in response to economic conditions prevailing at the time and the cost and supply of the metals from which the coins are produced. Gold and silver equally represented the base unit of value in the original U.S. monetary system, but the two precious metals had a troubled marriage through the years. At various times, the bimetallic system led to class warfare and private profiteering under the guise of public policy. From the beginning, some officials expressed concern about the system. They feared that world market fluctuations in the prices for the two metals would cause the more valuable metal to leave the country. Indeed, that's what happened in the early 1800s. The silver-dollar coin intrinsically became less valuable than a dollar's worth of gold. Gold coins either disappeared quickly after minting or never entered circulation.

The situation was eased somewhat when gold was discovered in South Carolina in 1824 and then in Georgia in 1830. Then in 1834, a new law lowered the standard weight of all gold coins and established a gold-to-silver value ratio of 16.002-to-1. Five dollars in silver coins bought a new, lighter gold $5 coin. Speculators hoarded the older, heavier gold coins and hauled them to the melting pot at a profit of 4.7 percent. Follow-up legislation in 1837 established a uniform fineness of 0.900 for gold and silver coins, and tweaked the ratio again, to 15.998-to-1.

By the 1850s, the situation reversed. The discovery of gold in California made silver the more valuable metal, and silver coins became scarce in circulation. New gold $1 and $20 coins were authorized in 1849. Four years later, Congress lowered the weights of the half dime, dime, quarter, and half dollar to try to keep silver coins in circulation.

But by the mid-1870s, the situation reversed again when the Comstock Lode near Virginia City, Nevada, dumped new, large supplies of silver on the market. Combined with European demonetization of silver, the bottom fell out of the metal's price.

The Coinage Act of 1873 brought sweeping changes to the U.S. monetary and coinage systems, and to the Mint's governing structure. First, the act established the main mint at Philadelphia and the various branch mints as a bureau of the Treasury Department to be headed by a director appointed by the president. Second, it authorized the minting of the following gold coins: $2.50, $3, $5, $10, and $20. Third, it effectively put the nation on the gold standard, thus ending the bimetallic standard, and discontinued the silver dollar.

Those in favor of the legislation argued that the gold dollar was already the de facto standard for the U.S. monetary system and was consistent with the gold standard of Great Britain and most other European nations. Several years later, however, despite historical evidence to the contrary, silver interests insisted the gold standard and elimination of the silver dollar were secretly slipped into the legislation. Their cause was bolstered when a special congressional commission in 1877 concluded that the demonetization of silver had been effected solely to benefit the creditor classes.

The anti-gold-standard crowd advocated the resumption of large-scale silver dollar production as a cheaper, more plentiful form of money in response to the era's economic woes. Their efforts resulted in the passage of what is commonly called today the Bland-Allison Act of 1878, which required the government to purchase $2 million to $4 million of silver monthly and resume the production of silver dollars for circulation.

In 1890, the Sherman Silver Purchase Act increased the required monthly purchases of silver to $4.5 million. By 1893, the intrinsic value of a silver dollar dropped to 52 cents. Holders of Treasury notes, redeemable in either silver or gold, chose the higher-valued gold for redemption and drained the Treasury's reserves of the yellow metal. President Grover Cleveland reported that from July 1, 1890, to July 15, 1893, the Treasury's gold reserves had decreased more than $132 million while its silver reserves increased more than $147 million. Later in 1893, Congress repealed the Sherman Silver Purchase Act.

In 1900, Congress confirmed the gold standard through legislation and directed the Treasury secretary to "maintain all forms of money in parity with this standard." The United States continued to strike gold coins into the 1900s, but the economic demands of World War I and then the economic challenges of the 1930s eventually led to the demise of the gold standard and the production of gold coins for circulation. In 1933, President Franklin D. Roosevelt banned the private ownership of gold bullion, and the production of U.S. gold coinage for circulation ceased. This and other actions effectively took the United States off the gold standard. In 1971, President Richard M. Nixon announced that the United States would no longer exchange paper currency for gold in international transactions among central banks, which was the final step in the country abandoning the gold standard. In 1975, the United States lifted the restrictions on private ownership of gold bullion.

Another big change in U.S. coinage occurred in 1965. Until that year, dimes, quarters, and half dollars were still struck in the traditional composition of 90 percent silver and 10 percent copper. But by 1964, it cost the government more than 25 cents to produce a quarter because of rising silver prices. The high cost of silver coupled with increasing demand for coinage, in part from the growing popularity of vending machines, led to a coin shortage in the country.

In response, President Lyndon Johnson signed into law the Coinage Act of 1965, which eliminated silver from the dime and quarter, and replaced it with a clad composition consisting largely of copper, which continues to be used today. The half dollar was struck in a 40-percent-silver composition from 1965 through 1970 before it, too, succumbed to the clad composition starting in 1971.

Even the lowly 1-cent coin has seen changes over the years in response to the supply and demand of metals. The early U.S. cents ranged in diameter from 26 to 29 millimeters and were composed of 100-percent copper. With the introduction of the Flying Eagle cent in 1856, the diameter was reduced to 19 millimeters and the composition to 88-percent copper.

Numerous composition changes in the cent ensued over the years. Although the 19-millimeter size continues, today's 1-cent coin is produced in copper-plated zinc.

The year 1982 saw the resumption of U.S. commemorative coinage when the Mint issued a half dollar marking the 250th anniversary of George Washington's birth. The coin was struck in the traditional 90-percent-silver composition and was a huge sales success.

The first U.S. commemorative was an 1892 half dollar for the Columbian Exposition, which was held in 1893 in Chicago to commemorate the 400th anniversary of Columbus' voyage to the New World. The 1930s saw a proliferation of U.S. commemorative coins. They were sold by the Mint at premiums above face value with a portion of the proceeds benefiting some organization or event related to the coin's theme. Some of the coins commemorated state anniversaries or national themes, such as the U.S. Sesquicentennial in 1926 and the 75th anniversary of the Battle of Gettysburg in 1936.

Others, however, were of little national importance, such as issues for the Cincinnati Music Center and the centennial of Elgin, Illinois, in 1936. Commemorative coins had become easy marks for members of Congress looking to raise funds for a pet project. Congress grew weary of U.S. coinage being used as local fundraisers, and the flow of commemorative coins slowed in the 1940s and '50s. The last commemorative before a 28-year hiatus was a 1954 half dollar honoring Booker T. Washington and George Washington Carver.

The 1982 Washington half dollar opened the door to many other commemorative issues. Except for 1985, the United States has issued commemorative coins every year since 1982. The commemoratives issued from 1892 to 1954 became commonly known as "early commemoratives" in the coin-collecting hobby. The issues since 1982 became known as "modern commemoratives."

The modern commemoratives, in turn, opened the door to circulating issues with commemorative and collectible aspects. Prominent among them are the 50 State Quarters series, issued from 1999 to 2008. Also among them are the Westward Journey nickels (2004-2006) and the Lincoln Bicentennial cents (2009). The America the Beautiful Quarters series, which commemorates the nation's national parks and sites, began in 2010 and is scheduled to run through 2021.

In 1986, the United States entered the world bullion-coin market with its silver and gold American Eagle series, which reprise the classic Walking Liberty half-dollar and Saint-Gaudens gold $20 designs. They were joined by platinum issues in 1997, gold American Buffalo bullion coins in 2006, and silver America the Beautiful bullion coins in 2010. The America the Beautiful bullion coins replicate the America the Beautiful quarter designs but contain 5 ounces of .999-fine silver and are 3 inches in diameter.

Bullion coins are produced and sold as a convenient way for private citizens to invest in precious metals. They are legal tender and have nominal face values, but they are not intended to circulate. Regular strikes of bullion coins can be purchased from coin and bullion dealers. The Mint does not sell them directly to the public. Instead, the Mint sells bulk quantities to distributors, who in turn wholesale the coins to retailers.

U.S. mintmarks:

C – Charlotte, North Carolina (1838-1861)
CC – Carson City, Nevada (1870-1893)
D – Dahlonega, Georgia (1838-1861)
D – Denver (1906-present)
O – New Orleans (1838-1909)
P – Philadelphia (1793-present)
S – San Francisco (1854-present)
W – West Point, New York (1984-present)
Coins without mintmarks were struck at Philadelphia.

HALF CENTS

LIBERTY CAP
Head facing left

Size: 22 millimeters.
Weight: 6.74 grams.
Composition: 100% copper.

	VG	VF
1793	5,350	15,500

Head facing right

	VG	VF
1794	750	1,200
1795	650	1,675
1796 with pole	24,500	55,000
1796 no pole	75,000	125,000
1797	665	1,675

DRAPED BUST

Size: 23.5 millimeters.
Weight: 5.44 grams.
Composition: 100% copper.

	VG	VF
1800	90.00	185
1802	1,400	6,500
1803	95.00	575
1804	80.00	150
1805	85.00	160
1805 small 5, stems at wreath	1,500	4,500
1806	85.00	100
1806 small 6, stems at wreath	355	1,000
1807	95.00	200
1808	85.00	195

CLASSIC HEAD

Size: 23.5 millimeters.
Weight: 5.44 grams.
Composition: 100% copper.

	VG	VF
1809	80.00	100
1810	100	500
1811	375	1,800
1825	75.00	110
1826	70.00	90.00
1828 13 stars	70.00	75.00
1828 12 stars	80.00	175
1829	71.00	100
1831 original	—	65,000
1831 restrike	unc.	6,500
1832	70.00	75.00
1833	70.00	75.00
1834	70.00	75.00
1835	70.00	75.00
1836 original	proof	6,000
1836 restrike	proof	50,000

BRAIDED HAIR

Size: 23 millimeters.
Weight: 5.44 grams.
Composition: 100% copper.
Notes: The 1840-1849 issues, 1849 small-date variety, and 1852, both originals and restrikes, are known in proof only. The restrikes were produced clandestinely by Philadelphia Mint personnel in the mid-1800s.

	PF-60
1840 original	3,250
1840 1st restrike	3,250
1840 2nd restrike	5,500
1841 original	3,250
1841 1st restrike	3,250
1841 2nd restrike	6,000
1842 original	3,250
1842 1st restrike	3,250
1842 2nd restrike	6,000
1843 original	3,250
1843 1st restrike	3,250
1843 2nd restrike	6,500
1844 original	3,250
1844 1st restrike	3,250
1844 2nd restrike	6,000
1845 original	6,000
1845 1st restrike	3,250
1845 2nd restrike	6,000
1846 original	3,250
1846 1st restrike	3,250
1846 2nd restrike	6,000
1847 original	3,250
1847 1st restrike	3,250
1847 2nd restrike	6,000
1848 original	6,000
1848 1st restrike	3,250
1848 2nd restrike	6,000
1849 original, small date	3,250
1849 1st restrike, small date	3,250

	VG	VF
1849 large date	75.00	90.00
1850	75.00	90.00
1851	70.00	80.00
1852 original	25,000	35,000
1852 1st restrike	1,500	3,000
1852 2nd restrike	1,500	3,000
1853	70.00	80.00
1854	70.00	80.00
1855	70.00	80.00
1856	70.00	80.00
1857	75.00	100

LARGE CENTS

FLOWING HAIR
Chain

Size: 26-27 millimeters.
Weight: 13.48 grams.
Composition: 100% copper.

	VG	VF
1793 "AMERI"	13,750	25,500
1793 "AMERICA"	10,500	36,500
1793 periods after "LIBERTY"	11,250	38,500

Wreath

Size: 26-28 millimeters.
Weight: 13.48 grams.
Composition: 100% copper.

	VG	VF
1793 vine-and-bars edge	2,950	7,500
1793 lettered edge	3,250	8,000

LIBERTY CAP

Size: 29 millimeters.
Weight: 13.48 grams (1793-1795) and 10.89 grams (1795-1796).
Composition: 100% copper.
Notes: The Liberty design on the obverse was revised slightly in 1794, but the 1793 design was used on some 1794 strikes. The 1795 lettered-edge variety has "ONE HUNDRED FOR A DOLLAR" and a leaf inscribed on the edge.

	VG	VF
1793	6,500	36,500
1794	750	18,500
1794 head of 1793	2,600	8,450
1795	650	1,750
1795 lettered edge	550	1,750
1796	500	1,400

DRAPED BUST

Size: 29 millimeters.
Weight: 10.98 grams.
Composition: 100% copper.

	VG	VF
1796	350	1,500
1797	175	335
1798	130	350
1799	4,650	24,500
1800	95.00	400
1801	85.00	375
1802	85.00	360
1803 small date	85.00	350
1803 large date	6,950	26,500
1804	2,000	3,200
1805	90.00	300
1806	100	375
1807	80.00	160

CLASSIC HEAD

Size: 29 millimeters.
Weight: 10.89 grams.
Composition: 100% copper.

	VG	VF
1808	150	575
1809	250	1,050
1810	95.00	550
1811	175	1,000
1812	90.00	550
1813	175	800
1814	90.00	550

CORONET

Size: 28-29 millimeters.
Weight: 10.89 grams.
Composition: 100% copper.

	VG	VF
1816	35.00	100
1817 13 obverse stars	35.00	75.00
1817 15 obverse stars	45.00	165
1818	35.00	70.00
1819	35.00	70.00
1820	35.00	70.00
1821	75.00	400
1822	35.00	100
1823	200	700
1824	35.00	160
1825	35.00	110
1826	35.00	85.00
1827	35.00	90.00
1828	35.00	80.00
1829	35.00	90.00
1830	30.00	70.00
1831	30.00	70.00
1832	30.00	70.00
1833	30.00	70.00
1834	30.00	70.00
1835	30.00	70.00
1836	30.00	70.00
1837	30.00	70.00
1838	30.00	70.00
1839	35.00	75.00

BRAIDED HAIR

Size: 27.5 millimeters.
Weight: 10.89 grams.
Composition: 100% copper.

	VG	VF
1840	30.00	35.00
1841	30.00	40.00
1842	30.00	35.00
1843	30.00	35.00
1844	30.00	35.00
1845	30.00	35.00
1846	25.00	35.00
1847	25.00	35.00
1848	30.00	35.00
1849	30.00	35.00
1850	30.00	35.00
1851	25.00	35.00
1852	25.00	35.00
1853	25.00	35.00
1854	25.00	35.00
1855 slanted 5s	55.00	70.00
1855 upright 5s	25.00	35.00
1856 slanted 5	25.00	35.00
1856 upright 5	55.00	—
1857 large date	150	235
1857 small date	110	190

SMALL CENTS

FLYING EAGLE

Size: 19 millimeters.
Weight: 4.67 grams.
Composition: 88% copper, 12% nickel.

	VG	VF
1856	7,250	10,750
1857	40.00	45.00
1858	40.00	50.00

INDIAN HEAD

Size: 19 millimeters.
Weight: 4.67 grams.
Composition: 88% copper, 12% nickel (1859-1864) and 95% copper, 5% tin and zinc (bronze, 1864-1909).
Notes: A shield was added at the top of the reverse in 1860.

	F	XF
1859	25.00	100
1860	20.00	70.00
1861	40.00	95.00
1862	12.50	30.00
1863	11.00	25.00
1864 copper-nickel	30.00	125
1864 bronze	25.00	70.00
1865	20.00	45.00
1866	80.00	195
1867	110	195
1868	75.00	180
1869	230	450
1870	225	410
1871	280	420
1872	390	625
1873	65.00	175
1874	45.00	110
1875	55.00	120
1876	75.00	230
1877	1,600	2,650
1878	70.00	245
1879	16.50	75.00
1880	6.50	30.00
1881	6.50	20.00
1882	5.00	20.00
1883	4.50	17.50
1884	7.00	30.00
1885	12.00	60.00
1886	20.00	150
1887	4.00	20.00
1888	5.00	20.00
1889	3.50	12.00
1890	3.00	10.00
1891	3.25	13.00
1892	4.50	18.50
1893	3.25	10.00
1894	13.00	50.00
1895	3.50	11.00
1896	3.25	13.00
1897	2.75	10.00
1898	2.75	10.00
1899	2.50	10.00
1900	2.50	12.00
1901	2.50	11.00
1902	2.50	10.00
1903	2.50	10.00
1904	2.50	10.00
1905	2.50	9.00
1906	2.50	9.00
1907	2.50	8.50
1908	2.50	9.00
1908-S	100	165
1909-S	720	900
1909	15.50	18.50

LINCOLN

Wheat reverse

Size: 19 millimeters.
Weight: 3.11 grams.
Composition: 95% copper, 5% tin and zinc.
Notes: The 1909 "VDB" varieties have the designer's initials inscribed at the 6 o'clock position on the reverse. The initials were removed until 1918, when they were placed on the obverse.

	VF	MS-60
1909 VDB	13.50	25.00
1909-S VDB	1,400	1,825
1909	4.75	14.50
1909-S	185	350
1910	1.00	17.50
1910-S	28.00	100
1911	2.50	18.50
1911-D	25.00	90.00
1911-S	55.00	175
1912	5.50	35.00
1912-D	25.00	160
1912-S	45.00	175
1913	3.25	35.00
1913-D	10.50	90.00
1913-S	30.00	190
1914	6.00	50.00
1914-D	450	2,000
1914-S	40.00	300
1915	18.00	80.00
1915-D	7.00	70.00
1915-S	30.00	185
1916	2.50	18.50
1916-D	6.50	70.00
1916-S	9.50	100
1917	2.00	16.00
1917-D	5.00	70.00
1917-S	2.50	65.00
1918	1.00	13.00
1918-D	5.50	75.00
1918-S	3.50	65.00
1919	1.00	8.00
1919-D	5.00	60.00
1919-S	3.00	40.00
1920	1.25	15.00
1920-D	7.00	70.00
1920-S	2.75	100
1921	2.75	40.00
1921-S	6.25	100
1922-D	25.00	100
1923	1.25	15.00
1923-S	10.00	185
1924	1.00	17.50
1924-D	60.00	255
1924-S	5.50	100
1925	0.75	9.00
1925-D	6.00	60.00
1925-S	2.75	85.00
1926	0.60	7.00
1926-D	5.25	80.00
1926-S	15.00	135
1927	0.60	7.00
1927-D	3.50	60.00
1927-S	5.25	65.00
1928	0.60	7.50
1928-D	3.50	35.00
1929	0.50	6.25
1929-D	2.75	25.00
1929-S	2.75	20.00
1930	0.60	3.75
1930-D	0.90	9.75
1930-S	0.60	9.50
1931	2.00	18.50
1931-D	7.50	50.00
1931-S	130	165
1932	3.50	17.50
1932-D	2.75	18.50

1933	2.85	15.00
1933-D	7.50	25.00
1934	0.60	8.00
1934-D	1.50	20.00
1935	0.50	3.50
1935-D	0.40	4.50
1935-S	1.75	12.00
1936-D	0.50	3.50
1936-S	0.60	3.00
1937	0.50	1.60
1937-D	0.60	2.25
1937-S	0.50	2.50
1938	0.50	3.00
1938-D	0.60	3.50
1938-S	0.70	2.75
1939	0.50	1.00
1939-D	0.60	2.50
1939-S	0.60	2.00
1940	0.40	1.00
1940-D	0.50	1.25
1940-S	0.50	1.50
1941	0.40	0.85
1941-D	0.50	2.25
1941-S	0.50	2.75
1942	0.40	0.85
1942-D	0.35	0.65
1942-S	0.85	4.50

Steel composition

Size: 19 millimeters.
Weight: 2.7 grams.
Composition: Zinc-coated steel.

	VF	MS-60
1943	0.45	1.25
1943-D	0.50	1.25
1943-S	0.65	3.00

Copper-zinc composition

Size: 19 millimeters.
Weight: 3.11 grams.
Composition: 95% copper, 5% zinc.

	XF-40	MS-65
1944	0.40	8.00
1944-D	0.50	12.50
1944-S	0.40	12.00
1945	0.40	15.00
1945-D	0.40	13.50
1945-S	0.40	12.00
1946	0.30	13.00
1946-D	0.30	6.00
1946-S	0.30	5.50
1947	0.45	16.00
1947-D	0.40	10.00

1947-S	0.35	12.00
1948	0.40	14.00
1948-D	0.40	7.00
1948-S	0.40	6.50
1949	0.40	15.00
1949-D	0.40	12.00
1949-S	0.50	10.00
1950	0.40	13.50
1950-D	0.35	9.00
1950-S	0.40	8.00
1951	0.40	14.00
1951-D	0.30	8.00
1951-S	0.40	10.00
1952	0.40	16.00
1952-D	0.30	8.00
1952-S	0.60	9.00
1953	0.30	18.00
1953-D	0.30	11.00
1953-S	0.40	11.50
1954	0.25	17.50
1954-D	0.25	10.00
1954-S	0.25	12.00
1955	0.25	15.00
1955-D	0.20	12.00
1955-S	0.35	7.50
1956	0.20	16.00
1956-D	0.20	8.00
1957	0.20	9.00
1957-D	0.20	8.00
1958	0.20	9.00
1958-D	0.20	8.00

Lincoln Memorial reverse

Size: 19 millimeters.
Weight: 3.11 grams.
Composition: 95% copper, 5% zinc.

	MS-65	PF-65
1959	18.00	1.50
1959-D	16.00	—
1960 small date	12.00	16.00
1960 large date	10.00	1.25
1960-D small date	10.00	—
1960D large date	11.00	—
1961	6.50	1.00
1961-D	15.00	—
1962	8.00	1.00
1962-D	14.00	—
1963	10.00	1.00
1963-D	12.00	—
1964	6.50	1.00
1964-D	7.00	—
1965	10.00	—
1966	10.00	—

1967	10.00	—
1968	12.00	—
1968-D	12.00	—
1968-S	8.00	1.00
1969	6.50	—
1969-D	10.00	—
1969-S	8.00	1.00
1970	8.00	—
1970-D	6.00	—
1970-S	—	1.25
1970-S small date	75.00	60.00
1970-S large date	16.00	—
1971	25.00	—
1971-D	5.50	—
1971-S	6.00	1.25
1972	6.00	—
1972-D	10.00	—
1972-S	30.00	1.15
1973	8.00	—
1973-D	11.00	—
1973-S	8.00	0.80
1974	12.00	—
1974-D	12.00	—
1974-S	10.00	0.75
1975	8.00	—
1975-D	13.50	—
1975-S	—	5.50
1976	18.00	—
1976-D	20.00	—
1976-S	—	5.00
1977	14.00	—
1977-D	14.00	—
1977-S	—	3.00
1978	14.00	—
1978-D	12.00	—
1978-S	—	3.50
1979	12.00	—
1979-D	8.00	—
1979-S	—	4.25
1980	6.50	—
1980-D	10.00	—
1980-S	—	2.25
1981	7.50	—
1981-D	9.00	—
1981-S	—	3.50
1982	7.00	—
1982-D	6.00	—
1982-S	—	2.50

Copper-plated zinc composition

Size: 19 millimeters.
Weight: 2.5 grams.
Composition: 97.6% zinc, 2.4% copper.

	MS-65	PF-65
1982 large date	6.00	—
1982 small date	9.00	—
1982-D large date	8.00	—
1982-D small date	6.00	—
1982-S	—	3.00

1983	7.00	—
1983-D	5.50	—
1983-S	—	4.00
1984	7.50	—
1984-D	5.50	—
1984-S	—	4.50
1985	4.50	—
1985-D	4.50	—
1985-S	—	6.00
1986	5.00	—
1986-D	8.00	—
1986-S	—	7.50
1987	8.50	—
1987-D	6.00	—
1987-S	—	5.00
1988	8.50	—
1988-D	5.50	—
1988-S	—	4.00
1989	5.00	—
1989-D	5.00	—
1989-S	—	6.00
1990	5.00	—
1990-D	5.00	—
1990-S	—	5.00
1991	6.00	—
1991-D	5.00	—
1991-S	—	5.00
1992	5.50	—
1992-D	5.50	—
1992-S	—	5.00
1993	5.50	—
1993-D	5.50	—
1993-S	—	7.00
1994	10.00	—
1994-D	5.50	—
1994-S	—	4.00
1995	4.50	—
1995-D	5.00	—
1995-S	—	9.50
1996	5.00	—
1996-D	5.00	—
1996-S	—	6.50
1997	5.00	—
1997-D	5.00	—
1997-S	—	11.50
1998	5.00	—
1998-D	5.00	—
1998-S	—	9.50
1999	5.00	—
1999-D	5.00	—
1999-S	—	5.00
2000	4.00	—
2000-D	4.00	—
2000-S	—	4.00
2001	4.00	—
2001-D	4.00	—
2001-S	—	4.00
2002	4.00	—

2002-D	4.00	—
2002-S	—	4.00
2003	3.50	—
2003-D	3.50	—
2003-S	—	4.00
2004	3.50	—
2004-D	3.50	—
2004-S	—	4.00
2005	3.50	—
2005-D	3.50	—
2005-S	—	4.00
2006	2.00	—
2006-D	2.50	—
2006-S	—	4.00
2007	1.50	—
2007-D	1.50	—
2007-S	—	4.00
2008	1.50	—
2008-D	1.50	—
2008-S	—	4.00

LINCOLN BICENTENNIAL

Notes: Lincoln bicentennial cents designated as "copper" in the listings below were struck in the predominately copper composition used for the original Lincoln cents of 1909-1942. They were struck in proof and uncirculated versions for sale to collectors. The traditional bust of Lincoln was used on the obverse of all Lincoln bicentennial cents.

Log cabin

	MS-65	PF-65
2009-P	1.50	—
2009-P copper	1.50	—
2009-D	1.50	—
2009-D copper	1.50	—
2009-S copper	—	4.00

Lincoln reading

	MS-65	PF-65
2009-P	1.50	—
2009-P copper	1.50	—
2009-D	1.50	—
2009-D copper	1.50	—
2009-S copper	—	4.00

Illinois Old State Capitol

	MS-65	PF-65
2009-P	1.50	—
2009-P copper	1.50	—
2009-D	1.50	—
2009-D copper	1.50	—
2009-S copper	—	4.00

U.S. Capitol

	MS-65	PF-65
2009-P	1.50	—
2009-P copper	1.50	—
2009-D	1.50	—
2009-D copper	1.50	—
2009-S copper	—	4.00

UNION SHIELD REVERSE

Notes: Beginning in 2010, the Lincoln cent reverse design symbolized Lincoln's preservation of the United States as a single, unified country. The design chosen shows a union shield with a scroll draped across it bearing the inscription "One Cent."

	MS-65	PF-65
2010-P	1.50	—
2010-D	1.50	—
2010-S	—	4.00
2011-P	1.50	—
2011-D	1.50	—
2011-S	—	4.00
2012-P	1.50	—
2012-D	1.50	—
2012-S	—	4.00
2013-P	1.50	—
2013-D	1.50	—
2013-S	—	4.00
2014-P	—	—
2014-D	—	—
2014-S	—	—

TWO CENTS

Size: 23 millimeters.
Weight: 6.22 grams.
Composition: 95% copper, 5% tin and zinc.
Notes: The motto "In God We Trust" was modified in 1864, resulting in small-motto and large-motto varieties for that year.

	F	XF
1864 small motto	285	650
1864 large motto	20.00	45.00
1865	20.00	45.00
1866	20.00	45.00
1867	35.00	60.00
1868	35.00	65.00
1869	40.00	80.00
1870	60.00	135
1871	70.00	155
1872	550	925
1873 closed 3		proof 1,750
1873 open 3		proof 1,875

SILVER THREE CENTS

TYPE 1

Size: 14 millimeters.
Weight: 0.8 grams. Composition: 75% silver (0.0193 troy ounces), 25% copper.
Notes: The Type 1 design has no outlines in the star.

	F	XF
1851	50.00	70.00
1851-O	60.00	160
1852	50.00	70.00
1853	50.00	70.00

TYPE 2

Size: 14 millimeters.
Weight: 0.75 grams.
Composition: 90% silver (0.0218 troy ounces), 10% copper.

Notes: The Type 2 design has three lines outlining the star.

	F	XF
1854	50.00	110
1855	75.00	200
1856	55.00	120
1857	55.00	110
1858	50.00	120

TYPE 3

Size: 14 millimeters.
Weight: 0.75 grams.
Composition: 90% silver (0.0218 troy ounces), 10% copper.
Notes: The Type 3 design has two lines outlining the star.

	F	XF
1859	55.00	90.00
1860	55.00	85.00
1861	55.00	85.00
1862	60.00	90.00
1863	450	520
1864	450	520
1865	550	665
1866	450	520
1867	575	675
1868	585	690
1869	585	690
1870	525	665
1871	535	670
1872	550	690

NICKEL THREE CENTS

Size: 17.9 millimeters.
Weight: 1.94 grams.
Composition: 75% copper, 25% nickel.

	F	XF
1865	17.50	35.00
1866	17.50	35.00
1867	17.50	35.00
1868	17.50	35.00
1869	19.50	40.00
1870	20.00	40.00
1871	25.00	45.00
1872	25.00	45.00
1873	20.00	40.00
1874	20.00	40.00

1875	30.00	45.00
1876	25.00	50.00
1877		proof 1,300
1878		proof 800
1879	95.00	115
1880	130	185
1881	20.00	40.00
1882	180	300
1883	260	375
1884	550	645
1885	645	745
1886		proof 385
1887	400	455
1888	70.00	100
1889	140	220

HALF DIMES

FLOWING HAIR

Size: 16.5 millimeters.
Weight: 1.35 grams.
Composition: 89.24% silver (0.0388 troy ounces), 10.76% copper.

	VG	VF
1794	1,625	3,125
1795	1,350	2,900

DRAPED BUST

Small eagle

Size: 16.5 millimeters.
Weight: 1.35 grams.
Composition: 89.24% silver (0.0388 troy ounces), 10.76% copper.

	VG	VF
1796	1,550	4,850
1797 13 stars	2,650	5,950
1797 15 stars	1,500	4,800
1797 16 stars	1,750	5,050

Heraldic eagle

Size: 16.5 millimeters.
Weight: 1.35 grams.

Composition: 89.24% silver (0.0388 troy ounces), 10.76% copper.

	VG	VF
1800	1,250	2,550
1801	1,500	2,800
1802	65,000	135,000
1803 large 8	1,375	2,675
1803 small 8	1,625	2,925
1805	1,525	3,025

LIBERTY CAP

Size: 15.5 millimeters.
Weight: 1.35 grams.
Composition: 89.24% silver (0.0388 troy ounces), 10.76% copper.

	F	XF
1829	85.00	190
1830	75.00	160
1831	75.00	160
1832	75.00	160
1833	75.00	160
1834	75.00	160
1835	75.00	160
1835 large date, large 5C	85.00	175
1836	75.00	160
1837 large 5C	85.00	175
1837 small 5C	90.00	240

SEATED LIBERTY

No stars on obverse

Size: 15.5 millimeters.
Weight: 1.34 grams.
Composition: 90% silver (0.0388 troy ounces), 10% copper.

	F	XF
1837 small date	75.00	220
1837 large date	80.00	235
1838-O	250	975

Stars on obverse

Notes: In 1840 drapery was added to Liberty's left elbow.

	F	XF
1838 large stars	30.00	90.00
1838 small stars	45.00	190
1839	30.00	90.00
1839-O	35.00	90.00
1840 no drapery	30.00	80.00
1840-O no drapery	40.00	140
1840	75.00	210
1840-O	115	650
1841	25.00	60.00
1841-O	30.00	125
1842	25.00	55.00
1842-O	75.00	550
1843	25.00	55.00
1844	25.00	60.00
1844-O	210	1,300
1845	25.00	60.00
1846	850	2,475
1847	25.00	55.00
1848 medium date	25.00	65.00
1848 large date	50.00	145
1848-O	35.00	135
1849	30.00	65.00
1849-O	95.00	540
1850	25.00	60.00
1850-O	35.00	125
1851	25.00	60 .00
1851-O	25.00	110
1852	25.00	60.00
1852-O	80.00	275
1853	90.00	300
1853-O	450	1,800

Arrows at date

Size: 15.5 millimeters.
Weight: 1.24 grams.
Composition: 90% silver (0.0362 troy ounces), 10% copper.

	F	XF
1853	60.00	60.00
1853-O	30.00	65.00
1854	25.00	60.00
1854-O	35.00	90.00
1855	25.00	60.00
1855-O	40.00	140

Arrows at date removed

Size: 15.5 millimeters.
Weight: 1.24 grams.
Composition: 90% silver (0.0362 troy ounces), 10% copper.

	F	XF
1856	25.00	50.00
1856-O	25.00	95.00
1857	25.00	50.00
1857-O	25.00	60.00
1858	25.00	50.00
1858-O	25.00	70.00
1859	25.00	55.00
1859-O	25.00	130

Obverse legend

	F	XF
1860	25.00	45.00
1860-O	25.00	50.00
1861	20.00	45.00
1862	35.00	65.00
1863	300	485
1863-S	70.00	165
1864	575	950
1864-S	115	250
1865	575	950
1865-S	60.00	145
1866	550	875
1866-S	60.00	145
1867	775	1,100
1867-S	60.00	150
1868	190	300
1868-S	35.00	60.00
1869	35.00	60.00
1869-S	30.00	55.00
1870	30.00	55.00
1870-S one known		
1871	20.00	45.00
1871-S	45.00	90.00
1872	20.00	45.00
1872-S	20.00	45.00
1873	20.00	45.00
1873-S	30.00	60.00

NICKEL FIVE CENTS

SHIELD

Size: 20.5 millimeters.
Weight: 5 grams.

Composition: 75% copper, 25% nickel.
Notes: In 1867 the rays between the stars on the reverse were eliminated, resulting in varieties with and without rays for that year.

	F	XF
1866	50.00	155
1867 with rays	65.00	200
1867 without rays	30.00	60.00
1868	30.00	60.00
1869	30.00	60.00
1870	50.00	90.00
1871	125	265
1872	70.00	115
1873 open 3	50.00	80.00
1873 closed 3	65.00	150
1874	70.00	100
1875	80.00	145
1876	75.00	135
1877	proof 1,750	2,150
1878	proof 900	1,300
1879	625	750
1880	775	1,300
1881	445	600
1882	25.00	60.00
1883	30.00	60.00

LIBERTY

Size: 21.2 millimeters.
Weight: 5 grams.
Composition: 75% copper, 25% nickel.
Notes: In 1883 the word "Cents" was added to the reverse, resulting in varieties with "Cents" and without "Cents" for that year.

	F	XF
1883 without "Cents"	8.25	9.00
1883 with "Cents"	40.00	90.00
1884	40.00	95.00
1885	875	1,350
1886	410	715
1887	35.00	80.00
1888	70.00	185
1889	30.00	80.00
1890	25.00	70.00
1891	20.00	60.00
1892	25.00	65.00
1893	25.00	65.00
1894	100	240
1895	25.00	70.00
1896	40.00	100
1897	12.50	45.00
1898	10.00	40.00
1899	8.00	35.00
1900	8.00	35.00
1901	7.00	35.00
1902	4.00	30.00
1903	4.50	30.00
1904	4.50	30.00
1905	4.00	30.00
1906	4.00	30.00
1907	4.00	30.00
1908	4.00	30.00
1909	4.00	35.00
1910	4.00	30.00
1911	4.00	30.00
1912	4.00	30.00
1912-D	11.50	75.00
1912-S	280	850
1913 6 known		

BUFFALO

Size: 21.2 millimeters.
Weight: 5 grams.
Composition: 75% copper, 25% nickel.
Notes: In 1913 the reverse design was modified so the ground under the buffalo was represented as a line rather than a mound. On the 1937-D "three-legged" variety, the buffalo's right front leg is missing, the result of a damaged die.

	F	MS-60
1913 mound	15.00	35.00
1913-D mound	20.00	65.00
1913-S mound	50.00	125
1913 line	13.00	35.00
1913-D line	180	285
1913-S line	420	885
1914	20.00	45.00
1914-D	165	475
1914-S	45.00	165
1915	7.75	50.00
1915-D	40.00	235
1915-S	100	625
1916	7.00	45.00
1916-D	30.00	165
1916-S	25.00	185
1917	8.75	60.00
1917-D	55.00	345
1917-S	80.00	400
1918	8.00	100
1918-D	65.00	430
1918-S	55.00	500
1919	4.00	60.00
1919-D	65.00	570
1919-S	50.00	540
1920	3.25	60.00
1920-D	35.00	575
1920-S	30.00	525
1921	8.50	125
1921-S	190	1,575
1923	4.25	60.00
1923-S	25.00	625
1924	4.50	75.00
1924-D	30.00	375
1924-S	95.00	2,300
1925	3.75	40.00
1925-D	40.00	375
1925-S	17.50	425
1926	3.00	30.00
1926-D	30.00	335
1926-S	100	4,950
1927	2.50	35.00
1927-D	7.00	155
1927-S	6.00	490
1928	2.50	30.00
1928-D	3.75	55.00
1928-S	3.00	225
1929	2.50	35.00
1929-D	3.00	60.00
1929-S	2.25	50.00
1930	2.50	35.00
1930-S	3.00	65.00
1931-S	17.00	60.00
1934	2.50	45.00
1934-D	4.75	80.00
1935	2.25	20.00
1935-D	3.00	70.00
1935-S	2.50	50.00
1936	2.25	14.50
1936-D	2.75	35.00
1936-S	2.50	35.00
1937	2.25	14.50
1937-D	2.50	30.00
1937-D three-legged	850	2,375
1937-S	2.50	25.00
1938-D	4.00	25.00

JEFFERSON

Size: 21.2 millimeters.
Weight: 5 grams.
Composition: 75% copper, 25% nickel.

	F	MS-60
1938	1.00	7.50
1938-D	1.50	4.00
1938-S	2.50	5.25
1939	0.25	1.75
1939-D	8.00	55.00
1939-S	1.50	17.00
1940	0.25	1.00
1940-D	0.30	1.50
1940-S	0.50	4.50
1941	—	0.75
1941-D	0.30	2.25
1941-S	0.50	5.00
1942	—	5.00
1942-D	3.00	30.00

Wartime composition

Composition: 56% copper, 25% silver (0.0563 troy ounces), 9% manganese.
Notes: The mintmark on wartime-composition nickels appears above the dome of Monticello on the reverse.

	VF	MS-60
1942-P	1.50	9.00
1942-S	1.50	11.00
1943-P	1.50	5.00
1942/3-P	30.00	135
1943-D	1.50	5.00
1943-S	1.50	6.75
1944-P	1.50	15.00
1944-D	1.50	12.00
1944-S	1.50	9.50
1945-P	1.50	6.00
1945-D	1.50	5.50
1945-S	1.50	5.00

Pre-war composition resumed

	XF	MS-65
1946	0.25	20.00
1946-D	0.35	15.00
1946-S	0.40	17.00

1947	0.25	18.00
1947-D	0.30	15.00
1947-S	0.25	15.00
1948	0.25	16.00
1948-D	0.35	14.00
1948-S	0.50	14.00
1949	0.30	18.00
1949-D	0.40	12.00
1949-S	1.00	10.00
1950	0.75	12.00
1950-D	10.00	25.00
1951	0.50	18.00
1951-D	0.50	14.00
1951-S	1.00	18.50
1952	0.25	17.00
1952-D	0.50	18.00
1952-S	0.25	18.00
1953	0.25	9.00
1953-D	0.25	15.00
1953-S	0.25	20.00
1954	0.20	9.00
1954-D	0.20	10.00
1954-S	0.25	16.00
1955	0.50	6.50
1955-D	0.15	16.00
1956	0.20	16.00
1956-D	0.15	16.00
1957	0.15	12.00
1957-D	0.15	12.00
1958	0.25	30.00
1958-D	0.15	13.00
1959	—	8.00
1959-D	—	5.50
1960	—	6.00
1960-D	—	20.00
1961	—	6.00
1961-D	—	20.00
1962	—	5.00
1962-D	—	0.50
1963	—	0.50
1963-D	—	0.50
1964	—	0.50
1964-D	—	0.50
1965	—	0.50
1966	—	0.50
1967	—	0.50
1968-D	—	4.50
1968-S	—	0.50
1969-D	—	0.50
1969-S	—	0.50
1970-D	—	0.50
1970-S	—	0.50
1971	—	2.00
1971-D	—	0.50
1971-S	—	proof 2.00
1972	—	0.50
1972-D	—	0.50
1972-S	—	proof 2.00

1973	—	0.50
1973-D	—	0.50
1973-S	—	proof 1.75
1974	—	0.50
1974-D	—	0.50
1974-S	—	proof 2.00
1975	—	0.75
1975-D	—	0.50
1975-S	—	proof 2.25
1976	—	0.75
1976-D	—	0.60
1976-S	—	proof 3.00
1977	—	0.40
1977-D	—	0.55
1977-S	—	proof 1.75
1978	—	0.40
1978-D	—	0.40
1978-S	—	proof 1.75
1979	—	0.40
1979-D	—	0.40
1979-S	—	proof 1.50
1980-P	—	6.00
1980-D	—	0.40
1980-S	—	proof 1.50
1981-P	—	0.40
1981-D	—	0.40
1981-S	—	proof 2.00
1982-P	—	12.50
1982-D	—	3.50
1982-S	—	proof 3.50
1983-P	—	4.00
1983-D	—	2.50
1983-S	—	proof 4.00
1984-P	—	3.00
1984-D	—	0.85
1984-S	—	proof 5.00
1985-P	—	0.75
1985-D	—	0.75
1985-S	—	proof 4.00
1986-P	—	1.00
1986-D	—	2.00
1986-S	—	proof 7.00
1987-P	—	0.75
1987-D	—	0.75
1987-S	—	proof 3.50
1988-P	—	0.75
1988-D	—	0.75
1988-S	—	proof 6.50
1988-P	—	0.75
1989-D	—	0.75
1989-S	—	proof 5.50
1990-P	—	0.75
1990-D	—	0.75
1990-S	—	proof 5.50
1991-P	—	0.75
1991-D	—	0.75
1991-S	—	proof 5.00
1992-P	—	2.00

1992-D . . . . — 0.75
1992-S . . . . — . *proof* 4.00
1993-P . . . . — 0.75
1993-D . . . . — 0.75
1993-S . . . . — . *proof* 4.50
1994-P . . . . — 0.75
1994-D . . . . — 0.75
1994-S . . . . — . *proof* 4.00
1995-P . . . . — 0.75
1995-D . . . . — 0.85
1995-S . . . . — . *proof* 4.00
1996-P . . . . — 0.75
1996-D . . . . — 0.75
1996-S . . . . — . *proof* 4.00
1997-P . . . . — 0.75
1997-D . . . . — 2.00
1997-S . . . . — . *proof* 5.00
1998-P . . . . — 0.80
1998-D . . . . — 0.80
1998-S . . . . — . *proof* 4.50
1999-P . . . . — 0.80
1999-D . . . . — 0.80
1999-S . . . . — . *proof* 3.50
2000-P . . . . — 0.80
2000-D . . . . — 0.80
2000-S . . . . — . *proof* 2.00
2001-P . . . . — 0.50
2001-D . . . . — 0.50
2001-S . . . . — . *proof* 2.00
2002-P . . . . — 0.50
2002-D . . . . — 0.50
2002-S . . . . — . *proof* 2.00
2003-P . . . . — 0.50
2003-D . . . . — 0.50
2003-S . . . . — . *proof* 2.00

WESTWARD JOURNEY NICKELS
Peace medal

	MS-65	PF-65
2004-P	1.50	—
2004-D	1.50	—
2004-S	—	10.00

Keelboat

	MS-65	PF-65
2004-P	1.50	—

| 2004-D | 1.50 | — |
| 2004-S | — | 10.00 |

Bison

	MS-65	PF-65
2004-P	1.50	—
2004-D	1.50	—
2004-S	—	6.50

"Ocean in view!"

	MS-65	PF-65
2004-P	1.25	—
2004-D	1.25	—
2004-S	—	5.50

NEW JEFFERSON PORTRAIT

	MS-65	PF-65
2006-P	2.50	—
2006-P satin finish	4.00	—
2006-D	2.50	—
2006-D satin finish	4.00	—
2006-S	—	5.00
2007-P	2.50	—
2007-P satin finish	4.00	—
2007-D	2.50	—
2007-D satin finish	4.00	—
2007-S	—	4.00
2008-P	2.50	—
2008-P satin finish	4.00	—
2008-D	2.50	—
2008-D satin finish	4.00	—
2008-S	—	4.00
2009-P	2.50	—
2009-P satin finish	4.00	—
2009-D	2.50	—
2009-D satin finish	4.00	—
2009-S	—	3.00
2010-P	2.50	—
2010-P satin finish	4.00	—
2010-D	2.50	—
2010-D satin finish	4.00	—

2010-S	—	3.00
2011-P	1.50	—
2011-D	1.50	—
2011-S	—	4.00
2012-P	1.50	—
2012-D	1.50	—
2012-S	—	4.00
2013-P	1.50	—
2013-D	1.50	—
2013-S	—	3.00
2014-P	—	—
2014-D	—	—
2014-S	—	—

DIMES

DRAPED BUST
Small eagle

Size: 19 millimeters.
Weight: 2.7 grams.
Composition: 89.24% silver (0.0775 troy ounces), 10.76% copper.

	VG	VF
1796	3,600	7,000
1797 13 stars	3,950	8,000
1797 16 stars	3,850	7,150

Heraldic eagle

	VG	VF
1798	1,250	1,850
1800	1,075	2,700
1801	1,150	3,100
1802	2,650	4,750
1803	1,150	2,750
1804 13 stars	4,450	19,000
1804 14 stars	6,500	24,500
1805	1,000	1,400
1807	900	1,650

LIBERTY CAP

Size: 18.8 millimeters (1809-1828) and 18.5 millimeters (1828-1837).
Weight: 2.7 grams.
Composition: 89.24% silver (0.0775 troy ounces), 10.76% copper.

	VG	VF
1809	220	700
1811	175	650
1814 small date	80.00	300
1814 large date	55.00	170
1820	55.00	160
1821	55.00	160
1822	1,850	4,500
1823	55.00	160
1824	80.00	300
1825	50.00	145
1827	50.00	145
1828	110	375
1828 smaller size	50.00	155
1829	40.00	85.00
1830	45.00	85.00
1831	45.00	85.00
1832	45.00	85.00
1833	45.00	85.00
1834	45.00	85.00
1835	45.00	85.00
1836	45.00	85.00
1837	45.00	90.00

SEATED LIBERTY

No stars on obverse

Size: 17.9 millimeters.
Weight: 2.67 grams.
Composition: 90% silver (0.0773 troy ounces), 10% copper.

	VG	VF
1837	60.00	285
1838-O	70.00	375

Stars on obverse

Notes: In 1840 drapery was added to Liberty's left elbow.

	VG	VF
1838 small stars	30.00	85.00
1838 large stars	25.00	45.00
1839	25.00	40.00
1839-O	30.00	140
1840 no drapery	25.00	40.00
1840-O no drapery	30.00	60.00
1840	50.00	175
1841	20.00	30.00
1841-O	30.00	40.00
1842	20.00	30.00
1842-O	30.00	75.00
1843	18.00	30.00
1843-O	75.00	300
1844	300	600
1845	18.00	30.00
1845-O	50.00	225
1846	250	575
1847	30.00	70.00
1848	25.00	50.00
1849	20.00	40.00
1849-O	35.00	125
1850	20.00	35.00
1850-O	30.00	75.00
1851	20.00	30.00
1851-O	35.00	85.00
1852	18.00	25.00
1852-O	35.00	145
1853	145	300

Arrows at date

Size: 17.9 millimeters.
Weight: 2.49 grams.
Composition: 90% silver (0.0721 troy ounces), 10% copper.

	VG	VF
1853	18.00	25.00
1853-O	20.00	45.00
1854	18.00	22.00
1854-O	20.00	25.00
1855	18.00	22.00

Arrows at date removed

	VG	VF
1856	17.00	20.00
1856-O	20.00	35.00

	VG	VF
1856-S	185	575
1857	17.00	20.00
1857-O	18.00	25.00
1858	17.00	20.00
1858-O	25.00	85.00
1858-S	200	475
1859	20.00	40.00
1859-O	20.00	40.00
1859-S	175	600
1860-S	55.00	145

Obverse legend

	VG	VF
1860	20.00	30.00
1860-O	600	1,950
1861	18.00	25.00
1861-S	90.00	200
1862	19.00	25.00
1862-S	60.00	175
1863	500	900
1863-S	55.00	145
1864	500	800
1864-S	45.00	120
1865	575	875
1865-S	55.00	200
1866	600	950
1866-S	65.00	150
1867	700	1,100
1867-S	80.00	200
1868	30.00	50.00
1868-S	40.00	115
1869	35.00	110
1869-S	30.00	55.00
1870	20.00	40.00
1870-S	375	650
1871	20.00	30.00
1871-CC	3,500	9,500
1871-S	55.00	135
1872	16.50	20.00
1872-S	65.00	165
1872-CC	1,250	3,000
1873 closed 3	18.00	25.00
1873 open 3	35.00	90.00
1873-CC rare		

Arrows at date

Size: 17.9 millimeters.
Weight: 2.5 grams.

Composition: 90% silver (0.0724 troy ounces), 10% copper.

	VG	VF
1873	2.00	60.00
1873-CC	2,850	9,500
1873-S	30.00	80.00
1874	20.00	60.00
1874-CC	7,000	18,500
1874-S	60.00	150

Arrows at date removed

	VG	VF
1875	17.50	25.00
1875-CC	35.00	55.00
1875-S mint mark in wreath	25.00	40.00
1875-S mint mark under wreath	18.00	25.00
1876	20.00	30.00
1876-CC	35.00	55.00
1876-S	18.00	25.00
1877	20.00	30.00
1877-CC	35.00	60.00
1877-S	16.50	25.00
1878	20.00	25.00
1878-CC	100	250
1879	310	500
1880	275	425
1881	300	450
1882	16.50	20.00
1883	16.50	20.00
1884	16.50	20.00
1884-S	35.00	55.00
1885	16.50	20.00
1885-S	575	1,400
1886	16.50	20.00
1886-S	45.00	125
1887	16.50	20.00
1887-S	16.50	20.00
1888	16.50	20.00
1888-S	16.50	25.00
1889	16.50	20.00
1889-S	18.50	45.00
1890	16.50	20.00
1890-S	16.50	45.00
1891	16.50	20.00
1891-O	17.50	25.00
1891-S	17.00	20.00

BARBER

Size: 17.9 millimeters.
Weight: 2.5 grams.
Composition: 90% silver (0.0724 troy ounces), 10% copper.

	F	XF
1892	16.00	30.00
1892-O	35.00	80.00
1892-S	210	285
1893	20.00	45.00
1893-O	135	195
1893-S	40.00	90.00
1894	125	190
1894-O	215	425
1894-S rare		
1895	355	565
1895-O	900	2,500
1895-S	135	240
1896	60.00	100
1896-O	300	465
1896-S	310	385
1897	8.00	30.00
1897-O	290	480
1897-S	100	185
1898	7.50	30.00
1898-O	95.00	210
1898-S	35.00	80.00
1899	7.50	25.00
1899-O	70.00	150
1899-S	35.00	50.00
1900	7.00	25.00
1900-O	120	225
1900-S	12.50	30.00
1901	6.50	30.00
1901-O	15.00	70.00
1901-S	360	520
1902	6.50	25.00
1902-O	15.00	65.00
1902-S	60.00	135
1903	6.50	25.00
1903-O	15.00	55.00
1903-S	350	750
1904	7.50	25.00
1904-S	175	335
1905	7.00	25.00
1905-O	35.00	100
1905-S	9.00	45.00
1906	4.50	25.00
1906-D	7.00	35.00
1906-O	50.00	100
1906-S	13.00	50.00
1907	4.50	25.00

	F	XF
1907-D	10.00	45.00
1907-O	35.00	65.00
1907-S	17.00	65.00
1908	4.50	25.00
1908-D	6.00	30.00
1908-O	45.00	90.00
1908-S	12.00	50.00
1909	4.50	25.00
1909-D	60.00	135
1909-O	13.00	50.00
1909-S	90.00	180
1910	4.50	25.00
1910-D	9.50	50.00
1910-S	50.00	110
1911	4.50	25.00
1911-D	4.50	25.00
1911-S	9.50	40.00
1912	4.50	25.00
1912-D	4.50	25.00
1912-S	6.00	35.00
1913	4.50	25.00
1913-S	120	240
1914	4.50	25.00
1914-D	4.50	25.00
1914-S	8.50	40.00
1915	5.00	25.00
1915-S	35.00	65.00
1916	4.50	25.00
1916-S	5.50	25.00

MERCURY

Size: 17.9 millimeters.
Weight: 2.5 grams.
Composition: 90% silver (0.0724 troy ounces), 10% copper.

	VF	MS-60
1916	7.00	30.00
1916-D	3,950	13,950
1916-S	15.00	45.00
1917	5.50	30.00
1917-D	25.00	120
1917-S	7.50	60.00
1918	12.00	70.00
1918-D	13.00	100
1918-S	11.00	90.00
1919	5.50	35.00
1919-D	30.00	175
1919-S	20.00	175
1920	4.50	30.00
1920-D	9.00	110
1920-S	10.00	110
1921	245	1,150

1921-D	365	1,250
1923	4.50	25.00
1923-S	20.00	150
1924	4.50	40.00
1924-D	25.00	165
1924-S	12.00	200
1925	5.50	30.00
1925-D	45.00	335
1925-S	18.50	180
1926	4.25	25.00
1926-D	12.50	125
1926-S	70.00	865
1927	4.25	25.00
1927-D	25.00	165
1927-S	13.00	270
1928	4.25	25.00
1928-D	25.00	165
1928-S	6.50	130
1929	4.25	25.00
1929-D	8.00	30.00
1929-S	5.00	35.00
1930	4.25	25.00
1930-S	6.50	85.00
1931	8.00	35.00
1931-D	20.00	110
1931-S	11.00	110
1934	2.50	30.00
1934-D	7.50	55.00
1935	2.25	10.00
1935-D	6.50	35.00
1935-S	3.00	25.00
1936	2.00	9.00
1936-D	4.25	30.00
1936-S	3.00	25.00
1937	2.25	8.00
1937-D	3.00	20.00
1937-S	3.00	20.00
1938	2.50	13.00
1938-D	5.00	18.50
1938-S	3.00	20.00
1939	2.00	9.00
1939-D	2.25	7.50
1939-S	2.75	25.00
1940	2.00	6.00
1940-D	2.25	8.00
1940-S	2.25	8.50
1941	2.00	6.00
1941-D	2.50	10.00
1941-S	2.50	7.00
1942	2.00	6.00
1942-D	2.50	8.00
1942-S	2.50	9.75
1943	2.00	6.00
1943-D	2.50	7.75
1943-S	2.50	9.50
1944	2.00	6.00
1944-D	2.50	7.50
1944-S	2.50	7.50

1945	2.00	6.00
1945-D	2.50	6.50
1945-S	2.50	7.00

ROOSEVELT

Size: 17.9 millimeters.
Weight: 2.5 grams.
Composition: 90% silver (0.0724 troy ounces), 10% copper.

	MS-60	MS-65
1946	2.50	13.50
1946-D	2.50	13.50
1946-S	2.50	18.50
1947	3.50	15.00
1947-D	4.50	16.00
1947-S	3.50	15.00
1948	3.50	15.00
1948-D	5.00	15.00
1948-S	4.50	17.00
1949	15.00	65.00
1949-D	9.00	25.00
1949-S	35.00	65.00
1950	7.00	30.00
1950-D	3.50	15.00
1950-S	25.00	70.00
1951	2.50	11.00
1951-D	2.50	11.00
1951-S	10.00	35.00
1952	2.50	12.00
1952-D	2.50	11.00
1952-S	5.50	16.00
1953	2.50	12.00
1953-D	3.00	11.00
1953-S	3.00	12.50
1954	2.50	10.00
1954-D	2.50	15.00
1954-S	2.50	10.00
1955	2.50	8.50
1955-D	2.50	8.50
1955-S	2.50	8.00
1956	2.50	9.50
1956-D	2.50	9.00
1957	2.50	8.50
1957-D	2.50	7.50
1958	2.50	11.00
1958-D	2.50	10.00
1959	2.50	8.00
1959-D	2.50	8.50
1960	2.50	8.50
1960-D	2.50	7.50
1961	2.50	8.00
1961-D	2.50	6.50

1962	2.50	6.50
1962-D	2.50	7.00
1963	2.50	7.50
1963-D	2.50	7.00
1964	2.50	7.50
1964-D	2.50	7.00

Clad composition
Size: 17.9 millimeters.
Weight: 2.27 grams.
Composition: Clad layers of 75% copper and 25% nickel bonded to a pure-copper core.
Notes: Starting in 1992, Roosevelt dimes in the traditional 90-percent-silver composition were struck for inclusion in silver proof sets, which also included silver quarters and silver half dollars.

	MS-65	PF-65
1965	1.00	—
1966	1.00	—
1967	1.50	—
1968	1.00	—
1968-D	1.00	—
1968-S	—	1.00
1969	3.00	—
1969-D	1.00	—
1969-S	—	0.80
1970	1.00	—
1970-D	1.00	—
1970-S	—	1.00
1971	2.00	—
1971-D	1.00	—
1971-S	—	1.00
1972	1.00	—
1972-D	1.00	—
1972-S	—	1.00
1973	1.00	—
1973-D	1.00	—
1973-S	—	1.00
1974	1.00	—
1974-D	1.00	—
1974-S	—	1.00
1975	1.00	—
1975-D	1.00	—
1975-S	—	2.00
1976	1.50	—
1976-D	1.00	—
1976-S	—	1.00
1977	1.00	—
1977-D	1.00	—
1977-S	—	2.00
1978	1.00	—
1978-D	1.00	—
1978-S	—	1.00
1979	1.00	—
1979-D	1.00	—
1979-S	—	1.00

1980-P . . . . 1.00 . . . . —
1980-D . . . . 0.70 . . . . —
1980-S . . . . — 1.00
1981-P . . . . 1.00 . . . . —
1981-D . . . . 1.00 . . . . —
1981-S . . . . — 1.00
1982-P . . . . 8.50 . . . . —
1982-D . . . . 3.00 . . . . —
1982-S . . . . — 2.00
1983-P . . . . 7.00 . . . . —
1983-D . . . . 2.50 . . . . —
1983-S . . . . — 2.00
1984-P . . . . 1.00 . . . . —
1984-D . . . . 2.00 . . . . —
1984-S . . . . — 2.00
1985-P . . . . 1.00 . . . . —
1985-D . . . . 1.00 . . . . —
1985-S . . . . — 1.00
1986-P . . . . 2.00 . . . . —
1986-D . . . . 2.00 . . . . —
1986-S . . . . — 2.75
1987-P . . . . 1.00 . . . . —
1987-D . . . . 1.00 . . . . —
1987-S . . . . — 1.00
1988-P . . . . 1.00 . . . . —
1988-D . . . . 1.00 . . . . —
1988-S . . . . — 3.00
1989-P . . . . 1.00 . . . . —
1989-D . . . . 1.00 . . . . —
1989-S . . . . — 4.00
1990-P . . . . 1.00 . . . . —
1990-D . . . . 1.00 . . . . —
1990-S . . . . — 2.00
1991-P . . . . 1.00 . . . . —
1991-D . . . . 1.00 . . . . —
1991-S . . . . — 3.00
1992-P . . . . 1.00 . . . . —
1992-D . . . . 1.00 . . . . —
1992-S . . . . — 4.00
1992-S silver . . . . — 5.00
1993-P . . . . 1.00 . . . . —
1993-D . . . . 1.50 . . . . —
1993-S . . . . — 7.00
1993-S silver . . . . — 7.00
1994-P . . . . 1.00 . . . . —
1994-D . . . . 1.00 . . . . —
1994-S . . . . — 5.00
1994-S silver . . . . — 7.00
1995-P . . . . 1.50 . . . . —
1995-D . . . . 2.00 . . . . —
1995-S . . . . — 20.00
1995-S silver . . . . — 8.00
1996-P . . . . 1.00 . . . . —
1996-D . . . . 1.00 . . . . —
1996-W . . . . 25.00 . . . . —
1996-S . . . . — 2.50
1996-S silver . . . . — 7.00
1997-P . . . . 2.00 . . . . —

1997-D . . . . 1.00 . . . . —
1997-S . . . . — 11.00
1997-S silver . . . . — 14.00
1998-P . . . . 1.00 . . . . —
1998-D . . . . 1.25 . . . . —
1998-S . . . . — 4.00
1998-S silver . . . . — 7.00
1999-P . . . . 1.00 . . . . —
1999-D . . . . 1.00 . . . . —
1999-S . . . . — 4.00
1999-S silver . . . . — 7.00
2000-P . . . . 1.00 . . . . —
2000-D . . . . 1.00 . . . . —
2000-S . . . . — 1.00
2000-S silver . . . . — 5.50
2001-P . . . . 1.00 . . . . —
2001-D . . . . 1.00 . . . . —
2001-S . . . . — 1.00
2001-S silver . . . . — 5.00
2002-P . . . . 1.00 . . . . —
2002-D . . . . 1.00 . . . . —
2002-S . . . . — 1.00
2002-S silver . . . . — 5.00
2003-P . . . . 1.00 . . . . —
2003-D . . . . 1.00 . . . . —
2003-S . . . . — 1.00
2003-S silver . . . . — 4.75
2004-P . . . . 1.00 . . . . —
2004-D . . . . 1.00 . . . . —
2004-S . . . . — 4.75
2004-S silver . . . . — 5.00
2005-P . . . . 1.00 . . . . —
2005-D . . . . 1.00 . . . . —
2005-S . . . . — 2.25
2005-S silver . . . . — 5.00
2006-P . . . . 1.00 . . . . —
2006-D . . . . 1.00 . . . . —
2006-S . . . . — 2.25
2006-S silver . . . . — 4.50
2007-P . . . . 1.00 . . . . —
2007-D . . . . 1.00 . . . . —
2007-S . . . . — 2.25
2007-S silver . . . . — 6.00
2008-P . . . . 1.00 . . . . —
2008-D . . . . 1.00 . . . . —
2008-S . . . . — 2.25
2008-S silver . . . . — 6.50
2009-P . . . . 1.00 . . . . —
2009-D . . . . 1.00 . . . . —
2009-S . . . . — 2.25
2009-S silver . . . . — 6.75
2010-P . . . . 1.00 . . . . —
2010-D . . . . 1.00 . . . . —
2010-S . . . . — 2.25
2010-S silver . . . . — 6.75
2011-P . . . . 4.00 . . . . —
2011-D . . . . 4.00 . . . . —
2011-S . . . . — 2.50

2011-S silver . . . . — 6.75
2012-P . . . . 4.00 . . . . —
2012-D . . . . 4.00 . . . . —
2012-S . . . . — 2.50
2012-S silver . . . . — 6.75
2013-P . . . . 4.00 . . . . —
2013-D . . . . 4.00 . . . . —
2013-S . . . . — 2.50
2013-S silver . . . . — 6.75
2014-P . . . . — . . . . —
2014-D . . . . — . . . . —
2014-S . . . . — . . . . —
2014-S silver . . . . — . . . . —

TWENTY CENTS

Size: 22 millimeters.
Weight: 5 grams.
Composition: 90% silver (0.1447 troy ounces), 10% copper.

	VG	VF
1875	210	325
1875-S	110	175
1875-CC	385	600
1876	225	350
1876-CC	25,000	35,000
1877	proof	2,900
1878	proof	2,300

QUARTERS

DRAPED BUST
Small eagle

Size: 27.5 millimeters.
Weight: 6.74 grams.
Composition: 89.24% (0.1935 troy ounces), 10.76% copper.

	VG	VF
1796	17,500	36,500

Heraldic eagle

	VG	VF
1804	6,750	14,500
1805	690	1,965
1806	650	1,865
1807	650	1,865

Liberty Cap
Reverse motto

Size: 27 millimeters.
Weight: 6.74 grams.
Composition: 89.24% (0.1935 troy ounces), 10.76% copper.

	VG	VF
1815	160	550
1818	135	515
1819	125	410
1820	135	515
1821	160	540
1822	240	850
1823	35,000	70,000
1824	1,350	4,000
1825	250	700
1827	—	70,000
1828	135	515

Reverse motto removed

Size: 24.3 millimeters.
Notes: In 1831 the motto "E Pluribus Unum" was removed from the reverse.

	VG	VF
1831	120	200
1832	110	170
1833	120	185
1834	110	170
1835	110	170
1836	110	170
1837	110	170
1838	110	170

SEATED LIBERTY

Size: 24.3 millimeters.
Weight: 6.68 grams.
Composition: 90% silver (0.1934 troy ounces), 10% copper.
Notes: In 1840 drapery was added to Liberty's left elbow.

	VG	VF
1838	45.00	120
1839	45.00	125
1840-O no drapery	55.00	145
1840	35.00	100
1840-O	55.00	200
1841	75.00	190
1841-O	45.00	125
1842	140	325
1842-O small date	1,000	2,650
1842-O large date	45.00	95.00
1843	30.00	45.00
1843-O	45.00	325
1844	30.00	45.00
1844-O	45.00	90.00
1845	25.00	45.00
1846	30.00	45.00
1847	30.00	45.00
1847-O	55.00	200
1848	55.00	175
1849	35.00	75.00
1849-O	800	2,450
1850	45.00	135
1850-O	45.00	150
1851	65.00	200
1851-O	35	950
1852	60.00	185
1852-O	300	1,250

Arrows at date, reverse rays

Size: 24.3 millimeters.
Weight: 6.22 grams.

Composition: 90% silver (0.18 troy ounces), 10% copper.

	VG	VF
1853	30.00	45.00
1853-O	45.00	85.00

Reverse rays removed

	VG	VF
1854	30.00	40.00
1854-O	40.00	60.00
1855	30.00	40.00
1855-O	55.00	250
1855-S	60.00	225

Arrows at date removed

	VG	VF
1856	30.00	45.00
1856-O	45.00	60.00
1856-S	120	350
1857	30.00	45.00
1857-O	35.00	45.00
1857-S	150	400
1858	30.00	45.00
1858-O	40.00	60.00
1858-S	120	800
1859	35.00	45.00
1859-O	35.00	65.00
1859-S	250	900
1860	35.00	50.00
1860-O	45.00	70.00
1860-S	1,350	6,600
1861	35.00	45.00
1861-S	325	1,850
1862	35.00	55.00
1862-S	130	475
1863	55.00	140
1864	100	225
1864-S	650	2,150
1865	95.00	235
1865-S	180	400

"In God We Trust" above eagle

	VG	VF
1866	600	1,050
1866-S	390	1,400
1867	325	850
1867-S	450	1,350
1868	200	385
1868-S	185	450
1869	450	700
1869-S	185	475
1870	65.00	190
1870-CC	16,000	29,500
1871	50.00	125
1871-CC	7,500	16,000
1871-S	750	2,400
1872	55.00	110
1872-CC	2,000	6,000
1872-S	1,250	3,350
1873 closed 3	425	800
1873 open 3	45.00	130
1873-CC six known		

Arrows at date

Size: 24.3 millimeters.
Weight: 6.25 grams.
Composition: 90% silver (0.1809 troy ounces), 10% copper.

	VG	VF
1873	30.00	60.00
1873-CC	9,500	18,500
1873-S	45.00	175
1874	30.00	60.00
1874-S	35.00	110

Arrows at date removed

	VG	VF
1875	30.00	40.00
1875-CC	160	450
1875-S	50.00	110
1876	30.00	40.00
1876-CC	65.00	100
1876-S	30.00	40.00
1877	30.00	40.00
1877-CC	70.00	100
1877-S	30.00	40.00
1878	30.00	40.00
1878-CC	75.00	140
1878-S	225	500
1879	235	325
1880	215	325
1881	250	350
1882	260	350
1883	240	365
1884	285	550
1885	225	280
1886	450	750
1887	300	450
1888	275	425
1888-S	30.00	40.00
1889	275	350
1890	75.00	135
1891	30.00	40.00
1891-O	400	1,350
1891-S	30.00	45.00

BARBER

Size: 24.3 millimeters.
Weight: 6.25 grams.
Composition: 90% silver (0.1809 troy ounces), 10% copper.

	F	XF
1892	30.00	100
1892-O	55.00	155
1892-S	135	300
1893	30.00	70.00
1893-O	45.00	165
1893-S	80.00	255
1894	35.00	95.00
1894-O	50.00	165
1894-S	50.00	180
1895	30.00	80.00
1895-O	60.00	175
1895-S	85.00	235
1896	25.00	80.00
1896-O	200	625
1896-S	2,550	5,350
1897	20.00	70.00
1897-O	200	420
1897-S	320	625
1898	25.00	75.00
1898-O	75.00	300
1898-S	50.00	100
1899	25.00	75.00
1899-O	40.00	145
1899-S	70.00	145
1900	25.00	70.00
1900-O	70.00	175
1900-S	40.00	80.00
1901	25.00	90.00
1901-O	215	625
1901-S	18,500	31,000
1902	20.00	65.00
1902-O	50.00	150
1902-S	55.00	170
1903	20.00	70.00
1903-O	40.00	130
1903-S	45.00	150
1904	20.00	70.00
1904-D	90.00	235
1905	50.00	70.00
1905-O	125	265
1905-S	70.00	115
1906	20.00	95.00
1906-D	25.00	70.00
1906-O	40.00	110
1907	17.00	60.00
1907-D	30.00	80.00
1907-O	20.00	65.00
1907-S	50.00	135
1908	18.50	65.00
1908-D	17.50	65.00
1908-O	17.50	70.00
1908-S	90.00	300
1909	17.50	65.00
1909-D	20.00	85.00
1909-O	310	650
1909-S	35.00	90.00
1910	30.00	80.00
1910-D	50.00	130
1911	20.00	70.00
1911-D	160	460
1911-S	50.00	210
1912	17.50	55.00
1912-S	45.00	130
1913	75.00	390
1913-D	40.00	90.00
1913-S	5,350	10,500
1914	17.00	55.00
1914-D	17.00	55.00
1914-S	425	885
1915	17.00	60.00
1915-D	17.00	60.00
1915-S	65.00	110
1916	17.00	55.00
1916-D	25.00	100

STANDING LIBERTY
Type 1

Size: 24.3 millimeters.
Weight: 6.25 grams.
Composition: 90% silver (0.1809 troy ounces), 10% copper.

	F	XF
1916	6,900	9,500
1917	65.00	120
1917-D	90.00	200
1917-S	100	220

Type 2

Notes: In 1917 the obverse design was modified to cover Liberty's bare right breast.

	F	XF
1917	50.00	95.00
1917-D	85.00	155
1917-S	90.00	150
1918	30.00	45.00
1918-D	65.00	135
1918-S	30.00	50.00
1919	55.00	80.00
1919-D	200	600
1919-S	170	490
1920	25.00	50.00
1920-D	80.00	160
1920-S	30.00	55.00
1921	400	810
1923	35.00	45.00
1923-S	665	1,550
1924	25.00	45.00
1924-D	110	185
1924-S	45.00	100
1925	10.00	45.00
1926	9.50	35.00
1926-D	25.00	90.00
1926-S	11.00	110
1927	9.50	30.00
1927-D	30.00	145
1927-S	110	925
1928	9.50	30.00
1928-D	10.50	45.00
1929	9.50	30.00
1929-D	10.50	40.00
1929-S	10.00	35.00
1930	9.50	30.00
1930-S	9.50	35.00

WASHINGTON

Size: 24.3 millimeters.
Weight: 6.25 grams.
Composition: 90% silver (0.1809 troy ounces), 10% copper.

	VF	MS-60
1932	5.50	25.00
1932-D	180	1,150
1932-S	165	465
1934	12.00	45.00
1934-D	20.00	250
1935	6.00	20.00
1935-D	16.50	245
1935-S	7.50	95.00
1936	6.00	25.00
1936-D	25.00	585
1936-S	6.50	110
1937	7.50	20.00
1937-D	6.50	70.00
1937-S	20.00	160
1938	6.50	90.00
1938-S	10.00	110
1939	5.50	15.00
1939-D	7.50	40.00
1939-S	12.00	100
1940	5.50	17.50
1940-D	12.50	130
1940-S	5.50	30.00
1941	5.50	9.50
1941-D	5.50	35.00
1941-S	5.50	30.00
1942	5.00	6.50
1942-D	5.50	18.00
1942-S	5.50	70.00
1943	5.00	6.50
1943-D	5.50	30.00
1943-S	5.50	25.00
1944	5.00	6.00
1944-D	5.50	20.00
1944-S	5.50	15.00
1945	5.00	6.00
1945-D	5.50	18.00
1945-S	5.50	8.50
1946	5.00	6.00
1946-D	5.50	9.75
1946-S	5.50	7.00
1947	5.50	11.50
1947-D	5.50	11.00
1947-S	5.50	9.50
1948	5.50	6.00
1948-D	5.50	13.00
1948-S	5.50	7.00
1949	5.50	35.00
1949-D	5.50	16.50
1950	5.00	10.00
1950-D	5.00	6.00
1950-S	5.50	13.50
1951	4.50	8.00
1951-D	5.00	8.50
1951-S	5.50	20.00
1952	4.50	9.00
1952-D	4.50	6.50
1952-S	5.50	15.00
1953	5.00	10.00
1953-D	4.50	6.00
1953-S	4.50	6.50
1954	4.50	6.00
1954-D	4.50	6.00
1954-S	4.50	6.00
1955	4.50	6.00
1955-D	5.50	6.50
1956	4.50	6.00
1956-D	4.50	6.00
1957	4.50	6.00
1957-D	4.50	6.00
1958	4.50	6.00
1958-D	4.50	6.00
1959	4.50	6.00
1959-D	4.50	6.00
1960	4.50	6.00
1960-D	4.50	6.00
1961	4.50	6.00
1961-D	4.50	6.00
1962	4.50	6.00
1962-D	4.50	6.00
1963	4.50	6.00
1963-D	4.50	6.00
1964	4.50	6.00
1964-D	4.50	6.00

Clad composition
Size: 24.3 millimeters.
Weight: 5.67 grams.
Composition: Clad layers of 75% copper and 25% nickel bonded to a pure copper core.

	MS-65	PF-65
1965	12.00	—
1966	7.50	—
1967	12.00	—
1968	15.00	—
1968-D	8.00	—
1968-S	—	2.00

1969	14.00	—
1969-D	10.00	—
1969-S	—	2.25
1970	12.00	—
1970-D	9.50	—
1970-S	—	2.00
1971	15.00	—
1971-D	6.50	—
1971-S	—	2.00
1972	7.50	—
1972-D	10.00	—
1972-S	—	2.00
1973	10.00	—
1973-D	12.50	—
1973-S	—	1.75
1974	8.00	—
1974-D	15.00	—
1974-S	—	2.50

Bicentennial reverse

	MS-65	PF-65
1976	8.00	—
1976-D	10.00	—
1976-S	—	3.25

Bicentennial reverse, silver composition

Weight: 5.75 grams.
Composition: Clad layers of 80% silver and 20% copper bonded to a core of 20.9% and 79.1% copper (0.0739 total troy ounces of silver).

	MS-65	PF-65
1976-S	6.00	4.50

Regular reverse resumed

Notes: Starting in 1992, Washington quarters in the traditional 90-percent-silver composition were struck for inclusion in silver proof sets, which also included silver dimes and silver half dollars.

	MS-65	PF-65
1977	10.00	—
1977-D	8.00	—
1977-S	—	2.75
1978	9.00	—
1978-D	11.00	—
1978-S	—	2.75
1979	10.00	—
1979-D	9.00	—
1979-S	—	2.50

1980-P	8.00	—
1980-D	8.50	—
1980-S	—	2.75
1981-P	8.00	—
1981-D	6.50	—
1981-S	—	2.75
1982-P	28.00	—
1982-D	15.00	—
1982-S	—	2.75
1983-P	45.00	—
1983-D	30.00	—
1983-S	—	3.00
1984-P	16.00	—
1984-D	12.50	—
1984-S	—	3.00
1985-P	15.00	—
1985-D	10.00	—
1985-S	—	3.00
1986-P	12.00	—
1986-D	15.00	—
1986-S	—	3.00
1987-P	10.00	—
1987-D	10.00	—
1987-S	—	3.00
1988-P	16.00	—
1988-D	14.00	—
1988-S	—	3.00
1989-P	18.00	—
1989-D	7.50	—
1989-S	—	3.00
1990-P	17.00	—
1990-D	7.00	—
1990-S	—	4.50
1991-P	15.00	—
1991-D	12.00	—
1991-S	—	3.00
1992-P	20.00	—
1992-D	27.50	—
1992-S	—	3.00
1992-S silver	—	8.00
1993-P	11.00	—
1993-D	14.00	—
1993-S	—	3.00
1993-S silver	—	8.00
1994-P	18.00	—
1994-D	8.00	—
1994-S	—	3.00
1994-S silver	—	9.00
1995-P	22.00	—
1995-D	20.00	—
1995-S	—	6.00
1995-S silver	—	9.00
1996-P	15.00	—
1996-D	14.00	—
1996-S	—	4.00
1996-S silver	—	9.00
1997-P	12.50	—
1997-D	16.00	—

1997-S	—	9.00
1997-S silver	—	9.00
1998-P	13.50	—
1998-D	13.50	—
1998-S	—	9.00
1998-S silver	—	8.00

50 STATE QUARTERS

Delaware	MS-65	PF-65
1999-P	8.00	—
1999-D	20.00	—
1999-S	—	12.00
1999-S silver	—	20.00

Pennsylvania	MS-65	PF-65
1999-P	15.00	—
1999-D	20.00	—
1999-S	—	12.00
1999-S silver	—	20.00

New Jersey	MS-65	PF-65
1999-P	10.00	—
1999-D	9.00	—
1999-S	—	12.00
1999-S silver	—	20.00

Georgia	MS-65	PF-65
1999-P	14.00	—
1999-D	14.00	—
1999-S	—	12.00
1999-S silver	—	20.00

Connecticut	MS-65	PF-65
1999-P	10.00	—
1999-D	9.00	—
1999-S	—	12.00
1999-S silver	—	20.00

Massachusetts	MS-65	PF-65
2000-P	10.00	—
2000-D	12.00	—
2000-S	—	3.50
2000-S silver	—	9.00

Maryland	MS-65	PF-65
2000-P	11.00	—
2000-D	11.00	—
2000-S	—	3.50
2000-S silver	—	9.00

Rhode Island	MS-65	PF-65
2001-P	6.50	—
2001-D	8.00	—
2001-S	—	11.00
2001-S silver	—	9.50

North Carolina	MS-65	PF-65
2001-P	7.50	—
2001-D	8.50	—
2001-S	—	11.00
2001-S silver	—	9.50

Louisiana	MS-65	PF-65
2002-P	6.50	—
2002-D	7.00	—
2002-S	—	4.00
2002-S silver	—	8.50

Indiana	MS-65	PF-65
2002-P	6.00	—
2002-D	6.50	—
2002-S	—	4.00
2002-S silver	—	8.50

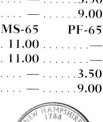 

South Carolina	MS-65	PF-65
2000-P	9.00	—
2000-D	12.00	—
2000-S	—	3.50
2000-S silver	—	9.00

New Hampshire	MS-65	PF-65
2000-P	12.50	—
2000-D	10.00	—
2000-S	—	3.50
2000-S silver	—	9.00

Vermont	MS-65	PF-65
2001-P	7.00	—
2001-D	7.00	—
2001-S	—	11.00
2001-S silver	—	9.50

Kentucky	MS-65	PF-65
2001-P	7.00	—
2001-D	8.00	—
2001-S	—	11.00
2001-S silver	—	9.50

Mississippi	MS-65	PF-65
2002-P	5.00	—
2002-D	6.00	—
2002-S	—	4.00
2002-S silver	—	8.50

Illinois	MS-65	PF-65
2003-P	7.00	—
2003-D	6.00	—
2003-S	—	3.50
2003-S silver	—	8.50

   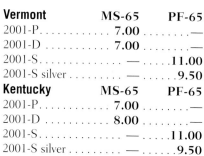 

Virginia	MS-65	PF-65
2000-P	8.00	—
2000-D	8.00	—
2000-S	—	3.50
2000-S silver	—	9.50

New York	MS-65	PF-65
2001-P	8.50	—
2001-D	8.50	—
2001-S	—	11.00
2001-S silver	—	9.50

Tennessee	MS-65	PF-65
2002-P	6.50	—
2002-D	7.00	—
2002-S	—	4.00
2002-S silver	—	8.50

Ohio	MS-65	PF-65
2002-P	6.50	—
2002-D	7.00	—
2002-S	—	4.00
2002-S silver	—	8.50

Alabama	MS-65	PF-65
2003-P	7.00	—
2003-D	7.00	—
2003-S	—	3.50
2003-S silver	—	8.50

Maine	MS-65	PF-65
2003-P	6.50	—
2003-D	8.00	—
2003-S	—	3.50
2003-S silver	—	8.50

Missouri	MS-65	PF-65
2003-P	7.00	—
2003-D	7.00	—
2003-S	—	3.50
2003-S silver	—	8.50

Arkansas	MS-65	PF-65
2003-P	7.00	—
2003-D	7.00	—
2003-S	—	3.50
2003-S silver	—	8.50

Michigan	MS-65	PF-65
2004-P	6.50	—
2004-D	6.50	—
2004-S	—	5.00
2004-S silver	—	8.50

Florida	MS-65	PF-65
2004-P	6.50	—
2004-D	7.00	—
2004-S	—	5.00
2004-S silver	—	8.50

Texas	MS-65	PF-65
2004-P	7.00	—
2004-D	7.00	—
2004-S	—	5.00
2004-S silver	—	8.50

Iowa	MS-65	PF-65
2004-P	6.50	—
2004-D	7.00	—
2004-S	—	5.00
2004-S silver	—	8.50

Wisconsin	MS-65	PF-65
2004-P	8.00	—
2004-D	10.00	—
2004-S	—	5.00
2004-S silver	—	8.50

Minnesota	MS-65	PF-65
2005-P	5.00	—

	MS-65	PF-65
2005-P satin finish	6.00	—
2005-D	5.00	—
2005-D satin finish	6.00	—
2005-S	—	3.00
2005-S silver	—	8.50

Oregon	MS-65	PF-65
2005-P	5.00	—
2005-P satin finish	6.00	—
2005-D	5.00	—
2005-D satin finish	6.00	—
2005-S	—	3.00
2005-S silver	—	8.50

Kansas	MS-65	PF-65
2005-P	5.00	—
2005-P satin finish	6.00	—
2005-D	5.00	—
2005-D satin finish	6.00	—
2005-S	—	3.00
2005-S silver	—	8.50

West Virginia	MS-65	PF-65
2005-P	5.00	—
2005-P satin finish	6.00	—
2005-D	5.00	—
2005-D satin finish	6.00	—
2005-S	—	3.00
2005-S silver	—	8.50

California	MS-65	PF-65
2005-P	5.00	—
2005-P satin finish	6.00	—
2005-D	5.00	—
2005-D satin finish	6.00	—
2005-S	—	3.00
2005-S silver	—	8.50

Nevada	MS-65	PF-65
2006-P	6.00	—
2006-P satin finish	5.00	—
2006-D	6.00	—
2006-D satin finish	5.00	—
2006-S	—	5.00
2006-S silver	—	8.50

Nebraska	MS-65	PF-65
2006-P	6.00	—
2006-P satin finish	5.00	—
2006-D	6.00	—

	MS-65	PF-65
2006-D satin finish	5.00	—
2006-S	—	5.00
2006-S silver	—	8.50

Colorado	MS-65	PF-65
2006-P	5.00	—
2006-P satin finish	5.00	—
2006-D	5.00	—
2006-D satin finish	5.00	—
2006-S	—	5.00
2006-S silver	—	8.50

North Dakota	MS-65	PF-65
2006-P	5.00	—
2006-P satin finish	5.00	—
2006-D	5.00	—
2006-D satin finish	5.00	—
2006-S	—	5.00
2006-S silver	—	8.50

South Dakota	MS-65	PF-65
2006-P	5.00	—
2006-P satin finish	5.00	—
2006-D	5.00	—
2006-D satin finish	5.00	—
2006-S	—	5.00
2006-S silver	—	8.50

Montana	MS-65	PF-65
2007-P	8.00	—
2007-D	5.00	—
2007-S	—	4.00
2007-S silver	—	8.50

Washington	MS-65	PF-65
2007-P	8.00	—
2007-D	8.00	—
2007-S	—	4.00
2007-S silver	—	8.50

Idaho	MS-65	PF-65
2007-P	8.00	—
2007-D	8.00	—

2007-S . . . . — 4.00
2007-S silver . . . . — 8.50

Wyoming	MS-65	PF-65
2007-P	8.00	—
2007-D	8.00	—
2007-S	—	4.00
2007-S silver	—	8.50

Utah	MS-65	PF-65
2007-P	8.00	—
2007-D	8.00	—
2007-S	—	4.00
2007-S silver	—	8.50

Oklahoma	MS-65	PF-65
2008-P	8.00	—
2008-D	8.00	—
2008-S	—	4.00
2008-S silver	—	8.50

New Mexico	MS-65	PF-65
2008-P	8.00	—
2008-D	8.00	—
2008-S	—	4.00
2008-S silver	—	8.50

Arizona	MS-65	PF-65
2008-P	8.00	—
2008-D	8.00	—
2008-S	—	4.00
2008-S silver	—	8.50

Alaska	MS-65	PF-65
2008-P	8.00	—
2008-D	8.00	—
2008-S	—	4.00
2008-S silver	—	8.50

Hawaii	MS-65	PF-65
2008-P	8.00	—
2008-D	8.00	—
2008-S	—	4.50
2008-S silver	—	8.50

DISTRICT OF COLUMBIA AND U.S. TERRITORIES

District of Columbia

	MS-65	PF-65
2009-P	8.00	—
2009-D	8.00	—
2009-S	—	4.00
2009-S silver	—	7.75

Puerto Rico	MS-65	PF-65
2009-P	8.00	—
2009-D	8.00	—
2009-S	—	4.00
2009-S silver	—	7.75

Guam	MS-65	PF-65
2009-P	8.00	—
2009-D	8.00	—
2009-S	—	4.00
2009-S silver	—	7.75

American Samoa

	MS-65	PF-65
2009-P	8.00	—
2009-D	8.00	—
2009-S	—	4.00
2009-S silver	—	7.75

U.S. Virgin Islands

	MS-65	PF-65
2009-P	8.00	—
2009-D	8.00	—
2009-S	—	4.00
2009-S silver	—	7.75

Northern Mariana Islands

	MS-65	PF-65
2009-P	8.00	—
2009-D	8.00	—
2009-S	—	4.00
2009-S silver	—	7.75

AMERICA THE BEAUTIFUL QUARTERS

Hot Springs	MS-65	PF-65
2010-P	8.00	—
2010-D	8.00	—
2010-S	—	4.00
2010-S silver	—	7.75

Yellowstone	MS-65	PF-65
2010-P	8.00	—
2010-D	8.00	—
2010-S	—	4.00
2010-S silver	—	7.75

Yosemite	MS-65	PF-65
2010-P	8.00	—
2010-D	8.00	—
2010-S	—	4.00
2010-S silver	—	7.75

Grand Canyon	MS-65	PF-65
2010-P	8.00	—
2010-D	8.00	—
2010-S	—	4.00
2010-S silver	—	7.75

Mount Hood	MS-65	PF-65
2010-P	8.00	—
2010-D	8.00	—
2010-S	—	4.00
2010-S silver	—	7.75

Gettysburg	MS-65	PF-65
2011-P	5.00	—
2011-D	5.00	—
2011-S	—	3.75
2011-S silver	—	7.75

Glacier	MS-65	PF-65
2011-P	5.00	—
2011-D	5.00	—
2011-S	—	3.75
2011-S silver	—	7.75

Olympic	MS-65	PF-65
2011-P	5.00	—
2011-D	5.00	—
2011-S	—	3.75
2011-S silver	—	7.75

Vicksburg	MS-65	PF-65
2011-P	5.00	—
2011-D	5.00	—
2011-S	—	3.75
2011-S silver	—	7.75

Chickasaw	MS-65	PF-65
2011-P	5.00	—
2011-D	5.00	—
2011-S	—	3.75
2011-S silver	—	7.75

El Yunque	MS-65	PF-65
2012-P	5.00	—
2012-D	5.00	—
2012-S	2.00	3.75
2012-S silver	—	7.75

Chaco Culture	MS-65	PF-65
2012-P	8.00	—
2012-D	8.00	—
2012-S	4.00	4.00
2012-S silver	—	7.75

Acadia	MS-65	PF-65
2012-P	5.00	—
2012-D	5.00	—
2012-S	2.00	3.75
2012-S silver	—	7.75

Hawai'i Volcanoes	MS-65	PF-65
2012-P	5.00	—
2012-D	5.00	—
2012-S	2.00	3.75
2012-S silver	—	7.75

Denali	MS-65	PF-65
2012-P	5.00	—
2012-D	5.00	—
2012-S	2.00	3.75
2012-S silver	—	7.75

White Mountain	MS-65	PF-65
2013-P	5.00	—
2013-D	5.00	—
2013-S	2.00	3.75
2013-S silver	—	7.75

Perry's Victory	MS-65	PF-65
2013-P	5.00	—
2013-D	5.00	—
2013-S	2.00	3.75
2013-S silver	—	7.75

Great Basin	MS-65	PF-65
2013-P	5.00	—
2013-D	5.00	—
2013-S	2.00	3.75
2013-S silver	—	7.75

Fort McHenry	MS-65	PF-65
2013-P	5.00	—
2013-D	5.00	—
2013-S	2.00	3.75
2013-S silver	—	7.75

Mount Rushmore	MS-65	PF-65
2013-P	5.00	—
2013-D	5.00	—
2013-S	2.00	3.75
2013-S silver	—	7.75

Great Smoky	MS-65	PF-65
2014-P	—	—
2014-D	—	—
2014-S	—	—
2014-S silver	—	7.75

Shenandoah	MS-65	PF-65
2014-P	—	—
2014-D	—	—
2014-S	—	—
2014-S silver	—	7.75

Arches	MS-65	PF-65
2014-P	—	—
2014-D	—	—
2014-S	—	—
2014-S silver	—	7.75

Great Sand	MS-65	PF-65
2014-P	—	—
2014-D	—	—
2014-S	—	—
2014-S silver	—	7.75

Everglades	MS-65	PF-65
2014-P	—	—
2014-D	—	—
2014-S	—	—
2014-S silver	—	7.75

HALF DOLLARS

FLOWING HAIR

Size: 32.5 millimeters.
Weight: 13.48 grams.

Composition: 89.24% silver (0.3869 troy ounces), 10.76% copper.

	VG	VF
1794	5,750	19,500
1795	1,450	4,850

DRAPED BUST
Small eagle

Size: 32.5 millimeters.
Weight: 13.48 grams.
Composition: 89.24% silver (0.3869 troy ounces), 10.76% copper.

	VG	VF
1796 15 stars	46,000	73,500
1796 16 stars	50,000	79,500
1797	46,300	74,300

Heraldic eagle

	VG	VF
1801	1,250	4,250
1802	1,350	4,500
1803 small 3	325	825
1803 large 3	235	715
1805	235	685
1806	235	665
1807	235	665

LIBERTY CAP

Size: 32.5 millimeters.
Weight: 13.48 grams.
Composition: 89.24% silver (0.3869 troy ounces), 10.76%.

	VG	VF
1807	175	750
1808	85.00	145
1809	80.00	140
1810	80.00	135
1811	80.00	125
1812	80.00	115
1813	80.00	115
1814	80.00	125
1815	1,550	3,650
1817	85.00	120
1818	80.00	120
1819	80.00	120
1820	90.00	140
1821	75.00	100
1822	75.00	100
1823	75.00	100
1824	75.00	100
1825	75.00	100
1826	75.00	100
1827	75.00	100
1828	75.00	100
1829	70.00	90.00
1830	80.00	90
1831	70.00	90.00
1832	70.00	90.00
1833	70.00	90.00
1834	75.00	90.00
1835	70.00	90.00
1836	70.00	90.00

Reeded edge, "50 Cents" on reverse

Size: 30 millimeters.
Weight: 13.36 grams.
Composition: 90% silver (0.3867 troy ounces), 10% copper.

	VG	VF
1836	1,075	2,000
1837	75.00	115

"Half Dol." On reverse

	VG	VF
1838	70.00	120

	VG	VF
1838-O	proof	250,000
1839	75.00	130
1839-O	325	650

SEATED LIBERTY

Size: 30.6 millimeters.
Weight: 13.36 grams.
Composition: 90% silver (0.3867 troy ounces), 10% copper.
Notes: Some 1839 strikes have drapery extending from Liberty's left elbow.

	VG	VF
1839 no drapery	90.00	575
1839 drapery	55.00	110
1840	55.00	110
1840-O	60.00	115
1841	65.00	165
1841-O	65.00	105
1842	55.00	90.00
1842-O	60.00	85.00
1843	55.00	90.00
1843-O	70.00	90.00
1844	55.00	65.00
1844-O	55.00	70.00
1845	55.00	125
1845-O	55.00	70.00
1845-O no drapery	70.00	115
1846	55.00	70.00
1846-O	55.00	70.00
1847	60.00	90.00
1847-O	55.00	90.00
1848	75.00	185
1848-O	55.00	75.00
1849	60.00	90.00
1849-O	55.00	70.00
1850	325	585
1850-O	55.00	80.00
1851	475	850
1851-O	55.00	120
1852	500	925
1852-O	125	350
1853-O rare		

Arrows at date, reverse rays

Size: 30.6 millimeters.
Weight: 12.44 grams.
Composition: 90% silver (0.36 troy ounces), 10% copper.

	VG	VF
1853	50.00	95.00
1853-O	55.00	125

Reverse rays removed

	VG	VF
1854	50.00	75.00
1854-O	50.00	75.00
1855	50.00	85.00
1855-O	55.00	75.00
1855-S	575	1,600

Arrows at date removed

	VG	VF
1856	50.00	80.00
1856-O	50.00	80.00
1856-S	110	275
1857	50.00	80.00
1857-O	55.00	85.00
1857-S	125	375
1858	50.00	80.00
1858-O	50.00	80.00
1858-S	65.00	140
1859	55.00	90.00
1859-O	50.00	80.00
1859-S	60.00	100
1860	55.00	100
1860-O	55.00	80.00
1860-S	60.00	90.00
1861	55.00	80.00
1861-O	60.00	90.00
1861-S	60.00	90.00
1862	65.00	120
1862-S	60.00	80.00
1863	75.00	110
1863-S	70.00	90.00
1864	75.00	150
1864-S	70.00	125

1865	70.00	100
1865-S	65.00	100
1866 proof, one known		
1866-S	650	1,150

Motto above eagle

	VG	VF
1866	65.00	95.00
1866-S	60.00	85.00
1867	65.00	130
1867-S	60.00	70.00
1868	70.00	185
1868-S	50.00	70.00
1869	65.00	85.00
1869-S	65.00	95.00
1870	55.00	80.00
1870-CC	1,850	7,250
1870-S	55.00	95.00
1871	50.00	75.00
1871-CC	400	1,275
1871-S	50.00	70.00
1872	60.00	75.00
1872-CC	175	750
1872-S	60.00	135
1873 closed 3	55.00	115
1873 open 3	4,450	6,600
1873-CC	325	950

Arrows at date

Size: 30.6 millimeters.
Weight: 12.5 grams.
Composition: 90% silver (0.3618 troy ounces), 10% copper.

	VG	VF
1873	70.00	125
1873-CC	400	1,100
1873-S	110	245
1874	55.00	90.00
1874-CC	1,000	3,250
1874-S	65.00	185

Arrows at date removed

	VG	VF
1875	50.00	90.00
1875-CC	85.00	225
1875-S	50.00	95.00
1876	50.00	90.00
1876-S	50.00	90.00
1876-CC	65.00	140
1877	45.00	90.00
1877-CC	75.00	140
1877-S	40.00	90.00
1878	55.00	130
1878-CC	1,300	2,750
1878-S	42,000	60,000
1879	310	450
1880	300	425
1881	325	425
1882	410	600
1883	390	560
1884	425	610
1885	450	575
1886	550	725
1887	600	800
1888	310	410
1889	315	465
1890	310	415
1891	75.00	140

BARBER

Size: 30.6 millimeters.
Weight: 12.5 grams.
Composition: 90% silver (0.3618 troy ounces), 10% copper.

	VG	VF
1892	45.00	120
1892-O	420	600
1892-S	330	550
1893	35.00	150
1893-O	70.00	230
1893-S	240	750

1894	55.00	220
1894-O	35.00	180
1894-S	30.00	130
1895	30.00	165
1895-O	70.00	195
1895-S	55.00	255
1896	30.00	160
1896-O	65.00	350
1896-S	160	400
1897	25.00	100
1897-O	240	835
1897-S	230	600
1898	25.00	100
1898-O	100	400
1898-S	50.00	175
1899	25.00	100
1899-O	35.00	180
1899-S	45.00	165
1900	25.00	100
1900-O	20.00	190
1900-S	25.00	100
1901	25.00	100
1901-O	30.00	235
1901-S	55.00	375
1902	25.00	100
1902-O	25.00	115
1902-S	25.00	165
1903	25.00	100
1903-O	25.00	135
1903-S	25.00	145
1904	25.00	100
1904-O	30.00	250
1904-S	100	775
1905	35.00	195
1905-O	45.00	235
1905-S	25.00	135
1906	25.00	100
1906-D	25.00	115
1906-O	25.00	100
1906-S	25.00	135
1907	20.00	100
1907-D	20.00	100
1907-O	20.00	100
1907-S	25.00	190
1908	25.00	100
1908-D	25.00	100
1908-O	25.00	100
1908-S	30.00	175
1909	25.00	100
1909-O	25.00	185
1909-S	25.00	100
1910	30.00	180
1910-S	25.00	100
1911	20.00	100
1911-D	25.00	115
1911-S	25.00	100
1912	25.00	100
1912-D	25.00	100
1912-S	20.00	115

1913	90.00	400
1913-D	25.00	100
1913-S	25.00	125
1914	170	525
1914-S	25.00	100
1915	140	410
1915-D	25.00	100
1915-S	25.00	120

WALKING LIBERTY

Size: 30.6 millimeters.
Weight: 12.5 grams.
Composition: 90% silver (0.3618 troy ounces), 10-percent copper.
Notes: The mintmark appears on the obverse below the word "Trust" on all 1916 strikes and some 1917 strikes. It was then moved to the reverse at approximately the 8 o'clock position.

	F	XF
1916	95.00	235
1916-D	80.00	210
1916-S	280	600
1917-D obverse mintmark	80.00	235
1917-S obverse mintmark	135	700
1917 reverse mintmark	20.00	40.00
1917-D reverse mintmark	45.00	275
1917-S reverse mintmark	20.00	65.00
1918	20.00	150
1918-D	40.00	225
1918-S	18.00	75.00
1919	80.00	535
1919-D	95.00	765
1919-S	70.00	825
1920	20.00	75.00
1920-D	65.00	460
1920-S	20.00	235
1921	315	2,150
1921-D	575	2,700
1921-S	200	4,150
1923-S	30.00	450
1927-S	17.00	165
1928-S	20.00	200
1929-D	18.00	100
1929-S	17.00	115

1933-S	17.50	60.00
1934	16.00	25.00
1934-D	15.00	35.00
1934-S	16.00	30.00
1935	13.50	20.00
1935-D	16.00	35.00
1935-S	15.00	45.00
1936	11.50	20.00
1936-D	12.50	25.00
1936-S	12.50	30.00
1937	10.00	20.00
1937-D	12.50	35.00
1937-S	12.50	25.00
1938	11.00	20.00
1938-D	100	185
1939	10.50	20.00
1939-D	11.00	20.00
1939-S	11.50	25.00
1940	10.00	20.00
1940-S	10.00	20.00
1941	10.00	18.00
1941-D	11.00	20.00
1941-S	11.00	20.00
1942	10.00	18.00
1942-D	10.00	20.00
1942-S	10.00	20.00
1943	10.00	18.00
1943-D	10.00	20.00
1943-S	10.00	20.00
1944	10.00	18.00
1944-D	10.00	20.00
1944-S	10.00	20.00
1945	10.00	18.00
1945-D	10.00	20.00
1945-S	10.00	20.00
1946	10.00	18.00
1946-D	11.00	25.00
1946-S	10.00	20.00
1947	10.00	20.00
1947-D	11.00	20.00

FRANKLIN

Size: 30.6 millimeters.
Weight: 12.5 grams.
Composition: 90% silver (0.3618 troy ounces), 10% copper.

	XF	MS-60
1948	11.00	12.00
1948-D	10.00	11.00
1949	11.00	40.00
1949-D	12.00	45.00

	MS-65	PF-65
1949-S	16.00	60.00
1950	9.50	25.00
1950-D	11.00	20.00
1951	10.00	12.00
1951-D	13.00	25.00
1951-S	10.00	25.00
1952	10.00	12.00
1952-D	10.00	12.00
1952-S	16.00	50.00
1953	10.00	25.00
1953-D	9.00	10.00
1953-S	11.00	25.00
1954	9.00	10.00
1954-D	9.00	10.00
1954-S	9.00	11.00
1955	18.00	20.00
1956	9.00	11.00
1957	9.00	11.00
1957-D	9.00	11.00
1958	9.00	11.00
1958-D	9.00	11.00
1959	9.00	11.00
1959-D	9.00	11.00
1960	9.00	11.00
1960-D	9.00	11.00
1961	9.00	11.00
1961-D	9.00	11.00
1962	9.00	11.00
1962-D	9.00	11.00
1963	9.00	11.00
1963-D	9.00	11.00

KENNEDY

Size: 30.6 millimeters.
Weight: 12.5 grams.
Composition: 90% silver (0.3618 troy ounces), 10% copper.

	MS-65	PF-65
1964	22.00	15.00
1964-D	24.00	—

40-percent-silver composition
Weight: 11.5 grams.
Composition: Clad layers of 80% silver and 20% copper bonded to a core of 20.9% silver and 79.1% copper (0.148 total troy ounces of silver).

	MS-65	PF-65
1965	15.00	—
1966	20.00	—
1967	18.00	—
1968-D	16.00	—
1968-S	—	8.50
1969-D	20.00	—
1969-S	—	8.50
1970-D	40.00	—
1970-S	—	12.00

Clad composition
Weight: 11.34 grams.
Composition: Clad layers of 75% copper and 25% nickel bonded to a pure copper core.

	MS-65	PF-65
1971	15.00	—
1971-D	15.00	—
1971-S	—	8.00
1972	20.00	—
1972-D	14.00	—
1972-S	—	7.00
1973	14.00	—
1973-D	12.00	—
1973-S	—	7.00
1974	18.00	—
1974-D	20.00	—
1974-S	—	6.00

Bicentennial reverse

	MS-65	PF-65
1976	22.00	—
1976-D	9.00	—
1976-S	—	5.00

Bicentennial reverse, silver composition
Weight: 11.5 grams.
Composition: 40% silver (0.148 troy ounces), 60% copper.

	MS-65	PF-65
1976-S	12.00	8.50

Regular reverse resumed
Notes: Starting in 1992, Kennedy half dollars in the traditional 90-percent-silver composition were struck for inclusion in silver proof sets, which also included silver dimes and silver quarters.

	MS-65	PF-65
1977	18.00	—
1977-D	20.00	—
1977-S	—	4.50
1978	12.00	—
1978-D	10.00	—
1978-S	—	6.00
1979	11.00	—
1979-D	9.00	—
1979-S	—	6.00
1980-P	9.00	—
1980-D	6.50	—
1980-S	—	6.00
1981-P	8.00	—
1981-D	8.50	—
1981-S	—	5.00
1982-P	10.00	—
1982-D	9.00	—
1982-S	—	6.50
1983-P	20.00	—
1983-D	10.00	—
1983-S	—	6.50
1984-P	13.00	—
1984-D	18.00	—
1984-S	—	7.00
1985-P	10.00	—
1985-D	12.00	—
1985-S	—	6.00
1986-P	25.00	—
1986-D	17.00	—
1986-S	—	8.00
1987-P	14.00	—
1987-D	10.00	—
1987-S	—	6.50
1988-P	16.00	—
1988-D	12.00	—
1988-S	—	6.00
1989-P	18.00	—
1989-D	14.00	—
1989-S	—	8.00
1990-P	18.00	—
1990-D	15.00	—
1990-S	—	7.00
1991-P	15.00	—
1991-D	16.00	—
1991-S	—	13.00
1992-P	12.00	—
1992-D	8.00	—
1992-S	—	8.00
1992-S silver	—	13.00
1993-P	15.00	—
1993-D	14.00	—
1993-S	—	14.00
1993-S silver	—	15.00
1994-P	8.00	—
1994-D	8.00	—
1994-S	—	11.00
1994-S silver	—	13.00
1995-P	9.00	—
1995-D	8.00	—
1995-S	—	35.00
1995-S silver	—	45.00

1996-P	10.00	—
1996-D	8.00	—
1996-S	—	16.00
1996-S silver	—	15.00
1997-P	14.00	—
1997-D	10.00	—
1997-S	—	35.00
1997-S silver	—	35.00
1998-P	12.50	—
1998-D	12.50	—
1998-S	—	20.00
1998-S silver	—	13.00
1999-P	9.00	—
1999-D	9.00	—
1999-S	—	18.00
1999-S silver	—	15.00
2000-P	9.00	—
2000-D	7.00	—
2000-S	—	8.00
2000-S silver	—	13.00
2001-P	9.00	—
2001-D	9.00	—
2001-S	—	8.00
2001-S silver	—	13.00
2002-P	10.00	—
2002-D	10.00	—
2002-S	—	8.00
2002-S silver	—	13.00
2003-P	14.00	—
2003-D	14.00	—
2003-S	—	6.00
2003-S silver	—	13.00
2004-P	7.00	—
2004-D	7.00	—
2004-S	—	13.00
2004-S silver	—	13.00
2005-P	9.00	—
2005-P satin finish	8.00	—
2005-D	9.00	—
2005-D satin finish	10.00	—
2005-S	—	7.00
2005-S silver	—	14.00
2006-P	12.00	—
2006-P satin finish	12.00	—
2006-D	20.00	—
2006-D satin finish	14.00	—
2006-S	—	10.00
2006-S silver	—	14.00
2007-P	7.00	—
2007-P satin finish	8.00	—
2007-D	7.00	—
2007-D satin finish	8.00	—
2007-S	—	10.00
2007-S silver	—	15.00
2008-P	7.00	—
2008-P satin finish	8.50	—
2008-D	7.00	—
2008-D satin finish	8.50	—

2008-S	—	12.00
2008-S silver	—	14.00
2009-P	7.00	—
2009-P satin finish	8.50	—
2009-D	7.00	—
2009-D satin finish	8.50	—
2009-S	—	6.00
2009-S silver	—	13.00
2010-P	7.00	—
2010-P satin finish	8.50	—
2010-D	7.00	—
2010-D satin finish	8.50	—
2010-S	—	6.00
2010-S silver	—	14.00
2011-P	4.50	—
2011-D	4.50	—
2011-S	—	9.00
2011-S silver	—	14.00
2012-P	4.50	—
2012-D	4.50	—
2012-S	—	9.00
2012-S silver	—	14.00
2013-P	4.50	—
2013-D	4.50	—
2013-S	—	9.00
2013-S silver	—	14.00
2014-P	—	—
2014-D	—	—
2014-S	—	—
2014-S silver	—	—

SILVER DOLLARS

FLOWING HAIR

Size: 39-40 millimeters.
Weight: 26.96 grams.
Composition: 89.24% silver (0.7737 troy ounces), 10.76% copper.

	VG	VF
1794	90,000	170,000
1795	2,200	7,500

DRAPED BUST

Small eagle

Size: 39-40 millimeters.
Weight: 26.96 grams.
Composition: 89.24% silver (0.7737 troy ounces), 10.76% copper.

	VG	VF
1795	2,100	6,000
1796	2,100	6,500
1797	2,300	6,500
1798 13 stars	2,150	6,300
1798 15 stars	2,750	7,450

Heraldic eagle

	VG	VF
1798	1,185	2,735
1799	1,150	2,700
1800	1,200	3,000
1801	1,300	3,200
1802	1,275	3,000
1803	1,300	3,000
1804 15 known		

SEATED LIBERTY

Size: 38.1 millimeters.
Weight: 26.73 grams.
Composition: 90% silver (0.7736 troy ounces), 10% copper.

	F	XF
1840	340	680
1841	315	610
1842	315	630
1843	315	465
1844	360	785
1845	385	900
1846	345	650
1846-O	370	775
1847	315	465
1848	515	1,250
1849	350	600
1850	380	1,750
1850-O	515	1,550
1851	5,750	18,000
1852	5,200	15,000
1853	550	1,100
1854	2,000	4,500
1855	1,500	3,750
1856	650	1,650
1857	675	1,500
1858 proof, restrike.	4,000	7,250
1859	400	655
1959-O	315	465
1859-S	510	1,550
1860	380	660
1860-O	315	465
1861	900	1,750
1862	850	1,450
1863	575	985
1864	500	920
1865	420	950
1866 2 known		

Motto above eagle

	F	XF
1866	440	800
1867	400	670
1868	400	650
1869	370	640
1870	350	600
1870-CC	825	2,650
1870-S 12-15 known		
1871	330	545
1871-CC	4,400	14,500
1872	330	500
1872-CC	2,850	4,850
1872-S	550	2,000
1873	340	510
1873-CC	11,500	31,500

TRADE DOLLAR

Size: 38.1 millimeters.
Weight: 27.22 grams.
Composition: 90% silver (0.7878 troy ounces), 10% copper.
Notes: Trade dollars were struck to facilitate trade with Southeast Asia.

	F	XF
1873	175	280
1873-CC	410	875
1873-S	200	280

	F	XF
1874	170	280
1874-CC	355	625
1874-S	165	280
1875	400	550
1875-CC	330	525
1875-S	155	260
1876	165	280
1876-CC	335	585
1876-S	155	255
1877	165	265
1877-CC	385	700
1877-S	155	255
1878	proof	1,300
1878-CC	880	2,750
1878-S	155	225
1879	proof	1,310
1880	proof	1,285
1881	proof	1,325
1882	proof	1,300
1883	proof	1,325
1884	proof	100,000
1885 proof, rare		

MORGAN

Size: 38.1 millimeters.
Weight: 26.73 grams.
Composition: 90% silver (0.7736 troy ounces), 10% copper.
Notes: The 1878 "8 tail feathers" and "7 tail feathers" varieties are distinguished by the number of feathers in the eagle's tail. On the "reverse of 1878" varieties, the top of the top feather in the arrows held by the eagle is straight across and the eagle's breast is concave. On the "reverse of 1878" varieties, the top of the top feather in the arrows held by the eagle is slanted and the eagle's breast is convex.

	VF	MS-60
1878 8 tail feathers	55.00	170
1878 7-over-8 tail feathers	50.00	190

1878 7 tail feathers,
    reverse of 1878 . . **50.00** **85.00**
1878 7 tail feathers,
    reverse of 1879 . **50.00** 110
1878-CC 120 315
1878-S . . . . 35.00 . . . . .65.00
1879 . . . . 35.00 . . . .60.00
1879-CC 300 4,525
1879-O . . . . 40.00 . . . .95.00
1879-S reverse of 1878
    . . . . 40.00 190
1879-S reverse of 1879
    . . . . 35.00 . . . .60.00
1880 . . . . 35.00 . . . .55.00
1880-CC reverse of 1878
    . . . . 245 575
1880-CC reverse of 1879
    . . . . 240 550
1880-O . . . . . . 40.00 . . . .90.00
1880-S . . . . 35.00 . . . .55.00
1881 . . . . 35.00 . . . .60.00
1881-CC 410 520
1881-O . . . . 35.00 . . . .55.00
1881-S . . . . 35.00 . . . .55.00
1882 . . . . 35.00 . . . .55.00
1882-CC 110 220
1882-O . . . . 35.00 . . . .55.00
1882-S . . . . 35.00 . . . .55.00
1883 . . . . 35.00 . . . .55.00
1883-CC 110 215
1883-O . . . . 40.00 . . . .50.00
1883-S 35.00 835
1884 . . . . 35.00 . . . .55.00
1884-CC 150 215
1884-O . . . . 35.00 . . . .50.00
1884-S 35.00 8,000
1885 . . . . 35.00 . . . .50.00
1885-CC 600 710
1885-O . . . . 35.00 . . . .50.00
1885-S 40.00 275
1886 . . . . 35.00 . . . .50.00
1886-O 35.00 980
1886-S 85.00 365
1887 . . . . 35.00 . . . .50.00
1887-O . . . . 35.00 . . . .70.00
1887-S 35.00 145
1888 . . . . 35.00 . . . .55.00
1888-O . . . . 35.00 . . . .55.00
1888-S 210 335
1889 . . . . 35.00 . . . .55.00
1889-CC . . . . 1,300 . . 28,500
1889-O 35.00 200
1889-S 65.00 275
1890 . . . . 35.00 . . . .55.00
1890-CC 100 535
1890-O . . . . 35.00 . . . .80.00
1890-S . . . . 35.00 . . . .65.00
1891 . . . . 35.00 . . . .70.00
1891-CC 100 500

1891-O 35.00 210
1891-S . . . . 35.00 . . . .70.00
1892 . . . . 40.00 330
1892-CC 245 1,525
1892-O 40.00 300
1892-S . . . . 135 . . 44,500
1893 . . . . 260 735
1893-CC 660 5,750
1893-O 380 3,000
1893-S . . . . 5,750 . . 142,500
1894 . . . . 1,320 3,500
1894-O 60.00 1,000
1894-S 110 880
1895 . . . . . *proof* 36,500 . . . . —
1895-O . . . . 480 . . 15,500
1895-S 900 4,100
1896 . . . . 35.00 . . . .50.00
1896-O 35.00 1,575
1896-S 60.00 2,325
1897 . . . . 35.00 . . . .55.00
1897-O 35.00 925
1897-S . . . . 35.00 . . . .85.00
1898 . . . . 35.00 . . . .55.00
1898-O . . . . 35.00 . . . .55.00
1898-S 35.00 270
1899 . . . . 200 265
1899-O . . . . 35.00 . . . .55.00
1899-S 40.00 415
1900 . . . . 35.00 . . . .55.00
1900-O . . . . 35.00 . . . .55.00
1900-S 40.00 320
1901 . . . . 60.00 2,925
1901-O . . . . 35.00 . . . .55.00
1901-S 40.00 510
1902 . . . . 40.00 . . . .65.00
1902-O . . . . 35.00 . . . .55.00
1902-S 150 400
1903 . . . . 50.00 . . . .65.00
1903-O 375 435
1903-S 210 4,450
1904 . . . . 40.00 100
1904-O . . . . 50.00 . . . .60.00
1904-S 90.00 2,350
1921 . . . . 30.00 . . . .45.00
1921-D . . . . 30.00 . . . .55.00
1921-S . . . . 30.00 . . . .55.00

PEACE

Size: 38.1 millimeters.
Weight: 26.73 grams.
Composition: 90% silver (0.7736 troy ounces), 10% copper.

	VF	MS-60
1921	135	300
1922	30.00	45.00
1922-D	30.00	50.00
1922-S	30.00	50.00
1923	30.00	45.00
1923-D	30.00	75.00
1923-S	30.00	50.00
1924	30.00	45.00
1924-S	35.00	245
1925	30.00	45.00
1925-S	30.00	100
1926	30.00	55.00
1926-D	30.00	95.00
1926-S	30.00	60.00
1927	35.00	85.00
1927-D	35.00	220
1927-S	35.00	200
1928	385	540
1928-S	45.00	180
1934	45.00	120
1934-D	45.00	170
1934-S	80.00	2,150
1935	45.00	85.00
1935-S	50.00	325

CLAD DOLLARS

EISENHOWER

Size: 38.1 millimeters.
Weight: 24.59 grams (silver issues) and 22.68 grams (copper-nickel issues).
Clad composition: 75% copper and 25% nickel bonded to a pure copper core.
Silver clad composition: Clad layers of 80% silver and 20% copper bonded to a core of 20.9% silver and 79.1% copper (0.3161 total troy ounces of silver).

	MS-63	PF-65
1971	10.00	—
1971-D	8.00	—
1971-S silver	16.00	11.00
1972	18.00	—
1972-D	9.00	—
1972-S silver	16.00	9.00
1973	12.00	—
1973-D	12.00	—
1973-S	—	12.00
1973-S silver	16.00	45.00
1974	15.00	—
1974-D	7.50	—
1974-S	—	11.00
1974-S silver	16.00	11.00

Bicentennial reverse

Notes: In 1976 the lettering on the reverse was changed to thinner letters, resulting in Type 1 (thicker letters) and Type 2 (thinner letters) for that year.

	MS-63	PF-65
1976 Type 1	12.00	—
1976 Type 2	8.00	—
1976-D Type 1	7.50	—
1976-D Type 2	6.00	—
1976-S Type 1	—	10.00
1976-S Type 2	—	9.00
1976-S silver	14.00	14.00

Regular reverse resumed

	MS-63	PF-65
1977	5.00	—
1977-D	4.00	—
1977-S	—	9.00
1978	4.00	—
1978-D	4.75	—
1978-S	—	9.00

ANTHONY

Size: 26.5 millimeters.
Weight: 8.1 grams.
Composition: Clad layers of 75% copper and 25% nickel bonded to a pure copper core.
Notes: The 1979-S and 1981-S Type 2 coins have a clearer mintmark than the Type 1 varieties for those years.

	MS-63	PF-65
1979-P	2.50	—
1979-D	3.00	—
1979-S	3.00	—
1979-S Type 1	—	8.00
1979-S Type 2	—	110
1980-P	3.00	—
1980-D	3.00	—
1980-S	3.50	8.00
1981-P	7.50	—
1981-D	7.50	—
1981-S	7.50	—
1981-S Type 1	—	8.00
1981-S Type 2	—	230
1999-P	4.00	25.00
1999-D	4.00	—

SACAGAWEA

Diameter: 26.4 millimeters.
Weight: 8.07 grams.
Composition: 88.5% copper, 6% zinc, 3.5% manganese, 2% nickel.

	MS-63	PF-65
2000-P	2.00	—
2000-D	2.00	—
2000-S	—	10.00
2001-P	2.00	—
2001-D	2.00	—
2001-S	—	100.00
2002-P	2.00	—
2002-D	2.00	—
2002-S	—	28.50
2003-P	3.00	—
2003-D	3.00	—
2003-S	—	20.00
2004-P	2.50	—
2004-D	2.50	—
2004-S	—	22.50
2005-P	2.50	—
2005-D	2.50	—
2005-S	—	22.50
2006-P	2.50	—
2006-D	5.00	—
2006-S	—	22.50
2007-P	2.50	—
2007-D	2.50	—
2007-S	—	22.50
2008-P	2.50	—
2008-D	2.50	—
2008-S	—	22.50

Native American reverses

Agriculture	MS-63	PF-65
2009-P	5.00	—
2009-D	5.00	—
2009-S	—	6.00

Great Tree of Peace

	MS-63	PF-65
2010-P	5.00	—
2010-D	5.00	—
2010-S	—	12.50

Diplomacy, Treaties with Tribal Nations

	MS-63	PF-65
2011-P	5.50	—
2011-D	5.00	—
2011-S	—	8.00

Trade Routes in the 17th Century

	MS-65	PF-65
2012-P	7.00	—
2012-D	7.00	—
2012-S	—	12.50

The Delaware Treaty

	MS-65	PF-65
2013-P	3.00	—
2013-D	3.00	—
2013-S	—	5.00

Native Hospitality, Lewis and Clark Expedition

	MS-65	PF-65
2014-P	—	—
2014-D	—	—
2014-S	—	—

PRESIDENTIAL

Diameter: 26.4 millimeters.
Weight: 8.07 grams.
Composition: 88.5% copper, 6% zinc, 3.5% manganese, 2% nickel.

Washington

	MS-63	PF-65
2007-P	3.00	—
2007-D	3.00	—
2007-S	—	3.00

J. Adams

	MS-63	PF-65
2007-P	3.00	—
2007-D	3.00	—
2007-S	—	3.00

Jefferson

	MS-63	PF-65
2007-P	3.00	—
2007-D	3.00	—
2007-S	—	3.00

Madison

	MS-63	PF-65
2007-P	3.00	—
2007-D	3.00	—
2007-S	—	4.00

Monroe

	MS-63	PF-65
2008-P	3.00	—
2008-D	3.00	—
2008-S	—	4.00

J.Q. Adams

	MS-63	PF-65
2008-P	3.00	—
2008-D	3.00	—
2008-S	—	4.00

Jackson

	MS-63	PF-65
2008-P	3.00	—
2008-D	3.00	—
2008-S	—	4.00

Van Buren

	MS-63	PF-65
2008-P	3.00	—

2008-D	3.00	—
2008-S	—	4.00

Harrison

	MS-63	PF-65
2009-P	3.00	—
2009-D	3.00	—
2009-S	—	3.00

Tyler

	MS-63	PF-65
2009-P	3.00	—
2009-D	3.00	—
2009-S	—	3.00

Polk

	MS-63	PF-65
2009-P	3.00	—
2009-D	3.00	—
2009-S	—	3.00

Taylor

	MS-63	PF-65
2009-P	3.00	—
2009-D	3.00	—
2009-S	—	3.00

Fillmore

	MS-63	PF-65
2010-P	3.00	—
2010-D	3.00	—
2010-S	—	4.00

Pierce

	MS-63	PF-65
2010-P	3.00	—
2010-D	3.00	—
2010-S	—	4.00

Buchanan

	MS-63	PF-65
2010-P	3.00	—
2010-D	3.00	—
2010-S	—	4.00

Lincoln   **MS-63**   **PF-65**
2010-P . . . . 3.00 . . . . —
2010-D . . . . 3.00 . . . . —
2010-S . . . . — 4.00
A. Johnson   **MS-63**   **PF-65**
2011-P . . . . 3.00 . . . . —
2011-D . . . . 3.00 . . . . —
2011-S . . . . — 4.00

Grant   **MS-63**   **PF-65**
2011-P . . . . 3.00 . . . . —
2011-D . . . . 3.00 . . . . —
2011-S . . . . — 4.00
Hayes   **MS-63**   **PF-65**
2011-P . . . . 3.00 . . . . —
2011-D . . . . 3.00 . . . . —
2011-S . . . . — 4.00

Garfield   **MS-63**   **PF-65**
2011-P . . . . 3.00 . . . . —
2011-D . . . . 3.00 . . . . —
2011-S . . . . — 4.00
Arthur   **MS-65**   **PF-65**
2012-P . . . . 3.00 . . . . —
2012-D . . . . 3.00 . . . . —
2012-S . . . . — 4.00

Cleveland (first term)
            MS-65   **PF-65**
2012-P . . . . 3.00 . . . . —

2012-D . . . . 3.00 . . . . —
2012-S . . . . — 5.00
Harrison   **MS-65**   **PF-65**
2012-P . . . . 3.00 . . . . —
2012-D . . . . 3.00 . . . . —
2012-S . . . . — 5.00

Cleveland (second term)
            MS-65   **PF-65**
2012-P . . . . 3.00 . . . . —
2012-D . . . . 3.00 . . . . —
2012-S . . . . — 5.00
McKinley   **MS-65**   **PF-65**
2013-P . . . . 3.00 . . . . —
2013-D . . . . 3.00 . . . . —
2013-S . . . . — 5.00

T. Roosevelt   **MS-65**   **PF-65**
2013-P . . . . 3.00 . . . . —
2013-D . . . . 3.00 . . . . —
2013-S . . . . — 5.00
Taft   **MS-65**   **PF-65**
2013-P . . . . 3.00 . . . . —
2013-D . . . . 3.00 . . . . —
2013-S . . . . — 5.00

Wilson   **MS-65**   **PF-65**
2013-P . . . . 3.00 . . . . —
2013-D . . . . 3.00 . . . . —
2013-S . . . . — 5.00
Harding   **MS-65**   **PF-65**
2014-P . . . . — . . . . —
2014-D . . . . — . . . . —
2014-S . . . . — . . . . —

Coolidge   **MS-65**   **PF-65**
2014-P . . . . — . . . . —
2014-D . . . . — . . . . —
2014-S . . . . — . . . . —
Hoover   **MS-65**   **PF-65**
2014-P . . . . — . . . . —
2014-D . . . . — . . . . —
2014-S . . . . — . . . . —

F.D. Roosevelt   **MS-65**   **PF-65**
2014-P . . . . — . . . . —
2014-D . . . . — . . . . —
2014-S . . . . — . . . . —

GOLD DOLLARS

TYPE 1

Size: 13 millimeters.
Weight: 1.672 grams.
Composition: 90% gold (0.0484 troy ounces), 10% copper.

	VF	XF
1849	220	250
1849-C	950	1,450
1849-D	1,300	1,875
1849-O	235	610
1850	210	245
1850-C	1,150	1,600
1850-D	1,250	1,725
1850-O	275	390
1851	210	245
1851-C	1,150	1,500
1851-D	1,250	1,675
1851-O	195	240
1852	210	245
1852-C	1,040	1,400
1852-D	1,250	1,675
1852-O	175	260
1853	210	245
1853-C	1,100	1,400
1853-D	1,250	1,700

1853-O	160	235
1854	210	245
1854-D	1,400	2,350
1854-S	360	525

TYPE 2

Size: 15 millimeters.
Weight: 1.672 grams.
Composition: 90% gold (0.0484 ounces), 10% copper.

	VF	XF
1854	280	410
1855	280	410
1855-C	1,450	3,750
1855-D	4,750	9,800
1855-O	440	600
1856-S	820	1,325

TYPE 3

Size: 15 millimeters.
Weight: 1.672 grams.
Composition: 90% gold (0.0484 ounces), 10% copper.

	VF	XF
1856	250	310
1856-D	3,650	5,800
1857	245	285
1857-C	1,150	1,750
1857-D	1,300	2,300
1857-S	520	650
1858	245	285
1858-D	1,250	1,600
1858-S	400	575
1859	245	285
1859-C	1,050	1,700
1859-D	1,500	2,100
1859-S	265	525
1860	245	285
1860-D	2,500	4,200
1860-S	380	500
1861	245	285
1861-D	7,000	11,000
1862	245	285
1863	500	925
1864	370	475
1865	370	590
1866	385	470
1867	420	525

1868	290	415
1869	460	530
1870	290	410
1870-S	475	785
1871	290	390
1872	300	400
1873 closed 3	425	825
1873 open 3	245	285
1874	245	285
1875	2,350	4,650
1876	300	360
1877	210	340
1878	250	365
1879	225	285
1880	180	300
1881	270	300
1882	275	300
1883	265	300
1884	265	300
1885	265	300
1886	265	300
1887	265	300
1888	265	300
1889	265	300

GOLD $2.50

LIBERTY CAP

Size: 20 millimeters.
Weight: 4.37 grams.
Composition: 91.67% gold (0.1289 troy ounces), 8.33% copper.

	F	XF
1796 no stars on obverse	55,000	100,000
1796 stars on obverse	26,500	65,000
1797	20,000	45,000
1798	8,000	16,000
1802	4,250	14,500
1804 13 stars on reverse	45,000	125,000
1804 14 stars on reverse	4,550	15,500
1805	4,250	14,500
1806	4,250	15,000
1807	4,250	14,500

TURBAN HEAD

Size: 20 millimeters (1808), 18.5 millimeters (1821-1827), and 18.2 millimeters (1829-1834).
Weight: 4.37 grams.
Composition: 91.67% gold (0.1289 troy ounces), 8.33% copper.

	F	XF
1808	26,500	54,500
1821	6,250	12,350
1824	6,250	12,250
1825	6,250	12,250
1826	6,750	13,000
1827	6,350	12,750
1829	5,400	9,950
1830	5,400	9,950
1831	5,400	9,950
1832	5,400	9,950
1833	5,400	9,950
1834	9,000	20,000

CLASSIC HEAD

Size: 18.2 millimeters.
Weight: 4.18 grams.
Composition: 89.92% gold (0.1209 troy ounces), 10.08% copper.

	VF	XF
1834	475	675
1835	475	675
1836	475	675
1837	500	800
1838	500	625
1838-C	1,700	3,000
1839	500	900
1839-C	1,500	2,650
1839-D	1,750	3,450
1839-O	700	1,100

CORONET

Size: 18 millimeters.
Weight: 4.18 grams.

Composition: 90% gold (0.121 troy ounces), 10% copper.

	F	XF
1840	275	900
1840-C	1,250	1,600
1840-D	2,500	8,700
1840-O	325	825
1841	—	100,000
1841-C	1,100	2,000
1841-D	1,350	4,750
1842	1,100	2,600
1842-C	1,250	3,500
1842-D	1,300	4,000
1842-O	325	1,200
1843	275	450
1843-C	1,200	2,200
1843-D	1,350	2,350
1843-O	290	400
1844	350	850
1844-C	1,050	2,600
1844-D	1,100	2,200
1845	325	360
1845-D	1,100	2,600
1845-O	575	2,300
1846	320	500
1846-C	1,100	3,500
1846-D	1,000	2,000
1846-O	350	400
1847	275	350
1847-C	900	2,300
1847-D	950	2,250
1847-O	275	400
1848	340	850
1848-C	950	2,100
1848-D	1,100	2,500
1849	295	475
1849-C	975	2,150
1849-D	1,050	2,500
1850	265	360
1850-C	800	2,000
1850-D	950	2,350
1850-O	300	485
1851	265	330
1851-C	900	2,250
1851-D	1,000	2,500
1851-O	300	370
1852	265	330
1852-C	975	2,100
1852-D	1,100	2,950
1852-O	300	365
1853	265	330
1853-D	1,250	3,450
1854	265	330
1854-C	1,100	2,450
1854-D	2,100	6,950
1854-O	300	365
1854-S	95,000	300,000
1855	270	335
1855-C	1,050	3,250
1855-D	2,100	7,500
1856	270	335
1856-C	985	2,500
1856-D	3,850	12,850
1856-O	300	750
1856-S	300	425
1857	270	335
1857-D	1,025	2,775
1857-O	300	425
1857-S	300	365
1858	275	340
1858-C	965	2,100
1859	275	350
1859-D	1,150	3,100
1859-S	310	950
1860	275	340
1860-C	985	2,175
1860-S	310	625
1861	270	335
1861-S	320	900
1862	310	600
1862-S	650	2,050
1863 rare		
1863-S	465	1,475
1864	3,750	11,500
1865	2,950	7,750
1865-S	320	600
1866	775	3,150
1866-S	365	625
1867	350	850
1867-S	300	575
1868	300	400
1868-S	270	365
1869	300	435
1869-S	300	445
1870	290	550
1870-S	270	465
1871	300	385
1871-S	270	415
1872	300	800
1872-S	275	485
1873	270	365
1873-S	280	400
1874	285	425
1875	1,950	5,500
1875-S	270	375
1876	285	675
1876-S	285	625
1877	310	875
1877-S	265	355
1878	265	345
1878-S	265	345
1879	270	355
1879-S	270	365
1880	275	385
1881	950	3,150
1882	270	375
1883	280	750
1884	275	440
1885	400	1,850
1886	275	375
1887	275	365
1888	270	365
1889	270	365
1890	275	365
1891	275	365
1892	275	365
1893	270	355
1894	275	365
1895	265	355
1896	265	350
1897	270	350
1898	265	345
1899	265	345
1900	265	345
1901	265	345
1902	265	345
1903	265	345
1904	265	345
1905	265	345
1906	265	345
1907	265	345

INDIAN HEAD

Size: 18 millimeters.
Weight: 4.18 grams.
Composition: 90% gold (0.121 troy ounces), 10% copper.

	VF	AU
1908	320	355
1909	320	355
1910	320	355
1911	320	355
1911-D	1,150	2,850
1912	320	360
1913	320	355
1914	325	415
1914-D	320	365
1915	320	350
1925-D	320	350
1926	320	350
1927	320	350
1928	320	350
1929	2320	365

GOLD $3

Size: 20.5 millimeters.
Weight: 5.015 grams.
Composition: 90% gold (0.1452 troy ounces), 10% copper.

	VF	XF
1854	860	1,150
1854-D	8,300	16,500
1854-O	1,150	2,650
1855	840	1,175
1855-S	1,055	2,750
1856	830	1,125
1856-S	930	1,600
1857	830	1,125
1857-S	980	2,775
1858	980	1,900
1859	930	1,725
1860	930	1,625
1860-S	980	2,450
1861	955	2,550
1862	955	2,350
1863	930	2,350
1864	980	2,350
1865	1,275	2,700
1866	1,000	1,500
1867	1,025	1,550
1868	875	1,475
1869	1,150	1,550
1870	1,030	1,625
1870-S 1 known		
1871	1,030	1,575
1872	930	1,525
1873 open 3, proof, rare		
1873 closed 3	4,000	9,000
1874	830	1,125
1875 proof	20,000	28,000
1876	6,000	11,500
1877	1,350	3,150
1878	830	1,125
1879	880	1,325
1880	950	2,100
1881	1,400	3,350
1882	955	1,475
1883	1,000	1,625
1884	1,285	2,000
1885	1,300	2,050
1886	1,250	2,250
1887	930	1,550
1888	980	1,525
1889	955	1,475

GOLD $5

LIBERTY CAP
Small eagle

Size: 25 millimeters.
Weight: 8.75 grams.
Composition: 91.67 gold (0.258 troy ounces), 8.33% copper.

	F	VF
1795	19,500	25,000
1796	20,500	25,350
1797 15 stars	23,000	27,500
1797 16 stars	21,000	25,850
1798	112,000	185,000

Heraldic eagle

Size: 25 millimeters.
Weight: 8.75 grams.
Composition: 91.67 gold (0.258 troy ounces), 8.33% copper.

	F	VF
1795	10,000	16,500
1797	10,850	17,500
1798 small 8	4,850	6,650
1798 large 8, 13 reverse stars	4,050	5,050
1798 large 8, 14 reverse stars	5,050	6,650
1799 small reverse stars	3,850	4,900
1799 large reverse stars	3,950	4,750
1800	3,850	4,650
1802	3,850	4,650
1803	3,850	4,650
1804 small 8	3,850	4,650
1804 small 8 over large 8	3,950	4,850
1805	3,850	4,650
1806	3,850	4,650
1807	3,850	4,650

TURBAN HEAD
Capped, draped bust

Size: 25 millimeters.
Weight: 8.75 grams.
Composition: 91.67% gold (0.258 troy ounces), 8.33% copper.

	F	VF
1807	3,100	3,850
1808	3,600	4,500
1808/7	3,100	3,850
1809	3,100	3,850
1810 small date, small 5	17,500	32,500
1810 small date, large 5	3,100	3,850
1810 large date, small 5	17,500	37,500
1810 large date, large 5	3,100	3,850
1811	3,100	3,850
1812	3,100	3,850

Capped bust

	F	VF
1813	3,150	3,850
1814	5,000	6,250
1815	32,500	50,000
1818	5,000	6,450
1819	8,800	16,500
1820	5,100	6,400
1821	12,000	22,000
1822 3 known		
1823	5,500	6,250
1824	5,500	10,500
1825	5,750	9,500
1826	5,500	7,800
1827	6,000	10,000
1828	6,000	13,000
1829 large planchet	15,000	28,500
1829 small planchet	37,500	54,000
1830	16,500	28,500

1831	16,500	28,500
1832 curved-base 2, 12 stars	50,000	80,000
1832 square-base 2, 13 stars	16,500	27,500
1833	17,000	27,500
1834	17,000	29,000

CLASSIC HEAD

	VF	XF
1834 plain 4	540	800
1834 crosslet 4	1,050	3,150
1835	540	800
1836	540	800
1837	540	845
1838	540	975
1838-C	1,475	8,750
1838-D	1,375	4,650

CORONET

Size: 21.6 millimeters.
Weight: 8.359 grams.
Composition: 90% gold (0.242 troy ounces), 10% copper.

	VF	XF
1839	540	655
1839-C	1,900	3,200
1839-D	1,950	4,250
1840	540	645
1840-C	1,775	2,900
1840-D	1,750	3,000
1840-O	540	825
1841	500	875
1841-C	1,750	2,150
1841-D	1,775	2,350
1841-O 2 known		
1842 small letters	490	1,000
1842 large letters	660	1,850
1842-C	1,650	2,150
1842-D small date	1,850	2,475
1842-D large date	2,350	5,950
1842-O	1,000	3,650
1843	490	565
1843-C	1,600	2,200

1843-D	1,750	2,250
1843-O small letters	610	1,400
1843-O large letters	600	1,050
1844	490	565
1844-C	1,700	2,750
1844-D	1,700	2,200
1844-O	525	600
1845	490	565
1845-D	1,800	2,275
1845-O	520	725
1846	510	565
1846-C	1,700	2,600
1846-D	1,750	2,250
1846-O	540	900
1847	490	565
1847-C	1,725	2,150
1847-D	1,800	2,250
1847-O	1,800	5,800
1848	490	565
1848-C	1,750	2,150
1848-D	1,800	2,250
1849	490	565
1849-C	1,750	2,200
1849-D	1,850	2,300
1850	510	565
1850-C	1,750	2,100
1850-D	1,800	2,250
1851	490	565
1851-C	1,700	2,150
1851-D	1,700	2,250
1851-O	590	1,400
1852	490	565
1852-C	1,750	2,100
1852-D	1,850	2,250
1853	490	565
1853-C	1,750	2,150
1853-D	1,850	2,250
1854	490	565
1854-C	1,750	2,150
1854-D	1,850	2,250
1854-O	520	600
1854-S rare		
1855	490	565
1855-C	1,750	2,150
1855-D	1,850	2,300
1855-O	625	1,950
1855-S	620	900
1856	490	565
1856-C	1,750	2,100
1856-D	1,850	2,250
1856-O	650	1,200
1856-S	550	615
1857	490	565
1857-C	1,750	2,150
1857-D	1,850	2,300
1857-O	640	1,350
1857-S	500	615
1858	500	625

1858-C	1,750	2,150
1858-D	1,850	2,275
1858-S	750	2,200
1859	520	575
1859-C	1,750	2,150
1859-D	1,900	2,300
1859-S	1,125	3,250
1860	500	575
1860-C	1,900	2,400
1860-D	1,950	2,450
1860-S	1,050	2,000
1861	510	575
1861-C	2,250	4,850
1861-D	7,900	18,500
1861-S	975	4,100
1862	675	3,650
1862-S	2,900	5,500
1863	2,150	4,000
1863-S	1,325	7,250
1864	675	1,800
1864-S	4,450	20,000
1865	1,450	6,750
1865-S	1,200	2,400
1866-S	1,700	4,000

Motto above eagle

	VF	XF
1866	750	1,650
1866-S	900	2,600
1867	500	1,500
1867-S	1,400	2,900
1868	650	1,000
1868-S	485	1,550
1869	925	2,400
1869-S	500	1,750
1870	800	2,000
1870-CC	5,250	15,000
1870-S	950	2,600
1871	900	1,700
1871-CC	1,250	3,000
1871-S	500	950
1872	850	1,925
1872-CC	1,250	5,000
1872-S	535	800
1873 closed 3	470	485
1873 open 3	465	475
1873-CC	2,600	12,500
1873-S	525	1,400
1874	660	1,675
1874-CC	850	1,700
1874-S	640	2,100
1875	34,000	45,000

1875-CC	1,400	4,500
1875-S	715	2,250
1876	1,100	2,500
1876-CC	1,450	5,000
1876-S	2,000	3,600
1877	900	2,750
1877-CC	1,000	3,300
1877-S	500	650
1878	470	480
1878-CC	3,100	7,200
1878-S	465	475
1879	465	475
1879-CC	1,000	1,500
1879-S	470	480
1880	460	470
1880-CC	625	815
1880-S	460	470
1881	460	470
1881-CC	650	1,500
1881-S	460	470
1882	460	470
1882-CC	625	675
1882-S	460	470
1883	480	490
1883-CC	625	1,100
1883-S	480	490
1884	480	490
1884-CC	625	975
1884-S	480	490
1885	460	470
1885-S	460	470
1886	460	470
1886-S	460	470
1887	—	14,500
1887-S	460	470
1888	475	485
1888-S	465	475
1889	575	585
1890	500	510
1890-CC	575	585
1891	470	480
1891-CC	560	565
1892	460	470
1892-CC	560	585
1892-O	525	1,000
1892-S	460	470
1893	460	470
1893-CC	600	635
1893-O	475	580
1893-S	460	470
1894	460	470
1894-O	480	490
1894-S	480	490
1895	460	470
1895-S	465	490
1896	460	470
1896-S	470	480
1897	460	470

1897-S	460	470
1898	460	470
1898-S	460	470
1899	460	470
1899-S	460	470
1900	460	470
1900-S	460	470
1901	460	470
1901-S	460	470
1902	460	470
1902-S	460	470
1903	460	470
1903-S	460	470
1904	460	470
1904-S	470	480
1905	460	470
1905-S	460	470
1906	460	470
1906-D	460	470
1906-S	460	470
1907	460	470
1907-D	460	470
1908	460	470

INDIAN HEAD

Size: 21.6 millimeters.
Weight: 8.359 grams.
Composition: 90% gold (0.242 troy ounces), 10% copper.

	VF	XF
1908	390	415
1908-D	390	415
1908-S	465	540
1909	390	415
1909-D	390	415
1909-O	4,850	6,500
1909-S	420	455
1910	390	415
1910-D	390	415
1910-S	430	470
1911	390	415
1911-D	625	825
1911-S	400	450
1912	390	415
1912-S	435	480
1913	390	415
1913-S	430	475
1914	390	415
1914-D	390	415
1914-S	435	470
1915	390	415

1915-S	445	490
1916-S	415	450
1929	11,750	14,750

GOLD $10

LIBERTY CAP
Small eagle

Size: 33 millimeters.
Weight: 17.5 grams.
Composition: 91.67% (0.5159 troy ounces), 8.33% copper.

	F	VF
1795	30,000	35,000
1796	27,500	36,000
1797	31,500	40,000

Heraldic eagle

	F	VF
1797	9,800	12,850
1798 9 stars left, 4 right	13,500	19,000
1798 7 stars left, 6 right	28,500	38,500
1799	9,350	10,750
1800	9,500	10,750
1801	9,250	10,900
1803	9,500	11,500
1804	16,500	22,750

CORONET

Old-style head

Size: 27 millimeters.
Weight: 16.718 grams.
Composition: 90% gold (0.4839 troy ounces), 10% copper.

	F	VF
1838	1,750	2,650
1839	800	1,150

New-style head

	VF	XF
1839	1,550	6,850
1840	1,060	1,335
1841	1,050	1,235
1841-O	3,450	6,950
1842	1,050	1,150
1842-O	1,060	1,465
1843	1,050	1,265
1843-O	1,060	1,215
1844	1,350	3.200
1844-O	1,060	1,400
1845	1,220	1,345
1845-O	1,060	1,300
1846	1,200	1,250
1846-O	1,060	1,150
1847	1,050	1,100
1847-O	1,050	1,100
1848	1,050	1,160
1848-O	1,240	1,850
1849	1,050	1,100
1849-O	1,240	2,450
1850 large date	1,050	1,100
1850 small date	1,240	1,300
1850-O	1,075	1,275
1851	1,050	1,100
1851-O	1,060	1,150
1852	1,050	1,100
1852-O	1,220	1,650
1853	1,060	1,100
1853-O	1,075	1,160
1854	1,050	1,120
1854-O small date	1,075	1,400

	VF	XF
1854-O large date	1,215	1,300
1854-S	1,050	1,120
1855	1,050	1,100
1855-O	1,075	2,100
1855-S	1,950	3,250
1856	1,050	1,100
1856-O	1,375	2,150
1856-S	1,050	1,170
1857	1,075	1,200
1857-O	1,800	3,650
1857-S	1,060	1,100
1858	5,200	8,250
1858-O	1,050	1,420
1858-S	1,600	3,950
1859	1,075	1,280
1859-O	4,250	10,500
1859-S	2,600	5,250
1860	1,115	1,330
1860-O	1,215	1,850
1860-S	2,950	6,400
1861	1,050	1,100
1861-S	1,600	3,750
1862	1,200	1,300
1862-S	2,000	3,450
1863	4,000	10,000
1863-S	1,600	3,750
1864	1,800	4,950
1864-S	5,100	17,500
1865	1,950	4,850
1865-S	4,850	12,500
1866-S	2,650	5,950

Motto above eagle

	VF	XF
1866	1,175	2,600
1866-S	1,600	3,850
1867	1,550	2,750
1867-S	2,350	6,650
1868	880	1,200
1868-S	1,350	2,400
1869	1,550	3,000
1869-S	1,450	2,700
1870	1,200	1,650
1870-CC	32,500	50,000
1870-S	1,250	2,850
1871	1,500	3,000
1871-CC	2,600	6,400
1871-S	1,300	2,200
1872	2,400	5,000
1872-CC	5,250	9,850
1872-S	880	1,175
1873	4,500	20,000
1873-CC	6,000	23,500
1873-S	1,150	2,650
1874	850	925
1874-CC	2,850	4,650
1874-S	1,275	2,950
1875	110,000	225,000
1875-CC	4,250	9,850

	VF	XF
1876	3,950	8,500
1876-CC	3,850	10,500
1876-S	1,300	3,750
1877	3,350	6,350
1877-CC	2,400	6,750
1877-S	830	1,050
1878	820	870
1878-CC	3,850	8,650
1878-S	1,000	1,150
1879	825	870
1879-CC	8,350	12,500
1879-O	2,150	8,000
1879-S	825	870
1880	800	830
1880-CC	955	1,250
1880-O	925	1,450
1880-S	800	830
1881	800	830
1881-CC	950	1,300
1881-O	800	870
1881-S	800	830
1882	800	830
1882-CC	985	1,900
1882-O	830	1,010
1882-S	830	870
1883	800	830
1883-CC	1,000	1,250
1883-O	4,400	12,000
1883-S	830	870
1884	830	870
1884-CC	1,025	1,600
1884-S	800	830
1885	800	830
1885-S	800	830
1886	800	830
1886-S	800	830
1887	830	870
1887-S	800	830
1888	830	870
1888-O	830	870
1888-S	800	830
1889	865	1,025
1889-S	800	830
1890	845	890
1890-CC	1,085	1,145
1891	865	910
1891-CC	1,085	1,145
1892	800	830
1892-CC	1,085	1,145
1892-O	865	890
1892-S	830	890
1893	800	830
1893-CC	1,085	1,230
1893-O	830	870
1893-S	830	870
1894	800	830
1894-O	830	870
1894-S	830	890

1895 . . . . 800 830
1895-O 830 870
1895-S 830 880
1896 . . . . 800 830
1896-S 830 865
1897 . . . . 800 830
1897-O 830 870
1897-S 830 865
1898 . . . . 800 830
1898-S 830 865
1899 . . . . 800 830
1899-O 830 870
1899-S 800 830
1900 . . . . 800 830
1900-S 830 870
1901 . . . . 800 830
1901-O 830 870
1901-S 800 830
1902 . . . . 800 830
1902-S 800 830
1903 . . . . 800 830
1903-O 835 870
1903-S 800 830
1904 . . . . 800 830
1904-O 830 870
1905 . . . . 800 830
1905-S 830 865
1906 . . . . 800 830
1906-D 800 830
1906-O 830 870
1906-S 830 865
1907 . . . . 800 830
1907-D 800 830
1907-S 835 865

INDIAN HEAD

Size: 27 millimeters.
Weight: 16.718 grams.
Composition: 90% gold (0.4839 troy ounces), 10% copper.

	VF	XF
1907 wire edge	13,850	17,500
1907 rolled edge	26,000	38,500
1907 no periods in "E Pluribus Unum"	1,015	1,030
1908	1,000	1,015
1908-D	1,000	1,015

Motto left of eagle

	VF	XF
1908	995	1,010
1908-D	1,000	1,030
1908-S	1,010	1,085
1909	990	1,010
1909-D	1,000	1,015
1909-S	1,000	1,015
1910	995	1,010
1910-D	990	1,000
1910-S	1,000	1,015
1911	990	1,000
1911-D	1,200	1,400
1911-S	1,030	1,150
1912	995	1,010
1912-S	1,000	1,015
1913	995	1,010
1913-S	1,045	1,200
1914	995	1,010
1914-D	995	1,010
1914-S	1,000	1,165
1915	995	1,010
1915-S	1,045	1,075
1916-S	1,030	1,045
1920-S	12,500	16,850
1926	990	1,000
1930-S	8,500	11,250
1932	990	1,000
1933	—	140,000

FIRST SPOUSE

Diameter: 22 millimeters.
Weight: 15.552 grams.
Composition: 99.99% gold (0.4999 troy ounces).

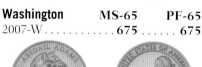

Washington | MS-65 | PF-65
2007-W 675 675

	MS-65	PF-65
A. Adams		
2007-W	675	675

	MS-65	PF-65
Jefferson		
2007-W	675	675

	MS-65	PF-65
Madison		
2007-W	675	675

	MS-65	PF-65
Monroe		
2008-W	975	950

	MS-65	PF-65
L. Adams		
2008-W	1,175	1,125

	MS-65	PF-65
Jackson		
2008-W	1,575	1,325

	MS-65	PF-65
Van Buren		
2008-W	1,500	1,525

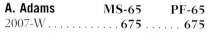

Harrison   MS-65   PF-65
2009-W 1,225 1,150

L. Tyler   MS-65   PF-65
2009-W 1,525 1,325

J. Tyler   MS-65   PF-65
2009-W 1,650 1,800

Polk   MS-65   PF-65
2009-W 1,300 1,100

Taylor   MS-65   PF-65
2009-W 1,050 1,225

Fillmore   MS-65   PF-65
2010-W 1,300 1,025

Pierce   MS-65   PF-65
2010-W 1,000 1,225

Buchanan   MS-65   PF-65
2010-W 1,000 1,075

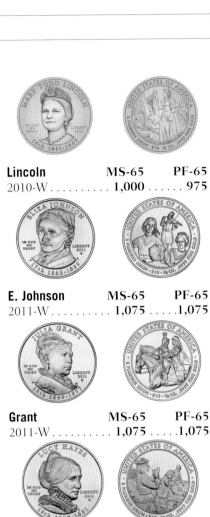

Lincoln   MS-65   PF-65
2010-W 1,000 975

E. Johnson   MS-65   PF-65
2011-W 1,075 1,075

Grant   MS-65   PF-65
2011-W 1,075 1,075

Hayes   MS-65   PF-65
2011-W 1,325 1,075

Garfield   MS-65   PF-65
2011-W 1,325 1,075

Paul (Arthur)   MS-65   PF-65
2012-W 1,050 1,075

Cleveland (first term)
              MS-65   PF-65
2012-W 1,050 1,075

C. Harrison   MS-65   PF-65
2012-W 1,050 1,075

Cleveland (second term)
              MS-65   PF-65
2012-W 1,050 1,075

McKinley   MS-65   PF-65
2013-W 800 825

E. Roosevelt   MS-65   PF-65
2013-W 800 825

Taft   MS-65   PF-65
2013-W 800 825

Ellen Wilson   MS-65   PF-65
2013-W 800 825

Edith Wilson   MS-65   PF-65
2013-W 800 825

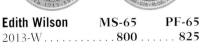

Harding	MS-65	PF-65
2014-W	—	—
Coolidge	**MS-65**	**PF-65**
2014-W	—	—
Hoover	**MS-65**	**PF-65**
2014-W	—	—
A.E. Roosevelt	**MS-65**	**PF-65**
2014-W	—	—

GOLD $20

LIBERTY

Size: 34 millimeters.
Weight: 33.436 grams.
Composition: 90% gold (0.9677 troy ounces), 10% copper.

	VF	XF
1849 1 known		
1850	2,295	2,475
1850-O	2,345	4,350
1851	2,175	2,235
1851-O	2,410	4,200
1852	2,175	2,225
1852-O	2,365	3,850
1853	2,335	2,500
1853-O	2,425	3,650
1854	2,300	3,350
1854-O	125,000	250,000
1854-S	2,315	3,400
1855	2,175	2,225
1855-O	10,500	19,500
1855-S	2,315	2,475
1856	2,175	2,225
1856-O	175,000	275,000
1856-S	2,315	2,475
1857	2,175	2,225
1857-O	2,390	4,250
1857-S	2,315	2,475
1858	2,175	2,225
1858-O	2,515	5,000
1858-S	2,295	2,495
1859	2,360	2,450
1859-O	5,000	18,500
1859-S	2,175	2,225
1860	2,315	2,475
1860-O	4,350	14,500
1860-S	2,175	2,225
1861	2,200	2,325

1861-O	4,200	21,000
1861-S	2,250	2,575
1862	2,315	4,850
1862-S	2,300	2,425
1863	2,415	3,100
1863-S	2,300	2,430
1864	2,315	2,465
1864-S	2,300	2,425
1865	2,315	2,450
1865-S	2,300	2,430
1866-S	2,750	11,500

Motto above eagle

	VF	XF
1866	1,810	1,980
1866-S	1,810	1,990
1867	1,810	2,000
1867-S	1,810	1,990
1868	1,850	2,100
1866-S	1,810	1,960
1869	1,820	1,950
1869-S	1,810	1,980
1870	1,830	1,980
1870-CC	215,000	275,000
1870-S	1,810	1,935
1871	1,820	1,935
1871-CC	10,000	25,000
1871-S	1,810	1,950
1872	1,810	1,980
1872-CC	2,750	6,500
1872-S	1,810	1,980
1873 closed 3	1,810	2,040
1873 open 3	1,810	1,980
1873-CC	3,250	9,000
1873-S closed 3	1,700	1,950
1873-S open 3	1,810	1,980
1874	1,810	1,980
1874-CC	2,350	2,850
1874-S	1,700	1,950
1875	1,810	1,980
1875-CC	2,450	4,250
1875-S	1,700	1,950
1876	1,700	1,970
1876-CC	2,350	3,250
1876-S	1,700	1,950

"Twenty Dollars" on reverse

	VF	XF
1877	1,520	1,700
1877-CC	2,350	3,450
1877-S	1,510	1,570
1878	1,530	1,670
1878-CC	3,000	11,500
1878-S	1,510	1,545
1879	1,590	1,725
1879-CC	3,350	10,000
1879-O	16,500	32,000
1879-S	1,510	1,545
1880	1,620	1,750
1880-S	1,510	1,545
1881	12,500	21,000
1881-S	1,510	1,545
1882	11,800	39,500
1882-CC	2,350	3,250
1882-S	1,580	1,700
1883 *proof*		27,500
1883-CC	2,350	3,200
1883-S	1,510	1,545
1884 *proof*		35,000
1884-CC	2,350	3,000
1884-S	1,510	1,545
1885	8,450	24,500
1885-CC	2,650	6,500
1885-S	1,510	1,545
1886	21,000	36,000
1887 rare		
1887-S	1,510	1,545
1888	1,510	1,545
1888-S	1,6510	1,545
1889	1,670	1,800
1889-CC	2,600	4,250
1889-S	1,510	1,545
1890	1,510	1,570
1890-CC	2,350	2,650
1890-S	1,510	1,545
1891	9,250	15,000
1891-CC	6,000	12,500
1891-S	1,510	1,545
1892	2,000	4,100
1892-CC	2,350	2,850
1892-S	1,510	1,545
1893	1,510	1,565
1893-CC	2,350	3,000
1893-S	1,470	1,500
1894	1,470	1,500

1894-S	1,470	1,500
1895	1,470	1,500
1895-S	1,470	1,500
1896	1,470	1,500
1896-S	1,470	1,500
1897	1,470	1,500
1897-S	1,470	1,500
1898	1,475	1,530
1898-S	1,475	1,520
1899	1,470	1,500
1899-S	1,470	1,500
1900	1,470	1,500
1900-S	1,470	1,500
1901	1,470	1,500
1901-S	1,470	1,500
1902	1,470	1,700
1902-S	1,470	1,500
1903	1,470	1,500
1903-S	1,470	1,500
1904	1,470	1,500
1904-S	1,470	1,500
1905	1,475	1,520
1905-S	1,470	1,500
1906	1,380	1,500
1906-D	1,470	1,500
1906-S	1,470	1,500
1907	1,470	1,500
1907-D	1,470	1,500
1907-S	1,470	1,500

SAINT-GAUDENS
Date in Roman numerals

Size: 34 millimeters.
Weight: 33.436 grams.
Composition: 90% gold (0.9677 troy ounces).

	VF	XF
MCMVII (1907) wire rim	7,650	9,350
MCMVII (1907) flat rim	7,900	9,850

Date in Arabic numerals

	VF	XF
1907	1,500	1,525

1908	1,490	1,515
1908-D	1,500	1,525

Motto below eagle

	VF	XF
1908	1,495	1,520
1908-D	1,500	1,525
1908-S	2,450	3,150
1909	1,510	1,545
1909-D	1,540	1,565
1909-S	1,500	1,525
1910	1,495	1,520
1910-D	1,495	1,520
1910-S	1,500	1,525
1911	1,500	1,525
1911-D	1,495	1,520
1911-S	1,495	1,520
1912	1,500	1,525
1913	1,500	1,525
1913-D	1,495	1,520
1913-S	1,550	1,575
1914	1,510	1,535
1914-D	1,495	1,520
1914-S	1,495	1,520
1915	1,500	1,525
1915-S	1,495	1,520
1916-S	1,500	1,525
1920	1,490	1,515
1920-S	14,500	18,500
1921	35,000	43,500
1922	1,490	1,515
1922-S	1,510	1,535
1923	1,490	1,515
1923-D	1,500	1,525
1924	1,490	1,515
1924-D	1,715	1,740
1924-S	1,665	1,750
1925	1,490	1,515
1925-D	1,665	2,100
1925-S	1,900	2,850
1926	1,490	1,515
1926-D	10,000	15,500
1926-S	1,500	1,550
1927	1,490	1,515
1927-D	155,000	200,000
1927-S	6,850	8,850

1928	1,490	1,515
1929	10,000	13,500
1930-S	35,000	41,000
1931	10,500	13,500
1931-D	8,850	11,500
1932	12,500	14,500
1933 13 known		

2009 ultra high relief

Size: 27 millimeters.
Weight: 31.1 grams.
Composition: 99.99% gold (1 troy oz.)
Notes: The 2009 ultra high relief gold $20 revived the classic Saint-Gaudens gold $20 design for one year only in a special issue sold by the U.S. Mint at a premium directly to collectors.

	PF-65
2009	2,400

COMMEMORATIVES 1892-1954

QUARTER

Size: 24.3 millimeters.
Weight: 6.25 grams.
Composition: 90% silver (0.1808 troy ounces), 10% copper.

Columbian Exposition

	AU	MS-60
1893	450	525

HALF DOLLARS

Size: 30.6 millimeters.
Weight: 12.5 grams.
Composition: 90% silver (0.3618 troy ounces), 10% copper.

Columbian Exposition

	AU	MS-60
1892	18.50	28.00
1893	17.00	28.00

Panama-Pacific Exposition

	AU	MS-60
1915-S	465	535

Illinois Centennial

	AU	MS-60
1918	135	150

Maine Centennial

	AU	MS-60
1920	130	165

Pilgrim Tercentenary

	AU	MS-60
1920	80.00	100
1921	170	200

Alabama Centennial

	AU	MS-60
1921	190	215
1921 "2x2" on obverse	315	330

Missouri Centennial

	AU	MS-60
1921	400	600
1921 "2*4" on obverse	620	720

Grant Memorial

	AU	MS-60
1922	120	125
1922 star above "Grant" on obverse	925	1,275

Monroe Doctrine Centennial

	AU	MS-60
1923-S	60.00	75.00

Huguenot-Walloon Tercentenary

	AU	MS-60
1924	135	145

California Diamond Jubilee

	AU	MS-60
1925-S	195	225

Fort Vancouver Centennial

	AU	MS-60
1925	320	360

Lexington-Concord Sesquicentennial

	AU	MS-60
1925	95.00	110

Stone Mountain Memorial

	AU	MS-60
1925	60.00	70.00

Oregon Trail Memorial

	AU	MS-60
1926	135	165
1926-S	135	165
1928	220	245
1933-D	365	380
1934-D	195	200
1936	165	190
1936-S	175	190
1937-D	175	200
1938	155	170
1938-D	155	170
1938-S	155	170
1939	510	585
1939-D	510	585
1939-S	510	585

U.S. Sesquicentennial

	AU	MS-60
1926	85.00	110

Vermont Sesquicentennial

	AU	MS-60
1927	250	275

Hawaii Sesquicentennial

	AU	MS-60
1928	1,785	2,650

Daniel Boone Bicentennial

	AU	MS-60
1934	120	125
1935	120	125
1935-D	130	135
1935-S	130	135

Daniel Boone Bicentennial "1934" above "Pioneer Year" on reverse

	AU	MS-60
1935	125	135
1935-D	360	390
1935-S	360	390
1936	120	125
1936-D	130	135
1936-S	130	135
1937	130	135
1937-D	320	375
1937-S	320	375
1938	340	380
1938-D	340	380
1938-S	340	380

Maryland Tercentenary

	AU	MS-60
1934	160	180

Texas Centennial

	AU	MS-60
1934	135	140
1935	140	145
1935-D	140	145
1935-S	140	145
1936	140	145
1936-D	140	145
1936-S	140	145
1937	140	145
1937-D	140	145
1937-S	140	145
1938	235	250
1938-D	240	255
1938-S	235	250

Arkansas Centennial

	AU	MS-60
1935	90	110
1935-D	100	110
1935-S	100	110
1936	90.00	100
1936-D	100	110
1936-S	100	110
1937	100	115
1937-D	100	115
1937-S	100	115
1938	155	180
1938-D	160	180
1938-S	160	180
1939	320	375
1939-D	320	380
1939-S	320	375

Connecticut Tercentenary

	AU	MS-60
1935	255	290

Hudson, N.Y., Sesquicentennial

	AU	MS-60
1935	750	875

Old Spanish Trail

	AU	MS-60
1935	1,250	1,375

Pacific International Exposition

	AU	MS-60
1935-S	95.00	100
1935-D	100	120

Albany, N.Y., Charter Anniversary

	AU	MS-60
1936	300	310

Arkansas Centennial-Robinson

	AU	MS-60
1936	145	150

Battle of Gettysburg

	AU	MS-60
1936	435	460

Bridgeport, Conn., Centennial

	AU	MS-60
1936	130	140

Cincinnati Music Center

	AU	MS-60
1936	300	310
1936-D	300	310
1936-S	300	310

Cleveland-Great Lakes Exposition

	AU	MS-60
1936	110	115

Columbia, S.C., Sesquicentennial

	AU	MS-60
1936	250	265
1936-D	260	270
1936-S	260	270

Delaware Tercentenary

	AU	MS-60
1936	255	265

Elgin, Ill., Centennial

	AU	MS-60
1936	195	205

Long Island Tercentenary

	AU	MS-60
1936	85.00	95.00

Lynchburg, Va., Sesquicentennial

	AU	MS-60
1936	220	230

Norfolk, Va., Bicentennial

	AU	MS-60
1936	425	435

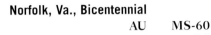

Rhode Island Tercentenary

	AU	MS-60
1936	100	110
1936-D	100	110
1936-S	100	110

San Francisco-Oakland Bay Bridge

	AU	MS-60
1936-S	155	160

Wisconsin Territorial Centennial

	AU	MS-60
1936	240	255

York County, Maine, Tercentenary

	AU	MS-60
1936	210	215

Battle of Antietam 75th Anniversary

	AU	MS-60
1937	700	735

Roanoke Island, N.C., Colonization

	AU	MS-60
1937	220	225

New Rochelle, N.Y., 250th Anniversary

	AU	MS-60
1938	375	385

Iowa Statehood Centennial

	AU	MS-60
1946	100	110

Booker T. Washington

	AU	MS-60
1946	14.00	18.00
1946-D	16.50	20.00
1946-S	15.00	18.50
1947	30.00	35.00
1947-D	30.00	40.00
1947-S	30.00	40.00
1948	45.00	65.00
1948-D	45.00	60.00
1948-S	45.00	65.00
1949	70.00	80.00
1949-D	70.00	85.00
1949-S	70.00	85.00
1950	45.00	70.00
1950-D	45.00	70.00
1950-S	18.00	20.00
1951	17.00	22.00
1951-D	45.00	70.00
1951-S	45.00	70.00

Booker T. Washington and George Washington Carver

	AU	MS-60
1951	18.00	20.00
1951-D	40.00	50.00
1951-S	40.00	50.00
1952	17.00	18.00
1952-D	40.00	50.00
1952-S	40.00	50.00
1953	40.00	50.00
1953-D	40.00	50.00
1953-S	17.00	18.00
1954	40.00	50.00
1954-D	40.00	50.00
1954-S	17.00	18.00

SILVER DOLLAR

Size: 38.1 millimeters.
Weight: 26.73 grams.
Composition: 90% silver (0.7736 troy ounces), 10% copper.

Lafayette	AU	MS-60
1900	550	950

GOLD DOLLARS

Size: 15 millimeters.
Weight: 1.672 grams.
Composition: 90% gold (0.0484 troy ounces), 10% copper.

Louisiana Purchase Exposition-McKinley

	AU	MS-60
1903	590	650

Louisiana Purchase Exposition-Jefferson

	AU	MS-60
1903	600	660

Lewis and Clark Exposition

	AU	MS-60
1904	950	1,100
1905	975	1,450

Panama-Pacific Exposition

	AU	MS-60
1915-S	565	625

McKinley Memorial	AU	MS-60
1916	520	600
1917	575	700

Grant Memorial

	AU	MS-60
1922	1,875	1,900
1922 star above "Grant" on obverse	1,650	1,775

GOLD $2.50

Size: 18 millimeters.
Weight: 4.18 grams.
Composition: 90% gold (0.121 troy ounces), 10% copper.

Panama-Pacific Exposition

	AU	MS-60
1915-S	1,550	1,950

U.S. Sesquicentennial

	AU	MS-60
1926	425	500

GOLD $50

Size: 44 millimeters.
Weight: 83.59 grams.
Composition: 90% gold (2.42 troy ounces), 10% copper.

Panama-Pacific Exposition-Round

	AU	MS-60
1915-S	46,500	57,500

Panama-Pacific Exposition-Octagonal

	AU	MS-60
1915-S	50,000	52,500

COMMEMORATIVES 1982-PRESENT

CLAD HALF DOLLARS

Size: 30.6 millimeters.
Weight: 11.34 grams.
Composition: clad layers of 75% copper and 25% nickel bonded to a pure-copper core.

Statue of Liberty Centennial

	MS-65	PF-65
1986-D	5.25	—
1986-S	—	5.00

Bicentennial of the Congress

	MS-65	PF-65
1989-D	7.50	—
1989-S	—	7.25

Mount Rushmore Golden Anniversary

	MS-65	PF-65
1991-D	19.50	—
1991-S	—	18.50

World War II 50th Anniversary

Issued in 1993.	MS-65	PF-65
1991-1995-P	24.50	23.50

1992 Olympics

	MS-65	PF-65
1992-P	8.50	—
1992-S	—	9.00

500th Anniversary of Columbus Discovery

	MS-65	PF-65
1992-D	11.50	—
1992-S	—	10.50

1994 World Cup

	MS-65	PF-65
1994-D	9.00	—
1994-P	10.25	—
1994-P	—	8.00

1996 Atlanta Olympics — baseball design

	MS-65	PF-65
1995-S	20.50	18.00

1996 Atlanta Olympics — basketball design

	MS-65	PF-65
1995-S	19.00	16.00

Civil War

	MS-65	PF-65
1995-S	39.50	38.50

1996 Atlanta Olympics — soccer design

	MS-65	PF-65
1996-S	138	100

1996 Atlanta Olympics — swimming design

	MS-65	PF-65
1996-S	150	34.50

U.S. Capitol

	MS-65	PF-65
2001-P	13.50	15.50

First Flight Centennial

	MS-65	PF-65
2003-P	15.00	16.00

Bald Eagle

	MS-65	PF-65
2008-S	15.00	20.00

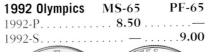

U.S. Army

	MS-65	PF-65
2011-D	70.00	—
2011-S	—	35.00

Five-Star Generals

	MS-65	PF-65
2013-D	50.00	—
2013-S	—	60.00

Baseball Hall of Fame

	MS-65	PF-65
2014-D	—	—
2014-S	—	—

SILVER HALF DOLLARS

Diameter: 30.60 millimeters.
Weight: 12.5 grams.
Composition: 90% silver (0.3618 troy ounces), 10% copper.

George Washington 250th Anniversary of Birth

	MS-65	PF-65
1982-D	13.75	—
1982-S	—	13.75

James Madison, Bill of Rights

	MS-65	PF-65
1993-W	19.00	—
1993-S	—	19.00

SILVER DOLLARS

Images reduced by 20%

Size: 38.1 millimeters.
Weight: 26.73 grams.
Composition: 90% silver (0.76 troy ounces), 10% copper.

Los Angeles XXIII Olympiad

	MS-65	PF-65
1983-P	35.00	—
1983-D	35.00	—
1983-S	35.00	37.00

Los Angeles XXIII Olympiad

	MS-65	PF-65
1984-P	35.00	—
1984-D	35.00	—
1984-S	35.00	37.00

Statue of Liberty Centennial

	MS-65	PF-65
1986-P	35.00	—
1986-S	—	37.00

The U.S. Constitution 200th Anniversary

	MS-65	PF-65
1987-P	35.00	—
1987-S	—	37.00

1988 Olympiad

	MS-65	PF-65
1988-D	35.00	—
1988-S	—	37.00

Bicentennial of the Congress

	MS-65	PF-65
1989-D	35.00	—
1989-S	—	37.00

Eisenhower Centennial

	MS-65	PF-65
1990-W	35.00	—
1990-P	—	37.00

38th Anniversary Korea

	MS-65	PF-65
1991-D	38.00	—
1991-P	—	37.00

Mount Rushmore Golden Anniversary

	MS-65	PF-65
1991-P	40.00	—
1991-S	—	43.00

USO 50th Anniversary

	MS-65	PF-65
1991-D	38.00	—
1991-S	—	40.00

World War II 50th Anniversary

Issued in 1993

	MS-65	PF-65
1991-1995-D	37.00	—
1991-1995-W	—	40.00

1992 Olympics

	MS-65	PF-65
1992-D	38.00	—
1992-S	—	40.00

Columbus Quincentenary

	MS-65	PF-65
1992-D	40.00	—
1992-P	—	38.00

The White House 1792-1992

	MS-65	PF-65
1992-D	38.00	—
1992-W	—	39.00

James Madison

	MS-65	PF-65
1993-D	38.00	—
1993-S	—	39.00

Thomas Jefferson 1743-1993

Issued in 1994

	MS-65	PF-65
1993-P	37.00	—
1993-S	—	40.00

1994 World Cup

	MS-65	PF-65
1994-D	39.00	—
1994-S	—	37.00

National Prisoner of War Museum

	MS-65	PF-65
1994-W	85.00	—
1994-P	—	40.00

Bicentennial of United States Capitol

	MS-65	PF-65
1994-D	39.00	—
1994-S	—	40.00

Vietnam Veterans Memorial

	MS-65	PF-65
1994-W	80.00	—
1994-P	—	65.00

Women in Military Service Memorial

	MS-65	PF-65
1994-W	39.00	—
1994-P	—	39.00

1996 Atlanta Olympics — cycling design

	MS-65	PF-65
1995-D	135	—
1995-P	—	45.00

1996 Atlanta Olympics — gymnastics design

	MS-65	PF-65
1995-D	55.00	—
1995-P	—	37.00

1996 Atlanta Olympics — track and field design

	MS-65	PF-65
1995-D	90.00	—
1995-P	—	40.00

1996 Atlanta Olympics — Paralympics design

	MS-65	PF-65
1995-D	65.00	—
1995-P	—	45.00

Civil War

	MS-65	PF-65
1995-P	65.00	—
1995-S	—	55.00

Special Olympics World Games

	MS-65	PF-65
1995-W	40.00	—
1995-P	—	42.00

1996 Atlanta Olympics — high-jump design

	MS-65	PF-65
1996-D	310	—
1996-P	—	45.00

1996 Atlanta Olympics — rowing design

	MS-65	PF-65
1996-D	290	—
1996-P	—	65.000

1996 Atlanta Olympics — tennis design

	MS-65	PF-65
1996-D	245	—
1996-P	—	85.00

1996 Atlanta Olympics — Paralympics design

	MS-65	PF-65
1996-D	300	—
1996-P	—	70.00

National Community Service

	MS-65	PF-65
1996-S	170	50.00

Smithsonian Institution 1846-1996

	MS-65	PF-65
1996-D	125	—
1996-P	—	50.00

Jackie Robinson 50th Anniversary

	MS-65	PF-65
1997-S	70.00	90.00

National Law Enforcement Officers Memorial

	MS-65	PF-65
1997-P	135	80.00

United States Botanic Garden 1820-1995

	MS-65	PF-65
1997-P	40.00	40.00

Black Revolutionary War Patriots

	MS-65	PF-65
1998-S	145	90.00

Robert F. Kennedy

	MS-65	PF-65
1998-S	45.00	45.00

Dolley Madison

	MS-65	PF-65
1999-P	40.00	40.00

Yellowstone National Park

	MS-65	PF-65
1999-P	45.00	40.00

Leif Ericson

	MS-65	PF-65
2000-P	70.00	65.00

Library of Congress 1800-2000

	MS-65	PF-65
2000-P	40.00	38.00

American Buffalo

	MS-65	PF-65
2001-D	165	—
2001-P	—	170

U.S. Capitol

	MS-65	PF-65
2001-P	40.00	40.00

XIX Olympic Winter Games

	MS-65	PF-65
2002-P	40.00	38.00
2002-P	—	38.00

West Point Bicentennial

	MS-65	PF-65
2002-W	38.00	39.00

First Flight Centennial

	MS-65	PF-65
2003-P	40.00	45.00

Lewis and Clark Bicentennial

	MS-65	PF-65
2004-P	40.00	45.00

125th Anniversary of the Light Bulb

	MS-65	PF-65
2004-P	40.00	42.00

Chief Justice John Marshall

	MS-65	PF-65
2005-P	37.00	35.00

Desegregation in Education

	MS-65	PF-65
2007-P	40.00	43.00

Disabled Veterans

	MS-65	PF-65
2010-W	40.00	42.00

Marines 1775-2005

	MS-65	PF-65
2005-P	48.00	52.00

Founding of Jamestown 1607-2007

	MS-65	PF-65
2007-P	40.00	38.00

Boy Scouts of America 1910-2010

	MS-65	PF-65
2010-P	38.00	42.00

Benjamin Franklin Tercentenary — kite-flying design

	MS-65	PF-65
2006-P	40.00	45.00

Bald Eagle

	MS-65	PF-65
2008-P	45.00	40.00

Medal of Honor 1861-2011

	MS-65	PF-65
2011-S	45.00	—
2011-P	—	43.00

Benjamin Franklin Tercentenary — portrait design

	MS-65	PF-65
2006-P	40.00	50.00

Abraham Lincoln

	MS-65	PF-65
2009-P	55.00	55.00

U.S. Army

	MS-65	PF-65
2011-S	45.00	—
2011-P	—	43.00

Louis Braille 1809-2009

	MS-65	PF-65
2009-P	38.00	38.00

Star Spangled Banner Bicentennial

	MS-65	PF-65
2012-P	55.00	55.00

San Francisco Old Mint

	MS-65	PF-65
2006-S	40.00	40.00

U.S. Infantry

	MS-65	PF-65
2012-W	55.00	55.00

Five-Star Generals

	MS-65	PF-65
2013-W	50.00	—
2013-P	—	60.00

Girl Scouts of America Centennial

	MS-65	PF-65
2013-W	50.00	60.00

1964 Civil Rights Act

	MS-65	PF-65
2014-P	45.00	50.00

Baseball Hall of Fame

	MS-65	PF-65
2014-P	—	—

GOLD $5

Size: 21.5 millimeters.
Weight: 8.359 grams.
Composition: 90% gold, 10% alloy.
Actual gold weight: 0.24 troy ounces.

Statue of Liberty Centennial

	MS-65	PF-65
1986-W	440	440

Bicentennial of the Constitution

	MS-65	PF-65
1987-W	440	440

1988 Olympiad

	MS-65	PF-65
1988-W	440	440

Bicentennial of the Congress

	MS-65	PF-65
1989-W	440	440

Mount Rushmore Golden Anniversary

	MS-65	PF-65
1991-W	440	440

World War II 50th Anniversary

Issued in 1993	MS-65	PF-65
1991-1995-W	440	440

1992 Olympics

	MS-65	PF-65
1992-W	440	440

Columbus Quincentenary

	MS-65	PF-65
1992-W	440	440

James Madison

	MS-65	PF-65
1993-W	440	440

1994 World Cup

	MS-65	PF-65
1994-W	440	440

1996 Atlanta Olympics — stadium design

	MS-65	PF-65
1995-W	2,500	440

1996 Atlanta Olympics — torch-runner design

	MS-65	PF-65
1995-W	885	440

Civil War

	MS-65	PF-65
1995-W	950	440

1996 Atlanta Olympics — cauldron design

	MS-65	PF-65
1996-W	2,600	440

1996 Atlanta Olympics — flag-bearer design

	MS-65	PF-65
1996-W	2,600	440

Smithsonian Institution 1846-1996

	MS-65	PF-65
1996-W	850	440

Franklin Delano Roosevelt

	MS-65	PF-65
1997-W	1,275	440

Jackie Robinson 50th Anniversary

	MS-65	PF-65
1997-W	2,900	590

George Washington (bicentennial of death)

	MS-65	PF-65
1999-W	450	450

U.S. Capitol

	MS-65	PF-65
2001-W	1,750	440

XIX Olympic Winter Games

	MS-65	PF-65
2002-W	450	440

San Francisco Old Mint

	MS-65	PF-65
2006-S	440	440

Founding of Jamestown 1607-2007

	MS-65	PF-65
2007-W	440	440

Bald Eagle

	MS-65	PF-65
2008-W	460	440

Medal of Honor 2011

	MS-65	PF-65
2011-P	585	—
2011-W	—	500

U.S. Army

	MS-65	PF-65
2011-P	585	—
2011-W	—	500

Star Spangled Banner Bicentennial

	MS-65	PF-65
2012-W	500	475

Five-Star Generals

	MS-65	PF-65
2013-P	500	—
2013-W	—	570

Baseball Hall of Fame

	MS-65	PF-65
2014-W	—	—

GOLD $10

Size: 27 millimeters.
Weight: 26.73 grams.
Composition: 90% gold (0.484 troy ounces), 10% alloy.

Los Angeles XXIII Olympiad

	MS-65	PF-65
1984-W	880	890
1984-P	—	890
1984-D	—	890
1984-S	—	890

Library of Congress 1800-2000
Weight: 16.259 grams.
Composition: 48% platinum, 48% gold, 4% alloy.

	MS-65	PF-65
2000-W	4,500	1,300

First Flight Centennial

	MS-65	PF-65
2003-W	1,050	890

U.S. PROOF SETS

Notes: The 1979 and 1981 Type 2 sets have clearer mintmarks than the Type 1 sets for those years. Prestige Sets combine proof examples of circulation coinage and half-dollar and dollar commemorative coins from the year of issue. Silver proof sets feature dimes, quarters, and half dollars struck in the traditional 90-percent-silver composition.

Date	Value
1936	7,500
1937	4,350
1938	1,900
1939	1,800
1940	1,385
1941	1,450
1942 6 coins	1,475
1942 5 coins	1,250
1950	690
1951	625
1952	270
1953	235
1954	95.00
1955 box	100
1955 flat pack	95.00
1956	40.00
1957	25.00
1958	35.00
1959	25.00
1960 large date	25.00
1960 small date	30.00
1961	25.00
1962	25.00
1963	25.00
1964	25.00
1968-S	7.75
1968-S with no-mint-mark dime	16,500
1969-S	7.25
1970-S large date	7.50
1970-S small date	90.00
1971-S	5.25
1971-S with no-mint-mark nickel	1,350
1972-S	5.50
1973-S	7.75
1974-S	8.25
1975-S	8.25
1975-S with no-mint-mark dime	45,500
1976-S 3 coins	25.00
1976-S	7.25
1977-S	7.50
1978-S	6.50
1979-S Type 1	5.50
1979-S Type 2	75.00
1980-S	4.00
1981-S Type 1	5.50
1981-S Type 2	335
1982-S	3.50
1983-S	3.50
1983-S with no-mint-mark dime	665
1983-S Prestige Set	35.00
1984-S	4.50
1984-S Prestige Set	40.00
1985-S	4.00
1986-S	4.00
1986-S Prestige Set	35.00
1987-S	3.50
1987-S Prestige Set	40.00
1988-S	5.50
1988-S Prestige Set	35.00
1989-S	5.00
1989-S Prestige Set	40.00

Date	Value
1990-S	4.50
1990-S with no-mint-mark cent	5,250
1990-S Prestige Set	35.00

1990-S Prestige Set with no-mint-mark-
cent 5,200
1991-S 6.00
1991-S Prestige Set 45.00
1992-S 4.50
1992-S Prestige Set 45.00
1992-S silver 25.00
1992-S silver Premier Set 25.00
1993-S 6.00
1993-S Prestige Set 60.00
1993-S silver 30.00
1993-S silver Premier Set 35.00
1994-S 6.50
1994-S Prestige Set 50.00
1994-S silver 30.00
1994-S silver Premier Set 30.00
1995-S 11.75
1995-S Prestige Set 95.00
1995-S silver 50.00
1995-S silver Premier Set 50.00
1996-S 7.50
1996-S Prestige Set 285
1996-S silver 30.00
1996-S silver Premier Set 30.00
1997-S 11.00
1997-S Prestige Set 65.00
1997-S silver 40.00
1997-S silver Premier Set 40.00
1998-S 9.75
1998-S silver 25.00
1998-S silver Premier Set 25.00
1999-S 9.50
1999-S 5-piece quarters set 6.50
1999-S silver 125

Date	Value
2004-S	.8.25
2004-S 5-piece quarters set	.4.00
2004-S silver	.60.00
2004-S silver 5-piece quarters set	.45.00
2005-S	.5.50
2005-S 5-piece quarters set	.3.50
2005-S silver	.60.00
2005-S silver 5-piece quarters set	.35.00
2006-S	.8.50
2006-S 5-piece quarters set	.5.50
2006-S silver	.60.00
2006-S silver 5-piece quarters set	.35.00
2007-S	.14.00
2007-S 5-piece quarters set	.4.50
2007-S silver	.65.00
2007-S silver 5-piece quarters set	.35.00
2007-S 4-pc Pres. Dollars set	.6.75
2008-S	.45.00
2008-S 5-piece quarters set	.35.00
2008-S 4-pc Pres. Dollars set	.13.00
2008-S silver	.75.00
2008-S silver 5-piece quarters set	.35.00
2009-S	.20.00

Date	Value
2000-S	.5.00
2000-S 5-piece quarters set	.3.00
2000-S silver	.60.00
2001-S	.13.50
2001-S 5-piece quarters set	.10.00
2001-S silver	.60.00
2002-S	.12.00
2002-S 5-piece quarters set	.5.00
2002-S silver	.60.00
2003-S	.7.00
2003-S 5-piece quarters set	.3.50
2003-S silver	.65.00

Date	Value
2009-S 4-piece Lincoln Bicentennial Cents set	.18.00
2009-S 6-piece quarters set	.9.50
2009-S 4-pc Pres. Dollar set	.6.50
2009-S silver	.75.00
2009-S 6-pc silver quarters set	.40.00
2010-S	.40.00
2010 5-piece quarters set	.30.00
2010 4-pc Pres. Dollars set	.14.00
2010 silver	.70.00
2010 5-piece silver quarters set	.40.00
2011	.65.00
2011 5-piece quarters set	.20.00

2011 4-pc Pres. Dollars set 30.00
2011 silver 75.00
2011 5-pc silver quarters set 40.00
2012 100
2012 5-piece quarters set 20.00
2012 4-pc Pres.Dollars set 100
2012 silver 185
2012 5-piece silver quarters set. . .45.00
2012 8-pc silver limited-edition set. 280
2013 . . . . .40.00
2013 5-piece quarters set 20.00
2013 4-pc Pres. Dollars set 20.00
2013 silver 65.00
2013 5-piece silver quarters set. . .40.00
2013 8-pc silver limited-edition set. 250
2014 . . . .—
2014 5-piece silver quarters set. . .40.00

U.S. UNCIRCULATED SETS

Notes: The "special mint sets" of 1965-1967 were of higher quality than regular uncirculated sets and were prooflike. They were packaged in plastic cases.

Date	Value
1947	.1,325
1948	.750
1949	.935
1951	.900
1952	.825
1953	.565
1954	.265
1955	.170
1956	.165
1957	.275
1958	.150
1959	.60.00
1960	.55.00
1961	.55.00

1962	.55.00
1963	.55.00
1964	.55.00
1965 special mint set	.8.50
1966 special mint set	.8.50
1967 special mint set	.9.75
1968	.7.25
1969	.7.50
1970 large date	.11.00
1970 small date	.70.00
1971	.3.00
1972	.3.00
1973	.11.00
1974	.7.00
1975	.6.00
1976 3 coins	.22.00
1976	.6.75
1977	.7.50
1978	.5.50
1979	.4.50
1980	.6.50
1981	.9.75
1984	.3.75
1985	.3.75
1986	.8.25
1987	.5.00
1988	.3.75
1989	.3.50
1990	.3.75
1991	.5.00
1992	.4.50
1993	.6.25
1994	.4.50
1995	.6.50
1996	.14.00
1997	.9.00
1998	.4.50
1999	.9.00
2000	.8.50
2001	.11.00
2002	.14.00
2003	.11.00
2004	.17.00
2005	.9.00
2006	.11.00
2007	.18.00
2008	.50.00
2009	.28.00
2010	.40.00
2011	.35.00
2012	.45.00
2013	.35.00
2014	.—

SILVER AMERICAN EAGLE BULLION COINS

Size: 40.6 millimeters.
Weight: 31.101 grams.
Composition: 99.93% silver (0.999 troy ounces), 0.07% copper.

	Unc.	Proof
1986	40.00	—
1986-S	—	70.00
1987	30.00	—
1987-S	—	70.00
1988	30.00	—
1988-S	—	70.00
1989	30.00	—
1989-S	—	70.00
1990	30.00	—
1990-S	—	70.00
1991	30.00	—
1991-S	—	70.00
1992	30.00	—
1992-S	—	70.00
1993	35.00	—
1993-P	—	100
1994	45.00	—
1994-P	—	150
1995	40.00	—
1995-P	—	90.00
1995-W	—	4,250
1996	65.00	—
1996-P	—	85.00
1997	30.00	—
1997-P	—	95.00
1998	30.00	—
1998-P	—	75.00
1999	30.00	—
1999-P	—	75.00
2000	30.00	—
2000-P	—	70.00
2001	30.00	—
2001-W	—	60.00
2002	30.00	—
2002-W	—	80.00
2003	30.00	—
2003-W	—	80.00

	Unc.	Proof
2004	30.00	—
2004-W	—	85.00
2005	30.00	—
2005-W	—	60.00
2006	30.00	—
2006-W burnished	85.00	—
2006-W	—	60.00
2006-P reverse proof	—	265
2006 20th anniversary 3-piece set		415
2007	30.00	—
2007-W burnished	30.00	—
2007-W	—	60.00
2008	30.00	—
2008-W burnished	70.00	—
2008-W burnished, reverse of 2007	550	—
2008-W	—	60.00
2009	30.00	—
2010	30.00	—
2010-W	—	60.00
2011	25.00	—
2011-W	50.00	65.00
2011-S burnished	285	—
2011-P reverse proof	—	300
2012	25.00	—
2012-W	60.00	65.00
2012-S	—	65.00
2012-S reverse proof	—	125
2013	25.00	—
2013-W	65.00	65.00
2013-W enhanced	95.00	—
2013-W reverse proof	—	90.00
2014	—	—
2014-W	—	60.00

GOLD AMERICAN EAGLE BULLION COINS

Composition: 91.67% gold (22 karats), 5.33% copper, 3% silver.

TENTH OUNCE ($5)

Size: 16.5 millimeters.
Weight: 3.393 grams.
Actual gold weight: 0.100 troy ounces.

	Unc.	Proof
MCMLXXXVI (1986)	180	—
MCMLXXXVII (1987)	180	—
MCMLXXXVIII (1988)	250	—
MCMLXXXVIII-P (1988)	—	190
MCMLXXXIX (1989)	255	—
MCMLXXXIX-P (1989)	—	180
MCMXC (1990)	245	—
MCMXC-P (1990)	—	225
MCMXCI (1991)	250	—
MCMXCI-P (1991)	—	210
1992	190	—
1992-P	—	200
1993	155	—
1993-P	—	180
1994	200	—
1994-W	—	180
1995	220	—
1995-W	—	200
1996	155	—
1996-W	—	180
1997	220	—
1997-W	—	180
1998	220	—
1998-W	—	180
1999	155	—
1999-W	—	180
1999-W die error	800	—
2000	155	—
2000-W	—	180
2001	155	—
2001-W	—	180
2002	245	—
2002-W	—	180
2003	155	—
2003-W	—	180
2004	155	—
2004-W	—	225
2005	155	—
2005-W	—	225
2006	155	—
2006-W burnished	215	—
2006-W	—	180
2007	155	—
2007-W burnished	175	—
2007-W	—	180
2008	155	—
2008-W burnished	325	—
2008-W	—	180
2009	155	—
2010	155	—
2010-W	—	180
2011	155	—
2011-W	—	180
2012	155	—
2012-W	—	180
2013	185	—
2013-W	—	190
2014	—	—
2014-W	—	—

QUARTER OUNCE ($10)

Size: 22 millimeters.
Weight: 8.483 grams.
Actual gold weight: 0.250 troy ounces.

	Unc.	Proof
MCMLXXXVI (1986)	550	—
MCMLXXXVII (1987)	550	—
MCMLXXXVIII (1988)	550	—
MCMLXXXVIII-P (1988)	—	430
MCMLXXXIX (1989)	565	—
MCMLXXXIX-P (1989)	—	430
MCMXC (1990)	550	—
MCMXC-P (1990)	—	430
MCMXCI (1991)	550	—
MCMXCI-P (1991)	—	430
1992	350	—
1992-P	—	430
1993	350	—
1993-P	—	430
1994	350	—
1994-W	—	430
1995	345	—
1995-W	—	430
1996	345	—
1996-W	—	430
1997	345	—
1997-W	—	430
1998	345	—
1998-W	—	430
1999	345	—
1999-W	—	430
1999-W die error	1,350	—
2000	345	—
2000-W	—	430
2001	345	—
2001-W	—	430
2002	345	—
2002-W	—	430
2003	345	—
2003-W	—	430
2004	345	—
2004-W	—	430
2005	345	—
2005-W	—	430
2006	345	—
2006-W burnished	785	—
2006-W	—	430
2007	345	—
2007-W burnished	990	—
2007-W	—	430
2008	345	—
2008-W burnished	1,750	—
2008-W	—	430
2009	345	—
2010	345	—
2010-W	—	430
2011	345	—
2011-W	—	430
2012	345	—
2012-W	—	455
2013	345	—
2013-W	—	475
2014	—	—
2014-W	—	—

HALF OUNCE ($25)

Size: 27 millimeters.
Weight: 16.966 grams.
Actual gold weight: 0.500 troy ounces.

	Unc.	Proof
MCMLXXXVI (1986)	995	—
MCMLXXXVII (1987)	690	—
MCMLXXXVII-P (1987)	—	865
MCMLXXXVIII (1988)	1,780	—
MCMLXXXVIII-P (1988)	—	865
MCMLXXXIX (1989)	1,800	—
MCMLXXXIX-P (1989)	—	865
MCMXC (1990)	2,100	—
MCMXC-P (1990)	—	865
MCMXCI (1991)	2,900	—
MCMXCI-P (1991)	—	960
1992	1,300	—
1992-P	—	865
1993	995	—
1993-P	—	865
1994	995	—
1994-W	—	865
1995	1,460	—

	Unc.	Proof
1995-W	—	865
1996	1,560	—
1996-W	—	865
1997	995	—
1997-W	—	865
1998	690	—
1998-W	—	865
1999	690	—
1999-W	—	865
2000	995	—
2000-W	—	865
2001	1,310	—
2001-W	—	865
2002	995	—
2002-W	—	865
2003	690	—
2003-W	—	865
2004	690	—
2004-W	—	865
2005	690	—
2005-W	—	865
2006	690	—
2006-W burnished	1,650	—
2006-W	—	865
2007	1,100	—
2007-W burnished	1,900	—
2007-W	—	865
2008	690	—
2008-W burnished	1,650	—
2008-W	—	865
2009	690	—
2010	690	—
2010-W	—	865
2011	690	—
2011-W	—	865
2012	690	—
2012-W	—	865
2013	690	—
2013-W	—	975
2014	—	—
2014-W	—	—

ONE OUNCE ($50)

Size: 32.7 millimeters.
Weight: 33.931 grams.
Actual gold weight: 1 troy ounce.

	Unc.	Proof
MCMLXXXVI (1986)	1,315	—
MCMLXXXVI-P (1986)	—	1,600
MCMLXXXVII (1987)	1,315	—

	Unc.	Proof
MCMLXXXVII-W (1987)	—	1,600
MCMLXXXVIII (1988)	1,315	—
MCMLXXXVIII-W (1988)	—	1,600
MCMLXXXIX (1989)	1,315	—
MCMLXXXIX-W (1989)	—	1,600
MCMXC (1990)	1,315	—
MCMXC-W (1990)	—	1,600
MCMXCI (1991)	1,315	—
MCMXCI-W (1991)	—	1,600
1992	1,315	—
1992-W	—	1,625
1993	1,315	—
1993-W	—	1,625
1994	1,315	—
1994-W	—	1,625
1995	1,315	—
1995-W	—	1,625
1996	1,315	—
1996-W	—	1,625
1997	1,315	—
1997-W	—	1,625
1998	1,315	—
1998-W	—	1,625
1999	1,315	—
1999-W	—	1,625
2000	1,315	—
2000-W	—	1,625
2001	1,315	—
2001-W	—	1,625
2002	1,315	—
2002-W	—	1,625
2003	1,315	—
2003-W	—	1,625
2004	1,315	—
2004-W	—	1,625
2005	1,315	—
2005-W	—	1,625
2006	1,315	—
2006-W burnished	1,885	—
2006-W	—	1,625
2006-W reverse proof	—	2,550
2007	1,330	—
2007-W burnished	1,980	—
2007-W	—	1,625
2008	1,315	—
2008-W burnished	2,100	—
2008-W	—	1,625
2009	1,315	—
2010	1,315	—
2010-W	—	1,625
2011	1,315	—
2011-W	2,350	1,625
2012	1,315	—
2012-W	2,975	1,625
2013	1,315	—
2013-W	2,350	1,850
2014	—	—
2014-W	—	—

GOLD AMERICAN BUFFALO BULLION COINS

Composition: 99.99% gold (24 karats).

TENTH-OUNCE ($5)

Size: 16 millimeters.
Weight: 3.11 grams.
Actual gold weight: 0.100 troy ounces.

	Unc.	Proof
2008-W	600	660

QUARTER-OUNCE ($10)

Size: 21.5 millimeters.
Weight: 7.78 grams.
Actual gold weight: 0.250 troy ounces.

	Unc.	Proof
2008-W	1,375	1,550

HALF-OUNCE ($25)

Size: 26 millimeters.
Weight: 16.96 grams.
Actual gold weight: 0.499 troy ounces.

	Unc.	Proof
2008-W	1,350	1,850

ONE-OUNCE ($50)

	Unc.	Proof
2006	1,315	—

2006-W . . . . — **1,475**
2007 . . . . **1,315** . . . .—
2007-W . . . . — **1,475**
2008 . . . . **1,315** . . . .—
2008-W . . . . — **3,200**
2009 . . . . **1,315** . . . .—
2009-W . . . . — **1,445**
2010 . . . . **1,315** . . . .—
2010-W . . . . — **1,475**
2011 . . . . **1,315** . . . .—
2011-W . . . . — **1,475**
2012 . . . . **1,315** . . . .—
2012-W . . . . — **1,475**
2013 . . . . **1,315** . . . .—
2013-W . . . . — **1,475**
2013-W reverse proof . . — **1,800**
2014 . . . . — . . . .—
2014-W . . . . — . . . . . . —

PLATINUM AMERICAN EAGLE BULLION COINS

Composition: 99.95% platinum.

TENTH-OUNCE ($10)

Size: 17 millimeters.
Weight: 3.11 grams.
Actual platinum weight: 0.100 troy ounces.

	Unc.	Proof
1997	165	—
1997-W	—	215

	Unc.	Proof
1998	165	—
1998-W	—	215

	Unc.	Proof
1999	165	—
1999-W	—	215

	Unc.	Proof
2000	165	—
2000-W	—	215

	Unc.	Proof
2001	165	—
2001-W	—	215

	Unc.	Proof
2002	165	—
2002-W	—	215

	Unc.	Proof
2003	165	—
2003-W	—	250

	Unc.	Proof
2004	165	—
2004-W	—	455
2005	165	—
2005-W	—	265
2006	165	—
2006-W burnished	425	—
2006-W	—	215

	Unc.	Proof
2007	285	—
2007-W burnished	265	—
2007-W proof	—	215
2008	165	—
2008-W burnished	290	—
2008-W	—	500

QUARTER-OUNCE ($25)

Size: 22 millimeters.
Weight: 7.785 grams.
Actual platinum weight: 0.250 troy ounces.

	Unc.	Proof
1997	410	—
1997-W	—	430

	Unc.	Proof
1998	410	—
1998-W	—	430

	Unc.	Proof
1999	410	—
1999-W	—	430

	Unc.	Proof
2000	410	—
2000-W	—	430

	Unc.	Proof
2001	410	—
2001-W	—	430

	Unc.	Proof
2002	410	—
2002-W	—	460

	Unc.	Proof
2003	410	—
2003-W	—	540

	Unc.	Proof
2004	410	—
2004-W	—	1,000
2005	410	—
2005-W	—	610

	Unc.	Proof
2006	410	—
2006-W burnished	590	—
2006-W	—	410
2007	410	—
2007-W burnished	590	—
2007-W	—	410
2008	410	—
2008-W burnished	665	—
2008-W	—	985

HALF-OUNCE ($50)

Size: 27 millimeters.
Weight: 15.552 grams.
Actual platinum weight: 0.499 troy ounces.

	Unc.	Proof
1997	790	—
1997-W	—	870

	Unc.	Proof
1998	790	—
1998-W	—	865

	Unc.	Proof
1999	790	—
1999-W	—	895

	Unc.	Proof
2000	790	—
2000-W	—	865
2001	790	—
2001-W	—	865

	Unc.	Proof
2002	790	—
2002-W	—	865
2003	790	—
2003-W	—	865

	Unc.	Proof
2004	790	—
2004-W	—	1,550

	Unc.	Proof
2005	790	—
2005-W	—	1,175

	Unc.	Proof
2006	790	—
2006-W burnished	875	—
2006-W	—	865

	Unc.	Proof
2007	820	—
2007-W burnished	1,000	
2007-W	—	885

	Unc.	Proof
2008	790	—
2008-W burnished	1,200	
2008-W	—	1,400

ONE-OUNCE ($100)

Images reduced by 10%

Size: 33 millimeters.
Weight: 31.105 grams.
Actual platinum weight: 0.999 troy ounces.

	Unc.	Proof
1997	1,580	—
1997-W	—	1,745

	Unc.	Proof
2002	1,580	—
2002-W	—	1,730

	Unc.	Proof
2007	1,625	—
2007-W burnished	2,100	
2007-W	—	1,730

	Unc.	Proof
1998	1,580	—
1998-W	—	1,730

	Unc.	Proof
2003	1,580	—
2003-W	—	1,745

	Unc.	Proof
2008	1,580	—
2008-W burnished	2,250	
2008-W	—	3,000

	Unc.	Proof
1999	1,580	—
1999-W	—	1,730

	Unc.	Proof
2004	1,580	—
2004-W	—	2,080

	Unc.	Proof
2009-W	—	2,240
2010-W	—	—
2010-W	—	2,260
2011-W	—	1,660

	Unc.	Proof
2000	1,580	—
2000-W	—	1,730

	Unc.	Proof
2005	1,580	—
2005-W	—	2,400

	Unc.	Proof
2012-W	—	2,000
2013-W	—	2,000
2014-W	—	—

	Unc.	Proof
2001	1,580	—
2001-W	—	1,730

	Unc.	Proof
2006	1,580	—
2006-W burnished	2,200	
2006-W	—	1,730

UNITED STATES PAPER MONEY

❧ Introduction ❧

The first paper money to circulate in the United States was issued during the Colonial era. British mercantile policies resulted in a chronic shortage of precious-metal coinage in the Colonies, and the paper issues helped fill the void.

During the Revolutionary War, the states and Continental Congress continued to issue paper money, but its backing in hard currency was spotty at best. Inflation ensued, and the notes' values plummeted. Some were called "shinplasters" because early Americans put them in their boots to help keep their feet warm. The saying "not worth a Continental" had its roots in the devaluation of Continental currency.

Designs on state notes varied, but most featured inscriptions within elaborate borders. Coats of arms and crowns were also common. During the mid-1770s, designs became more elaborate; farm scenes and buildings were popular design subjects. Most Continental currency bore intricate circular seals of allegories.

To deter counterfeiting, leaves were used in the printing process. The fine detail of a leaf on a note was difficult for counterfeiters to duplicate. Each note was hand signed, sometimes by important figures in early American history. The significance of a note's signatures can enhance its value.

Because of the devaluation of paper money during the Colonial and Continental Congress eras, the Constitution specified that "no state shall … make anything but gold and silver coin a tender in payment of debts." This provision, however, still allowed banks and other private institutions to issue paper money, which circulated solely on the people's trust in the issuing entity. Sound banks kept enough hard-money reserves to redeem their notes on demand; less scrupulous banks didn't.

Known as "obsolete notes" or "broken bank notes" today, these private issues were produced in especially large numbers in the 1830s and 1850s. They became obsolete in the 1860s when many of the issuing banks went under while others redeemed their outstanding notes and did not issue more. The notes are valued by collectors today because many of them feature artistic vignettes of local industries,

such as shipping or cotton, or patriotic themes provided by the printer. Some show their value in coins – two half dollars and a quarter to represent $1.25, for example. Most obsolete notes are one-sided.

During the Civil War, the public hoarded gold, silver, and even copper coins. In response to the resulting coin shortage, postage stamps were used for small change in everyday transactions. The stamps were placed in small envelopes printed with a value, but the envelopes deteriorated quickly and the stamps soon became a sticky mess.

The solution was to issue small, rectangular-shaped "Postage Currency" in 1862. Depictions of postage stamps on the currency indicated their value; a 50-cent note depicted 50 cents in postage stamps, for example. They could not be used as postage on letters or packages (they had no adhesive), but they could be redeemed at any post office for the indicated amount of postage.

In 1863, fractional currency replaced the postage currency. It was similar in size to the postage currency but did not contain any reference to postage stamps. Fractional notes were issued through 1876, by which time coinage production had caught up with demand and the hoarding of the Civil War era had ended. Fractional currency is common in the collectibles market today. Many issues can be purchased for $20 to $100, depending on the individual note and its condition.

Demand notes are considered the first regular paper money issued by the U.S. government and lead off the listings that follow.

The paper money issues in the following listings are identified first by type, using the names commonly used by collectors. They are further identified by denomination and series date, which is not necessarily the date in which the piece was issued. "Series" indicates the year of the act authorizing the series or the year production of the series

began. Further means of identifying notes include their design, seal color, issuing bank, signers, and size. Through 1928, U.S. paper-money issues were about 7 1/2 inches by 3 1/8 inches and are commonly called "large-size notes" today.

Beginning with Series 1928 (released in 1929), U.S. paper-money issues were reduced to 6 1/8 inches by 2 5/8 inches and are commonly called "small-size notes."

DEMAND NOTES

The demand notes of 1861 were the first paper money issued by the U.S. government, as an emergency measure during the Civil War. At first, they were not officially legal tender, so merchants and other private individuals were not obligated to accept them in payment for goods and services. But they were "receivable in payment for all public dues," so they could be used to pay taxes, for example. Later, a law was passed requiring their acceptance in private transactions also. The name "demand notes" comes from the statement on their face: "The United States promises to pay to the bearer on demand."

There were limits, however, on how demand notes could be redeemed. The notes were issued in five cities and could be redeemed by the assistant treasurers only in the individual note's specific city of issue.

Designs were uniform among issues from all cities. The $5 note shows at left the statue of Columbia from the U.S. Capitol and at right a portrait of Alexander Hamilton. The $10 shows Abraham Lincoln (then in office) at left, an eagle in the center, and an allegorical figure of art at right. The $20 depicts Liberty holding a sword and shield. The nickname "greenback" for paper money began with these notes, which have a distinctive green back. The privately issued obsolete notes, which preceded demand notes, had blank backs.

There are two major varieties of demand notes. Originally clerks were to hand-sign the notes as "for the" Treasury register and "for the" U.S. treasurer. To save clerks the time required to write "for the" millions of times, the words were printed on later notes instead of handwritten. The earlier variety, with "for the" handwritten, are worth more than the prices listed here.

High-grade notes in this series are rare.

	F	VF
$5 Boston	3,000	6,400
$5 Cincinnati *rare*		
$5 New York	2,750	5,000
$5 Philadelphia	3,300	11,750
$5 St. Louis	—	38,000

	F	VF
$10 Boston	7,750	22,000
$10 Cincinnati *rare*		
$10 New York	4,750	20,000
$10 Philadelphia	3,750	19,000
$10 St. Louis *rare*		

	F	VF
$20 Boston	25,000	—
$20 Cincinnati *1 known*		
$20 New York	—	87,500
$20 Philadelphia	—	75,000

TREASURY NOTES

Treasury notes are also called "coin notes" because the Treasury secretary was required to redeem them in his choice of gold or silver coin, although the notes were backed by silver bullion rather than coins.

Treasury notes were issued only in 1890 and 1891. Both years have the same face designs, generally of military heroes. The original reverse designs featured the values spelled out in large letters. For 1891, they were redesigned to allow more blank space. The ornamentation of the two 0s in 100 on the reverse of the $100 notes looks like the pattern on the skin of a watermelon. Hence, they are known in the collecting community as "watermelon notes."

	F	XF
$1 1890 Edwin M. Stanton	700	2,000
$1 1891 Edwin M. Stanton	350	675

	F	XF
$2 1890 Gen. James D. McPherson	1,100	4,250
$2 1891 Gen. James D. McPherson	525	1,600
$5 1890 Gen. George H. Thomas	1,000	3,000
$5 1891 Gen. George H. Thomas	550	1,250

	F	XF
$10 1890 Gen. Philip H. Sheridan	1,200	4,500
$10 1891 Gen. Philip H. Sheridan	900	2,000
$20 1890 John Marshall	4,000	8,000
$20 1891 John Marshall	4,750	8,000
$50 1891 William H. Seward	—	125,000

	V	XF
$100 1890 Adm. David G. Farragut	—	180,000
$100 1891 Adm. David G. Farragut	60,000	140,000
$1,000 1890 Gen. George Meade	—	1,095,000
$1,000 1891 Gen. George Meade *rare*		

NATIONAL BANK NOTES

National bank notes were a collaboration between private, nationally charted banks and the U.S. government. Individual banks could invest in U.S. bonds and, in return, receive paper money with a face value equal to their investment. The federal government designed and printed the notes. Designs were the same for each bank, but notes were imprinted with the name and charter number of the national bank receiving them. Some early notes also bear the coat of arms of the issuing bank's state.

National bank notes, titled "National Currency" on their faces, were legal tender anywhere in the United States and could be redeemed at the issuing bank or the U.S. Treasury. Notes redeemed at the Treasury were charged against the issuing bank's bond account. More than 1,300 national banks issued notes.

There were three periods during which banks could apply for a 20-year nationally issued charter: (1) 1863-1882, (2) 1882-1902, and (3) 1902-1922. Banks could issue notes under the first charter period until 1902, under the second charter period until 1922, and under the third charter period until 1929. Notes issued under each charter period have different designs.

Like all other U.S. paper money, national bank notes were reduced in size in 1929. Type 1 notes (1929-1933) list the charter number on the face twice. Type 2 notes (1933-1935) list it four times.

National bank notes were discontinued in May 1935 when the Treasury recalled many of the bonds in which the national banks had invested.

Nationals have been among the most sought-after notes in a generally active U.S. paper-money market. Not all nationals of a given type have the same value; notes of certain states and cities are more popularly collected than others. Also, some banks ordered only small quantities of notes. The values listed below are for the most common and least expensive banks issuing that type of note. Large-size nationals from Alaska, Arizona, Hawaii, Idaho, Indian Territory, Mississippi, Nevada, New Mexico, Puerto Rico, and South Dakota are worth more. The same is true for small-size nationals from Alaska, Arizona, Hawaii, Idaho, Montana, Nevada, and Wyoming.

FIRST CHARTER (1863-1875)

	VG	VF
$1 Allegory of Concord, no date, original series	1,200	1,700
$1 Allegory of Concord, 1875	1,200	1,700

	VG	VF
$2 Sir Walter Raleigh, "lazy 2," no date, original series	3,600	5,750
$2 Sir Walter Raleigh, 1875	3,600	5,750

	VG	VF
$5 Columbus sighting land, no date, original series	1,600	2,250
$5 Columbus sighting land, 1875	1,600	2,100

	VG	VF
$10 Franklin flying kite, no date, original series	1,950	2,650
$10 Franklin flying kite, 1875	1,800	2,650
$20 Battle of Lexington, no date, original series	2,550	3,500

$20 Battle of Lexington, 1875 . . . . **2,550** **3,500**
$50 Washington crossing the Delaware,
   no date, original series . . . . **14,000** **16,000**
$100 Battle of Lake Erie, no date original series
   . . . . **16,000** **20,000**
$500 *1 known*
$1,000 *1 known*

SECOND CHARTER, SERIES OF 1882, "BROWN BACKS," CHARTER NUMBER ON BACK

	VG	VF
$5 James Garfield	650	1,250
$10 Franklin flying kite	1,100	1,650
$20 Battle of Lexington	1,200	1,850
$50 Washington Crossing Delaware	5,250	6,000
$100 Battle of Lake Erie	6,600	7,500

SECOND CHARTER, SERIES OF 1882, "DATE BACKS," LARGE "1882*1908" ON BACK

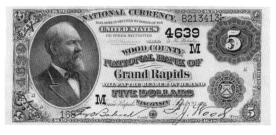

	VG	VF
$5 James Garfield	650	800
$10 Franklin flying kite	800	1,100
$20 Battle of Lexington	1,100	1,600
$50 Washington Crossing Delaware	5,250	6,000
$100 Battle of Lake Erie	7,000	8,000

SECOND CHARTER, SERIES OF 1882, "VALUE BACKS," VALUE SPELLED OUT ON BACK

	VG	VF
$5 James Garfield	750	1,000
$10 Franklin flying kite	950	1,200
$20 Battle of Lexington	1,150	1,600
$50 Washington Crossing Delaware, *rare*		
$100 *rare*		

THIRD CHARTER, SERIES OF 1902, RED TREASURY SEAL ON FACE

	VG	VF
$5 Benjamin Harrison	675	1,000
$10 William McKinley	900	1,200
$20 Hugh McCulloch	1,150	1,600
$50 John Sherman	5,500	6,000
$100 John Knox	7,000	9,000

THIRD CHARTER, SERIES OF 1902, BLUE TREASURY SEAL, "1902-1908" ON BACK

	VG	VF
$5 Benjamin Harrison	260	350
$10 William McKinley	250	375
$20 Hugh McCulloch	250	400

	VG	VF
$50 John Sherman	2,000	2,400
$100 John Knox	2,250	3,000

THIRD CHARTER, SERIES OF 1902, BLUE TREASURY SEAL, "PLAIN BACKS," WITHOUT DATES

	VG	VF
$5 Benjamin Harrison	175	325
$10 William McKinley	200	300
$20 Hugh McCulloch	235	375

	VG	VF
$50 John Sherman	2,000	3,000
$100 John Knox	2,750	3,750

THIRD CHARTER, SERIES OF 1929, BROWN TREASURY SEAL, SMALL SIZE

	VG	VF
$5 Type 1	65.00	100
$5 Type 2	90.00	120
$10 Type 1	75.00	130
$10 Type 2	85.00	140
$20 Type 1	65.00	115
$20 Type 2	75.00	130

	VG	VF
$50 Type 1	425	675
$50 Type 2	475	750
$100 Type 1	560	675
$100 Type 2	675	750

NATIONAL GOLD BANK NOTES

National gold bank notes were similar to national bank notes but were redeemable specifically in gold coin. They were issued by nationally chartered banks that were authorized by the Treasury to issue notes redeemable in gold.

They were issued from 1870 to 1875 to relieve California banks from handling mass quantities of gold coin. All but one of the banks authorized to issue the notes were located in California.

National gold bank notes were printed on golden-yellow paper and depict an assortment of U.S. gold coins on their reverse designs. Fine engraving resulted in high-quality images.

Because other types of notes were not popular in California, national gold bank notes saw heavy use and are scarce today in collectible condition.

	G	F
$5 Columbus sighting land	1,750	6,000
$10 Franklin flying kite	2,400	7,500
$20 Battle of Lexington	8,000	30,000
$50 Washington Crossing the Delaware *rare*		
$100 Battle of Lake Erie *rare*		

UNITED STATES NOTES

Most of these notes are titled "United States Note" at the top or bottom of their faces, but some earlier ones are titled "Treasury Note." The first United States notes omit both, but all were authorized under the same legislation. They were issued for more than a century (1862-1966) and thus are the longest-running type of U.S. paper money.

The series contains many classic designs. The most popular is the $10 with a bison on its face.

Like other currency, United States notes were reduced in size with Series 1928, printed in 1929. Small-size United States notes occasionally are still found in circulation today and are distinguished by a red Treasury seal. They generally are not collectible in worn condition.

This series includes popular "Star notes," which have part of the serial number replaced by a star. They were printed to replace notes accidentally destroyed in manufacturing. These were introduced on $20 notes in 1880 and eventually descended to $1 notes by 1917. They usually are worth more than regularly numbered notes.

LARGE SIZE

	F	XF
$1 1862 Salmon P. Chase, red seal	550	1,000
$1 1869 George Washington	500	1,500
$1 1880 George Washington	200	400
$1 1923 George Washington	135	240
$2 1862 Alexander Hamilton	800	2,000

	F	XF
$2 1869 Jefferson, Capitol	800	2,000
$2 1880 Jefferson, Capitol	300	600

	F	XF
$5 1862 Statue of Columbia, Alexander Hamilton	525	1,450
$5 1863 same, different obligation on back	575	1,150
$5 1869 Andrew Jackson, pioneer family	600	1,200
$5 1875 same, red seal	600	1,325
$5 1880 same, brown seal	440	850

	F	XF
$10 1862 Lincoln, allegory of art	1,400	2,500
$10 1863 same, different obligation on back	1,250	3,900
$10 1869 Daniel Webster, Pocahontas	700	1,500
$10 1880 same	700	1,750
$10 1880 same, brown seal	565	1,100

	F	XF
$10 1901 bison	900	2,900
$10 1923 Andrew Jackson	1,200	3,500
$20 1862 Liberty with sword and shield	2,250	6,750
$20 1863 same, different obligation on back	2,250	6,750

	F	XF
$20 1869 Alexander Hamilton, Victory	2,100	5,000
$20 1878 same, no inscription at center on back	1,100	2,500
$20 1880 same, brown seal	2,000	3,500
$50 1862 Alexander Hamilton	23,000	58,000
$50 1863 same, different obligation on back	12,500	57,500
$50 1869 Peace, Henry Clay	15,000	65,000
$50 1874 Benjamin Franklin, Columbia	15,000	35,000
$50 1880 same, brown seal	7,000	15,750
$100 1862 eagle	30,000	50,000
$100 1863 same, different obligation on back *rare*		

	F	XF
$100 1869 Lincoln, allegory of Architecture	12,500	30,000
$100 1880 same, inscription at left on back	7,000	21,500
$100 1880 same, brown seal	9,000	30,000
$500 1862 Albert Gallatin *rare*		
$500 1863 same, different obligation on back *rare*		
$500 1869 John Quincy Adams *rare*		
$500 1880 Gen. Joseph Mansfield *rare*		
$500 1880 same, brown seal *rare*		
$1,000 1862 Robert Morris *rare*		
$1,000 1863 same, different obligation on back *rare*		
$1,000 1869 Columbus, DeWitt Clinton *rare*		
$1,000 1880 same, inscription at left *rare*		
$1,000 1880 same, brown seal *rare*		

SMALL SIZE, RED SEAL

Denomination	Series	Front	Back
$1	1928	Washington	ONE
$2	1928-63A	Jefferson	Monticello
$5	1928-63	Lincoln	Lincoln Memorial
$100	1966-66A	Franklin	Independence Hall

	F	XF
$1 1928	125	150
$2 1928	10.00	20.00
$2 1928A	40.00	100

$2 1928B 80.00 300
$2 1928C . . . . .20.00 . . . . 30.00
$2 1928D . . . . .10.00 . . . . 35.00
$2 1928E . . . . .15.00 . . . . 25.00
$2 1928F . . . . .15.00 . . . . 25.00
$2 1928G . . . . .7.50 . . . . 10.00
$2 1953 . . . . .CU 10.00
$2 1953A . . . . .CU 10.00
$2 1953B . . . . .CU 10.00
$2 1953C . . . . .CU 10.00
$2 1963 . . . . .CU 8.00
$2 1963A . . . . .CU 10.00

	F	XF
$5 1928	10.00	20.00
$5 1928A	15.00	50.00
$5 1928B	15.00	30.00
$5 1928C	12.50	25.00
$5 1928D	35.00	75.00
$5 1928E	10.00	25.00
$5 1928F	10.00	25.00
$5 1953	10.00	15.00
$5 1953A	7.50	15.00
$5 1953B	7.50	15.00
$5 1953C	7.50	25.00
$5 1963	7.50	15.00
$100 1966	125	210
$100 1966A	225	400

GOLD CERTIFICATES

As the title on these notes implies, gold certificates were backed by reserves of gold coin and payable to the bearer in gold coin. The first gold certificates were issued from 1865 to 1875 but were used only for transactions between banks. Notes of this period not listed here are not known to have survived. The issue of 1882 was the first for general circulation. Only $5,000 and $10,000 notes were issued in 1888-1889 and did not circulate widely.

Regular issues were again placed in circulation from 1905 to 1907. This series includes a $20 note so beautifully colored with black, red, and gold ink on white, gold-tinted paper that collectors have nicknamed it "Technicolor." Gold certificates of Series 1913-1928 are the most common.

Gold certificates were reduced in size beginning with Series 1928. The small-size notes have a gold Treasury seal.

The final gold certificates, of 1934, were again issued just for bank transactions. The government recalled these notes from general circulation in 1933 when it withdrew gold coinage. Today, they are legal to own but are scarce because of the recall.

LARGE SIZE
First issue, 1863

	F	XF
$20 eagle on shield	—	500,000

$100 eagle on shield *rare*

Second issue, 1870-1871
None known to have survived.

Third issue, 1875
$100 Thomas H. Benton *rare*

Fourth issue, Series of 1882

	F	XF
$20 James Garfield	8,500	14,750
$50 Silas Wright	975	5,000
$100 Thomas Benton	1,150	8,000
$500 Abraham Lincoln	7,000	18,750
$1,000 Alexander Hamilton	97,750	—

$5,000 James Madison *rare*
$10,000 Andrew Jackson *rare*

Fifth issue, Series of 1888
$5,000 James Madison *rare*
$10,000 Andrew Jackson *rare*

Sixth issue, Series of 1900

	F	XF
$10,000 Andrew Jackson	1,750	3,750

Seventh issue, Series of 1905-1907

	F	XF
$10 Michael Hillegas	250	575
$20 1905 George Washington "Technicolor"	1,250	6,000
$20 1906 George Washington	300	600

Eighth issue, Series of 1907

	F	XF
$1,000 Alexander Hamilton	—	37,500

Ninth issue, Series of 1913

	F	XF
$50 Ulysses S. Grant	600	2,500

Tenth issue, Series of 1922

	F	XF
$10 Michael Hillegas	250	600

	F	XF
$20 George Washington	300	575
$50 Ulysses S. Grant	600	2,500
$100 Thomas Benton	1,000	4,000
$500 Abraham Lincoln *rare*		
$1,000 Alexander Hamilton *rare*		

SMALL SIZE

Series of 1928

	F	XF
$10 Alexander Hamilton	90.00	250
$20 Andrew Jackson	100	250
$50 Ulysses S. Grant	250	1,250
$100 Benjamin Franklin	300	1,250
$500 William McKinley	3,450	10,000
$1,000 Grover Cleveland	2,750	12,500
$5,000 James Madison *1 known*		

SILVER CERTIFICATES

On Feb. 28, 1878, the same day Congress authorized the striking of millions of silver dollars, it also passed legislation authorizing silver certificates. The notes represented actual silver dollars held by the U.S. Treasury. The legislation passed in response to lobbying by silver-mining interests.

Some of the most famous and beautiful bank notes issued by the United States are silver certificates. These include the "educational" $1, $2, and $5 notes of 1896; the "One Papa" $5; and the "porthole" $5. "One Papa" is a misnomer. The note actually depicts Chief Running Antelope of the Uncpapa Sioux, but because the name was unfamiliar to early collectors, it was mispronounced "Chief One Papa."

Like other U.S. paper money, silver certificates were reduced in size with Series 1928, in 1929.

During World War II, there was fear that supplies of U.S. currency would fall into enemy hands if certain territories were lost. In response, notes distributed in these territories were given distinguishing features that permitted their identification and repudiation if captured. Silver certificates issued to troops in North Africa were printed with a yellow Treasury seal instead of a blue one. Notes distributed in Hawaii featured the word "Hawaii" overprinted in large letters on the back.

The motto "In God We Trust" was added to the $1 note for Series 1935G and 1935H, and all 1957 series. Silver certificates continued until Series 1957B, in 1963. Small-size silver certificates are occasionally found in circulation today and are easily recognized by their blue Treasury seal. When worn, these notes are generally not collectible but do have some novelty value. They have not been redeemable for silver dollars since 1968.

This series includes popular "star notes," which have part of the serial number replaced by a star. They were printed to replace notes accidentally destroyed in the manufacturing process. Star notes were introduced in 1899. They often, but not always, are worth somewhat more than regularly numbered pieces.

LARGE SIZE

	F	XF
$1 1886 Martha Washington	300	875
$1 1891 Martha Washington	400	850

	F	XF
$2 1896 Science presenting steam and electricity to Commerce and Industry	850	3,000
$2 1899 George Washington, Mechanics and Agriculture	325	675
$5 1886 Ulysses S. Grant	1,000	4,500
$5 1891 Ulysses S. Grant	750	2,000
$5 1896 winged Electricity lighting the world	1,200	4,500

	F	XF
$1 1896 History instructing youth	400	1,500

	F	XF
$1 1899 eagle	150	350
$1 1923 George Washington	50.00	90.00
$2 1886 Gen. Winfield Scott Hancock	675	1,750
$2 1891 William Windom	625	2,000

	F	XF
$5 1899 Chief "Onepapa"	650	1,700
$5 1923 Abraham Lincoln	900	2,750
$10 1880 Robert Morris	1,700	5,250
$10 1886 Thomas Hendricks	1,250	4,500
$10 1891 Thomas Hendricks	750	1,500
$20 1878 Capt. Stephen Decatur	5,000	18,000
$20 1886 Daniel Manning	5,000	20,000
$20 1891 Daniel Manning	1,500	3,750
$50 1878 Edward Everett	37,000	—
$50 1891 Edward Everett	4,500	8,500
$100 1880 James Monroe	16,000	45,000
$100 1891 James Monroe	8,000	30,000
$500 1880 Sen. Charles Sumner	—	420,000

	F	XF
$1,000 1880 William Marcy	—	580,000
$1,000 1891 Columbia, Marcy *rare*		

SMALL SIZE, BLUE SEAL

Denomination	Series	Front	Back
$1	1928-1928E	Washington	ONE
$1	1934-1957B	Washington	Great Seal
$5	1934-1953C	Lincoln	Lincoln Memorial
$10	1933-1953B	Hamilton	Treasury building

	VF	CU
$1 1928	30.00	40.00
$1 1928A	20.00	40.00
$1 1928B	25.00	40.00
$1 1928C	350	500
$1 1928D	100	300
$1 1928E	600	1,500
$1 1934	30.00	60.00
$1 1935	10.00	20.00
$1 1935A	2.75	10.00
$1 1935A "Hawaii"	40.00	100
$1 1935A yellow seal	50.00	100
$1 1935A red R	75.00	300
$1 1935A red S	75.00	300
$1 1935B	3.00	12.00
$1 1935C	3.00	10.00
$1 1935D	4.00	8.00
$1 1935E	3.00	6.00
$1 1935F	2.50	6.00
$1 1935G	4.00	8.00
$1 1935G with motto	5.00	60.00
$1 1935H	3.00	10.00
$1 1957	2.50	5.00
$1 1957A	2.50	6.50
$1 1957B	2.50	6.50

	VF	CU
$5 1934	8.00	35.00
$5 1934A	8.00	20.00
$5 1934A yellow seal	80.00	200
$5 1934B	15.00	45.00
$5 1934C	8.00	25.00
$5 1934D	8.00	20.00
$5 1953	12.50	40.00
$5 1953A	10.00	40.00
$5 1953B	8.00	40.00

	VF	CU
$10 1933	6,000	12,500
$10 1933A *rare*		
$10 1934	50.00	150
$10 1934A	40.00	150
$10 1934 yellow seal	6,000	20,000

	VF	CU
$10 1934A yellow seal	60.00	300
$10 1934B	500	2,250
$10 1934C	40.00	200
$10 1934D	40.00	150
$10 1953	50.00	250
$10 1953A	100	400
$10 1953B	50.00	200

FEDERAL RESERVE NOTES

The Federal Reserve System was created in 1913. It consists of 12 Federal Reserve banks governed in part by the U.S. government through the Federal Reserve Board, whose members are appointed by the president and confirmed by the Senate. Each of the Federal Reserve banks is composed of various member banks.

The paper money used today in the United States is issued by the Federal Reserve banks. Originally, Federal Reserve notes could be redeemed for gold. That changed in 1934.

Like all other U.S. paper money, Federal Reserve notes were reduced in size with Series 1928, in 1929.

Since 1993, new anti-counterfeiting innovations have been added to the notes. Micro printing was incorporated in the design and around the frame of the portrait. Also, a transparent strip bearing the value and "USA" was embedded in the paper. It can be seen only when the note is held up to a light and cannot be photocopied.

These improvements were precursors to the first major overhaul of U.S. paper money since the 1920s. Beginning with the $100 bill in 1996, more changes were made, including larger portraits to show more detail and more white space on the reverse so watermarks could be added to the paper. A watermark is an image pressed against the paper while the newly printed note is drying. Like the transparent printed strip, it can be seen only when the note is held up to a light.

Among the most ingenious high-tech safeguards on the new notes is color-shifting ink, which alters its color depending on the angle of the light hitting it. The green Treasury seal has been retained, but the old letter seal indicating the Federal Reserve bank of distribution was replaced by the Federal Reserve System seal. These innovations were added to the $20 and $50 notes with Series 1996 and the $5 and $10 notes with Series 1999. The $1 note was not scheduled to change.

Starting in 2003, additional steps were taken to prevent counterfeiting. The $5, $10, $20, and $50 notes received multi-colored background designs. The changes are also slated for the $100 note.

Federal Reserve notes are produced at the Bureau of Engraving and Printing's main facility in Washington, D.C., and at its Western Currency Facility in Fort Worth, Texas. Notes produced at Fort Worth have a small "FW" mark in the lower right corner of the face.

Most Federal Reserve notes produced since the 1930s are collected only in high grade. Dealers may be unwilling to buy even scarce pieces if they are not crisp and uncirculated. Star notes, which have a star instead of one of the numerals in their serial numbers, are popularly collected in this series but, again, must be crisp to be desirable. Recent issues command no premium; they are sold at face value plus a handling fee to cover the dealer's labor.

For Series of 1988A, 1993, and 1995 $1 Federal Reserve notes, the BEP experimented with web presses for printing the notes. On web presses, the paper is fed into the presses on rolls. Traditionally, paper money has been printed on sheet-fed presses. The web-press $1 Federal Reserve notes can be distinguished from the regular notes in two ways: (1) On the front of regularly printed notes, there is a small letter and number to the lower right of the Treasury seal indicating the plate number. On web-printed notes, there will be only a number with no letter preceding it. (2) On the back of regularly printed notes, the plate number appears to the lower right of the "E" in "One." On web-printed notes, the number appears above the "E" in "One."

LARGE SIZE
Red seal, Series of 1914

	F	XF
$5 Abraham Lincoln	425	850

	F	XF
$10 Andrew Jackson	100	225
$20 Grover Cleveland	225	400
$50 Ulysses S. Grant	500	1,100
$100 Benjamin Franklin	650	1,000

Blue seal, Series of 1918

	F	XF
$500 John Marshall	16,500	—

	F	XF
$10 Andrew Jackson	750	1,500
$20 Grover Cleveland	725	4,400
$50 Ulysses S. Grant	2,750	4,500
$100 Benjamin Franklin	1,750	3,750

Blue seal, Series of 1914

	F	XF
$5 Abraham Lincoln	85.00	175

	F	XF
$1,000 Alexander Hamilton	14,000	—
$5,000 James Madison, *rare*		
$10,000 Salmon P. Chase, *rare*		

SMALL SIZE, GREEN SEAL

Denomination	Series	Front	Back
$1	1963	Washington	Great Seal
$2	1976	Jefferson	Declaration of Independence signing
$5	1928	Lincoln	Lincoln Memorial
$10	1928	Hamilton	Treasury Building
$20	1928	Jackson	White House
$50	1928	Grant	Capitol
$100	1928	Franklin	Independence Hall
$500	1928-1934A	McKinley	500
$1,000	1928-1934A	Cleveland	Inscription
$5,000	1928-1934B	Madison	5000
$10,000	1928-1934B	Chase	10,000

	XF	CU
$1 1963	2.00	3.00
$1 1963A	2.00	3.00
$1 1963B	3.00	3.50
$1 1969	1.50	2.50
$1 1969A	1.50	2.50
$1 1969B	1.50	2.50
$1 1969C	2.00	2.50
$1 1969D	2.00	2.50
$1 1974	2.00	3.00
$1 1977	2.00	3.00
$1 1981	—	2.00
$1 1981A	1.50	3.00
$1 1985	—	2.00
$1 1988	—	3.00
$1 1988A	—	2.00
$1 1988A web press	10.00	45.00
$1 1993	—	2.00
$1 1993 FW	1.50	4.00
$1 1993 web press	5.00	20.00
$1 1995	—	3.00
$1 1995 FW	—	5.00
$1 1995 web press	5.00	17.00
$1 1999	—	2.00
$1 1999 FW	—	2.00
$1 2001	—	2.00
$1 2001 FW	—	2.00
$1 2003	—	2.00
$1 2003 FW	—	2.00
$1 2003A	—	2.00
$1 2003A FW	—	2.00
$1 2006	—	4.00
$1 2006 FW	—	4.00
$1 2009	—	4.00
$1 2009 FW	—	4.00

	XF	CU
$2 1976	—	4.00
$2 1995	—	4.00
$2 2003	—	4.00
$2 2003 FW	—	35.00
$2 2003A FW	—	10.00
$5 1928	85.00	250
$5 1928A	25.00	100
$5 1928B	25.00	50.00
$5 1928C	2,500	3,500
$5 1928D	3,500	5,000
$5 1934	20.00	45.00
$5 1934A	20.00	30.00

	XF	CU
$5 1934 "Hawaii"	200	450
$5 1934A "Hawaii"	200	450
$5 1934B	20.00	40.00
$5 1934C	20.00	50.00
$5 1934D	20.00	50.00
$5 1950	12.00	45.00

	XF	CU
$5 1950A	—	20.00
$5 1950B	—	25.00
$5 1950C	—	15.00
$5 1950D	—	20.00
$5 1950E	—	25.00
$5 1963	12.50	15.00
$5 1963A	7.00	12.00
$5 1969	7.00	10.00
$5 1969A	7.00	10.00
$5 1969B	30.00	35.00
$5 1969C	7.00	12.00
$5 1974	7.00	10.00
$5 1977	7.00	15.00
$5 1977A	10.00	35.00
$5 1981		10.00
$5 1981A	—	10.00
$5 1985	—	10.00
$5 1988	—	10.00
$5 1988A FW	—	10.00
$5 1993	—	10.00
$5 1995	—	10.00
$5 1999 FW	—	10.00
$5 2001	—	10.00
$5 2003	—	10.00
$5 2003 FW	—	10.00
$5 2003A FW	—	18.00

	XF	CU
$5 2006 FW	—	18.00

	XF	CU
$10 1928	60.00	250
$10 1928A	60.00	400
$10 1928B	30.00	65.00
$10 1928C	60.00	350
$10 1934	18.00	45.00
$10 1934A	15.00	30.00
$10 1934A "Hawaii"	400	750
$10 1934B	25.00	75.00
$10 1934C	15.00	30.00
$10 1934D	15.00	35.00
$10 1950	20.00	65.00
$10 1950A	30.00	35.00
$10 1950B	20.00	35.00
$10 1950C	25.00	35.00
$10 1950D	—	35.00
$10 1950E	55.00	80.00
$10 1963	—	35.00
$10 1963A	20.00	25.00

	XF	CU
$10 1969	—	35.00
$10 1969A	—	25.00
$10 1969B	—	100
$10 1969C	—	30.00
$10 1974	—	25.00
$10 1977	—	30.00
$10 1977A	—	25.00
$10 1981	—	35.00
$10 1981A	—	35.00
$10 1985	—	25.00
$10 1988A	—	25.00
$10 1990	—	15.00
$10 1993	—	15.00
$10 1995	—	20.00
$10 1999	—	15.00
$10 2001	—	20.00

	XF	CU
$10 2004A FW	—	17.00

	XF	CU
$10 2003	—	15.00
$10 2003 FW	—	15.00

	XF	CU
$20 1928	100	175
$20 1928A	150	300
$20 1928B	50.00	100
$20 1928C	800	2,500
$20 1934	40.00	45.00
$20 1934A	40.00	60.00
$20 1934 "Hawaii"	500	2,000
$20 1934A "Hawaii"	200	700
$20 1934B	35.00	75.00
$20 1934C	40.00	75.00
$20 1934D	—	45.00
$20 1950	—	60.00
$20 1950A	—	60.00
$20 1950B	—	45.00
$20 1950C	—	60.00

	XF	CU
$20 1950D	—	60.00
$20 1950E	65.00	100
$20 1963	—	60.00
$20 1963A	—	45.00
$20 1969	30.00	45.00
$20 1969A	—	55.00
$20 1969B	100	150
$20 1969C	—	45.00
$20 1974	—	45.00
$20 1977	—	45.00
$20 1981	—	60.00
$20 1981A	—	45.00
$20 1985	—	40.00
$20 1988A	—	45.00
$20 1990	—	30.00
$20 1993	—	30.00
$20 1995	—	30.00
$20 1996	—	30.00
$20 1999	—	30.00
$20 2001	—	30.00
$20 2001 FW	—	30.00

	XF	CU
$20 2004	—	30.00
$20 2004 FW	—	30.00
$20 2004A	—	30.00

$20 2004A FW	—	30.00
$20 2006	—	32.00
$20 2006 FW	—	32.00
$20 2009	—	32.00
$20 2009 FW	—	32.00

	XF	CU
$50 1928	150	800
$50 1928A	90.00	300
$50 1934	60.00	225
$50 1934A	125	350
$50 1934B	125	300
$50 1934C	125	250
$50 1934D	200	250

	XF	CU
$50 1950	—	200
$50 1950A	—	200
$50 1950B	—	150
$50 1950C	—	150
$50 1950D	—	150
$50 1950E	375	750
$501963A	—	150
$50 1969	—	150
$50 1969A	—	150
$50 1969B	600	800

$50 1969C . . . . — 100
$50 1974 . . . . — 150
$50 1977 . . . . — 125
$50 1981 . . . . — 125
$50 1981A . . . . — 150
$50 1985 . . . . — 75.00
$50 1988 . . . . — 100
$50 1990 . . . . — 75.00
$50 1993 . . . . — 85.00

	XF	CU
$100 1928	250	600
$100 1928A	200	275
$100 1934	175	250
$100 1934A	225	350
$100 1934B	450	700
$100 1934C	175	400
$100 1934D	350	450
$100 1950	200	450
$100 1950A	—	200
$100 1950B	—	250
$100 1950C	—	275
$100 1950D	—	250
$100 1950E	375	750

$50 1996 . . . . — 55.00
$50 2001 . . . . — 60.00

	XF	CU
$100 1963A	—	200
$100 1969	125	175
$100 1969A	—	175
$100 1969C	—	175
$100 1974	—	150
$100 1977	—	175
$100 1981		200
$100 1981A		200
$100 1985		150
$100 1988		150
$100 1990		125
$100 1993		120
$100 1996		120
$100 1999		125
$100 2001		115
$100 2003		115
$100 2003A	—	115

$50 2004 FW . . . . — 60.00
$50 2004A FW . . . . — 73.00
$50 2006 FW . . . . — 80.00
$50 2009 FW . . . . — 80.00

$100 2006. . . . . —. 150
$100 2006 FW . . . . —. 150
$100 2006A. . . . . —. 150
$100 2009. . . . . —. 150
$100 2009 FW . . . . —. 150
$500 1928. . . . . .1,600. 3,000
$500 1934. 850. 1,000
$500 1934A. 1,250. 1,750
$500 1934B *specimens only*
$500 1934C *specimens only*
$1,000 1928 . . . . .2,500. 4,000
$1,000 1934 . . . . .2,000. 3,000
$1,000 1934A 2,000. 2,500
$1,000 1934C *specimens only*
$5,000 1928 . . . . 40,000. 90,000

	XF	CU
$5,000 1934	35,000	50,000

$5,000 1934A *rare*
$5,000 1934B *rare*

	XF	CU
$10,000 1928	90,000	100,000
$10,000 1934	60,000	80,000

$10,000 1934A *specimens only*
$10,000 1934B *none privately owned*

FEDERAL RESERVE BANK NOTES

Federal Reserve bank notes were issued by the 12 Federal Reserve banks rather than nationally chartered private banks. They were legal tender but not a government obligation; the obligation to redeem was with the Federal Reserve banks, not the U.S. Treasury.

Large-size notes have a blue Treasury seal on them. Small-size Federal Reserve bank notes were actually emergency currency printed on notes originally intended to become regular Series of 1929 national currency. They were issued in 1933 and have a brown Treasury seal.

The name of the issuing Federal Reserve bank is printed on the note in the same location as the issuing bank on a national bank note.

Star notes are scarce and command a significant premium.

LARGE SIZE

	F	XF
$1 1918 George Washington	125	250
$2 1918 Thomas Jefferson	700	850
$5 1915 Abraham Lincoln	250	500
$5 1918 Abraham Lincoln	400	650
$10 1915 Andrew Jackson	1,300	2,750
$10 1918 Andrew Jackson	1,250	2,750
$20 1915 Grover Cleveland	2,000	3,500
$20 1918 Grover Cleveland	2,275	3,750
$50 1918 Ulysses S. Grant	5,000	10,000

SMALL SIZE, BROWN SEAL

	XF	CU
$5 Boston	60.00	100
$5 New York	50.00	100
$5 Philadelphia	75.00	100

	XF	CU
$5 Cleveland	50.00	100
$5 Atlanta	75.00	125
$5 Chicago	50.00	100
$5 St. Louis	1,500	2,000
$5 Minneapolis	225	650
$5 Kansas City	225	650
$5 Dallas	75.00	300
$5 San Francisco	4,000	10,000
$10 Boston	75.00	275
$10 New York	60.00	200
$10 Philadelphia	65.00	250
$10 Cleveland	60.00	150
$10 Richmond	100	275
$10 Atlanta	75.00	200
$10 Chicago	70.00	200
$10 St. Louis	60.00	120
$10 Minneapolis	75.00	250
$10 Kansas City	50.00	200

	XF	CU
$10 Dallas	750	1,200
$10 San Francisco	500	1,000
$20 Boston	75.00	250
$20 New York	50.00	200
$20 Philadelphia	100	250

	XF	CU
$20 Cleveland	70.00	230
$20 Richmond	175	400
$20 Atlanta	150	650
$20 Chicago	60.00	150

	XF	CU
$20 St. Louis	100	150
$20 Minneapolis	100	250
$20 Kansas City	150	350
$20 Dallas	500	2,500
$20 San Francisco	200	300
$50 New York	150	225
$50 Cleveland	115	300
$50 Chicago	100	200
$50 Minneapolis	250	500
$50 Kansas City	160	375
$50 Dallas	750	5,000
$50 San Francisco	300	400
$100 New York	165	400
$100 Cleveland	175	275
$100 Richmond	300	700
$100 Chicago	225	450

	XF	CU
$100 Minneapolis	300	600
$100 Kansas City	210	350
$100 Dallas	1,500	2,300

CANADIAN COINS
⌒ Introduction ⌒

Like Colonial American and early Mexican coinage, Canadian money before the 1870s was a hodgepodge of various coins and tokens struck by a number of authorities, firms, countries, and individuals. Throughout the 1700s and early 1800s, British policies concerning mercantilism prevented the royal government from shipping reasonable quantities of sterling to British North America. By the time the idea was seriously considered, there was already chaos.

When official coinage was finally struck by the various pre-confederation colonial provinces, they had already recognized slightly different standards, sometimes as much as a 20-percent difference in value. The first coins struck in the name of Canada were produced by the Province of Canada. This was the collective name for Upper Canada (Ontario) and Lower Canada (Quebec). Bronze cents and silver 5-cent, 10-cent, and 20-cent pieces were struck in 1858-1859. In the intervening years before these two provinces combined with New Brunswick and Nova Scotia to form the independent Canadian confederation in 1867, all of them had struck their own coins. Despite this complexity of coinage, a shortage of small change still persisted. Neither bank tokens nor poorly made "blacksmith" counterfeits could be suppressed.

During the U.S. Civil War, when American silver coins were being discounted relative to gold, some Canadian firms bought them in quantity and imported them. Unfortunately, it soon became the tool of scams, whereby they were paid out at par but taken for deposit only at a discount. Finally, in 1869-1870, a three-step program was devised to cure this dilemma.

The U.S. silver was bought up, and $4 million worth was sent back south. An order was placed with the Royal Mint for millions of new sterling-silver Canadian 5-cent, 10-cent, 25-cent, and 50-cent pieces. Last, a temporary issue of fractional paper money redeemable in gold was released to make do until the new coins arrived. (This small paper money proved so popular that it continued to be issued until the 1930s.)

The new Canadian silver coins, nominally valued at one U.S. dollar worth of gold per Canadian dollar, were struck in quantity except during the depression of the late 1870s. They were supplemented by a large initial issue of cents in 1876. These were slightly heavier than the province's old cents and continued from 1881 onward. The standards for cents and silver remained unchanged until World War I.

During the 1800s, Canadian coins were struck at the Royal Mint in London and sometimes by contract at the Heaton Mint in Birmingham, England. In 1908, after years of agitation, a branch of the Royal Mint was opened in Ottawa. With it came the ability to mint the gold being mined in Canada into internationally recognized British-designed sovereigns. Soon after that, a domestic gold coinage was initiated.

Basic designs for most Canadian coins remained fairly stable from the beginning until 1937, but many smaller changes occurred as needed. Of course, with the passing of each monarch, a new royal portrait was designed — one for Edward VII in 1902, another for George V in 1911. The gold sovereigns used bareheaded busts instead of crowned ones to match their British counterparts. There was a bit of a ruckus in 1911 when the new obverse of George V lacked the Latin phrase Dei Gratia ("by the grace of God"). The mint responded to the public outcry and added the phrase the following year.

World War I and its aftermath resulted in more modifications. The large cent was replaced in 1920 by a small cent, and in 1922, the silver 5-cent was replaced by a nickel 5-cent. Both were similar in size to their American counterparts. Also, because of wartime increases in silver prices, the precious-metal content of silver coins was reduced from 92.5 percent (sterling) to 80 percent in 1920.

The entire visual style of Canadian coins began to change in 1935, when a new, artistic commemorative silver dollar for the jubilee of George V was released. It depicted the now famous design of a fur trapper and an Indian paddling a canoe. When the obverses were changed to portray the new King George VI in 1937, all of the smaller-denomination reverses were redesigned with creative and distinctly Canadian motifs. The cent was given a more naturalistic sprig of maple leaves, the 5-cent a beaver on its dam, the 10-cent a schooner, and the 25-cent the bust of a caribou. The 50-cent coins displayed a more conservative coat of arms. Because of the time taken to design the new coinage, some 1936-dated coins were struck in 1937. Their design included a minute dot to distinguish them. These are quite rare. The reverses introduced in 1937 continue in use today with some alteration.

World War II brought more changes to Canadian coins. Shortages of nickel caused the 5-cent piece to be struck in a brass alloy called tombac and later in chromium-plated steel. It was finally restored to its nickel composition in 1955. A special reverse design — a torch superimposed on a V for victory — was used to boost wartime morale. Because of the time taken to modify the royal titles to reflect the independence of India, some 1947 coins were struck in 1948 with a tiny maple leaf after the date. Although not rare, these are quite popular among collectors today.

No monarch has had as many different portraits on Canadian coins as Elizabeth II. The first portrait, designed by Mary Gillick, had some minor difficulties in striking and, as a result, was subtly modified after being placed in production. In 1965 a new bust wearing a tiara was introduced, years before Britain itself began using it. When a more mature depiction of the queen was desired, the Canadian choice differed from that of Britain for the first time. A design with an open crown, by Canadian artist Dora de Pédery-Hunt, was used beginning in 1990. It was replaced in mid-2003 by a bareheaded, grandmotherly portrait designed by Susanna Blunt.

The centennial of Canadian independence was cause for issue of some of the country's most beautiful and dignified wildlife coins. Animals emblematic of Canada shown against stark, open backgrounds were portrayed on the reverses of the 1967 issues, along with a gold $20 piece with the national arms. Unfortunately, rising silver prices forced these animal coins out of circulation. In mid-year, the 10-cent and 25-cent pieces were reduced to 50-percent silver, and beginning in 1968, pure nickel replaced all circulating silver.

Throughout the 1970s to the 1990s, various modifications were made to reduce the expense of producing coins, which were no longer tied to their intrinsic value. The cent went through several modifications in weight and shape before it was switched to copper-plated zinc in 1997. It was later supplemented by issues in copper-plated steel. In 1982, the 5-cent piece was changed from nickel to cupronickel, then to nickel-plated steel in 2000, along with the 10-cent, 25-cent, and 50-cent pieces. New $1 and $2 coins were introduced to save the expense of producing less-durable paper money. A small, golden, bronze-plated nickel dollar depicting a swimming loon was introduced in 1987. In 1996 a $2 coin depicting a polar bear and composed of a nickel ring surrounding an aluminum bronze center followed. Today these two coins are popularly known as the "loonie" and "twonie" respectively.

Since the 1970s Canada has had an extensive collector-coin program, with several different designs in various precious metals offered in quality strikes each year. Some of these had limited mintages and are quite scarce. Others, however, particularly those of the 1970s, are so common that they are frequently melted for scrap. Some of the more unusual pieces are the silver aviation series, which boasts a small portrait inlay of gold. This decade also saw the old cellophane-packaged prooflike sets supplemented with the more market-oriented cased proof sets.

Circulating commemoratives were struck for the 125th anniversary of the Canadian confederation in 1992. Most coins just bore the "1867-1992" legend, but a popular series of 25-cent coins bore reverses emblematic of each province and territory. A dollar depicting children before Parliament was issued as well.

Canada is one of the world's richest nations in terms of precious metals and for years has produced some of the world's most popular bullion coins. Silver one-ounce, gold 1/20-ounce to one-ounce, and platinum 1/20-ounce to one-ounce pieces are struck with an intricate and difficult-to-counterfeit maple leaf design on the reverse.

CANADIAN MINTMARKS

C – Ottawa, Ontario
H – Heaton, Birmingham, England
W – Winnipeg, Manitoba
None – Royal Mint, London (1858-1907)
None – Ottawa (1908-present)
None – U.S. Mint, Philadelphia (1968)
None – Hull, Quebec (1973)
None – Winnipeg, Manitoba (1975-present)

GRADING CANADIAN COINS

Certain convenient key reference points facilitate the grading of Canadian coins. On Queen Victoria's portraits, it is the hair over the ear or braid below the ear. For issues depicting Edward VII and George V, it is the band of the crown.

For Victorian coins grading extremely fine (XF), the hair over the ear and jewels of the diadem, or segments of braid, will be sharp. In the case of Edward VII and George V coins, the jewels in the band of the crown will be sharp. George VI coins will have only the slightest wear in the hair over the ear.

Coins grading very fine (VF) will show obvious signs of wear. Nevertheless, most of the design detail is still clear. On Victorian coins, the hair over the ear, or segments of braid, will be visible but not sharp. The same is true for the jewels in the diadem. On Edward VII and George V coins, the jewels in the band of the crown will be visible but not sharp. George VI coins will have about 80 percent of hair detail visible.

Fine (F) is the lowest grade most people consider collectible. About half the design detail will show on most types. On Victorian coins, the strands of hair over the ear, or segments of braid, begin to run into each other. Some of the details in the diadem will be obscured. On Edward VII and George V coins, the jewels in the band of the crown will be unclear, but the band will be distinct from the head. George VI coins will have only about half the hair detail visible.

Coins grading very good (VG) will exhibit heavy wear. All outlines are clear, as is generally the rim. Some internal detail will also show, but most will be worn off. On Victorian coins, the details in the strands of the hair over ear or segments of braid will be obscured. Most details in the diadem will be obscured. On Edward VII and George V coins, the band of the crown will be worn through at its center. George VI coins will have only about one-third of the hair detail visible.

Coins grading good (G) are generally considered uncollectible except for novelty purposes. There will usually be little or no internal detail to the design. Some of the rim may also be barely visible on silver. On Victorian coins, the hair over the ear or the braid will be mostly obscured, as will the majority of the diadem. On Edward VII and George V coins, the band of the crown will be worn through along most of its width. George VI coins will have no hair detail.

Even though the reverse of a pre-1937 Canadian coin is usually in better grade than the obverse, the value of a coin in the marketplace is primarily determined by its obverse grade. Also, pure-nickel George V 5-cent pieces are difficult to grade. Because of nickel's hardness, the dies did not always leave a sharp impression. Thus, an understanding of the metal's texture and surface is useful in grading this series.

Uncirculated coins with particularly unpleasant bag marks, color, or toning may trade at a heavy discount.

CENTS

VICTORIA

Size: 25.5 millimeters.
Weight: 4.54 grams.
Composition: Bronze.

	VG	VF
1858	50.00	80.00
1859 wide 9	25.00	60.00
1859 narrow 9	2.25	5.00

Size: 25.5 millimeters.
Weight: 5.67 grams.
Composition: Bronze.

	VG	VF
1876-H	2.00	4.00
1881-H	3.00	9.00
1882-H	2.00	4.00
1884	3.00	5.00
1886	3.75	10.00
1887	3.00	8.00
1888	2.00	5.00
1890-H	6.00	14.00
1891 large date	6.50	13.50
1891 small date, large leaves	50.00	110
1891 small date, small leaves	35.00	65.00

1892	4.50	12.00
1893	2.50	5.00
1894	8.00	18.00
1895	4.00	10.00
1896	3.00	5.00
1897	3.00	5.00
1898-H	5.50	13.00
1899	2.25	4.00
1900	6.00	15.00
1900-H	2.00	4.00
1901	2.25	4.50

EDWARD VII

Size: 25.5 millimeters.
Weight: 5.67 grams.
Composition: Bronze.

	VG	VF
1902	1.75	3.50
1903	1.75	3.00
1904	2.00	5.00
1905	3.50	7.50
1906	1.75	3.00
1907	2.00	4.50
1907-H	12.00	30.00
1908	3.00	5.00
1909	1.75	3.00
1910	1.75	3.00

GEORGE V

Size: 25.5 millimeters.
Weight: 4.54 grams.
Composition: Bronze.

	VG	VF
1911	0.80	1.75

Size: 25.5 millimeters.
Weight: 5.62 grams.
Composition: Bronze.

	VG	VF
1912	0.75	2.25
1913	0.75	2.25
1914	1.00	2.50
1915	0.75	3.00
1916	0.50	1.25
1917	0.50	0.90
1918	0.50	0.90
1919	0.50	0.90
1920	0.60	1.00

Size: 19.1 millimeters.
Weight: 3.24 grams.
Composition: Bronze.

	VG	VF
1920	0.20	0.95
1921	0.45	1.75
1922	13.00	21.00
1923	30.00	40.00
1924	5.00	8.50
1925	18.00	27.00
1926	3.50	7.00
1927	1.25	3.50
1928	0.15	0.65
1929	0.15	0.65
1930	2.00	4.50
1931	0.65	2.50
1932	0.15	0.50
1933	0.15	0.50
1934	0.20	0.75
1935	0.20	0.75
1936	0.15	0.75

1936 dot below date *rare*

GEORGE VI

Size: 19.1 millimeters.
Weight: 3.24 grams.
Composition: Bronze.

	XF	UNC
1937	0.95	2.50
1938	0.75	2.50
1939	0.70	1.75
1940	0.50	2.25
1941	0.50	8.00
1942	0.50	8.00
1943	0.45	3.50
1944	0.60	12.00
1945	0.35	2.50
1946	0.35	2.50
1947	0.35	2.50

1947 maple leaf next to date

	0.35	2.50
1948	0.70	4.00
1949	0.35	2.50
1950	0.25	1.75
1951	0.20	1.75
1952	0.20	1.25

ELIZABETH II

Size: 19.1 millimeters.
Weight: 3.24 grams.
Composition: Bronze.

	UNC
1953 without strap on queen's shoulder	1.50
1953 with strap	55.00
1954 without strap	*prooflike* 450
1954 with strap	6.00
1955 without strap	600
1955 with strap	2.50
1956	1.75
1957	1.00
1958	1.00
1959	0.50
1960	0.50
1961	0.50
1962	0.30
1963	0.30
1964	0.30

Notes: New portrait

	UNC
1965 small beads, pointed 5	4.00
1965 small beads, blunt 5	0.35
1965 large beads, pointed 5	35.00
1965 large beads, blunt 5	0.35
1966	0.35
1967 Confederation Centennial	0.30
1968	0.35
1969	0.35
1970	0.35
1971	0.35
1972	0.35
1973	0.30
1974	0.35
1975	0.35
1976	0.35
1977	0.35
1978	0.30
1979	0.30

Size: 19.1 millimeters.
Weight: 2.8 grams.
Composition: Bronze.

	UNC	PF
1980	0.30	—
1981	0.30	1.50

Size: 19.1 millimeters.
Weight: 2.5 grams.
Composition: Bronze.

	UNC	PF
1982	0.30	1.50
1983	0.30	1.50
1984	0.30	1.50
1985 pointed 5	10.00	—
1985 blunt 5	0.30	1.50
1986	0.30	1.50
1987	0.30	1.50
1988	0.30	1.50
1989	0.30	1.50

Notes: New portrait

	UNC	PF
1990	0.30	2.50
1991	0.30	3.50
1992 Confederation 125		
	0.30	2.50
1993	0.30	2.00
1994	0.30	2.50
1995	0.30	2.50
1996	0.30	2.50

Size: 19.1 millimeters.
Weight: 2.25 grams.
Composition: Copper-plated zinc.

	UNC	PF
1997	0.30	2.75
1998	0.30	3.00
1998-W in specimen sets only		
	1.75	—
1999	0.30	4.00
2000	0.30	4.00
2000-W in specimen sets only		
	1.75	—
2001	0.30	—
2002 Elizabeth II golden jubilee		
	0.75	—
2003	0.30	—

Notes: New portrait

	UNC	PF
2003	0.25	—
2004	0.25	2.50
2005	0.25	2.50
2006	0.25	2.50
2006-P *rare*		

Notes: Royal Canadian Mint logo added to reverse.

	UNC	PF
2006	0.25	—
2007	0.25	2.50
2009	0.25	—
2010	0.25	2.50
2011	0.25	2.50
2012	0.25	2.50

Size: 19.1 millimeters.
Weight: 2.35 grams.
Composition: Copper-plated steel.
Notes: Copper-plated steel cents were struck in addition to the copper-plated zinc cents. Copper-plated steel cents struck from 1999 into 2006 have a small "P" on the reverse. In 2006, the "P" was removed and the Royal Canadian Mint logo (a maple leaf) was added to the reverse. For coins struck after the "P" was removed, a magnet test must be used to determine whether the coin is copper-plated zinc (non-magnetic) or copper-plated steel (magnetic).

	UNC	PF
1999 "P"	6.00	—
2000 "P" *rare*		
2001 "P"	—	5.00
2002 "P" Elizabeth II golden jubilee	1.00	5.00
2003 "P"	1.50	5.00
2003-W "P", in specimen sets only	1.75	—

Notes: New portrait

	UNC	PF
2003 "P"	0.25	—
2004 "P"	0.25	—
2005 "P"	0.25	—
2006 "P"	0.25	—
2006 *rare*		

Notes: Royal Canadian Mint logo added to reverse.

	UNC	PF
2006	0.25	—
2007	0.25	2.50
2008	0.25	2.50
2009	0.25	2.50
2010	0.25	2.50
2011	0.25	2.50
2012	0.25	2.50

SPECIAL SILVER ISSUES

Size: 25.5 millimeters.
Weight: 5.67 grams.
Composition: copper-plated silver (0.925 fine, 0.1686 troy ounces).

	UNC	PF
1998 Royal Canadian Mint 90th anniversary, antique finish	16.00	—
1998 Royal Canadian Mint 90th anniversary, proof	—	—

Size: 19.1 millimeters.
Composition: 92.5% silver.

	PF
2002 Elizabeth II golden jubilee	3.00

THREE CENTS

Size: 21.3 millimeters.
Weight: 3.11 grams.
Composition: 92.5% silver gilt (0.0925 troy ounces).

	PF
2001 first Canadian postage stamp	12.50

FIVE CENTS

Size: 15.5 millimeters.
Weight: 1.162 grams.
Composition: 92.5% silver (0.0346 troy ounces).

	VG	VF
1858 small date	19.00	45.00
1858 large date over small date	150	350
1870 flat rim	15.00	40.00
1870 wire rim	15.00	40.00
1871	15.00	40.00
1872-H	13.00	35.00
1874-H plain 4	22.00	90.00
1874-H crosslet 4	18.00	75.00
1875-H large date	300	800
1875-H small date	150	500
1880-H	6.00	27.00
1881-H	9.00	30.00
1882-H	12.00	28.00
1883-H	23.00	85.00
1884	125	650
1885 small 5	16.00	50.00
1885 large 5	15.00	55.00
1885 lrg 5 over small	565.00	200
1886 small 6	9.00	30.00
1886 large 6	11.00	40.00
1887	30.00	75.00
1888	6.00	18.00
1889	24.00	90.00
1890-H	6.00	22.00
1891	6.00	15.00
1892	6.00	20.00

1893	6.00	14.00
1894	19.00	75.00
1896	6.00	14.00
1897	4.50	20.00
1898	12.00	40.00
1899	4.50	12.00
1900 oval zeroes	4.50	12.00
1900 round zeroes	21.00	60.00
1901	6.00	16.00

EDWARD VII

Size: 20.1 millimeters.
Weight: 3.32 grams.
Composition: 92.5% silver (0.0987 troy ounces).

	VG	VF
1902	2.00	5.00
1902 broad H	2.00	7.00
1902 narrow H	10.00	30.00

Size: 15.5 millimeters.
Weight: 1.15 grams.
Composition: 92.5% silver (0.0342 troy ounces).

	VG	VF
1903	3.00	22.00
1903-H	2.50	9.00
1904	3.00	9.00
1905	2.50	10.00
1906	2.50	7.00
1907	2.50	5.00
1908	7.00	30.00
1909 round leaves	4.00	13.00
1909 pointed leaves	16.00	55.00
1910 pointed leaves	2.50	6.00
1910 round leaves	18.00	45.00

GEORGE V

Size: 14.5 millimeters.
Weight: 1.162 grams.
Composition: 92.5% silver (0.0346 troy ounces).

	VG	VF
1911	2.50	7.00

Size: 15.5 millimeters.
Weight: 1.13 grams.
Composition: 92.5% silver (0.0336 troy ounces).

	VG	VF
1912	2.50	6.00
1913	2.50	5.00
1914	2.50	6.00
1915	14.00	35.00
1916	4.00	12.00
1917	2.50	4.00
1918	2.50	4.00
1919	2.50	4.00

Size: 15.48 millimeters.
Weight: 1.1664 grams.
Composition: 80% silver (0.03 troy ounces).

	VG	VF
1920	2.00	3.00
1921	4,000	6,500

Size: 21.2 millimeters.
Weight: 4.6 grams.
Composition: Nickel.

	F	XF
1922	1.00	7.00
1923	1.25	16.00
1924	1.00	10.00
1925	70.00	200
1926 near 6	7.00	60.00
1926 far 6	150	600
1927	0.65	14.50
1928	0.65	14.50
1929	0.65	14.50
1930	1.25	15.00
1931	1.25	18.00
1932	1.00	16.00
1933	1.50	18.00
1934	1.00	16.00
1935	1.00	11.00
1936	0.65	9.00

GEORGE VI

Size: 21.2 millimeters.
Weight: 4.5 grams.
Composition: Nickel.

	F	XF
1937 with dot	0.30	2.50
1938	0.90	7.00
1939	0.35	3.00
1940	0.30	2.25
1941	0.30	2.25
1942	0.30	1.75

Size: 21.2 millimeters.
Weight: 4.54 grams.
Composition: Tombac brass.

	F	XF
1942	0.65	1.75
1943 "V" reverse	0.30	0.80
1944 "V" reverse *1 known*		

Size: 21.2 millimeters.
Weight: 4.4 grams.
Composition: Chrome-plated steel.

	F	XF
1944	0.20	0.90
1945	0.20	0.80

Size: 21.2 millimeters.
Weight: 4.5 grams.
Composition: Nickel.

	F	XF
1946	0.25	2.00
1947	0.25	1.25
1947 with dot next to date	20.00	60.00
1947 with maple leaf next to date	0.30	1.25

Size: 21.2 millimeters.
Weight: 4.54 grams.
Composition: Nickel.
Notes: Beaver on reverse.

	F	XF
1948	0.50	3.00
1949	0.25	0.75
1950	0.25	0.75

Size: 21.2 millimeters.
Weight: 4.54 grams.
Composition: Chromium and nickel-plated steel.

	F	XF
1951 low relief	0.20	0.80
1951 high relief	525	1,000
1952	0.20	0.80

Size: 21.2 millimeters.
Weight: 4.55 grams.
Composition: Nickel.

	F	XF
1951 nickel bicentennial	0.25	0.45

ELIZABETH II

Size: 21.2 millimeters.
Weight: 4.54 grams.
Composition: Chromium and nickel-plated steel.
Notes: 12-sided.

	VF	UNC
1953 with strap on queen's shoulder, far leaf	300	1,100
1953 without strap	0.40	3.00
1953 without strap, near leaf	700	1,300
1953 with strap	0.40	3.50
1954	0.50	4.00

Size: 21.2 millimeters.
Weight: 4.59 grams.
Composition: Nickel.

	VF	UNC
1955	0.40	3.50
1956	0.30	2.25
1957	0.25	1.25
1958	0.25	1.25
1959	—	0.45
1960	—	0.45
1961	—	0.30
1962	—	0.30

Notes: Round shape.

	VF	UNC
1963	—	0.20
1964	—	0.20
1964 extra water line on reverse	18.00	35.00

Size: 21.2 millimeters.
Weight: 4.54 grams.
Composition: Nickel.
Notes: New portrait

	UNC	PF
1965	0.30	—
1966	0.30	—

	UNC	PF
1967 Confederation centennial	0.40	1.00
1968	0.30	—
1969	0.30	—
1970	0.75	—
1971	0.30	—
1972	0.30	—
1973	0.30	—
1974	0.30	—
1975	0.30	—
1976	0.30	—
1977	0.30	—
1978	0.30	—
1979	0.30	—
1980	0.30	—
1981	0.30	1.50

Size: 21.2 millimeters.
Weight: 4.6 grams.
Composition: Copper-nickel.

	UNC	PF
1982	0.30	1.50
1983	0.30	1.50
1984	0.30	1.50
1985	0.30	1.50
1986	0.30	1.50
1987	0.30	1.50
1988	0.30	1.50
1989	0.30	1.50

Notes: New portrait

	UNC	PF
1990	0.30	2.50

	UNC	PF
1991	0.55	7.00
1992 Confederation 125	0.30	4.00
1993	0.30	2.50
1994	0.30	3.00
1995	0.30	2.50
1996	2.25	6.00
1997	0.30	5.00
1998	0.30	5.00
1998-W	1.50	—
1999	0.30	5.00
1999-W	—	—
2000	0.30	5.00
2000-W	1.50	—
2001	12.50	10.00
2003	0.30	—
2006	—	5.00

Size: 21.2 millimeters.
Weight: 3.9 grams.
Composition: Nickel-plated steel.
Notes: This composition is designated by a "P" below the queen's portrait until 2006. In 2006 the "P" was removed and a maple leaf was added.

	UNC	PF
1999 "P"	15.00	—
2000 "P"	3.50	—
2001 "P"	0.35	—
2002 "P", Elizabeth II golden jubilee	0.45	10.00
2003 "P"	0.45	—
2004 "P"	0.45	2.50
2005 "P"	0.45	2.50

	UNC	PF
2005 "P", "V" reverse	4.50	—
2006 "P"	0.50	2.50
2006 maple leaf	0.45	2.50
2007 maple leaf	0.45	2.50
2008 maple leaf	0.45	2.50
2009 maple leaf	0.45	2.50
2010 maple leaf	0.45	2.50
2011 maple leaf	0.45	2.50
2012 maple leaf	0.45	2.50
2013 maple leaf	0.45	2.50

SPECIAL SILVER ISSUES

Size: 21.2 millimeters.
Weight: 5.35 grams.
Composition: 92.5% silver (0.1591 troy ounces).

	PF
1996	6.00

	UNC	PF
1997		6.00
1998		6.00
1999		6.00
2000		6.00
2001		8.00
2001 Royal Military College		8.00
2002 Elizabeth II golden jubilee		11.50
2002 Vimy Ridge Memorial		11.50
2003 Elizabeth II golden jubilee		11.50
2003		8.00
2004		6.50
2004 "V" reverse		15.00

Size: 21.2 millimeters.
Weight: 1.167 grams.
Composition: 92.5% silver (0.0347 troy ounces).

	UNC	PF
1998 Royal Canadian Mint 90th anniversary	12.00	12.00
2000 first French-Canadian regiment	—	9.00

Size: 21.2 millimeters.
Weight: 5.3 grams.
Composition: 92.5% silver (0.1576 troy ounces).

	PF
2005 "V" reverse	35.00
2005 "V" reverse, gold plated	40.00
2010 George V	15.00

10 CENTS

VICTORIA

Size: 18 millimeters.
Weight: 2.324 grams.
Composition: 92.5% silver (0.0691 troy ounces).

	VG	VF
1858	20.00	65.00
1870 narrow 0	18.00	75.00
1870 wide o	35.00	125
1871	30.00	125
1871-H	35.00	125
1872-H	150	400
1874-H	14.00	50.00
1875-H	400	1,200
1880-H	18.00	65.00
1881-H	20.00	70.00
1882-H	20.00	70.00
1883-H	65.00	250
1884	300	950

1885	65.00	250
1886	35.00	140
1887	65.00	225
1888	16.00	55.00
1889	750	2,000
1890-H	20.00	90.00
1891	20.00	90.00
1892	20.00	75.00
1893 flat-top 3	45.00	150
1893 round-top 3	850	2,700
1894	45.00	150
1896	14.00	45.00
1898	14.00	45.00
1899 small 9s	12.00	40.00
1899 large 9s	25.00	85.00
1900	8.50	40.00
1901	8.50	40.00

EDWARD VII

Size: 18 millimeters.
Weight: 2.324 grams.
Composition: 92.5% silver (0.0691 troy ounces).

	VG	VF
1902	9.00	35.00
1902-H	4.00	20.00
1903	15.00	90.00
1903-H	8.00	35.00
1904	12.00	50.00
1905	7.00	60.00
1906	7.00	35.00
1907	5.00	25.00
1908	9.00	60.00
1909	7.00	45.00
1909 broad leaves	11.00	60.00
1910	4.00	20.00

GEORGE V

Size: 23.5 millimeters.
Weight: 3.9 grams.
Composition: 92.5% silver (0.116 troy ounces).

	VG	VF
1911	5.00	20.00

Size: 17.8 millimeters.
Weight: 2.3 grams.
Composition: 92.5% silver (0.0684 troy ounces).

	VG	VF
1912	1.50	11.00
1913 small leaves	1.50	9.00

1913 large leaves	125	450
1914	1.50	9.00
1915	7.00	40.00
1916	1.50	6.00
1917	1.50	4.00
1918	1.50	4.00
1919	1.50	4.00

Size: 17.9 millimeters.
Weight: 2.2 grams.
Composition: 80% silver (0.0566 troy ounces).

	VG	VF
1920	1.25	3.50
1921	1.25	6.00
1928	1.25	4.00
1929	1.25	3.50
1930	1.25	4.50
1931	1.25	4.00
1932	1.25	9.00
1933	2.50	12.00
1934	4.00	22.00
1935	4.00	19.00
1936	1.25	3.00
1936 dot on reverse		rare

GEORGE VI

Size: 18 millimeters.
Weight: 3.3328 grams.
Composition: 80% silver (0.06 troy ounces).

	F	XF
1937	1.25	4.00
1938	1.25	7.00
1939	1.25	6.00
1940	1.25	4.00
1941	1.25	7.00
1942	1.25	5.00
1943	1.25	4.00
1944	1.25	5.00
1945	1.25	4.00
1946	1.25	5.00
1947	1.25	7.00
1947 maple leaf next to date	1.25	4.00

Notes: Design modified.

	F	XF
1948	3.50	13.00
1949	—	2.50
1950	—	2.50
1951	—	2.50
1952	—	2.50

ELIZABETH II

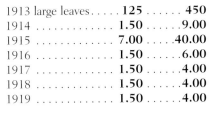

Size: 18 millimeters.
Weight: 2.31 grams.
Composition: 80% silver (0.0594 troy ounces).

	XF	UNC
1953 with straps on queen's shoulder	1.25	4.00
1953 without straps	1.25	6.00
1954	1.25	12.00
1955	1.25	4.50
1956	1.25	3.00
1956 dot below date	7.00	15.00
1957	1.25	3.50
1958	1.25	3.50
1959	1.25	3.00
1960	1.25	3.00
1961	1.25	3.00
1962	1.25	2.50
1963	1.25	2.50
1964	1.25	2.50

Notes: New portrait

	XF	UNC
1965	1.25	2.50
1966	1.25	2.50

	XF	UNC
1967 Confederation centennial	1.25	2.50

Size: 18 millimeters.
Weight: 2.3328 grams.
Composition: 50 percent silver.

	XF	UNC
1967 Confederation centennial		
. . . .	**1.25**	**2.00**
1968	**0.75**	**1.50**

Size: 18 millimeters.
Weight: 2.33 grams.
Composition: Nickel.

	UNC
1968	**0.25**

Size: 18 millimeters.
Weight: 2.07 grams.
Composition: Nickel.

	UNC
1969	**0.35**
1970	**0.90**
1971	**0.35**
1972	**0.35**
1973	**0.35**
1974	**0.35**
1975	**0.35**
1976	**0.35**
1977	**0.35**
1978	**0.35**

Notes: Portrait modified.

	UNC	PF
1979	**0.35**	—
1980	**0.35**	—
1981	**0.35**	**1.50**
1982	**0.35**	**1.50**
1983	**0.35**	**1.50**
1984	**0.35**	**1.50**
1985	**0.35**	**1.50**
1986	**0.35**	**1.50**
1987	**0.35**	**1.50**
1988	**0.35**	**1.50**
1989	**0.35**	**1.50**

Size: 18 millimeters.
Weight: 2.14 grams.
Composition: Nickel.
Notes: New portrait.

	UNC	PF
1990	**0.35**	**2.50**
1991	**0.45**	**4.00**
1992 Confederation 125		
. . . .	**0.35**	**3.00**
1993	**0.35**	**2.00**

	UNC	PF
1994	**0.35**	**2.50**
1995	**0.35**	**2.50**
1996	**0.35**	**2.50**
1997	**0.35**	**2.50**
1998	**0.35**	**2.50**
1998-W	**1.50**	—
1999	**0.35**	**2.50**
2000	**0.35**	**2.50**
2000-W	**1.50**	—

Size: 18 millimeters.
Weight: 1.75 grams.
Composition: Nickel-plated steel.
Notes: This composition is designated by a "P" below the queen's portrait until 2006. In 2007 the "P" was removed and a maple leaf was added.

	UNC	PF
1999 "P"	**15.00**	—
2000 "P" 1,000		—
2001 "P"	**0.45**	—
2001 "P" Year of the Volunteer		
. . . .		**4.50**
2002 "P" Elizabeth II golden jubilee		
. . . .	**1.00**	**2.50**
2003 "P"	**1.25**	—
2004 "P"	**0.60**	**2.50**
2005 "P"	**0.60**	**2.50**
2006 "P"	**0.60**	**2.50**
2007 maple leaf	**0.60**	**2.50**
2008 maple leaf	**0.60**	**2.50**
2009 maple leaf	**0.60**	**2.50**

SPECIAL SILVER ISSUES

Size: 18 millimeters.
Weight: 2.4 grams.
Composition: 92.5% silver (0.0714 troy ounces).

	PF
1996	**5.50**
1997	**5.50**
1997 John Cabot	**17.50**
1998	**4.00**
1998-O	**4.00**
1999	**5.00**
2000	**5.00**
2000 first Canadian credit union . .	**8.00**
2001	**5.00**
2001 Year of the Volunteer	**9.00**
2002	**7.50**
2002 Elizabeth II golden jubilee . .	**12.50**
2003	**7.50**
2004	**6.00**
2004 Canada Golf Championship	
centennial	**12.50**
2010 George V	**20.00**
2011 George V	**20.00**

Size: 18 millimeters.
Weight: 2.32 grams.
Composition: 92.5% silver (0.069 troy ounces).

	PF
1998 Royal Canadian Mint 90th	
anniversary	**10.00**
1998 Royal Canadian Mint 90th	
anniversary, matte finish	**10.00**
2003 Elizabeth II golden jubilee	
. . . .	**12.00**

20 CENTS

Size: 23.3 millimeters.
Weight: 4.648 grams.
Composition: 92.5% silver (0.1382 troy ounces).

	VG	VF
1858	**60.00**	**125**

25 CENTS

VICTORIA

Size: 23.88 millimeters.
Weight: 5.81 grams.
Composition: 92.5% (0.1728 troy ounces).

	VG	VF
1870	**22.00**	**85.00**
1871	**27.00**	**125**
1871-H	**35.00**	**150**
1872-H	**13.00**	**45.00**
1874-H	**13.00**	**45.00**
1875-H	**400**	**1,700**
1880-H narrow 0 . .	**80.00**	**300**
1880-H wide 0	**150**	**600**
1880-H narrow 0 over wide 0		
. . . .	**100**	**400**
1881-H	**30.00**	**125**
1882-H	**30.00**	**125**
1883-H	**20.00**	**85.00**
1885	**150**	**550**

1886	45.00	200
1887	150	550
1888	25.00	90.00
1889	175	650
1890-H	30.00	150
1891	125	400
1892	20.00	85.00
1893	150	550
1894	30.00	150
1899	12.00	60.00
1900	11.00	50.00
1901	15.00	65.00

EDWARD VII

Size: 23.4 millimeters.
Weight: 5.81 grams.
Composition: 92.5% silver (0.1728 troy ounces).

	VG	VF
1902	16.00	85.00
1902-H	11.00	65.00
1903	20.00	100
1904	30.00	200
1905	20.00	150
1906	14.00	75.00
1907	11.00	70.00
1908	25.00	100
1909	16.00	100

Size: 23.4 millimeters.
Weight: 5.8319 grams.
Composition: 92.5% silver (0.1734 troy ounces).

	VG	VF
1910	10.00	55.00

GEORGE V

Size: 23.4 millimeters.
Weight: 5.8319 grams.
Composition: 92.5% silver (0.1734 troy ounces).

	VG	VF
1911	18.00	55.00
1912	9.00	30.00

1913	8.00	30.00
1914	9.00	40.00
1915	30.00	225
1916	7.50	25.00
1917	7.50	18.00
1918	3.50	14.00
1919	3.50	14.00

Size: 23.4 millimeters.
Weight: 5.8319 grams.
Composition: 80% silver (0.15 troy ounces).

	VG	VF
1920	3.00	18.00
1921	17.00	125
1927	40.00	125
1928	3.00	18.00
1929	3.00	18.00
1930	3.00	25.00
1931	3.00	30.00
1932	3.00	30.00
1933	3.00	35.00
1934	3.00	45.00
1935	3.00	35.00
1936	3.00	14.00
1936 dot below wreath	40.00	225

GEORGE VI

Size: 23.5 millimeters.
Weight: 5.75 grams.
Composition: 80% silver (0.1479 troy ounces).

	XF	UNC
1937	7.50	20.00
1938	15.00	80.00
1939	11.00	65.00
1940	5.00	20.00
1941	6.00	23.00
1942	6.00	25.00
1943	6.00	23.00
1944	6.00	30.00
1945	6.00	23.00
1946	12.00	55.00
1947	12.00	65.00
1947 dot after 7	225	450
1947 maple leaf after	76.00	20.00

Size: 23.5 millimeters.
Weight: 5.8319 grams.
Composition: 80% silver (0.15 troy ounces).

	XF	UNC
1948	12.00	70.00
1949	12.00	15.00
1950	12.00	15.00
1951	12.00	15.00
1952	12.00	15.00

ELIZABETH II

Size: 23.8 millimeters.
Weight: 5.8319 grams.
Composition: 80% silver (0.15 troy ounces).

	XF	UNC
1953 without strap on queen's shoulder	3.00	8.00
1953 with strap	6.00	11.00
1954	11.00	30.00
1955	6.00	9.00
1956	3.00	8.00
1957	3.00	8.00
1958	3.00	8.00
1959	3.00	8.00
1960	3.00	8.00
1961	3.00	8.00
1962	3.00	8.00
1963	3.00	8.00
1964	3.00	8.00

Notes: New portrait

	XF	UNC
1965	3.00	8.00
1966	3.00	8.00

	XF	UNC
1967 Confederation centennial	3.00	6.00

Size: 23.8 millimeters.
Weight: 5.8319 grams.
Composition: 50% silver (0.0937 troy ounces).

	UNC
1967 Confederation centennial	3.25
1968	4.50

Size: 23.8 millimeters.
Weight: 5.06 grams.
Composition: Nickel.

	UNC
1968	0.75
1969	0.75
1970	2.00
1971	0.75
1972	0.75

	UNC
1973 Royal Canadian Mounted Police Centennial, 120 beads	1.00
1973 Royal Canadian Mounted Police Centennial, 132 beads	500
1974	0.75
1975	0.75
1976	0.75
1977	0.75
1978	0.75

Size: 23.88 millimeters.
Weight: 5.07 grams.
Composition: Nickel.

	UNC	PF
1979	0.75	—
1980	0.75	—
1981	0.75	2.00
1982	0.75	2.00
1983	1.50	3.00
1984	0.75	2.00
1985	0.75	2.00
1986	0.75	2.00
1987	1.25	2.00
1988	1.00	2.00
1989	0.75	2.00

Notes: New portrait

	UNC	PF
1990	0.90	2.50
1991	12.00	20.00
1992 Confederation 125	12.50	20.00
1993	0.70	2.00
1994	0.70	3.00
1995	0.70	3.00
1996	0.70	6.00
1997	0.70	6.00
1998-W	0.75	—
1999	0.75	6.00
2000	0.75	6.00
2000-W	5.00	—
2001	5.00	7.50

Size: 23.88 millimeters.
Weight: 4.4 grams.
Composition: Nickel-plated steel.
Notes: This composition is designated by a "P" below the queen's portrait until 2006. In 2007 the "P" was removed and a maple leaf was added.

	UNC	PF
1999 "P"	20.00	—
2000 "P" rare		
2001 "P"	0.95	5.00
2001 Canada Day	7.00	—
2002 "P"	2.50	5.00
2002 "P", Elizabeth II golden jubilee	2.00	6.00
2002 "P", Canada Day	5.00	—
2002 "P", Canada Day, colorized maple leaf	—	6.00
2003 "P"	2.50	5.00
2003-W "P"	—	—
2004 "P"	2.50	5.00
2004 red poppy reverse	5.00	20.00
2004 colorized maple leaf	8.00	—
2004 "P" Ile Ste Croix 1604-2004	5.00	—
2004 colorized Santa	5.00	—
2004 Canada Day	5.00	—
2005 "P"	2.50	5.00
2005 "P" Canada Day	8.50	—
2005 "P" Saskatchewan	7.00	—
2005 "P" Christmas, colorized	10.00	—
2005 "P" Year of the Veteran	7.00	—
2005 World War II 60th Anniversary	20.00	—
2006 "P"	2.50	5.00
2006 "P", Canada Day	6.00	—
2006 Quebec Winter Carnival	10.00	—
2006 "P", Toronto Maple Leafs	12.50	—
2006 "P", Montreal Canadiens	12.50	—
2006 "P", Ottawa Senators	12.50	—
2006 "P", breast cancer	10.00	—
2006 "P", breast cancer, colorized pink ribbon	1.50	—
2006 "P", Christmas	5.00	—
2006 maple leaf, Medal of Bravery	2.50	—
2006 maple leaf, O Canada	8.50	—
2006 maple leaf, congratulations	8.00	—
2006 Elizabeth II 80th birthday	—	25.00
2007 maple leaf	2.50	5.00
2007 maple leaf, Canada Day	8.00	—
2007 maple leaf, Calgary Flames	12.50	—
2007 maple leaf, Edmonton Oilers	12.50	—
2007 maple leaf, Vancouver Canucks	12.50	—
2007 maple leaf, Toronto Maple Leafs logo	5.00	—
2007 maple leaf, Ottawa Senators logo	5.00	—
2007 maple leaf, Montreal Canadiens logo	5.00	—
2007 maple leaf, wedding	5.00	—
2007 maple leaf, birthday	5.00	—
2007 maple leaf, baby birth	5.00	—
2007 Elizabeth II 60th wedding anniversary	19.50	—
2007 Vancouver Olympics, curling	7.50	20.00
2007 Vancouver Olympics, ice hockey	7.50	20.00
2007 Vancouver Olympics, wheelchair curling	7.50	20.00
2007 Vancouver Olympics, ice hockey	7.50	20.00
2007 Vancouver Olympics, wheelchair curling	7.50	20.00

2007 Vancouver Olympics, biathlon
. . . . **7.50** . . . . —
2007 Vancouver Olympics, alpine
skiing . . . . **7.50** . . . . —
2007 Christmas. . . . . **8.00** . . . . —
2008 maple leaf. . . . . **2.50** **5.00**
2008 baby . . . . **8.00** . . . . —
2008 birthday . . . . . . **8.00** . . . . —
2008 congratulations. **8.00** . . . . —
2008 wedding . . . . . . **8.00** . . . . —
2008 Christmas. . . . . **8.00** . . . . —
2008 Vancouver Olympics, alpine
skiing . . . . **—** . . . . —
2008 Vancouver Olympics, biathlon
. . . . **8.00** . . . . —
2008 Vancouver Olympics, freestyle
skiing . . . . **2.00** . . . . —
2008 Vancouver Olympics, figure
skating . . . . **2.00** . . . . —
2008 Vancouver Olympics,
snowboarding. . . . . **2.00** . . . . —
2008 Vancouver Olympics, Miga
. . . . **3.00** . . . . —
2008 Vancouver Olympics, Quatchi
. . . . **3.00** . . . . —
2008 Vancouver Olympics, Sumi
. . . . **3.00** . . . . —
2008 O Canada. . . . . **8.00** . . . . —
2008 multicolored poppy
. . . . **8.00** . . . . —
2009 maple leaf. . . . . **2.50** **5.00**
2009 Canada Day . . **6.00** . . . . —
2009 birthday . . . . . **18.50** . . . . —
2009 excitement . . . **18.50** . . . . —
2009 love. . . . . **18.50** . . . . —
2009 thank you . . . . **18.50** . . . . —
2009 Vancouver Olympics, cross-
country skiing . . . . **3.00** . . . . —
2009 Vancouver Olympics, bobsled
. . . . **3.00** . . . . —
2009 Vancouver Olympics, speed
skating . . . . **3.00** . . . . —
2010 Vancouver Olympics, Miga
. . . . **3.00** . . . . —
2010 Vancouver Olympics, Quatchi
. . . . **3.00** . . . . —
2010 Vancouver Olympics, Sumi
. . . . **3.00** . . . . —
2010 ice hockey . . . . **3.00** . . . . —
2010 ice hockey, red enamel
. . . . **8.00** . . . . —
2010 curling . . . . . . **3.00** . . . . —
2010 curling, red enamel
. . . . **8.00** . . . . —
2010 wheelchair curling
. . . . **3.00** . . . . —
2010 wheelchair curling, red enamel
. . . . **8.00** . . . . —
2010 biathlon . . . . . . **3.00** . . . . —
2010 biathlon, red enamel
. . . . **8.00** . . . . —
2010 Alpine skiing. . . **3.00** . . . . —

2010 Alpine skiing, red enamel
. . . . **8.00** . . . . —
2010 snowboarding . . **3.00** . . . . —
2010 snowboarding, red enamel
. . . . **8.00** . . . . —
2010 freestyle skiing . **3.00** . . . . —
2010 freestyle skiing, red enamel
. . . . **8.00** . . . . —
2010 baby carriage . **10.00** . . . . —
2010 gift box . . . . . **10.00** . . . . —
2010 stars . . . . **10.00** . . . . —
2010 maple leaves. . **12.50** . . . . —
2010 zinnias . . . . . . **12.50** . . . . —
2010 roses . . . . **10.00** . . . . —
2010 Santa Claus . **15.00** . . . . —
2010 George V . . . . **—** **25.00**
2010 poppy . . . . . . **15.00** . . . . —
2011 O Canada. . . . **2.50** . . . . —
2011 wedding . . . . . **2.50** . . . . —
2011 birthday . . . . . **2.50** . . . . —
2011 baby . . . . **2.50** . . . . —
2011 tooth fairy. . . . **2.50** . . . . —
2011 snowflake . . . . **7.50** . . . . —
2011 bison. . . . . **2.50** . . . . —
2011 bison, colored. . **9.50** . . . . —
2011 falcon . . . . **2.50** . . . . —
2011 falcon, colored . **9.50** . . . . —
2011 orca. . . . . **2.50** . . . . —
2011 orca, colored. . **9.50** . . . . —
2011 CBC/Radio-Canada 75th
anniversary . . . . . . **2.50** . . . . —
2012 tooth fairy. . . . **2.50** . . . . —
2012 baby . . . . **2.50** . . . . —
2012 wedding . . . . . **2.50** . . . . —
2012 birthday . . . . . **2.50** . . . . —
2012 O Canada. . . . **2.50** . . . . —
2012 Winnipeg Jets. . **2.50** . . . . —

Size: 35 millimeters.
Weight: 12.61 grams.
Composition: Nickel-plated steel.

	UNC	PF
2007 nuthatch.	25.00	. . . . —
2007 ruby-throated hummingbird		
. . . .	—	. . . . .25.00
2008 downy woodpecker		
. . . .	24.00	. . . . —
2008 cardinal	25.00	. . . . —
2008 Anne of Green Gables		
. . . .	17.50	. . . . —

2009 Notre Dame du Saguenay
. . . . **25.00** . . . . —
2010 blue jay. . . . . **90.00** **25.00**
2010 goldfinch . . . . **90.00** . . . . —
2011 royal wedding . **25.00** . . . . —
2011 barn swallow . **55.00** . . . . —
2011 sasquatch . . . . **20.00** . . . . —
2011 Memphré . . . . **20.00** . . . . —
2011 tulip . . . . **35.00** . . . . —
2011 chickadee. . . . **55.00** . . . . —
2011 horned lizard . **15.00** . . . . —
2012 Titanic . . . . . . **20.00** . . . . —
2012 Coast Guard. . **30.00** . . . . —
2012 pachyrhinosaurus lakusta
. . . . **25.00** . . . . —
2012 rose-breasted grosbeak
35.00 . . . . —
2012 aster . . . . **35.00** . . . . —

Confederation 125

Size: 23.8 millimeters.
Weight: 5 grams (nickel composition)
and 5.8319 grams (silver composition).
Silver composition: 92.5% silver
(0.1734 troy ounces).
Notes: All uncirculated values listed
below are for nickel-composition coins.
All proof values listed below are for
silver-composition coins.

	UNC	PF
1992 New Brunswick		
. . . .	0.70	. . . . .8.50

	UNC	PF
1992 Northwest Territories		
. . . .	0.70	. . . . .8.50

	UNC	PF
1992 Newfoundland .	0.70	. . . . .8.50

	UNC	PF
1992 Manitoba	0.70	8.50

	UNC	PF
1992 Yukon	0.70	8.50
1992 Alberta	0.70	8.50
1992 Prince Edward Island	0.70	8.50
1992 Ontario	0.70	8.50
1992 Nova Scotia	0.70	8.50
1992 British Columbia	0.70	8.50
1992 Saskatchewan	0.70	8.50
1992 Quebec	0.70	8.50

Millennium

Size: 23.8 millimeters.
Weight: 5 grams (nickel composition) and 5.8319 grams (silver composition).
Silver composition: 92.5% silver (0.1734 troy ounces).
Notes: All uncirculated values listed below are for nickel-composition coins. All proof values listed below are for silver-composition coins.

	UNC	PF
1999 January	0.65	9.50
1999 February	0.65	9.50
1999 March	0.65	9.50
1999 April	0.65	9.50
1999 May	0.65	9.50
1999 June	0.65	9.50
1999 July	0.65	9.50
1999 August	0.65	9.50

	UNC	PF
1999 September	0.65	9.50

	UNC	PF
1999 October	0.65	9.50
1999 November	0.65	9.50

	UNC	PF
1999 December	0.65	9.50

Year 2000

Size: 23.8 millimeters.
Weight: 5 grams (nickel composition) and 5.8319 grams (silver composition).
Silver composition: 92.5% silver (0.1734 troy ounces).
Notes: All uncirculated values listed below are for nickel-composition coins. All proof values listed below are for silver-composition coins.

	UNC	PF
2000 health	0.65	9.50

	UNC	PF
2000 freedom	0.65	9.00

	UNC	PF
2000 family	0.65	9.00

	UNC	PF
2000 community	0.65	9.00
2000 harmony	0.65	9.00
2000 wisdom	0.65	9.00
2000 creativity	0.65	9.00

	UNC	PF
2000 ingenuity	0.65	9.00

	UNC	PF
2000 achievement	0.65	9.00
2000 natural legacy	0.65	9.00
2000 celebration	0.65	9.00

	UNC	PF
2000 pride	0.65	9.00
2000 pride, colorized	—	6.50

SPECIAL SILVER ISSUES

Size: 23.88 millimeters.
Weight: 5.9 grams.
Composition: 92.5% silver (0.1755 troy ounces).

	PF
1996	9.50
1997	9.50
1998	8.50
1998 Royal Canadian Mint 90th anniversary	15.00
1998 Royal Canadian Mint 90th anniversary, matte finish	15.00
1999	8.50
2001	9.50
2002 Elizabeth II golden jubilee	12.50
2002 Elizabeth II golden jubilee, 1953 portrait	12.50
2003	9.50
2004	6.50
2007 Elizabeth II 60th wedding anniversary	24.00
2011 George V	25.00

Size: 23.9 millimeters.
Weight: 4.4 grams.
Composition: 92.5% silver (0.1308 troy ounces).

	PF
2003 Canada Day	12.00

SPECIAL GOLD ISSUES

Size: 11 millimeters.
Weight: 0.5 grams.
Composition: 99.99% gold.

	PF
2010 caribou	80.00
2011 cougar	80.00

Size: 35 millimeters.
Weight: 12.61 grams.
Composition: Gold-plated, copper-plated silver.

	UNC
2011 Wayne Gretzky	35.00

Size: 35 millimeters.
Weight: 12.61 grams.
Composition: cupronickel.

	PF
2012 British Columbia Lions	25.00
2012 Calgary Stampeders	25.00
2012 Edmonton Eskimos	25.00
2012 Hamilton Tiger-Cats	25.00
2012 Montreal Alouettes	25.00
2012 Saskatchewan Roughriders	25.00
2012 Toronto Argonauts	25.00
2012 Winnipeg Blue Bombers	25.00

50 CENTS

VICTORIA

Size: 29.7 millimeters.
Weight: 11.62 grams.
Composition: 92.5% silver (0.3456 troy ounces).

	VG	VF
1870	900	2,400
1870 with "LCW" designer initials on obverse	45.00	175
1871	75.00	350
1871-H	150	450
1872-H	55.00	200
1872-H with inverted A for V in Victoria	500	1,900

1881-H	60.00	225
1888	225	750
1890-H	1,200	3,500
1892	70.00	350
1894	500	1,500
1898	75.00	350
1899	200	700
1900	60.00	200
1901	80.00	300

EDWARD VII

Size: 29.7 millimeters.
Weight: 11.62 grams.
Composition: 92.5% silver (0.3456 troy ounces).

	VG	VF
1902	28.00	150
1903-H	35.00	225
1904	175	750
1905	225	950
1906	25.00	150
1907	25.00	125
1908	40.00	250
1909	30.00	250
1910 Victorian leaves	35.00	175
1910 Edwardian leaves	23.00	100

GEORGE V

Size: 28.1 millimeters.
Weight: 9 grams.
Composition: 92.5% silver (0.2676 troy ounces).

	VG	VF
1911	25.00	350

Size: 29.7 millimeters.
Weight: 11.6638 grams.
Composition: 92.5% silver (0.3469 troy ounces).

	VG	VF
1912	16.00	150

1913	16.00	175
1914	40.00	300
1916	15.00	75.00
1917	15.00	55.00
1918	15.00	40.00
1919	15.00	40.00

Size: 29.7 millimeters.
Weight: 11.6638 grams.
Composition: 80% silver (0.3 troy ounces).

	VG	VF
1920	14.50	55.00
1921 rare		
1929	14.00	50.00
1931	20.00	100
1932	150	500
1934	28.00	150
1936	24.00	100

GEORGE VI

Size: 29.7 millimeters.
Weight: 11.6 grams.
Composition: 80% silver (0.2983 troy ounces).

	VF	UNC
1937	14.00	40.00
1938	20.00	175
1939	15.00	100
1940	6.00	35.00
1941	6.00	35.00
1942	6.00	35.00
1943	6.00	35.00
1944	6.00	35.00
1945	6.00	35.00
1946	13.00	80.00
1946 hoof in 6	60.00	1,650
1947 straight 7	13.00	95.00
1947 curved 7	13.00	125
1947 maple leaf, straight 7	55.00	250
1947 maple leaf, curved 7	3,000	7,000

Size: 29.7 millimeters.
Weight: 11.6638 grams.
Composition: 80% silver (0.3 troy ounces).

	VF	UNC
1948	150	300

	XF	UNC
1949	6.00	55.00
1950 no lines in 0	18.00	200
1950 lines in O	6.00	16.00
1951	6.00	14.00
1952	6.00	14.00

ELIZABETH II

Size: 29.7 millimeters.
Weight: 11.6638 grams.
Composition: 80% silver (0.3 troy ounces).

	XF	UNC
1953 small date	6.00	13.00
1953 large date, without strap on queen's shoulder	20.00	95.00
1953 large date, with strap	12.00	28.00
1954	14.00	28.00
1955	12.00	19.00
1956	6.00	12.00
1957	6.00	12.00
1958	6.00	12.00

Notes: New reverse design

	XF	UNC
1959	6.00	12.00
1960	6.00	12.00
1961	6.00	12.00
1962	6.00	12.00
1963	6.00	12.00
1964	6.00	12.00

Notes: New portrait

	XF	UNC
1965	6.00	12.00
1966	6.00	12.00

	XF	UNC
1967 Confederation centennial	6.00	12.00

Size: 27.1 millimeters.
Weight: 8.06 grams.
Composition: Nickel.

	XF	UNC
1968	0.50	1.00
1969	0.50	1.00
1970	0.50	1.00
1971	0.50	1.00
1972	0.50	1.00
1973	0.50	1.00
1974	0.50	1.00
1975	0.50	1.00
1976	0.50	1.00
1977	0.75	1.25
1978	0.50	1.00
1979	0.50	1.00
1980	0.50	1.00

	UNC	PF
1981	1.00	3.00
1982	1.00	3.00
1983	1.00	3.00
1984	1.00	3.00
1985	1.00	3.00
1986	1.00	3.00
1987	1.00	3.50
1988	1.00	3.00
1989	1.00	3.00

Notes: New portrait

	UNC	PF
1990	1.00	5.00
1991	1.00	9.00
1992 Confederation 125	1.00	5.00
1993	1.00	3.00
1994	1.00	4.00
1995	1.00	4.00
1996	1.00	4.00

Size: 27.1 millimeters.
Weight: 11.6638 grams.
Composition: 92.5% silver (0.3469 troy ounces).

	PF
1995 Atlantic puffin	24.00
1995 whooping crane	24.00
1995 gray jays	24.00
1995 white-tailed ptarmigans	22.00
1996 moose calf	20.00
1996 wood ducklings	20.00
1996 cougar kittens	20.00
1996 bear cubs	20.00
1996 royal arms	13.00
1997 duck tolling retriever	17.00
1997 Labrador retriever	17.00

	PF
1997 Newfoundland dog	17.00
1997 Canadian Eskimo dog	17.00
1998 Royal Canadian Mint 90th anniversary	15.00
1998 Royal Canadian Mint 90th anniversary, matte finish	15.00
1998 auto racing	13.00
1998 ski racing	13.00
1998 skating	13.00
1998 soccer	13.00
1998 killer whales	17.00
1998 humpback whale	17.00
1998 beluga whales	17.00
1998 blue whale	17.00
1999 1904 Canadian Open	15.00
1999 1st U.S.-Canada yacht race	13.00
1999 cymric cat	35.00
1999 tonkinese cat	35.00
1999 cougar	35.00
1999 lynx	35.00
1999 basketball	11.00
1999 football	12.00
2000 ice hockey	12.00
2000 curling	12.00
2000 steeplechase	12.00
2000 bowling	12.00

	PF
2000 great horned owl	20.00
2000 red-tailed hawk	20.00
2000 osprey	20.00
2000 bald eagle	20.00

Size: 27.1 millimeters.
Weight: 6.9 grams.
Composition: Nickel-plated steel.
Notes: This composition is designated by a "P" below the queen's portrait until 2006. In 2007 the "P" was removed and a maple leaf was added.

	UNC	PF
1999 "P"	15.00	—
2000 "P", available only in Royal Canadian Mint presentation coin clocks	3,500	—

2001 "P" . . . . **1.50** **5.00**
2002 "P", Elizabeth II Golden Jubilee
. . . . **2.50** . . . .—
2003 "P" . . . . **1.50** **5.00**
2003-W "P" . . . . **5.00** **7.50**
2004 "P" . . . . **5.00** **7.50**
2005 "P" . . . . **1.50** **5.00**
2006 "P" . . . . **1.50** **5.00**
2007 maple leaf. . . . . **1.50** **5.00**
2008 maple leaf. . . . . **1.50** **5.00**
2009 maple leaf. . . . . **1.50** **5.00**
2010 maple leaf. . . . . **1.50** **5.00**
2011 maple leaf. . . . . **1.50** **5.00**
2011 Winnipeg Jets. **15.00** . . . .—
2012 maple leaf. . . . . **1.50** **5.00**
2013 maple leaf. . . . . **1.50** **5.00**

Size: 27.1 millimeters.
Weight: 11.638 grams.
Composition: 92.5% silver (0.3461 troy ounces).

PF
2001 . . . .**13.00**
2003 . . . .**13.00**

Size: 27.1 millimeters.
Weight: 9.3 grams.
Composition: 92.5% silver (0.2766 troy ounces).

PF
2001 Quebec festival **8.50**
2001 Nunavut festival **8.50**
2001 Newfoundland festival **8.50**
2001 Prince Edward Island festival.**8.50**
2001 The Sled. **9.00**
2001 The Maiden's Cave **9.00**
2001 The Small Jumpers. **9.00**
2002 Elizabeth II Golden Jubilee .**17.50**
2002 Elizabeth II Golden Jubilee, gold
plated. **35.00**
2002 Nova Scotia festival **9.50**
2002 Stratford festival. **9.50**
2002 Calgary Stampede **9.50**
2002 Squamish Days. **9.50**
2002 Folklorama **9.50**
2002 The Shoemaker in Heaven. .**11.00**
2002 The Ghost Ship **11.00**
2002 The Pig That Wouldn't Get Over
the Stile **11.00**
2003 Elizabeth II 50th anniversary of
coronation **15.00**
2003 golden daffodil **25.00**
2003 International Storytelling Festival
. . . .**11.00**
2003 Acadien de Caraquet **11.00**
2003 Back to Batouche. **11.00**
2003 Great Northern Arts Festival.**11.00**
2004 . . . .**7.50**

2004 clouded sulphur butterfly. . .**45.00**
2004 tiger swallowtail butterfly . . .**45.00**
2005 golden rose **40.00**
2005 spangled fritillary butterfly . .**50.00**
2005 monarch butterfly. **50.00**
2005 Toronto Maple Leafs (4 different
reverse designs) **16.00**
2005 Montreal Canadiens (4 different
reverse designs) **17.50**
2005 Battle of Britain **22.50**
2005 Battle of Scheldt. **19.00**
2005 Battle of the Atlantic **19.00**
2005 conquest of Sicily. **19.00**
2005 liberation of the Netherlands
. . . .**19.00**
2005 Dieppe raid. **19.00**
2006 golden daisy **30.00**

PF
2006 short-tailed swallowtail butterfly
. . . .**45.00**
2006 silvery blue butterfly. **45.00**
2006 cowboy **17.50**
2006 Christmas. **17.50**
2007 forget me not **29.00**
2008 snowman **17.50**
2008 Ottawa Mint centennial. . . .**20.00**
2009 Calgary Flames. **12.00**
2009 Edmonton Oilers **12.00**
2009 Montreal Canadiens **12.00**
2009 Ottawa Senators. **12.00**
2009 Toronto Maple Leafs **12.00**
2009 Vancouver Canucks **12.00**
2012 Elizabeth II diamond jubilee
. . . .**75.00**

Size: 27.1 millimeters.
Weight: 11.62 grams.
Composition: 92.5% silver (0.3456 troy ounces).

PF
2003 Elizabeth II Golden Jubilee
. . . .**15.00**

Size: 14 millimeters.
Weight: 1.27 grams.
Composition: 99.99% gold (0.0408 troy ounces).

PF
2004 moose **85.00**
2005 voyageurs **65.00**

2006 wolf. **60.00**

Size: 13.92 millimeters.
Weight: 1.27 grams.
Composition: 99.99% gold (0.25 troy ounces).

PF
2008 DeHavilland Beaver floatplane
. . . .**320**
2010 Royal Canadian Mounted Police
. . . .**320**

Size: 34 millimeters.
Weight: 20 grams.
Composition: 92.5% silver (0.5948 troy ounces).

PF
2008 milk delivery **35.00**

Size: 35 millimeters.
Weight: 6.9 grams.
Composition: Nickel-plated steel.
Notes: Lenticular designs.

UNC
2009 Calgary Flames. **25.00**
2009 Edmonton Oilers **25.00**
2009 Montreal Canadiens **25.00**
2009 Calgary Flames. **25.00**
2009 Ottawa Senators. **25.00**
2009 Toronto Maple Leafs **25.00**
2009 Vancouver Canucks **25.00**

Size: 34 millimeters.
Weight: 19.1 grams.
Composition: Copper-nickel.

PF
2009 guitar **50.00**

Size: 35 millimeters.
Weight: 12.61 grams.
Composition: Brass-plated steel.

UNC
2009 toy train **17.50**

Size: 35 millimeters.
Weight: 12.61 grams.
Composition: Copper-plated steel.

UNC
2010 Santa, red-nosed reindeer . .**17.50**
2011 Santa, house. **27.50**

Size: 35 millimeters.
Weight: 12.61 grams.
Composition: Brass-plated steel.
Notes: Lenticular designs.

UNC
2010 daspletosaurus torosus **20.00**

	UNC
2010 sinosauropteryx	**20.00**
2010 albertosaurus	**20.00**

Size: 35 millimeters.
Weight: 6.9 grams.
Composition: Nickel-plated steel.

	UNC
2010 bobsleigh	**12.00**
2010 bobsleigh, red enamel	**12.00**
2010 speed skating	**12.00**
2010 speed skating, red enamel	**12.00**
2010 Miga and Quatchi in bobsleigh	**12.00**
2010 Miga playing hockey	**12.00**
2010 Quatchi playing hockey	**12.00**
2010 Sumi para sledge hockey	**12.00**
2010 Miga and Quatchi figure skating	**12.00**
2010 Miga freestyle skiing	**12.00**
2010 Miga skeleton racing	**12.00**
2010 Quatchi parallel giant slalom	**12.00**
2010 Miga Alpine skiing	**12.00**
2010 Sumi Paralympics Alpine skiing	**12.00**
2010 Quatchi snowboard cross racing	**12.00**
2010 Miga speed skating	**12.00**

Size: 29.72 millimeters.
Weight: 11.62 grams.
Composition: 92.5% silver (0.3456 troy ounces).

	PF
2011 George V	**45.00**

Size: 13.92 millimeters.
Weight: 1.27 grams.
Composition: 99.99% gold (0.0408 troy ounces).

	PF
2011 wood bison	**100**
2011 boreal forest	**100**
2011 peregrine falcon	**100**
2011 orca	**100**
2012 gold rush	**100**

Size: 35 millimeters.
Weight: 12.61 grams.
Composition: Nickel-plated steel.

	PF
2012 Titanic	**65.00**

Size: 42 millimeters.
Weight: 32.82 grams.
Composition: Silver-plated copper.

	UNC
2011 Elizabeth II diamond jubilee	**40.00**

DOLLARS

Images reduced by 25 percent

GEORGE V

Size: 36 millimeters.
Weight: 23.3276 grams.
Composition: 80% silver (0.6 troy ounces).

	XF	UNC
1935 George V silver jubilee	**35.00**	**45.00**
1936	**30.00**	**50.00**

GEORGE VI

Size: 36 millimeters.
Weight: 23.3276 grams.
Composition: 80% silver (0.6 troy ounces).

	UNC	PF
1937	**50.00**	**1,050**
1937 matte finish	—	**450**
1938	**100**	**8,000**

	UNC	PF
1939 royal visit	**18.00**	**1,350**
1939 royal visit, matte finish	—	**800**
1945	**650**	**2,900**
1946	**100**	**2,400**
1947 pointed 7	**400**	**4,500**
1947 blunt 7	**175**	**5,000**
1947 maple leaf next to date	**400**	**2,900**

Notes: Obverse legend modified.

	XF	UNC
1948	**1,300**	**1,700**

	XF	UNC
1949 Newfoundland	**25.00**	**30.00**
1949 Newfoundland	*proof*	**2,600**
1950 with 3 water lines	**25.00**	**30.00**
1950 with 2 1/2 water lines	**35.00**	**55.00**
1951 with 3 water lines	**25.00**	**30.00**
1951 with 1 1/2 water lines	**90.00**	**225**
1952 with 3 water lines	**12.00**	**25.00**
1952 with 1 1/2 water lines	**30.00**	**55.00**
1952 no water lines	**20.00**	**25.00**

ELIZABETH II

Size: 36 millimeters.
Weight: 23.3276 grams.
Composition: 80% silver (0.6 troy ounces).

	UNC	PF
1953 no strap on queen's shoulder, wire rim	**23.00**	**1,600**
1953 with strap, flat rim	**23.00**	—
1954	**30.00**	—
1955 with 3 water lines	**30.00**	—
1955 with 1 1/2 water lines	**150**	—
1957 with 3 water lines	**23.00**	—

	UNC	PF
1957 with 1 water line	**28.00**	—

	UNC	PF
1958 British Columbia		
	23.00	—
1959	12.00	—
1960	12.00	—
1961	12.00	—
1962	12.00	—
1963	12.00	—

	UNC	PF
1964 Charlottetown		
	24.00	300
1965 small beads, pointed 5		
	12.00	400
1965 small beads, blunt 5		
	12.00	400
1965 medium beads, pointed 5		
	25.00	—
1965 large beads, pointed 5		
	23.00	—
1965 large beads, blunt 5		
	12.00	—
1966 small beads	2,900	—
1966 large beads	12.00	—

	UNC	PF
1967 Confederation centennial		
	24.00	25.00

Size: 36 millimeters.
Weight: 23.3276 grams.
Composition: 50% silver (0.375 troy ounces).

	UNC	PF
1972 voyageur	13.00	15.00
1973 Royal Canadian Mounted Police		
	14.00	25.00

1974 Winnipeg centennial	14.00	—
1975 Calgary	14.00	—
1976 Parliament library	14.00	25.00

1977 Queen Elizabeth II silver jubilee		
	14.00	—
1977 Queen Elizabeth II silver jubilee, in red VIP case	45.00	—
1978 XI Commonwealth Games		
	14.00	—
1979 Griffon	14.00	—
1980 Arctic Territories		
	22.00	—
1981 Transcontinental Railroad		
	14.00	15.00
1982 Regina	14.00	14.00
1983 Edmonton University Games		
	14.00	14.00
1984 Toronto Sesquicentennial		
	14.00	14.00

	UNC	PF
1985 national parks	14.00	14.00
1986 Vancouver	14.00	14.00
1987 Detroit de Davis Strait		
	14.00	14.00

	UNC	PL
1988 ironworks	14.00	17.50
1989 MacKenzie River		
	14.00	17.50
1990 Henry Kelsey		
	14.00	20.00
1991 S.S. Frontenac		
	14.00	25.00

Size: 32 millimeters.
Weight: 15.64 grams.
Composition: Nickel.

	UNC	PL
1968	2.00	2.00
1968 small island	8.50	—
1968 no island	—	4.00
1969	2.00	2.00
1970 Manitoba	2.00	2.50
1971 British Columbia		
	2.00	2.25
1972	2.25	2.50
1973 Prince Edward Island		
	2.00	2.50

	UNC	PL
1974 Winnipeg	2.00	2.50

Notes: Portrait modified.

	UNC	PL
1975	1.50	2.50
1976	1.50	2.50
1977	3.50	4.00

Size: 32.1 millimeters.
Weight: 15.5 grams.
Composition: Nickel

	UNC	PF
1978	1.50	—
1979	1.50	—
1980	1.50	—
1981	1.50	5.25
1982	1.50	5.25
1982 Constitution	3.00 *prooflike*	6.00
1983	1.50	5.25
1984	1.50	6.00
1984 Jacques Cartier		
	3.50	6.00
1985	1.50	7.00
1986	2.00	7.50
1987	3.50	7.50

Size: 26.5 millimeters.
Weight: 7 grams.
Composition: Aureate-bronze-plated nickel.

	UNC	PF
1987	2.25	8.00
1988	2.25	6.75
1989	3.00	6.75

Notes: New portrait

	UNC	PF
1990	1.75	7.00
1991	1.75	13.00
1992 Confederation 125	2.00	8.00

	UNC	PF
1992 Confederation 125, Parliament	2.25	9.00
1993	2.00	6.00
1994	2.00	7.00
1994 War Memorial	2.25	7.00
1995	2.25	7.00
1995 Ottawa Peacekeeping Monument	2.25	7.50
1996	2.00	7.50
1997	5.00	8.00
1997 loon dollar 10th anniversary	*prooflike* 22.00	
1998	2.50	10.00
1999	2.00	8.00
2000	2.00	8.00
2001	2.50	8.00
2002	4.50	7.50
2002 Elizabeth II golden jubilee	2.50	8.00
2002 Olympics, gilt	—	40.00
2003	5.50	12.00
2003-W	7.50	—
2004	1.75	12.00
2004 loon in reeds	—	12.50
2004 Olympics	8.00	50.00
2005	3.00	7.50

	UNC	PF
2005 Terry Fox	3.50	—
2005 tufted puffin	—	30.00
2006	6.00	7.50

	UNC	PF
2006 with maple leaf	3.00	7.50
2006 snowy owl	—	30.00
2007	3.00	7.50
2007 trumpeter swan	20.00	—
2007 Olympics	3.00	—
2008	3.00	7.50
2008 elder	—	50.00
2008 Olympics	20.00	—
2008 Calgary Flames	25.00	—
2008 Edmonton Oilers	25.00	—
2008 Montreal Canadiens	25.00	—
2008 Ottawa Senators	25.00	—
2008 Toronto Maple Leafs	25.00	—
2008 Vancouver Canucks	25.00	—
2009	3.00	7.50
2009 blue heron	50.00	—
2009 Montreal Canadiens 100th anniversary	—	150
2010	3.00	7.50
2010 Olympics, Canada team logo	20.00	—
2010 Olympics, "stone man" logo	5.00	—
2010 Roughriders	7.50	—
2010 northern harrier hawk	30.00	50.00
2010 HMCS Halifax	5.00	—
2010 HMCS Halifax, partially gilt	—	55.00
2011	3.00	7.50
2011 great gray owl	13.50	—
2011 Parks Canada centennial	5.00	—
2012	3.00	7.50
2012 loon with 2 young loons, 1987-2012	—	40.00

Size: 36 millimeters.
Weight: 25.175 grams.
Composition: 92.5% silver (0.7487 troy ounces).

	UNC	PF
1992 stagecoach service	25.00	25.00
1993 Stanley Cup	25.00	25.00
1994 Royal Canadian Mounted Police sled-dog patrol	25.00	25.00
1995 Hudson's Bay Co.	25.00	30.00
1996 McIntosh apple	25.00	25.00

	UNC	PF
1997 Canada-USSR hockey series 25th anniversary	25.00	30.00
1997 loon dollar 10th anniversary	—	95.00
1998 Royal Canadian Mounted Police 120th anniversary	25.00	35.00
1999 International Year of Old Persons	—	40.00
1999 discovery of Queen Charlotte Island	25.00	35.00
2000 voyage of discovery	25.00	30.00
2001 national ballet	27.50	35.00
2001 1911 dollar pattern	—	55.00
2002 Elizabeth II golden jubilee	28.50	40.00
2002 Elizabeth II golden jubilee, gold plated	—	45.00
2002 Queen Mother	—	250
2005 national flag 40th anniversary	27.50	40.00
2005 national flag 40th anniversary, partially gilt	75.00	—
2005 national flag 40th anniversary, colorized	—	350
2006 Victoria Cross	25.00	45.00
2006 Victoria Cross, partially gold plated	—	75.00

Size: 36 millimeters.
Weight: 25.175 grams.
Composition: 99.99% silver (0.8093 troy ounces).

	UNC	PF
2003 Elizabeth II golden jubilee	—	50.00
2003 Elizabeth II golden jubilee, 1953 portrait	—	45.00
2004 First French settlement in America	30.00	50.00
2004 First French settlement in America, with fleur-de-lis	60.00	—
2006 Medal of Bravery	—	50.00
2006 Medal of Bravery, colorized	—	150

Size: 32 millimeters.
Weight: 0.5 grams.
Composition: 99.9% silver (0.0161 troy ounces).

	UNC
2005 gray wolf	40.00
2006 gray wolf	40.00
2007 gray wolf	40.00

Size: 26.5 millimeters.
Weight: 7 grams.
Composition: 92.5% silver (0.2082 troy ounces).

	UNC	PF
2006 lullabies	4.50	—
2006 Olympics	30.00	—
2006 snowflake	35.00	—
2006 baby rattle	20.00	—
2007 baby rattle, partially gilt	15.00	—
2007 blocks	—	25.00
2008 Olympics	—	25.00

Size: 14.1 millimeters.
Weight: 1.555 grams.
Composition: 99.9% gold (0.0499 troy ounces).

	PF
2006 gold louis	110
2007 gold louis	110
2008 gold louis	110

Size: 36 millimeters.
Weight: 25.18 grams.
Composition: 92.5% silver (0.7488 troy ounces).

	UNC	PF
2007 Thayendanegea	30.00	40.00
2007 Thayendanegea, colorized	—	120
2007 Thayendanegea, partially gold plated	—	125
2007 celebration of the arts		55.00
2008 Ottawa Mint centennial	—	65.00
2008 Quebec 400th anniversary	25.00	40.00
2009 flight in Canada 100th anniversary	40.00	50.00
2009 flight in Canada 100th anniversary, with maple leaf	—	65.00
2010 Canadian silver dollar 75th anniversary	—	70.00
2010 poppy	—	150
2011 Parks Canada centennial	50.00	60.00
2011 Parks Canada centennial, partially gilt	—	75.00
2012 War of 1812	50.00	60.00
2012 War of 1812, partially gilt	—	65.00
2012 Calgary Stampede	—	55.00
2012 stylized loons in color	—	125

2012 Grey Cup centennial
. . . . — 85.00

Size: 26.5 millimeters.
Weight: 7 grams.
Composition: Nickel.

	UNC
2008 Calgary Flames	25.00
2008 Edmonton Oilers	25.00
2008 Montreal Canadiens	25.00
2008 Toronto Maple Leafs	25.00
2008 Vancouver Canucks	25.00

Size: 26.5 millimeters.
Weight: 33.65 grams.
Composition: Nickel.

	UNC
2009 Calgary Flames	25.00
2009 Edmonton Oilers	25.00
2009 Montreal Canadiens	25.00
2009 Ottawa Senators	25.00
2009 Toronto Maple Leafs	25.00
2009 Vancouver Canucks	25.00

Size: 26.5 millimeters.
Weight: 7 grams.
Composition: Gold-plated aureate bronze.

	UNC
2010 Canadian navy centennial	5.00
2010 Saskatchewan Roughriders centennial	7.50

Size: 26.5 millimeters.
Weight: 9.31 grams.
Composition: 92.5% silver (0.2769 troy ounces).

	PF
2010 Olympics, Canada team logo, colored	55.00
2012 loon, 1987-2012	— 55.00

Size: 36.15 millimeters.
Weight: 30 grams.
Composition: 92.5% silver.

	PF
2010 sun mask	200

Size: 36 millimeters.
Weight: 25.17 grams.
Composition: 92.5% silver (0.7485 troy ounces).

	PF
2010 HMCS Sackville	55.00
2010 HMCS Sackville, partially gilt	110
2011 George V	115

Size: 26.5 millimeters.
Weight: 7.89 grams.
Composition: 99.9% silver (0.2534 troy ounces).

	PF
2012, loon dollar 25th anniversary	35.00

Size: 26.5 millimeters.
Weight: 6.27 grams.
Composition: Brass-plated steel.

	UNC	PF
2012	5.00	7.50
2012 loon, Olympic logo	10.00	—
2013	5.00	7.50
2012 Grey Cup centennial	5.00	—

Size: 26.5 millimeters.
Weight: 12.16 grams.
Composition: 92.5% silver (0.3616 troy ounces).

	PF
2012 loon, Olympic logo in color	35.00

TWO DOLLARS

ELIZABETH II

Size: 28 millimeters.
Weight: 7.3 grams.
Composition: Aluminum-bronze center in nickel ring.

	UNC	PF
1996 polar bear	3.25	10.00
1996 polar bear	*prooflike*	5.00
1997 polar bear	3.25	—
1998 polar bear	3.25	—
1998-W polar bear	3.25	—
1999 polar bear	3.25	—

	UNC	PF
1999 Nunavut	**4.00**	—
2000 polar bear	**3.25**	—
2000-W polar bear	**3.25**	—
2000 polar bear with cubs	**3.50**	—
2001 polar bear	**5.00**	**12.50**
2002 polar bear	**5.00**	**12.50**
2002 Elizabeth II golden jubilee	**4.00**	—
2003 polar bear	**5.00**	**12.50**
2003-W polar bear	**25.00**	—
2004 polar bear	**5.00**	**12.50**
2005 polar bear	**5.00**	**12.50**
2006 polar bear	**5.00**	**12.50**
2006 polar bear, with maple leaf	**7.50**	—
2006 $2 coin 10th anniversary	**7.50**	—
2006 $2 coin 10th anniversary, with maple leaf	**25.00**	**40.00**
2007 polar bear	**5.00**	**12.50**
2007 polar bear, with maple leaf	**7.50**	—
2008 polar bear	**5.00**	**12.50**
2009 polar bear	**5.00**	**12.50**
2010 polar bear	**5.00**	**12.50**
2010 lynx cubs	—	**40.00**
2011 polar bear	**5.00**	**12.50**
2011 elk calf	**7.50**	—
2011 stylized trees	**7.50**	—
2012 polar bear	**5.00**	**12.50**
2012 wolf cubs	**10.00**	—

Size: 28 millimeters.
Weight: 10.8414 grams.
Composition: 99.9% gold center in 99.9% silver ring.

	PF
1996 polar bear	**375**

Size: 28 millimeters.
Weight: 25 grams.
Composition: Gold-plated sterling-silver center on silver planchet (0.7435 troy ounces of silver).

	PF
1996 polar bear	**55.00**

Size: 28 millimeters.
Weight: 8.83 grams.
Composition: Gold-plated center in sterling-silver ring (0.2626 troy ounces of silver).

	UNC	PF
1996 polar bear	—	**12.00**
1997 polar bear	—	**10.00**
1998 polar bear	—	**12.00**
1999 polar bear	—	**12.00**
2000 polar bear	—	**12.00**
2001 polar bear	—	**12.00**
2002 Elizabeth II golden jubilee		**14.00**
2008 polar bear	**25.00**	—

Size: 28 millimeters.
Weight: 8.52 grams.
Composition: Gold-plated sterling-silver center (0.2534 troy ounces of silver).

	PF
1999 Nunavut	**15.00**
2000 polar bear with cubs	**15.00**

Size: 28 millimeters.
Weight: 11.4 grams.
Composition: Yellow-gold center in white-gold ring.

	PF
1999 Nunavut	**350**
2000 polar bear with cubs	**350**

Size: 28 millimeters.
Weight: 8.83 grams.
Composition: Gold-plated center in sterling-silver ring (0.2626 troy ounces of silver).

	PF
2003 Cobalt silver strike centennial	**25.00**

Size: 28 millimeters.
Weight: 10.8414 grams.
Composition: Gold-plated sterling-silver center in silver ring (0.3224 troy ounces of silver).

	PF
2004 polar bear	**25.00**

Size: 28 millimeters.
Weight: 14 grams.
Composition: 4.1-karat gold center in 22-karat gold ring.

	PF
2006 $2 coin 10th anniversary	**400**

Size: 28 millimeters.
Weight: 8.8 grams.
Composition: 92.5% silver (0.2617 troy ounces).

	PF
2008 polar bear	**40.00**

Size: 28 millimeters.
Weight: 6.92 grams.
Composition: Brass-plated aluminum-bronze center in nickel-plated steel ring.

	UNC	PF
2012	**7.50**	**10.00**
2012 HMS Shannon	**10.00**	—
2013	**7.50**	**10.00**

Size: 28 millimeters.
Weight: 10.8414 grams.
Composition: Gold-plated sterling-silver center in silver ring (0.3224 troy ounces of silver).

	PF
2004 polar bear	**25.00**

Size: 28 millimeters.
Weight: 14 grams.
Composition: 4.1-karat gold center in 22-karat gold ring.

	PF
2006 $2 coin 10th anniversary	**400**

Size: 28 millimeters.
Weight: 8.8 grams.
Composition: 92.5% silver (0.2617 troy ounces).

	PF
2008 polar bear	**40.00**

THREE DOLLARS

ELIZABETH II

Size: 27 millimeters square.
Weight: 11 grams.
Composition: Gold-plated sterling silver.

	UNC	PF
2006 beaver		**250**
2010 polar bear	—	—
2010 barn owl	—	—

Size: 27 millimeters square.
Weight: 11.72 grams.
Composition: 92.5% silver gilt (0.3485 troy ounces).

	UNC	PF
2006 beaver	—	225

Size: 27 millimeters square.
Weight: 11.6 grams.
Composition: 92.5% silver gilt (0.345 troy ounces).

	UNC	PF
2010 stylized polar bear, northern lights	55.00	—
2010 barn owl	—	65.00
2011 orca	—	65.00

Size: 27 millimeters.
Weight: 7.96 grams.
Composition: Silver, partially gilt.

	PF
2010 tyee salmon	50.00

Size: 27 millimeters.
Weight: 7.96 grams.
Composition: 99.9% silver with red and yellow partial gilding (0.2557 troy ounces).

	PF
2011 Eskimo mother	65.00

Size: 27 millimeters square.
Weight: 11.8 grams.
Composition: 92.5% silver (0.3509 troy ounces), gold plated.

	PF
2011 black-footed ferret	65.00

Size: 27 millimeters.
Weight: 7.96 grams.
Composition: 99.99% silver (0.2559 troy ounces).

	PF
2011 garnet	45.00
2011 amethyst	45.00
2011 aquamarine	45.00
2011 diamond	45.00
2011 emerald	45.00
2011 alexandrite	45.00
2011 ruby	45.00
2011 peridot	45.00
2011 sapphire	45.00
2011 tourmaline	45.00
2011 topaz	45.00
2011 zircon	45.00
2012 garnet	50.00
2012 amethyst	50.00
2012 aquamarine	50.00
2012 diamond	50.00
2012 emerald	50.00
2012 alexandrite	50.00
2012 ruby	50.00
2012 peridot	50.00
2012 sapphire	50.00
2012 tourmaline	50.00
2012 topaz	50.00
2012 zircon	50.00
2014 spider and web	—

FOUR DOLLARS

ELIZABETH II

Size: 34 millimeters.
Weight: 15.87 grams.
Composition: 92.5% silver (0.4719 troy ounces).

	UNC
2007 parasaurolophus	125

Size: 34 millimeters.
Weight: 15.87 grams.
Composition: 99.9% silver (0.5097 troy ounces).

	UNC
2008 triceratops	75.00
2009 tyrannosaurus	60.00
2009 hanging holiday stockings	45.00
2010 euoplocephalus tutus	60.00
2010 diromaeosaurus	85.00
2011 baby footprints	60.00

Size: 27 millimeters.
Weight: 7.96 grams.
Composition: 99.99-ercent silver.

	PF
2012 Sir Isaac Brock	60.00

FIVE DOLLARS

GEORGE V

Size: 21.8 millimeters.
Weight: 8.3592 grams.
Composition: 90% gold (0.2419 troy ounces).

	XF	UNC
1912	300	450
1913	300	450
1914	450	550

ELIZABETH II

1976 Montreal Olympics

Size: 38 millimeters.
Weight: 24.3 grams.
Composition: 92.5% silver (0.7226 troy ounces).

	UNC	PF
1973 sailboats	24.00	24.00
1973 North American map	24.00	24.00
1974 Olympic rings	24.00	24.00

	UNC	PF
1974 athlete with torch	24.00	24.00
1974 rower	24.00	24.00
1974 canoer	24.00	24.00
1975 runner	24.00	24.00
1975 javelin thrower	24.00	24.00
1975 swimmer	24.00	24.00
1975 diver	24.00	24.00
1976 fencer	24.00	24.00
1976 boxers	24.00	24.00
1976 Olympic village	24.00	24.00
1976 Olympic flame	24.00	24.00

Size: 40 millimeters.
Weight: 31.39 grams.
Composition: 99.99% silver (1.0091 troy ounces).

	PF
1998 Dr. Norman Bethune	40.00

Size: 27.5 millimeters.
Weight: 9.9 grams.
Composition: Copper-zinc-nickel.

	PF
1999 Viking voyages to North America 1,000th anniversary	18.50

Size: 28.4 millimeters.
Weight: 16.86 grams.
Composition: 92.5% silver (0.5014 troy ounces).

	PF
2001 Guglielmo Marconi	30.00

Size: 21.6 millimeters.
Weight: 8.36 grams.
Composition: 90% gold (0.2419 troy ounces).

	PF
2002 national arms	450

Size: 38 millimeters.
Weight: 31.12 grams.
Composition: 99.99% silver (1.0004 troy ounces).

	PF
2003 World Cup soccer	40.00
2004 moose	175
2004 Golf Championship of Canada 100th anniversary	30.00
2005 Alberta	35.00
2005 Saskatchewan	35.00
2005 World War II victory 60th anniversary	125

Size: 38 millimeters.
Weight: 31.12 grams.
Composition: 99.9% silver (0.9995 troy ounces).

	UNC
2005 World War II victory 60th anniversary	35.00

Size: 36 millimeters.
Weight: 28 grams.
Composition: 99.99% silver.

	PF
2005 walruses and calf	45.00
2005 white-tailed deer	45.00
2006 peregrine falcon	50.00
2006 Sable Island horses	50.00
2006 breast cancer awareness	50.00
2006 Snowbirds flying team	50.00

Size: 38 millimeters.
Weight: 31.105 grams.
Composition: 99.99% silver (0.999 troy ounces).

	UNC
2008 breast cancer awareness	85.00

Size: 36 millimeters.
Weight: 25.18 grams.
Composition: 92.5% silver.

	PF
2009 80th anniversary of Canada in Japan	70.00

Size: 28 millimeters.
Weight: 8.5 grams.
Composition: 92.5% outer ring and obverse inner core, niobium reverse inner core.

	PF
2011 buck moon	125
2011 hunter's moon	125
2012 wolf moon	125
2012 full pink moon	125

Size: 16 millimeters.
Weight: 3.13 grams.
Composition: 99.99% gold (0.10 troy ounces).

	UNC	PF
2011 Norman Bethune	—	300
2012 Elizabeth II diamond jubilee	—	200
2012 Year of the Dragon	225	200

Size: 36 millimeters.
Weight: 23.17 grams.
Composition: 99.99% silver.

	PF
2012 Rick Hansen	75.00
2013 Canadian Bank of Commerce bank-note design	70.00

EIGHT DOLLARS

ELIZABETH II

Size: 39 millimeters.
Weight: 28.8 grams.
Composition: 92.5% silver (0.8565 troy ounces).

	PF
2004 grizzly bear	85.00

Size: 40 millimeters.
Weight: 32.15 grams.
Composition: 99.99% silver (1.0335 troy ounces).

	PF
2005 Canadian Pacific Railway 120th anniversary, bridge	65.00
2005 Canadian Pacific Railway 120th anniversary, Chinese workers memorial	65.00

Size: 36.1 millimeters.
Weight: 25.18 grams.
Composition: 99.99% silver (0.8094 troy ounces).

	PF
2007 blessings of wealth	55.00
2007 blessings of long life	55.00

Size: 36.07 millimeters.
Weight: 25.3 grams.
Composition: 92.5% silver.

	PF
2009 maple of wisdom	90.00
2010 maple of strength	100

TEN DOLLARS

GEORGE V

Size: 26.92 millimeters.
Weight: 16.7185 grams.
Composition: 90% gold (0.4837 troy ounces).

	XF	UNC
1912	610	900
1913	610	900
1914	610	1,150

ELIZABETH II

Image reduced 25%

1976 Montreal Olympics
Size: 45 millimeters.
Weight: 48.6 grams.
Composition: 92.5% silver (1.4453 troy ounces).

	UNC	PF
1973 world map	45.00	45.00
1973 Montreal skyline	45.00	45.00
1974 head of Zeus	45.00	45.00
1974 temple of Zeus	45.00	45.00
1974 cycling	45.00	45.00
1974 lacrosse	45.00	45.00

1975 men's hurdles . **45.00** . . . . . **.45.00**

1975 women's shot put
. . . . **45.00** . . . . . **.45.00**

1975 sailing . . . . . . **45.00** . . . . . **.45.00**

1975 canoeing . . . . **45.00** . . . . . **.45.00**

1976 football . . . . . . **45.00** . . . . . **.45.00**

1976 field hockey . **45.00** . . . . . **.45.00**

1976 Olympic stadium
. . . . **45.00** . . . . . **.45.00**

1976 Olympic velodrome
. . . . **45.00** . . . . . **.45.00**

Size: 26.92 millimeters.
Weight: 16.72 grams.
Composition: 90% gold (0.4838 troy ounces).

PF

2002 national arms **850**

Size: 36.07 millimeters.
Weight: 25.175 grams.
Composition: 99.99% silver (0.8093 troy ounces).

PF

2005 Pope John Paul II . . . . **.45.00**

2005 Year of the Veteran **225**

2006 Fortress of Louisbourg . . . . . **.40.00**

Size: 34 millimeters.
Weight: 15.87 grams.
Composition: 99.99% silver.

PF

2010 first Canadian bank notes
    75th anniversary . . . . **—**

Size: 65 millimeters.
Weight: 155.5 grams.
Composition: 99.99% silver (5 troy ounces).

PF

2010 Peanuts cartoon
    60th anniversary **120**

Size: 40 millimeters.
Weight: 27.78 grams.
Composition: 92.5% silver (0.8261 troy ounces).

PF

2010 blue whale . . . . **.85.00**

Size: 34 millimeters.
Weight: 15.87 grams.
Composition: 99.99% silver (0.5102 troy ounces).

	UNC	**PF**
2010 first Canadian bank notes 75th anniversary	**—**	**.50.00**

2011 little skaters . . . . . — . . . . **.40.00**

2011 Highway of Heroes — . . . . **.70.00**

2011 winter town . . . . . — . . . . **.40.00**

2011 wood bison . . . . . . — . . . . **.50.00**

2011 boreal forest . . . . . — . . . . **.50.00**

2011 peregrine falcon . . — . . . . **.50.00**

2011 orca . . . . — . . . . **.50.00**

2011 Year of the Dragon
. . . . **40.00** . . . . **—**

2012 Titanic . . . . — **100**

2012 HMS Shannon . . . — . . . . **.65.00**

2012 praying mantis . . . — . . . . **.45.00**

2013 Year of the Snake . . .
    50.00 . . . . **—**

2013 partridge in a pear tree
. . . . — . . . . **.65.00**

2013 holiday candles . . . — . . . . **.70.00**

Size: 20 millimeters.
Weight: 7.77 grams.
Composition: 99.99% gold (0.2496 troy ounces).

PF

2012 Year of the Dragon **450**

FIFTEEN DOLLARS

ELIZABETH II

1992 Olympics
Size: 39 millimeters.
Weight: 33.63 grams.
Composition: 92.5% silver (1 troy ounces).

PF

1992 track . . . . **.35.00**

1992 high jump, gymnastics,
    speed skating . . . . **.35.00**

Lunar year
Size: 40 millimeters.
Weight: 34 grams.
Composition: 99.9% gold center in 92.5% silver ring.

PF

1998 Year of the Tiger **375**

1999 Year of the Rabbit **100**

2000 Year of the Dragon **150**

Size: 40 millimeters.
Weight: 33.63 grams.
Composition: 92.5% silver (1 troy ounce of silver).

PF

2001 Year of the Snake, gold insert
. . . . **.85.00**

2002 Year of the Horse, gold-plated
    central cameo . . . . **.85.00**

2003 Year of the Sheep . . . . **.85.00**

2004 Year of the Monkey, gold appliqué
. . . . **150**

2005 Year of the Rooster, gold appliqué
. . . . **125**

2006 Year of the Dog, gold appliqué
. . . . **100**

Size: 40 millimeters.
Weight: 34 grams.
Composition: 92.5% silver (1.0111 troy ounces).

PF

2007 Year of the Pig, gold inlay
. . . . **100**

2008 Year of the Rat . . . . **.90.00**

2009 Year of the Ox . . . . **.90.00**

Size: 38 millimeters.
Weight: 31.39 grams.
Composition: 99.99% silver.

PF

2010 Year of the Tiger **100**

2011 Year of the Rabbit **100**

2012 Year of the Dragon **75.00**

2013 Year of the Snake **100**

2014 Year of the Horse . . . . **—**

Size: 38 millimeters.
Weight: 26.29 grams.
Composition: 92.5% silver.
Notes: Scalloped shape.

PF

2010 Year of the Tiger . . . . **.85.00**

2011 Year of the Rabbit . . . . **.85.00**

Size: 38 millimeters.
Weight: 26.7 grams.
Composition: 99.99% silver.
Notes: Scalloped shape.

PF

2012 Year of the Dragon . . . . **.75.00**

2013 Year of the Snake **100**

2014 Year of the Horse . . . . **—**

Monarchs
Size: 36.15 millimeters.
Weight: 30 grams.
Composition: 92.5% silver (0.8921 troy ounces).

	UNC	**PL**
2008 Victoria portrait on reverse	**100**	**—**
2008 Edward VII portrait on reverse	**100**	**—**
2009 George VI portrait on reverse	**100**	**—**

2009 original Elizabeth II portrait on reverse . . . . **100** . . . . —

Size: 36.15 millimeters.
Weight: 20 grams.
Composition: 92.5% silver (0.5948 troy ounces).

	UNC
2008 George V portrait on reverse	**100**
2011 Prince William	**100**
2011 Prince Harry	**100**

Playing cards
Size: 49. 8 millimeters x 28.6 millimeters.
Weight: 31.56 grams.
Composition: 92.5% silver (0.9385 troy ounces).

	UNC	PF
2008 queen of spades	—	**90.00**
2008 jack of hearts	—	**85.00**
2009 ten of spades	—	**150**
2009 king of hearts	—	**120**

MAPLES
Size: 38 millimeters.
Weight: 31.39 grams.
Composition: 99.99% silver.

	PF
2011 maple of happiness	**100**
2012 maple of good fortune	**75.00**
2013 maple of peace	**90.00**

Size: 34 millimeters.
Weight: 15.87 grams.
Composition: 99.99% silver (0.5 troy ounces).

	PF
2013 Superman	**85.00**

TWENTY DOLLARS

Images reduced by 25%

ELIZABETH II
Size: 27 millimeters.
Weight: 18.2733 grams.
Composition: 90% gold (0.5287 troy ounces).

	PF
1967 Confederation centennial	**1,000**

Calgary Olympics
Size: 40 millimeters.
Weight: 33.63 grams.
Composition: 92.5% silver (1 troy ounce).

	PF
1985 downhill skier, lettered edge	**35.00**
1985 downhill skier, plain edge	**200**
1985 speed skater, lettered edge	**35.00**
1985 speed skater, plain edge	**200**
1986 cross-country skier	**35.00**
1986 biathlon, lettered edge	**35.00**
1986 biathlon, plain edge	**200**
1986 ice hockey, lettered edge	**35.00**
1986 ice hockey, plain edge	**200**
1986 freestyle skier, lettered edge	**35.00**
1986 freestyle skier, plain edge	**200**

Size: 40 millimeters.
Weight: 34.107 grams.
Composition: 92.5% silver (1.0143 troy ounces).

	PF
1987 figure skating	**35.00**
1987 curling	**35.00**
1987 ski jumper	**35.00**
1987 bobsled	**35.00**

Aviation
Size: 38 millimeters.
Weight: 31.103 grams.
Composition: 92.5% silver with gold cameo insert (0.9249 troy ounces of silver).

	PF
1990 Lancaster bomber, Fauquier	**125**
1990 Avro Anson and North American Harvard, Leckie	**45.00**
1991 AEA Silver Dart, McCurdy and Baldwin	**45.00**
1991 de Havilland Beaver, Garratt	**45.00**
1992 Curtiss JN-4, Baillie	**45.00**
1992 de Havilland Gypsy Moth, Seymour	**45.00**
1993 Fairchild 71C, Richardson	**45.00**
1993 Lockheed 14, Leigh	**45.00**
1994 Curtiss HS-2L, Graham	**45.00**
1994 Vickers Vedette, Reid	**45.00**
1995 Fleet 80 Canuck, Noury	**45.00**
1995 DHC-1 Chipmunk, Bannock	**45.00**
1996 Avro Canada CF-100 Canuck, Zurakowski	**45.00**
1996 Avro Canada CF-105 Arrow, Chamberlin	**100**
1997 Canadair F-86 Sabre, Villeneuve	**45.00**
1997 Canadair CT-114 Tutor, Higgins	**45.00**
1998 Canadair CP-107 Argus, Longhurst	**50.00**
1998 Canadair CL-215 Waterbomber, Gagnon	**75.00**
1999 de Havilland DHC-6 Twin Otter, Neal	**95.00**
1999 de Havilland DHC-8 Dash 8, Fowler	**100**

Transportation
Size: 38 millimeters.
Weight: 31.103 grams.
Composition: 92.5% silver (0.9249 troy ounces).

	PF
2000 Toronto locomotive	**50.00**
2000 Taylor steam buggy	**50.00**
2000 Bluenose sailboat	**150**
2001 Scotia train	**45.00**
2001 Marco Polo ship	**45.00**
2001 Russell Model L touring car	**45.00**
2002 Gray-Dort Model 25-SM car	**45.00**
2002 W.D. Lawrence ship	**45.00**
2003 HMCS Bras d'or ship	**45.00**
2003 Canadian National FA-1 locomotive	**45.00**
2003 Bricklin SV-1 car	**45.00a**

Natural wonders
Size: 25 millimeters.
Weight: 15.75 grams.
Composition: 99.9% silver (1.0082 troy ounces).

	PF
2003 Canadian Rockies	**50.00**

Size: 38 millimeters.
Weight: 31.39 grams.
Composition: 99.99% silver (1.0091 troy ounces).

	PF
2003 Niagara Falls	75.00
2004 iceberg	45.00
2004 Hopewell Rocks	45.00
2005 Northwest Territories diamonds	50.00
2007 northern lights	35.00

Lighthouses
Size: 38 millimeters.
Weight: 31.39 grams.
Composition: 99.99% silver (1.0091 troy ounces).

	PF
2004 Sambro Island	55.00
2005 Toronto Island	55.00

Tall ships
Size: 31.39 millimeters.
Weight: 1.0091 troy ounces.
Composition: 99.99% silver (1.0091 troy ounces).

	PF
2005 three-masted sailing ship	55.00
2006 ketch	60.00
2007 brigantine	60.00

National parks
Size: 38 millimeters.
Weight: 31.39 grams.
Composition: 99.99% silver (1.0091 troy ounces).

	PF
2005 Mingan Archipelago	45.00
2005 Pacific Rim	45.00
2006 Georgian Bay Islands	60.00
2006 Nahanni	60.00
2006 Jasper	60.00

Architectural treasures
Size: 38 millimeters.
Weight: 31.1 grams.
Composition: 99.99% silver (0.9997 troy ounces).

	PF
2006 Notre Dame Basilica	50.00
2006 CN Tower	60.00
2006 Pengrowth Saddledome	55.00

Size: 38 millimeters.
Weight: 31.1 grams.
Composition: 99.9% silver (0.9988 troy ounces).

	PF
2007 sleigh	70.00
2007 snowflake	175
2007 International Polar Year	65.00
2007 International Polar Year, blue plasma coating on reverse	250
2008 agriculture trade	70.00
2008 Royal Hudson locomotive	70.00

Size: 38 millimeters.
Weight: 31.39 grams.
Composition: 99.9% silver (1.0082 troy ounces).

	PF
2008 crystal raindrop	175
2009 coal mining	75.00
2009 Jubilee locomotive	70.00
2009 crystal raindrop	85.00
2010 crystal pine cones	120
2010 ruby pine cones	120
2010 blue crystal snowflake	95.00
2010 tanzanite crystal snowflake	95.00
2010 maple leaf with crystal raindrop	100
2010 crystal water lily	120
2010 Selkirk locomotive	80.00
2010 first Canadian bank notes 75th anniversary	70.00
2011 royal wedding	80.00
2011 D-10 locomotive	80.00
2011 tulip with ladybug	1,000
2011 wild rose	135
2011 maple leaf, crystal raindrop	110
2011 Winnipeg Jets	95.00
2011 Christmas tree with crystals	75.00
2011 snowflake, emerald crystals	85.00
2011 snowflake, topaz crystals	85.00
2011 snowflake, hyacinth red crystals	85.00
2011 snowflake, Montana blue crystals	85.00
2012 Elizabeth II diamond jubilee, crystal insert	80.00
2012 Elizabeth II diamond jubilee, queen and Prince Philip	85.00
2012 Elizabeth II diamond jubilee, royal cypher	85.00
2012 Coast Guard 50th anniversary	100
2012 F.H. Varley	75.00
2012 Arthur Lismer	75.00
2012 aster with bee	100
2012 sugar maple, crystal raindrop	130
2012 rhododendron, crystal dew drop	125

	PF
2012 Robert Bateman moose painting	135
2013 red enamel maple leaf	130
2013 royal infant, baby sleeping	100
2013 royal infant, baby sleeping with stuffed animals	100
2013 royal infant, baby hand in adult hands	100
2013 Superman, Metropolis in background	140
2013 Superman shield	180
2013 Superman flying	170
2013 bathygnathus borealis	85.00
2013 J.E.H. MacDonald	90.00
2013 Lawren S. Harris	90.00
2013 Carlito Dalceggio contemporary art	90.00

Size: 38 millimeters.
Weight: 31.1 grams.
Composition: 99.9% silver (0.999 troy ounces).

	PF
2008 crystal amethyst	95.00
2008 carolers	70.00
2008 snowflake, crystal sapphire	95.00

Size: 40 millimeters.
Weight: 27.78 grams.
Composition: 92.5% silver (0.8261 troy ounces).

	PF
2009 Edmonton Oilers	70.00
2009 Calgary Flames	70.00
2009 Montreal Canadiens	70.00
2009 Ottawa Senators	70.00
2009 Toronto Maple Leafs	70.00
2009 Vancouver Canucks	70.00
2011 winter scene	70.00

Size: 40 millimeters.
Weight: 31.5 grams.
Composition: 92.5% silver (0.9368 troy ounces).

	PF
2009 summer moon mask	225

Size: 36 millimeters.
Weight: 30.75 grams.
Composition: 99.99% silver.

	PF
2012 Elizabeth II diamond jubilee, ultra-high relief	75.00

Size: 27 millimeters.
Weight: 7.96 grams.
Composition: 99.99% silver.

UNC

2012 Elizabeth II diamond jubilee
. . . . .30.00
2013 Santa Claus 25.00
2013 wolf. 25.00
2013 hockey 25.00
2013 iceberg, whale 25.00
2013 Canada goose 25.00

Size: 25 millimeters.
Weight: 15.59 grams.
Composition: 99.99% gold (0.4994 troy ounces).

PF

2012 Year of the Dragon 900

Size: 40 millimeters.
Weight: 28.02 grams.
Composition: 99.99% silver.

PF

2013 Canadian tiger swallowtail butterfly
. . . . 100

Size: 40 millimeters.
Weight: 31.6 grams.
Composition: 99.99% silver.

PF

2013 Louisbourg 300th anniversary
. . . . .90.00
2013 pronghorn. 90.00

TWENTY-FIVE DOLLARS

ELIZABETH II

Vancouver Olympics
Size: 40 millimeters.
Weight: 27.78 grams.
Composition: 92.5% silver (0.8261 troy ounces).

PF

2007 alpine skiing 50.00
2007 athletes with flag 65.00
2007 biathlon 50.00
2007 curling 50.00
2007 hockey 50.00
2008 bobsled. 50.00
2008 figure skating 50.00
2008 freestyle skiing 50.00
2008 snowboarding. 50.00
2008 home of the 2010 Winter
    Olympics 50.00
2009 cross-country skiing 50.00
2009 athletes and torch. 50.00
2009 luge. 50.00
2009 ski jumping. 50.00
2009 speed skating 50.00

Size: 22 millimeters.
Weight: 7.78 grams.
Composition: 99.99% gold (0.25 troy ounces).

PF

2010 Peanuts cartoon
    60th anniversary 500

Size: 60 millimeters.
Weight: 62.41 grams.
Composition: 99.99% silver (2 troy ounces), selective gold plating.

PF

2011 Toronto city map 180

Size: 38 millimeters.
Weight: 31.39 grams.
Composition: 99.99% silver (1 troy ounce).

PF

2011 Wayne Gretzky. 85.00
2013 Miss Canada allegory. 85.00
2013 orca. 85.00
2013 wolf. 85.00
2013 caribou 85.00

THIRTY DOLLARS

ELIZABETH II

Size: 40 millimeters.
Weight: 31.5 grams.
Composition: 92.5% silver (0.9368 troy ounces).

PF

2005 totem pole 80.00
2006 Canadarm and Col. Chris Hadfield
    . . . . .90.00
2006 National War Memorial 85.00
2006 Beaumont Hamel Newfoundland
    Memorial 95.00
2006 dog-sled team. 85.00
2007 Niagara Falls. 85.00
2007 Vimy Ridge War Memorial. .85.00
2008 shark on IMAX screen 75.00
2009 International Year of Astronomy
    . . . . .90.00

FIFTY DOLLARS

ELIZABETH II

Size: 27 millimeters.
Weight: 12 grams.
Composition: 58.33% gold (0.225 troy ounces).

PF

2005 World War II 375

Big Bear, Little Bear constellations
Size: 34 millimeters.
Weight: 31.16 grams.
Composition: 99.95% palladium (1.0013 troy ounces).

PF

2006 spring view 1,250
2006 summer view 1,250
2007 autumn view. 1,250
2006 winter view. 1,250

Size: 65 millimeters.
Weight: 155.5 grams.
Composition: 99.99% (4.9987 troy ounces).

PF

2007 Elizabeth II 60th wedding
    anniversary. 350

Size: 65 millimeters.
Weight: 156.77 grams.
Composition: 99.9% silver (5.035 troy ounces).

PF

2008 Ottawa Mint centennial. . . . 400
2009 start of Parliament buildings
    construction 150th anniversary
    450

Size: 65.25 millimeters.
Weight: 157.6 grams.
Composition: 99.99% silver (5 troy ounces).

PF

2010 first Canadian bank notes
    75th anniversary 400

Size: 65 millimeters.
Weight: 157.6 grams.
Composition: 99.99% silver (5 troy ounces).

PF

2012 Calgary Stampede centennial
    400

Size: 30 millimeters.
Weight: 31.15 grams.
Composition: 99.99% gold (0.999 troy ounces).

PF

2012 Year of the Dragon 1,750

Size: 30 millimeters.
Weight: 33.17 grams.
Composition: 99.99% gold.

PF
2012 ultra-high relief **3,000**

SOVEREIGNS

EDWARD VII

Size: 22 millimeters.
Weight: 7.9881 grams.
Composition: 91.7% gold (0.2355 troy
ounces).

	XF	UNC
1908-C	3,500	4,500
1909-C	300	650
1910-C	300	650

GEORGE V

Size: 22 millimeters.
Weight: 7.9881 grams.
Composition: 91.7% gold (0.2355 troy
ounces).

	XF	UNC
1911-C	300	450
1913-C	1,050	1,800
1914-C	450	650
1916-C *rare*		
1917-C	300	450
1918-C	300	450
1919-C	300	450

SEVENTY-FIVE DOLLARS

ELIZABETH II

Size: 36 millimeters.
Weight: 31.44 grams.
Composition: 41.66% gold (0.4211
troy ounces).

PF
2005 Pope John Paul II **825**

Size: 27 millimeters.
Weight: 12 grams.
Composition: 58.3% gold (0.2249 troy
ounces).

PF
2007 Vancouver Olympics **440**
2007 Canada geese **440**
2007 mountie **440**
2008 Vancouver Olympics, Inukshuk
stone man **420**
2008 Vancouver Olympics, four-host first
nations **440**
2008 Vancouver Olympics, games home
. . . . **440**
2009 Vancouver Olympics, moose
. . . . **440**

2009 Vancouver Olympics, athletes and
torch **440**
2009 Vancouver Olympics, wolf . . . **440**
2010 four seasons, spring **500**
2010 four seasons, summer **500**
2010 four seasons, fall **500**
2010 four seasons, winter **500**

ONE HUNDRED DOLLARS

ELIZABETH II

Size: 27 millimeters.
Weight: 13.3375 grams.
Composition: 58.3% gold (0.25 troy
ounces).

UNC
1976 Montreal Olympics **475**
1987 Calgary Olympics, lettered edge
. . . . **475**
1987 Calgary Olympics, plain edge
. . . . **475**
1988 bowhead whales **475**
1989 Sainte-Marie **475**
1990 International Literacy Year . . . **475**
1991 S.S. Empress of India **475**

1992 Montreal 350th anniversary . . **475**
1993 antique automobiles **475**
1994 World War II **475**
1995 Louisbourg **475**
1996 Klondike gold rush centennial
. . . . **450**
1997 Alexander Graham Bell **475**
1998 discovery of insulin **475**
1999 Newfoundland unity with Canada
50th anniversary **475**
2000 McClure's Arctic expedition . . **475**
2002 discovery of oil in Alberta **475**
2003 discovery of marquis wheat . . **475**

Size: 25 millimeters.
Weight: 16.9655 grams.
Composition: 91.7% gold (0.5002 troy
ounces).

PF
1977 Elizabeth II silver jubilee **950**

1978 Canadian unification **950**

1979 International Year of the Child
. . . . **950**
1980 Arctic territories **950**

1981 O Canada **950**

PF
1982 new constitution **950**
1983 St. John's, Newfoundland, 400th
anniversary **950**
1984 Jacques Cartier **950**
1985 national parks **950**
1986 peace **950**

Size: 27 millimeters.
Weight: 13.3375 grams.
Composition: 0.583-fine gold alloyed
with 5.5579 grams of 0.999-fine silver

(0.1787 troy ounces of silver, 0.25 troy ounces of gold).

	PF
2001 Parliament library	475

Size: 27 millimeters.
Weight: 12 grams.
Composition: 58.3% gold (0.2250 troy ounces).

	PF
2004 St. Lawrence Seaway 50th anniversary	425
2005 supreme court 130th anniversary	425
2006 Royal Military College and U.S. Military Academy Hockey Classic 75th anniversary	425
2006 supreme court 130th anniversary	425
2007 dominion 140th anniversary	425
2008 Fraser River	425
2009 Nunavut 10th anniversary	425
2011 first Canadian railway 175th anniversary	425

Size: 27 millimeters.
Weight: 12 grams.
Composition: 58.3% gold (0.2249 troy ounces).

	PF
2010 Henry Hudson	425
2011 Canada's first railway	425

Size: 40 millimeters.
Weight: 31.6 grams.
Composition: 99.99% silver (1 troy ounce).

	PF
2013 bison	110
2014 grizzly	—

ONE HUNDRED FIFTY DOLLARS

ELIZABETH II

Size: 28 millimeters.
Weight: 13.61 grams.
Composition: 75% gold (0.3282 troy ounces).

	PF
2000 Year of the Dragon	625

	PF
2001 Year of the Snake	625
2002 Year of the Horse	625
2003 Year of the Ram	625
2004 Year of the Monkey	625
2005 Year of the Rooster	625
2006 Year of the Dog	625
2012 Year of the Dragon	650

Size: 28 millimeters.
Weight: 11.84 grams.
Composition: 75% gold (0.2855 troy ounces).

	PF
2007 Year of the Pig	730
2008 Year of the Rat	550
2009 Year of the Ox	550
2010 Year of the Tiger, stylized tiger	550
2010 Year of the Tiger	600
2011 Year of the Rabbit	600
2011 Year of the Rabbit, hologram	600
2013 Year of the Snake	650

Size: 22.5 millimeters.
Weight: 10.4 grams.
Composition: 99.99% gold (0.334 troy ounces). Notes: Scalloped shape.

	PF
2009 blessings of wealth	650
2010 blessings of strength	650
2012 blessings of good fortune	650

ONE HUNDRED SEVENTY-FIVE DOLLARS

ELIZABETH II

Size: 28 millimeters.
Weight: 16.97 grams.
Composition: 91.7% (0.5003 troy ounces).

	PF
1992 Olympics	950

TWO HUNDRED DOLLARS

ELIZABETH II

Size: 29 millimeters.
Weight: 17.135 grams.
Composition: 91.66% gold (0.5049 troy ounces).

	PF
1990 Canadian flag silver jubilee	975

	PF
1991 hockey	975
1992 Niagara Falls	975
1993 Royal Canadian Mounted Police	975
1994 Anne of Green Gables	975
1995 maple syrup production	975
1996 Canadian Railway	975
1997 Haida mask	975
1998 white buffalo	975
1999 mikmaq butterfly	975
2000 mother and child	975
2001 The Habitant Farm painting	975
2002 The Jack Pine painting	975
2003 Houses painting	975

Size: 29 millimeters.
Weight: 16 grams.
Composition: 91.6% gold (0.4715 troy ounces).

	PF
2004 Fragments painting	900
2005 fur trade	900
2006 timber trade	900
2007 fishing trade	900
2008 commerce	900
2009 coal mining trade	900
2010 oil trade	900
2010 first Canadian gold Olympic medal won in Canada	900
2011 S.S. Beaver	900
2011 royal wedding	900
2011 Wayne Gretzky	900

Size: 27 millimeters.
Weight: 12 grams.
Composition: 58.336% gold.

	PF
2012 Cariboo gold rush 150th anniversary	900

Size: 29 millimeters.
Weight: 15.42 grams.
Composition: 99.99% gold.

PF

2012 Vikings **900**

Size: 30 millimeters.
Weight: 31.1 grams.
Composition: 99.99% gold.

PF

2012 Robert Bateman moose
painting **1,850**

Size: 30 millimeters.
Weight: 33.3 grams.
Composition: 99.999% gold (1 troy ounce).

PF

2013 moon mask, ultra-high relief . . **3,000**

TWO HUNDRED FIFTY DOLLARS

ELIZABETH II

Size: 40 millimeters.
Weight: 45 grams.
Composition: 58.33% gold (0.8439 troy ounces).

PF

2006 dog-sled team **1,625**

Size: 101.6 millimeters.
Weight: 1,000 grams.
Composition: 99.99% silver (32 troy ounces).

PF

2007 Vancouver Olympics **1,250**
2008 Vancouver Olympics **1,350**
2009 Vancouver Olympics **1,200**
2009 surviving the flood **1,350**
2009 modern Canada **1,350**
2010 Vancouver Olympics **1,350**
2010 eagle **1,400**
2010 eagle, antique finish unc. . . . **1,350**
2010 eagle, blue enamel finish . . . **1,400**
2012 Year of the Dragon **1,550**

Size: 101.8 millimeters.
Weight: 1,000 grams.
Composition: 99.99% silver (32 troy ounces).

PF

2010 Banff National Park
125th anniversary **1,650**
2011 lacrosse 375th anniversary . . **1,350**

Size: 102.1 millimeters.
Weight: 1,000 grams.
Composition: 99.99% silver (32 troy ounces).

PF

2012 Robert Bateman moose
painting **1,650**

THREE HUNDRED DOLLARS

ELIZABETH II

Size: 50 millimeters.
Weight: 60 grams.
Composition: 58.3% gold (1.12 troy ounces).

PF

2002 Elizabeth II golden jubilee . . **2,150**
2004 Elizabeth II coinage portraits . **2,150**
2005 shinplaster **2,150**
2006 shinplaster **2,150**
2006 Elizabeth II 80th birthday . . **2,150**
2006 crystal snowflake **2,150**
2007 shinplaster **2,150**
2007 Vancouver Olympics **2,150**
2008 Alberta coat of arms **1,750**
2008 Newfoundland and Labrador
coat of arms **2,150**
2008 four-seasons moon mask . . . **3,800**
2008 Vancouver Olympics **2,250**
2009 Prince Edward Island coat
of arms **2,150**
2009 Yukon coat of arms **2,150**
2009 Vancouver Olympics **2,150**
2009 summer moon mask **2,250**
2010 BC coat of arms **1,900**
2010 New Brunswick coat of arms. **2,150**
2010 crystal snowflake **2,150**
2011 Manitoba coat of arms **3,300**
2011 Nova Scotia coat of arms . . **3,300**
2012 Quebec coat of arms **3,300**

Size: 40 millimeters.
Weight: 45 grams.
Composition: 58.3% gold (0.84 troy ounces).

PF

2005 totem pole **2,150**
2005 Pacific Standard Time **1,650**
2005 Mountain Standard Time. . . **1,650**
2005 Central Standard Time. **1,650**
2005 Eastern Standard Time **1,650**
2005 Atlantic Standard Time **1,650**
2005 Newfoundland Standard Time
. . . . **1,650**
2006 Canadarm and
Col. Chris Hadfield **1,650**
2007 Canadian Rockies **1,750**

2008 shark on IMAX **1,650**

Size: 25 millimeters.
Weight: 22 grams.
Composition: 99.999% gold.

PF

2012 Elizabeth II diamond jubilee . . **1,600**

Size: 30 millimeters.
Weight: 31.1035 grams.
Composition: 99.95% platinum (1 troy ounce).

PF

2012 Robert Bateman moose
painting **1,750**

THREE HUNDRED FIFTY DOLLARS

ELIZABETH II

Size: 34 millimeters.
Weight: 38.05 grams.
Composition: 99.99% gold (1.2232 troy ounces).

PF

1998 flowers of Canada's coat
of arms **2,350**
1999 lady's slipper **2,350**
2000 Pacific dogwood flowers . . . **2,350**

Image reduced 25%

2001 mayflower **2,350**
2002 wild rose **2,350**
2003 white trillium **2,350**
2004 western red lily **2,350**
2006 iris **2,350**

Size: 34 millimeters.
Weight: 35 grams.
Composition: 99.99% gold (1.1251 troy ounces).

PF

2007 purple violet **2,200**
2008 purple saxifrage **2,200**
2009 pitcher plant **2,200**
2010 prairie crocus **2,200**
2011 mountain avens **2,200**
2012 Sir Isaac Brock **2,800**
2013 polar bear **2,800**

FIVE HUNDRED DOLLARS

ELIZABETH II

Size: 60 millimeters.
Weight: 155.5 grams.
Composition: 99.99% gold (4.9987 troy ounces).

	PF
2007 Elizabeth II 60th wedding anniversary	**9,150**

Size: 60 millimeters.
Weight: 155.76 grams.
Composition: 99.9% gold (5.0026 troy ounces).

	PF
2008 Ottawa Mint centennial	**9,150**

Size: 60.15 millimeters.
Weight: 156 grams.
Composition: 99.9% gold (5 troy ounces).

	PF
2009 start of Parliament buildings construction 150th anniversary	**9,150**
2010 first Canadian bank notes 75th anniversary	**9,150**
2010 Vancouver Olympics	**9,150**

TWO THOUSAND FIVE HUNDRED DOLLARS

ELIZABETH II

Size: 101.6 millimeters.
Weight: 1,000 grams.
Composition: 99.9% silver (32.117 troy ounces).

	PF
2007 Vancouver Olympics	**57,000**
2008 Vancouver Olympics	**57,000**
2009 Vancouver Olympics	**57,000**
2009 mask with fish	**58,000**
2010 Vancouver Olympics	**60,000**
2010 eagle	**60,000**
2011 lacrosse 375th anniversary	**60,000**
2012 Robert Bateman moose painting	**58,000**

Size: 101.8 millimeters.
Weight: 1,000 grams.
Composition: 99.99% gold.

	PF
2010 Banff National Park 125th anniversary	**60,000**

PLATINUM BULLION COINS WILDLIFE SERIES

THIRTY DOLLARS

Size: 16 millimeters.
Weight: 3.11 grams.
Composition: 99.95% platinum (0.1 troy ounces).

	PF
1990 polar bear	210
1991 snowy owl	210
1992 cougar	210
1993 Arctic fox	210
1994 sea otter	210
1995 lynx	210
1996 peregrine falcon	210
1997 bison	210
1998 gray wolf	210
1999 musk ox	210
2000 pronghorn	210
2001 harlequin duck	210
2002 great blue heron	210
2003 Atlantic walrus	250
2004 grizzly bear	250

SEVENTY-FIVE DOLLARS

Size: 20 millimeters.
Weight: 7.776 grams.
Composition: 99.95% platinum (0.25 troy ounces).

	PF
1990 polar bear	520
1991 snowy owls	520
1992 cougar	520
1993 Arctic foxes	520
1994 sea otter	520
1995 lynx kittens	520
1996 peregrine falcon	520
1997 bison calves	520
1998 gray wolf	520
1999 musk ox	520
2000 pronghorn	520
2001 harlequin duck	520
2002 great blue heron	525
2003 Atlantic walrus	550
2004 grizzly bear	550

ONE HUNDRED FIFTY DOLLARS

Size: 25 millimeters.
Weight: 15.552 grams.
Composition: 99.95% platinum (0.5 troy ounces).

	PF
1990 polar bear	**1,000**
1991 snowy owl	**1,000**
1992 cougar	**1,000**
1993 Arctic fox	**1,000**
1994 sea otter	**1,000**

	PF
1995 lynx	**1,000**
1996 peregrine falcon	**1,000**
1997 bison	**1,000**
1998 gray wolf cubs	**1,000**
1999 musk ox	**1,000**
2000 pronghorn	**1,000**
2001 harlequin ducks	**1,000**
2002 great blue heron	**1,000**
2003 Atlantic walrus	**1,000**
2004 grizzly bear	**1,000**

THREE HUNDRED DOLLARS

Size: 30 millimeters.
Weight: 31.1035 grams.
Composition: 99.95% platinum (1 troy ounce).

	PF
1990 polar bear	**1,950**
1991 snowy owl	**1,950**
1992 cougar	**1,950**
1993 fox	**1,950**
1994 sea otters	**1,950**
1995 lynx	**1,950**
1996 peregrine falcon	**1,950**
1997 bison	**1,950**
1998 gray wolf	**1,950**
1999 musk ox	**1,950**
2000 pronghorn	**1,950**
2001 harlequin ducks	**1,950**
2002 great blue heron	**1,950**
2003 Atlantic walrus	**1,950**
2004 grizzly bear	**1,950**
2007 wooly mammoth	**3,200**
2008 scimitar cat	**3,000**
2009 steppe bison	**3,500**
2010 ground sloth	**1,950**
2011 cougar	**1,950**
2014 Rocky Mountain bighorn sheep	—

CANADIAN PAPER MONEY

⸎ Introduction ⸎

Canada's first paper money was dated 1866 and was issued by the Province of Canada, which was formed in 1840 with the uniting of Lower Canada and Upper Canada under one government. The Dominion of Canada was subsequently formed when the ruling British government passed the North American act, which took effect on July 1, 1867.

The paper-money listings that follow begin with notes issued by the Dominion of Canada. Values are for the most common varieties of the notes; more scarce varieties have higher values.

DOMINION OF CANADA

	VF
1870 25 cents, Britannia with spear	65.00
1900 25 cents, Britannia seated with shield	15.00
1923 25 cents, Britannia with trident	15.00

	G
1870 $1, Jacques Cartier	225

	G
1878 $1, Countess of Dufferin	125
1870 $2, Gen. de Montcalm, Gen. J. Wolfe	1,100
1878 $2, Earl of Dufferin	650
1887 $2, Marchioness and Marquis of Landsdowne	200
1882 $4, Duke of Argyll	325

	VG
1897 $1, Countess and Earl of Aberdeen	350
1898 $1, Countess and Earl of Aberdeen	75.00
1911 $1, Earl and Countess of Grey	50.00
1917 $1, Princess of Connaught	35.00
1923 $1, King George V	25.00
1897 $2, Prince of Wales	110
1912 $2, Duke and Duchess of Connaught	60.00
1923 $2, Prince of Wales	50.00

	VG
1900 $4, Countess and Earl of Minto	425
1902 $4, Countess and Earl of Minto	450
1912 $5, Ocean Limited train	225

	VG
1924 $5, Queen Mary	1,200

BANK OF CANADA

	VG
1935 $1, King George V	15.00
1935 $2, Queen Mary	30.00
1935 $5, Prince of Wales	45.00

VG

1935 $10, Princess Mary **45.00**
1935 $20, Princess Elizabeth **175**

VG

1935 $25, George V silver jubilee **700**
1935 $50, Prince George **400**
1935 $100, Prince Henry **350**
1935 $500, Sir John A. MacDonald **7,000**

VG

1935 $1,000, Sir Wilfred Laurier **850**

VF

1937 $1, King George VI **17.50**
1954 $1, Queen Elizabeth II. **1.50**

VF

1967 $1, Confederation centennial **1.50**

VF

1973 $1, Queen Elizabeth II. **1.00**
1937 $2, King George VI **15.00**
1954 $2, Queen Elizabeth II. **3.00**

	VF
1974 $2, Queen Elizabeth II.	2.25
1937 $5, King George VI	15.00
1954 $5, Queen Elizabeth II.	5.25
1972 $5, Sir Wilfred Laurier	6.00
1937 $10, King George VI	15.00
1954 $10, Queen Elizabeth II	10.50
1971 $10, Sir John A. MacDonald	10.00
1937 $20, King George VI	25.00

	VF
1954 $20, Queen Elizabeth II	20.00
1969 $20, Queen Elizabeth II	22.50
1937 $50, King George VI	65.00
1954 $50, Queen Elizabeth II	50.00

	VF
1975 $50, William Lyon MacKenzie King	55.00
1937 $100, Sir John A. MacDonald	120
1954 $100, Queen Elizabeth II	100
1975 $100, Sir Robert Borden	100
1937 $1,000, Sir Wilfred Laurier	1,150
1954 $1,000, Queen Elizabeth II	1,000

	UNC
1986 $2, Queen Elizabeth II	4.00

	UNC
1979 $5, Sir Wilfred Laurier	35.00
1986 $5, Sir Wilfred Laurier	10.00
2002 $5, Sir Wilfred Laurier	8.50
2006 $5, Sir Wilfred Laurier	7.50
1989 $10, Sir John A. MacDonald	17.50
2001 $10, Sir John A. MacDonald	13.50
2005 $10, Sir John A. MacDonald	12.00
1979 $20, Queen Elizabeth II	50.00
1991 $20, Queen Elizabeth II	32.50
2004 $20, Queen Elizabeth II	25.00
1988 $50, William Lyon MacKenzie King	80.00
2004 $50, William Lyon MacKenzie King	65.00
1988 $100, Sir Robert Borden	135

	UNC
2004 $100, Sir Robert Borden	125
1988 $1,000, Queen Elizabeth II	1,500

MEXICAN COINS

Introduction

Mexico began to establish a numismatic identity of its own in the early 1800s when it gained independence from centuries of Spanish colonial rule. Father Miguel Hidalgo declared Independence from Spain on September 16, 1810, which is recognized as Mexican Independence Day. General Agustin de Iturbide, who declared himself emperor in 1822, achieved Independence in 1821. His reign, however, was short-lived; he was deposed and a republic was established just a year later.

The next 50 years were a time of political turmoil in Mexico. The era saw the coming and going of two emperors, several dictators, and a new government about every nine months. The establishment of the United States of Mexico (Estados Unidos Mexicanos) and a new constitution in 1917 finally brought political stability to the country.

Rich deposits of silver and gold in Mexico led to a rich numismatic legacy during the country's colonial period. The Mexico City mint, the first in the New World, opened in 1536 and struck some classic coinage during the ensuing centuries. Among them were "cobs," which were struck on irregularly shaped planchets, and "pieces of eight," which were silver 8 reales coins that were used throughout the New World and in trade with Southeast Asia.

The revolutionary period of the early 1800s saw a wide range of coinage struck by those loyal to the Spanish crown and insurgent leaders alike. It also saw a proliferation of branch mints; no less than 14 mints produced coinage in Mexico during various times in the 1800s. Some of them continued to operate when the Republic of Mexico was established in 1823, and their coinage denominations continued to be based on the old colonial standards. Designs, however, reflected the country's new leadership.

Decimal coinage (100 centavos equaling 1 peso) was first introduced in Mexico in 1863. Though it went through various fits and starts in the decades that followed, it served as the basis for the new United States of Mexico coinage in 1905. The 1905 reform also closed the last branch mints remaining from the proliferation of the 1800s. Today, only the Mexico City mint remains, and its "Mo" mintmark appears on some of its coins.

The listings that follow begin with the issues of the United States of Mexico, which continues today as the country's political identity.

CENTAVOS

Size: 20 millimeters.
Weight: 3 grams.
Composition: Bronze.

	XF	UNC
1905	14.00	90.00
1906	1.25	14.00
1910	6.50	85.00
1911	2.75	25.00
1912	3.25	35.00
1913	3.00	35.00
1914	3.00	15.00
1915	65.00	250
1916	170	1,200
1920	115	400
1921	45.00	275
1922	50.00	250
1923	1.75	13.50
1924	22.00	250
1925	25.00	220
1926	4.00	20.00
1927	4.50	32.00
1928	3.25	16.50
1929	1.75	17.00
1930	2.50	20.00
1933	1.75	16.50
1934	3.25	40.00
1935	0.40	11.50
1936	0.30	9.00
1937	0.35	4.00
1938	0.30	2.00
1939	0.30	1.00
1940	0.60	5.50
1941	0.35	2.00
1942	0.30	1.25
1943	0.75	9.00
1944	0.50	6.00
1945	0.25	1.00
1946	0.20	0.60
1947	0.15	0.80
1948	0.30	1.10
1949	0.30	1.25

Size: 16 millimeters.
Weight: 2 grams.
Composition: Bronze.

	XF	UNC
1950	0.35	1.65
1951	0.35	0.65
1952	0.25	0.40
1953	0.25	0.40
1954	0.15	0.85
1955	0.25	0.85
1956	0.25	0.80
1957	0.25	0.85
1958	0.25	0.45
1959	0.25	0.75
1960	0.15	0.40
1961	0.15	0.45
1962	0.15	0.55
1963	0.15	0.25
1964	0.15	0.20
1965	0.15	0.25
1966	0.25	0.60
1967	0.15	0.40
1968	0.20	0.85
1969	0.15	0.65

Size: 13 millimeters.
Weight: 1.5 grams.
Composition: Brass.

	XF	UNC
1970	0.40	1.45
1972	0.45	2.50
1973	2.75	9.00

TWO CENTAVOS

Size: 25 millimeters.
Weight: 6 grams.
Composition: Bronze.

	XF	UNC
1905	500	1,200
1906	30.00	95.00
1920	75.00	350
1921	15.00	100
1922	1,750	5,500
1924	75.00	450
1925	7.50	35.00
1926	5.50	40.00
1927	4.50	22.00
1928	4.75	25.00
1929	550	1,200
1935	65.00	225
1939	2.25	20.00
1941	1.25	18.00

FIVE CENTAVOS

Size: 20 millimeters.
Weight: 5 grams.
Composition: Nickel.

	XF	UNC
1905	28.00	325
1906	3.25	55.00
1907	35.00	350
1909	50.00	360
1910	9.00	85.00
1911	8.00	100
1912	200	575
1913	30.00	200
1914	5.00	75.00

Size: 28 millimeters.
Weight: 9 grams.
Composition: Bronze.

	XF	UNC
1914	65.00	300
1915	35.00	165
1916	175	650
1917	400	900
1918	250	675
1919	360	950
1920	45.00	265
1921	75.00	275
1924	275	700
1925	45.00	225
1926	50.00	325
1927	35.00	250
1928	65.00	250
1929	50.00	200
1930	25.00	225
1931	1,450	4,000
1933	3.50	25.00
1934	2.75	25.00
1935	2.50	20.00

Size: 20.5 millimeters.
Weight: 4 grams.
Composition: Copper-nickel.

	XF	UNC
1936	1.25	7.50
1937	1.00	7.00
1938	10.00	80.00
1940	1.25	8.00
1942	3.00	35.00

Size: 25.5 millimeters.
Weight: 6.5 grams.
Composition: Bronze.

	XF	UNC
1942	75.00	375
1943	0.75	2.50
1944	0.35	0.75
1945	0.35	0.75
1946	1.00	2.00
1951	0.90	3.00

1952	2.50	9.50
1953	2.00	6.00
1954	1.00	2.75
1955	3.00	11.00

Size: 20.5 millimeters.
Weight: 4 grams.
Composition: Copper-nickel.

	XF	UNC
1950	1.50	6.00

Size: 20.4 millimeters.
Weight: 4 grams.
Composition: Brass.

	XF	UNC
1954 with dot	50.00	300
1954 without dot	35.00	275
1955	1.50	9.00
1956	0.30	0.75
1957	0.20	0.90
1958	0.20	0.60
1959	0.25	0.75
1960	0.15	0.50
1961	0.15	0.50
1962	0.15	0.25
1963	0.15	0.25
1964	0.15	0.20
1965	0.15	0.25
1966	0.15	0.40
1967	0.15	0.25
1968	0.15	0.50
1969	0.15	0.55

Size: 20.5 millimeters.
Composition: Copper-nickel.

	XF	UNC
1960	300	375
1962	300	375
1965	300	375

Size: 18 millimeters.
Weight: 2.75 grams.
Composition: Brass.

	XF	UNC
1970	0.15	0.35
1971	0.15	0.25
1972	0.15	0.25
1973	0.15	0.25
1974	0.15	0.30
1975	0.15	0.25
1976	0.15	0.40

Size: 15.58 millimeters.
Weight: 1.59 grams.
Composition: Stainless steel.

	XF	UNC
1992	0.15	0.20

1993	0.15	0.20
1994	0.15	0.20
1995	0.15	0.20
1995	*proof*	0.50
1996	0.15	0.20
1997	0.15	0.20
1998	0.15	0.20
1999	0.15	0.20
2000	0.15	0.20
2001	0.15	0.20
2002	0.15	0.20

TEN CENTAVOS

Size: 18 millimeters.
Weight: 2.5 grams.
Composition: 80% silver (0.0643 troy ounces).

	XF	UNC
1905	8.00	40.00
1906	7.50	27.00
1907	6.25	35.00
1909	13.00	80.00
1910	15.00	25.00
1911	10.00	45.00
1912	18.00	130
1913	10.00	33.00
1914	7.00	15.00

Size: 15 millimeters.
Weight: 1.8125 grams.
Composition: 80% silver (0.0466 troy ounces).

	XF	UNC
1919	15.00	95.00

Size: 30.5 millimeters.
Weight: 12 grams.
Composition: Bronze.

	XF	UNC
1919	85.00	475
1920	50.00	400
1921	95.00	650
1935	35.00	125

Size: 15 millimeters.
Weight: 1.66 grams.
Composition: 72% silver (0.0384 troy ounces).

	XF	UNC
1925	5.00	40.00
1926	7.50	65.00
1927	3.00	17.50
1928	2.75	13.50
1930	5.00	19.00
1933	3.00	10.00
1934	2.50	8.00
1935	5.00	11.00

Size: 23.5 millimeters.
Weight: 5.5 grams.
Composition: Copper-nickel.

	XF	UNC
1936	2.50	10.00
1937	50.00	215
1938	7.00	70.00
1939	3.50	28.00
1940	1.25	5.00
1942	1.50	7.00
1945	0.70	3.50
1946	0.60	2.50

Size: 23.5 millimeters.
Weight: 5.5 grams.
Composition: Bronze.

	XF	UNC
1955	3.25	23.00
1956	3.25	23.00
1957	0.40	5.50
1959	0.45	0.75
1966	0.25	0.60
1967	0.15	0.30

Size: 15 millimeters.
Weight: 1.52 grams.
Composition: Copper-nickel.
Notes: There are several varieties for some of the dates listed below. These varieties can be distinguished by whether the stem in the ear of corn on the reverse is blunt or pointed and by the style used for the date – either narrow or wide. Some of these varieties sell for a few dollars more than the values listed below.

	XF	UNC
1974	0.10	0.20
1975	0.35	0.75
1976	0.20	0.30
1977	0.50	1.25
1978	0.10	0.30

1979	0.35	0.85
1980	0.10	0.30

Size: 17 millimeters.
Weight: 2.03 grams.
Composition: Stainless steel.

	XF	UNC
1992	*proof*	0.75
1993	0.20	0.25
1994	0.20	0.25
1995	0.20	0.25
1995	*proof*	0.50
1996	0.20	0.25
1997	0.20	0.25
1998	0.20	0.25
1999	0.20	0.25
2000	0.20	0.30
2001	0.20	0.25
2002	0.20	0.25
2003	0.20	0.25
2004	0.20	0.25
2005	0.20	0.25
2006	0.20	0.25
2007	0.20	0.25
2008	0.20	0.25
2009	0.20	0.25

Size: 14 millimeters.
Weight: 1.75 grams.
Composition: stainless steel.

	UNC
2009	0.25
2010	0.25
2011	0.25
2012	0.25

TWENTY CENTAVOS

Size: 22 millimeters.
Weight: 5 grams.
Composition: 80% silver (0.1286 troy ounces).

	XF	UNC
1905	25.00	175
1906	16.50	60.00
1907	15.00	70.00
1908	250	1,800
1910	16.00	90.00
1911	40.00	145
1912	70.00	350
1913	30.00	100
1914	25.00	65.00

Size: 19 millimeters.
Weight: 3.625 grams.
Composition: 80% silver (0.0932 troy ounces).

	XF	UNC
1919	65.00	200

Image reduced by 25%

Size: 32.5 millimeters.
Weight: 15 grams.
Composition: Bronze.

	XF	UNC
1920	155	650
1935	10.00	95.00

Size: 19 millimeters.
Weight: 3.3333 grams.
Composition: 72% silver (0.0772 troy ounces).

	XF	UNC
1920	20.00	175
1921	14.00	100
1925	20.00	155
1926	7.50	90.00
1927	8.00	95.00
1928	5.25	16.00
1930	8.00	25.00
1933	3.00	10.00
1934	4.00	11.00
1935	4.00	11.00
1937	2.25	4.00
1939	2.25	4.00
1940	2.25	3.50
1941	2.25	3.00
1942	2.25	3.25
1943	2.50	3.50

Size: 28.5 millimeters.
Weight: 10 grams.
Composition: Bronze.

	XF	UNC
1943	3.00	20.00
1944	0.65	8.00

	XF	UNC
1945	3.50	9.50
1946	2.25	6.00
1951	8.75	100
1952	5.00	25.00
1953	0.80	9.00
1954	0.80	9.00
1955	7.00	60.00

Size: 28.5 millimeters.
Weight: 10.04 grams.
Composition: Bronze.

	XF	UNC
1955	1.75	17.00
1956	0.35	3.00
1957	1.25	9.00
1959	9.00	75.00
1960	0.25	0.75
1963	0.35	0.80
1964	0.40	0.90
1965	0.35	0.80
1966	0.25	0.75
1967	0.50	1.00
1968	0.55	1.35
1969	0.35	0.80
1970	0.20	0.90
1971	0.50	1.25

Size: 28.5 millimeters.
Composition: Bronze.

	XF	UNC
1971	0.35	1.85
1973	0.35	1.00
1974	0.35	1.25

Size: 20 millimeters.
Weight: 2.06 grams.
Composition: Copper-nickel.

	XF	UNC
1974	0.15	0.25
1975	0.15	0.30
1976	0.15	0.35
1977	0.15	0.40
1978	0.15	0.25
1979	0.15	0.25
1980	0.20	0.30
1981	0.50	1.00
1982	0.60	0.90
1983	0.50	1.50
1983		proof 45.00

Size: 20 millimeters.
Weight: 3 grams.
Composition: Bronze.

	XF	UNC
1983	0.25	1.25
1983		proof 185
1984	0.35	1.85

Size: 19 millimeters.
Weight: 3 grams.
Composition: Aluminum-bronze.

	XF	UNC
1992	0.25	0.35
1993	0.25	0.35
1994	0.25	0.35
1995	0.25	0.35
1995		proof 0.75
1996	0.25	0.35
1997	0.25	0.35
1998	0.25	0.35
1999	0.25	0.35
2000	0.25	0.35
2001	0.25	0.35
2002	0.25	0.35
2003	0.25	0.35
2004	0.25	0.35
2005	0.25	0.35
2006	0.25	0.35
2007	0.25	0.35
2008	0.25	0.35
2009	0.25	0.35

Size: 15.3 millimeters.
Weight: 2.258 grams.
Composition: Stainless steel.

	UNC
2009	0.35
2010	0.35
2011	0.35
2012	0.35

TWENTY-FIVE CENTAVOS

Size: 21.5 millimeters.
Weight: 3.333 grams.
Composition: 30% silver (0.0321 troy ounces).

	XF	UNC
1950	1.50	2.00
1951	1.50	2.00
1952	1.50	2.25
1953	1.25	2.00

Size: 23 millimeters.
Weight: 5.5 grams.
Composition: Copper-nickel.

	XF	UNC
1964	0.15	0.20
1966 closed beak in eagle	1.00	2.75
1966 open beak in eagle	3.50	12.00

FIFTY CENTAVOS

Size: 30 millimeters.
Weight: 12.5 grams.
Composition: 80% silver (0.3215 troy ounces).

	XF	UNC
1905	35.00	175
1906	15.00	50.00
1907	14.00	35.00
1908	190	550
1912	20.00	55.00
1913	13.00	35.00
1914	20.00	40.00
1916	85.00	250
1917	14.00	27.00
1918	135	300

Size: 27 millimeters.
Weight: 9.0625 grams.
Composition: 80% silver (0.2331 troy ounces).

	XF	UNC
1918	70.00	350
1919	25.00	150

Size: 27 millimeters.
Weight: 8.3333 grams.
Composition: 72% silver (0.1929 troy ounces).

	XF	UNC
1919	22.00	100
1920	17.00	75.00
1921	17.00	95.00
1925	35.00	145
1937	9.00	13.00
1938	95.00	245
1939	9.00	16.00
1942	10.00	18.00
1943	9.00	12.00
1944	9.00	12.00
1945	9.00	12.00

Size: 27 millimeters.
Weight: 7.973 grams.
Composition: 42% silver (0.1077 troy ounces).

	XF	UNC
1935	5.00	9.00

Size: 26 millimeters.
Weight: 6.66 grams.
Composition: 30% silver (0.0642 troy ounces).

	XF	UNC
1950	2.75	5.00
1951	4.00	6.00

Size: 33 millimeters.
Weight: 14 grams.
Composition: Bronze.

	XF	UNC
1955	3.00	80.00
1956	1.50	7.00
1957	2.00	6.50
1959	0.75	2.00

Size: 25 millimeters.
Weight: 6.5 grams.
Composition: Copper-nickel.

	XF	UNC
1964	0.20	0.40
1965	0.25	0.45
1966	0.40	1.50
1967	0.30	0.75
1968	0.30	0.65
1969	0.35	0.80

Size: 25 millimeters.
Weight: 6.5 grams.
Composition: Copper-nickel.

	XF	UNC
1970	0.20	0.80
1971	0.20	0.90
1972	2.00	3.50
1975 with dots	1.75	3.50
1975 without dots	0.20	0.75
1976 with dots	1.50	5.00
1976 without dots	0.20	0.50
1977	10.00	35.00
1978	0.25	0.50
1979	0.25	0.50
1980	0.25	1.00
1981	0.50	1.25
1982	0.40	2.00
1983	0.75	1.75
1983		proof 45.00

Size: 22 millimeters.
Composition: Stainless steel.

	UNC	PF
1983 Palenque culture	1.50	195

Size: 22 millimeters.
Weight: 4.4 grams.
Composition: Aluminum-bronze.

	XF	UNC
1992	0.45	0.85
1993	0.45	0.75
1994	0.45	0.75
1995	0.45	0.75
1995		proof 0.90
1996	0.45	0.75
1997	0.45	0.75
1998	0.45	0.75
1999	0.45	0.75
2000	0.45	0.75
2001	0.45	0.75
2002	0.45	0.75
2003	0.45	0.75
2004	0.45	0.75
2005	0.45	0.75
2006	0.45	0.75
2007	0.45	0.75
2008	0.45	0.75
2009	0.45	0.75

Size: 17 millimeters.
Weight: 3.103 grams.
Composition: Stainless steel.

	UNC
2009	1.00
2010	1.00
2011	1.00
2012	0.75

PESO

Images reduced by 25%

Size: 39 millimeters.
Weight: 27.07 grams.
Composition: 90.3% silver (0.7859 troy ounces).

	XF	UNC
1910	50.00	200
1911	75.00	200
1912	210	365
1913	70.00	200
1914	1,200	4,000

Size: 34 millimeters.
Weight: 18.13 grams.
Composition: 80% silver (0.4663 troy ounces).

	XF	UNC
1918	150	1,350
1919	125	950

Size: 34 millimeters.
Weight: 16.66 grams.
Composition: 72% silver (0.3856 troy ounces).

	XF	UNC
1920	35.00	195
1921	35.00	195
1922	15.00	20.00
1923	15.00	20.00
1924	15.00	20.00
1925	15.00	60.00
1926	15.00	25.00
1927	16.00	70.00
1932	7.50	14.00
1933	15.00	16.50
1934	7.50	15.00
1935	15.00	16.00
1938	7.50	15.00
1940	7.50	15.00
1943	7.50	15.00
1944	7.50	15.00
1945	7.50	15.00

Size: 32 millimeters.
Weight: 14 grams.
Composition: 50% silver (0.225)

	XF	UNC
1947	4.50	8.00
1948	4.50	8.00
1949	1,200	1,600
1949	proof	4,000

Size: 32 millimeters.
Weight: 13.33 grams.
Composition: 30% silver (0.1286 troy ounces).

	XF	UNC
1950	6.00	10.00

Size: 34.5 millimeters.
Weight: 16 grams.
Composition: 10% silver (0.0514 troy ounces).

1957 Constitution centennial

	XF	UNC
	6.00	12.50
1957	2.00	3.00
1958	1.00	2.00
1959	2.00	5.50
1960	2.00	3.50
1961	1.00	2.50
1962	1.00	2.00
1963	1.00	2.00
1964	1.00	2.00
1965	1.00	2.00
1966	1.00	2.00
1967	1.00	2.75

Size: 29 millimeters.
Weight: 9 grams.
Composition: Copper-nickel.

	XF	UNC
1970 narrow date	0.35	0.65
1970 wide date	2.50	7.50
1971	0.25	0.55
1972	0.25	0.40
1974	0.25	0.65
1975	0.45	1.00
1976	0.20	0.50
1977	0.50	1.00
1978	0.30	1.00
1979	0.30	1.25
1980	0.35	1.00
1981	0.30	0.75
1982	0.75	2.25
1983	0.45	3.00
1983	proof	40.00

Size: 24.5 millimeters.
Weight: 6 grams.
Composition: Stainless steel.

	XF	UNC
1984	0.25	0.65
1985	0.25	0.50
1986	0.25	0.50
1987	0.25	0.50

Size: 22 millimeters.
Weight: 3.94 grams.
Composition: Aluminum-bronze center in stainless-steel ring.
Notes: "Nuevo Peso."

	XF	UNC
1992	0.60	1.50
1993	0.60	1.50
1994	0.60	1.50
1995	0.60	1.50
1995	proof	2.75

Size: 21.1 millimeters.
Weight: 3.95 grams.
Composition: Aluminum-bronze center in stainless-steel ring.

	UNC
1996	1.25
1997	1.25
1998	1.25
1999	1.25
2000	1.25
2001	1.25
2002	1.25
2003	1.25
2004	1.25
2005	1.25
2006	1.25
2007	1.25
2008	1.25
2009	1.25
2010	1.25
2011	1.00
2012	1.00

TWO PESOS

Size: 13 millimeters.
Weight: 1.666 grams.
Composition: 90% gold (0.0482 troy ounces).

	XF	UNC
1919	100	110
1920	100	105
1944	110	130
1945	—	75.00
1946	110	165
1947	110	145

Image reduced by 25%

Size: 39 millimeters.
Weight: 26.6667 grams.
Composition: 90% silver (0.7716 troy ounces).

	XF	UNC
1921 independence centennial		
	75.00	450

Size: 23 millimeters.
Weight: 5.21 grams.
Composition: Aluminum-bronze center in stainless-steel ring.

Notes: "Nuevo Pesos."

	UNC
1992	2.50
1993	2.50
1994	2.50
1995	2.50
1995	proof 6.00
1996	2.50
1997	2.50
1998	2.50
1999	2.50
2000	2.50
2001	2.35
2002	2.35
2003	2.35
2004	2.35
2005	2.35
2006	2.35
2007	2.35
2008	2.35
2009	2.35
2010	1.50
2011	1.50
2012	1.25

TWO AND A HALF PESOS

Size: 15.5 millimeters.
Weight: 2.0833 grams.
Composition: 90% gold (0.0603 troy ounces).

	XF	UNC
1918	110	130
1919	110	130
1920	110	125
1944	115	145
1945	80.00	90.00
1946	115	145
1947	425	750
1948	115	145

FIVE PESOS

Size: 19 millimeters.
Weight: 4.1666 grams.
Composition: 90% gold (0.1206 troy ounces).

	XF	UNC
1905	325	700

1906	155	220
1907	155	220
1910	155	220
1918	155	220
1919	155	220
1920	155	220
1955	155	185

Image reduced by 25%

Size: 40 millimeters.
Weight: 30 grams.
Composition: 90% silver (0.868 troy ounces).

	UNC
1947	35.00
1948	35.00

Image reduced by 25%

Size: 40 millimeters.
Weight: 27.78 grams.
Composition: 72% silver (0.643 troy ounces).

	XF	UNC
1950 opening of Southern Railroad	45.00	65.00
1951	—	20.00
1952	—	20.00
1953	—	20.00
1953 Hidalgo birth bicentennial	—	23.00
1954	60.00	70.00

Size: 36 millimeters.
Weight: 18.05 grams.
Composition: 72% silver (0.4178 troy ounces).

	UNC
1955	15.00
1956	15.00
1957	15.00
1957 constitution centennial	16.00
1959 Carranza birth centennial	15.00

Size: 33 millimeters.
Weight: 14 grams.
Composition: Copper-nickel.

	XF	UNC
1971	1.00	2.50
1972	1.25	2.00
1973	2.00	4.50
1974	0.80	1.75
1976	0.50	1.50
1977	0.50	1.50
1978	1.50	4.50

Size: 27 millimeters.
Weight: 9.9 grams.
Composition: Copper-nickel.

	XF	UNC
1980	0.50	1.75
1981	0.65	2.75
1982	2.35	4.25
1982	proof	50.00
1984	2.00	4.75
1985	3.25	4.25

Size: 17 millimeters.
Composition: Brass.

	XF	UNC
1985	0.15	0.35
1987	9.50	12.50
1988	0.10	0.25

Size: 25.5 millimeters.
Weight: 7 grams.
Composition: Aluminum-bronze center in stainless-steel ring.
Notes: "Nuevo Pesos," 1992-1995.

	XF	UNC
1992	2.00	6.00
1993	2.00	6.00
1994	2.00	6.00
1995	proof	25.00
1997	3.00	6.00
1998	3.00	6.00
1999	3.00	6.00
2000	3.00	6.00
2001	3.00	5.00
2002	3.00	5.00
2003	3.00	5.00
2004	3.00	5.00
2005	3.00	5.00
2006	3.00	5.00
2007	3.00	5.00

	XF	UNC
2008	3.00	5.00
2009	3.00	5.00
2010	2.50	3.00
2011	1.00	2.00
2012	1.00	2.00

Mexico independence bicentenary

	XF	UNC
2008 Francisco Primode de Verdad y Ramos	0.75	1.50
2008 Francisco Primode Verdad y Ramos, no pellets in legend		rare
2008 Carlos Maria de Bustamante	0.75	1.50
2008 Francisco Xavier Mina	0.75	1.50
2008 Mariano Matamoros	0.75	1.50
2008 Miguel Ramos Arizpe	0.75	1.50
2008 Hermeneglido Galeana	0.75	1.50
2009 Jose Maria Cos	0.75	1.50
2009 Pedro Moreno	0.75	1.50
2009 Agustin de Iturbide	0.75	1.50
2009 Nicolas Bravo	0.75	1.50
2009 Servando Teresa de Mier	0.75	1.50
2009 Leona Vicario	0.75	1.50
2010 Miguel Hidalgo y Costilla	0.75	1.50
2010 Jose Maria Morelos y Pavon	0.75	1.50
2010 Vicente Guerrero	0.75	1.50
2010 Ignacio Allende	0.75	1.50
2010 Guadalupe Victoria	0.75	1.50
2010 Josefa Ortiz de Dominguez	0.75	1.50

Mexico revolution centenary

	XF	UNC
2008 Alvaro Obregon	0.75	1.50
2008 Jose Vasconcelos	0.75	1.50
2008 Francisco Villa	0.75	1.50
2008 Herberto Jara	0.75	1.50
2008 Ricardo Magon	0.75	1.50
2008 Francisco J. Mugica	0.75	1.50
2009 Filomeno Mata	0.75	1.50
2009 Carmen Serdan	0.75	1.50
2009 Andres Molina Enriquez	0.75	1.50
2009 Luis Cabrera	0.75	1.50
2009 Eulalio Gutierrez	0.75	1.50
2009 Otilio Montano	0.75	1.50
2009 Belisario Domnigez		

	0.75	1.50
2010 Francisco I. Madero	0.75	1.50
2010 Emiliano Zapata	0.75	1.50
2010 Venustiano Carranza	0.75	1.50
2010 La Soldadera	0.75	1.50
2010 Jose Marlo Pino Suarez	0.75	1.50

Size: 48 millimeters.
Weight: 62.2 grams.
Composition: 99.9% silver (1.9977 troy ounces).

Mexico revolution centenary

	PF
2010 Adelita	proof 100

Size: 40 millimeters.
Weight: 27 grams.
Composition: 92.5% silver (0.8029 troy ounces).

	PF
1994 Pacific Ridley sea turtle	50.00
1997 Jarabe Tapatio	350
1998 Jarabe Tapatio	350
2000 Ibero-America	85.00
2001 Ibero-America	90.00
2003 Galeon de Acapulco	90.00
2010 historical coins	80.00

Size: 40 millimeters.
Weight: 31.1 grams.
Composition: 99.9% silver (0.999 troy ounces).

	PF
1998 World Wildlife Fund	95.00
1999 UNICEF	60.00
2006 World Cup soccer	90.00
2011 Chichen Itza nunnery	90.00
2011 Chichen Itza observatory	90.00
2011-Mo Chichen Itza observatory	90.00

Size: 40 millimeters.
Weight: 31.18 grams.
Composition: 99.9% silver (1.0014 troy ounces).

Millennium

	PF
1999-2000 butterfly	60.00
1999-2000 dove	55.00
1999-2000 Aztec bird	55.00

Size: 35 millimeters.
Weight: 19.6 grams.
Composition: 92.5% silver (0.5829 troy ounces).

Millennium

	PF
1999 ship	45.00

Size: 40 millimeters.
Weight: 31.171 grams.
Composition: 99.95 silver (1.0011 troy ounces).

Endangered wildlife

	UNC
2000 golden eagle	45.00
2000 crocodile	45.00
2000 otter	45.00
2000 pronghorn	45.00
2001 manatee	45.00
2001 harpy eagle	40.00
2001 black bear	40.00
2001 jaguar	40.00
2001 prairie dog	40.00
2001 volcano rabbit	40.00

Size: 33 millimeters.
Weight: 15.5518 grams.
Composition: 99.9% silver (0.4995 troy ounces).

	PF
2005 1905 monetary reform	60.00

Size: 40 millimeters.
Weight: 31.1035 grams.
Composition: 92.5% silver (0.925 troy ounces).

	PF
2005 Palace of Fine Arts	90.00
2006 Mayan ball game	75.00
2008 Mayan ball game	75.00

TEN PESOS

Size: 22.5 millimeters.
Weight: 8.3333 grams.
Composition: 90% gold (0.2411 troy ounces).

	XF	UNC
1905	450	475
1906	450	475
1907	450	475
1908	450	475
1910	450	475
1916	450	500
1917	450	475

1919	**450**	**475**
1920	**550**	**925**
1959	**300**	**325**

Size: 40 millimeters.
Weight: 28.88 grams.
Composition: 90% silver (0.8356 troy ounces).

	XF	UNC
1955	—	**30.00**
1956	—	**30.00**
1957 constitution centennial	**40.00**	**55.00**
1960 war of independence 150th anniversary	—	**30.00**

Size: 30.5 millimeters.
Composition: Copper-nickel.

	XF	UNC
1974	**1.00**	**3.00**
1974		*proof* **650**
1975	**3.25**	**7.50**
1976	**0.75**	**1.75**
1977	**1.00**	**2.00**
1978	**0.75**	**2.50**
1979	**0.75**	**2.50**
1980	**0.75**	**2.50**
1981	**0.60**	**2.25**
1982	**0.80**	**2.25**
1982		*proof* **45.00**
1985	**1.75**	**5.75**

Size: 19 millimeters.
Weight: 3.84 grams.
Composition: Stainless steel.

	XF	UNC
1985	**0.15**	**0.50**
1986	**0.15**	**0.50**
1987	**0.15**	**0.35**
1988	**0.15**	**0.25**
1989	**0.25**	**0.75**
1990	**0.25**	**0.75**

Size: 27.95 millimeters.
Weight: 11.13 grams.
Composition: 92.5% silver center (0.1667 troy ounces), aluminum-bronze ring.
Notes: "Nuevo Pesos."

	XF	UNC
1992	**7.00**	**10.00**

1993	**7.00**	**10.00**
1994	**7.00**	**10.00**
1995	**7.00**	**10.00**
1995		*proof* **20.00**

Size: 28 millimeters.
Weight: 10.35 grams.
Composition: Copper-nickel-brass center in brass ring.

	XF	UNC
1997	**5.00**	**8.00**
1998	**5.00**	**8.00**
1999	**5.00**	**8.00**
2001	**5.00**	**7.50**
2002	**5.00**	**7.50**
2004	**5.00**	**7.50**
2005	**5.00**	**7.50**
2006	**5.00**	**7.50**
2007	**5.00**	**7.50**
2008	**5.00**	**7.50**
2009	**5.00**	**7.50**

Size: 48 millimeters
Weight: 62.03 grams.
Composition: 99.9% silver (1.9922 troy ounces).

	PF
1999-2000 millennium	**80.00**

Size: 28 millimeters.
Weight: 10.35 grams.
Composition: Copper-nickel center in brass ring.

	XF	UNC
2000 millennium	**5.00**	**8.00**
2012 Battle of Puebla 150th anniversary	—	**1.00**

Size: 40 millimeters.
Weight: 31.1 grams.
Composition: 99.9% silver (0.999 troy ounces).

Federation 180th anniversary

	PF
2003 Zacatecas	**70.00**
2003 Yucatan	**70.00**
2003 Veracruz-Llave	**70.00**
2003 Tlaxcala	**70.00**
2004 Tamaulipas	**70.00**
2004 Tabasco	**70.00**
2004 Sonora	**70.00**

2004 Sinaloa	**70.00**
2004 San Luis Potosi	**70.00**
2004 Quintana Roo	**70.00**
2004 Queretaro Arteaga	**70.00**
2004 Puebla	**70.00**
2004 Oaxaca	**70.00**
2004 Nuevo Leon	**70.00**
2004 Nayarit	**70.00**
2004 Morelos	**70.00**
2004 Michoacan de Ocampo	**70.00**
2004 Mexico	**70.00**
2004 Jalisco	**70.00**
2005 Hidalgo	**70.00**
2005 Guerrero	**70.00**
2005 Guanajuato	**70.00**
2005 Durango	**70.00**
2005 Distrito Federal	**70.00**
2005 Chihuahua	**70.00**
2005 Chiapas	**70.00**
2005 Colima	**70.00**
2005 Coahuila de Zaragoza	**70.00**
2005 Campeche	**70.00**
2005 Baja California Sur	**70.00**
2005 Baja California	**70.00**
2005 Aguascalientes	**70.00**
2005 Aguascalientes, San Antonio Temple	**65.00**
2005 Baja California, ram's head	**65.00**
2006 Baja California Sur	**65.00**
2006 Campeche	**65.00**
2006 Zaragoza	**65.00**
2006 Colima	**65.00**
2006 Chiapas	**65.00**
2006 Chihuahua	**65.00**
2006 Distrito Federal	**65.00**
2006 Durango	**65.00**
2006 Guanajuato	**65.00**
2006 Guerrero	**65.00**
2006 Hidalgo	**65.00**
2006 Jalisco	**65.00**
2006 Mexico	**65.00**
2006 Michoacan	**65.00**
2006 Morelos	**65.00**
2007 Nayarit	**65.00**
2007 Nuevo Leon	**65.00**
2007 Oaxaca	**65.00**
2007 Puebla	**65.00**
2007 Quintana Roo	**65.00**
2007 Queretaro Arteaga	**65.00**
2007 San Lois Potosi	**65.00**
2007 Sinaloa	**65.00**
2007 Sonora	**65.00**
2007 Tabasco	**65.00**
2007 Tamaulipas	**65.00**
2007 Tlaxcala	**65.00**
2007 Veracruz	**65.00**
2007 Yucatan	**65.00**
2007 Zacatecas	**65.00**

	PF
2005 Don Quixote	.75.00
2005 Mexico City Mint 470th anniversary	.65.00
2005 Baja California del Norte arms	.75.00
2006 Benito Juarez	.75.00
2010 National Autonomous University of Mexico centenary	*prooflike* 60.00

Size: 48 millimeters.
Weight: 62.2 grams.
Composition: 99.9% silver (1.9977 troy ounces).

	PF
2010 Mexico revolution centenary	.100

Size: 65 millimeters.
Weight: 62.2 grams.
Composition: 99.9% silver (1.9977 troy ounces).

	PF
2011 Chichen Itza temple of warriors	150

TWENTY PESOS

Size: 27.5 millimeters.
Weight: 16.666 grams.
Composition: 90% gold (0.4822 troy ounces).

	UNC
1917	910
1918	910
1919	910
1920	925
1921	925
1959	635

Size: 32 millimeters.
Weight: 15.14 grams.
Composition: Copper-nickel.

	XF	UNC
1980	0.85	2.25
1981	0.80	2.25
1982	1.75	2.50
1982		*proof* 50.00
1984	1.50	2.50

Size: 21 millimeters.
Weight: 6 grams.
Composition: Brass.

	XF	UNC
1985	0.25	1.25
1986	1.75	5.00
1988	0.20	0.45
1989	0.30	1.50
1990	0.30	1.50

Size: 31.86 millimeters.
Weight: 16.92 grams.
Composition: 92.5% silver center (0.25 troy ounces) in aluminum-bronze ring.
Notes: "Nuevo Pesos."

	XF	UNC
1993	10.00	12.00
1994	10.00	12.00
1995	10.00	12.00

Size: 21.9 millimeters.
Weight: 6.221 grams.
Composition: 99.9% gold (0.1998 troy ounces).

	PF
1999 UNICEF	375

Size: 32 millimeters.
Composition: Copper-nickel center in brass ring.

	UNC
2000	15.00
2000 Xiuhtecuhtli	15.00
2001 Xiuhtecuhtli	16.00
2001 Octavio Paz	16.00

Size: 48.1 millimeters.
Weight: 62.4 grams.
Composition: 99.9% silver (2.0041 troy ounces).

	UNC	PF
2005 Don Quixote	—	85.00
2005 Bank of Mexico 80th anniversary	80.00	90.00

Size: 48 millimeters.
Weight: 62.2 grams.
Composition: 99.9% silver (1.9977 troy ounces).

Mexico independence bicentenary

	PF
2010 Dolores Parish	100
2010 Miguel Hidalgo y Costilla and Jose Maria Morelos y Pavon	100

Size: 32 millimeters.

Weight: 15.945 grams.
Composition: Cupronickel center in aluminum-bronze ring.

	UNC
2010 Octavio Paz 20th anniversary	2.50

Size: 40 millimeters.
Weight: 155.5 grams.
Composition: 99.9% silver (4.9942 troy ounces).

	PF
2011 Chichen Itza pyramid of Kukulcan	300

TWENTY-FIVE PESOS

Size: 38 millimeters.
Weight: 22.5 grams.
Composition: 72% silver (0.5208 troy ounces).

	UNC
1968 Mexico City Olympics	20.00
1972	20.00

Size: 23 millimeters.
Weight: 7.776 grams.
Composition: 72% silver (0.18 troy ounces).

World Cup soccer

	UNC
1985 value above soccer ball	10.00

Size: 27 millimeters.
Weight: 8.406 grams.
Composition: 92.5% silver (0.25 troy ounces).

	PF
1985 pre-Columbian hieroglyphs	15.00
1985 value above soccer ball	15.00
1985 soccer ball in net	15.00
1986 value above soccer ball	15.00

FIFTY PESOS

Size: 37 millimeters.

Weight: 41.6666 grams.
Composition: 90% gold (1.2056 troy ounces).

	UNC
1921	2,300
1922	2,200
1923	2,200
1924	2,200
1925	2,200
1926	2,200
1927	2,200
1928	2,200
1929	2,200
1930	2,200
1931	2,250
1943 39 millimeters	1,525
1944	2,200
1945	2,200
1946	2,200
1947	1,570

Size: 35 millimeters.
Weight: 19.84 grams.
Composition: Copper-nickel.

	XF	UNC
1982	2.50	5.00
1983	3.00	6.00
1983		proof 55.00
1984	1.35	3.50

Size: 23.5 millimeters.
Weight: 8.5 grams.
Composition: Copper-nickel.

	XF	UNC
1984	1.25	2.70
1985	0.45	1.25
1986	10.00	12.00
1987	0.45	1.00
1988	9.00	13.50

Size: 23.5 millimeters.
Composition: Stainless steel.

	XF	UNC
1988	0.20	1.25
1990	0.30	1.00
1992	0.25	1.00

Size: 35 millimeters.
Weight: 16.831 grams.
Composition: 92.5% silver (0.5005 troy ounces).

World Cup soccer

	PF
1985 soccer forerunner athlete	25.00
1985 soccer player	25.00
1986 soccer balls	25.00

Size: 32 millimeters.
Weight: 15.552 grams.
Composition: 72% silver (0.36 troy ounces).

	UNC
1985 soccer player's feet	16.50

Size: 32 millimeters.
Weight: 15.55 grams.
Composition: 99.9% silver (0.4994 troy ounces).

	UNC
1988 nationalization of oil industry 50th anniversary	20.00

Size: 38.87 millimeters.
Weight: 34.11 grams.
Composition: 92.5% silver center (0.5 troy ounces) in brass ring. Notes: "Nuevo Pesos."

Nino heroes

	UNC
1993	25.00
1994	25.00
1995	25.00

ONE HUNDRED PESOS

Size: 39 millimeters.
Weight: 27.77 grams.
Composition: 72% silver (0.6428 troy ounces).

	UNC	PF
1977	23.00	—
1978	23.00	—
1979	23.00	650

Size: 26.5 millimeters.
Weight: 11.8 grams.
Composition: Aluminum-bronze.

	XF	UNC
1984	0.60	2.50
1985	0.50	2.00
1986	2.50	4.75
1987	1.25	2.25
1988	0.50	2.00
1989	0.65	2.00
1990	0.40	1.50
1991	0.25	1.00
1992	0.75	1.75

Size: 37 millimeters.
Weight: 31.103 grams.
Composition: 72% silver (0.72 troy ounces).

World Cup soccer

	UNC
1985 soccer ball and designs	30.00

Size: 38 millimeters.
Weight: 32.625 grams.
Composition: 92.5% silver (0.9702 troy ounces).

	PF
1985 soccer ball and designs	55.00
1985 player and ball	50.00
1986 player holding ball	55.00
1986 stylized ball and globe	55.00

Size: 38 millimeters.
Weight: 32.625 grams.
Composition: 72% silver (0.7552 troy ounces).

	PF
1987 World Wildlife Fund	65.00

Size: 40 millimeters.
Weight: 31.103 grams.
Composition: 99.9% silver (0.999 troy ounces).

	UNC
1988 nationalization of oil industry 50th anniversary	40.00
1992 vaquita porpoise	60.00

Size: 40 millimeters.
Weight: 33.625 grams.
Composition: 92.5% silver (0.9999 troy ounces).

	PF
1991 Save the Children	50.00

Size: 40 millimeters.
Weight: 27 grams.
Composition: 92.5% silver (0.8029 troy ounces).

	PF
1991 Ibero-America	85.00
1992 Ibero-America	80.00

Image reduced by 25%

Size: 39 millimeters.
Weight: 33.9 grams
Composition: 92.5% silver center in aluminum-bronze ring.

Federation 180th anniversary

	UNC
2003 Zacatecas	40.00
2003 Yucatan	40.00
2003 Veracruz-Llave	40.00
2003 Tlaxcala	35.00
2004 Tamaulipas	35.00
2004 Tabasco	35.00
2004 Sonora	35.00
2004 Sinaloa	35.00
2004 San Luis Potosi	35.00
2004 Quintana Roo	35.00
2004 Queretaro Arteaga	35.00
2004 Puebla	35.00
2004 Oaxaca	35.00
2004 Nuevo Leon	35.00
2004 Nayarit	35.00
2004 Morelos	35.00
2004 Michoacan de Ocampo	35.00
2004 Mexico	35.00
2005 Jalisco	35.00
2005 Hidalgo	35.00
2005 Guerrero	35.00
2005 Guanajuato	35.00
2005 Durango	35.00
2005 Distrito Federal	35.00
2005 Chihuahua	35.00
2005 Chiapas	35.00
2005 Colima	35.00
2005 Coahuila de Zaragoza	35.00
2005 Campeche	35.00
2005 Baja California Sur	35.00
2005 Baja California	35.00
2005 Aguascalientes	35.00
2005 Aguascalientes, San Antonio Temple	25.00
2005 Baja California, ram's head	25.00
2005 Baja California, peninsula map	25.00
2006 Campeche	25.00
2006 Zaragoza	25.00
2006 Colima	25.00
2006 Chiapas	25.00
2006 Chihuahua	25.00
2006 Distrito Federal	25.00
2006 Durango	25.00
2006 Guanajuato	25.00
2006 Guerrero	25.00
2006 Hidalgo	25.00
2006 Jalisco	25.00
2006 Mexico	25.00
2006 Michoacan	25.00
2006 Morelos	25.00
2007 Nayarit	25.00
2007 Nuevo Leon	25.00
2007 Oaxaca	25.00
2007 Puebla	25.00
2007 Quintana Roo	25.00
2007 Queretaro Arteaga	25.00
2007 San Luis Potosi	25.00
2007 Sinaloa	25.00
2007 Sonora	25.00
2007 Tabasco	25.00
2007 Tamaulipas	25.00
2007 Tlaxcala	25.00
2007 Veracruz	25.00
2007 Yucatan	25.00
2007 Zacatecas	25.00

Size: 34.5 millimeters.
Weight: 29.169 grams.
Composition: 99.9% gold center in 99.9% silver ring.

Federation 180th anniversary

	PF
2003 Zacatecas	1,200
2003 Yucatan	1,200
2003 Veracruz-Llave	1,20
2003 Tlaxcala	1,200
2004 Tamaulipas	1,200
2004 Tabasco	1,200
2004 Sonora	1,200
2004 Sinaloa	1,200
2004 San Luis Potosi	1,200
2004 Quintana Roo	1,200
2004 Queretaro Arteaga	1,200
2004 Puebla	1,200
2004 Oaxaca	1,200
2004 Nuevo Leon	1,200
2004 Nayarit	1,200
2004 Morelos	1,200
2004 Michoacan de Ocampo	1,200
2004 Mexico	1,200
2004 Jalisco	1,200
2005 Hidalgo	1,200
2005 Guerrero	1,200
2005 Guanajuato	1,200
2005 Durango	1,200
2005 Distrito Federal	1,200
2005 Chihuahua	1,200
2005 Chiapas	1,200
2005 Colima	1,200
2005 Coahuila de Zaragoza	1,200
2005 Campeche	1,200
2005 Baja California Sur	1,200
2005 Baja California	1,200
2005 Aguascalientes	1,200
2005 Aguascalientes, San Antonio Temple	1,200
2005 Baja California, ram's head	1,200
2005 Baja California, peninsula map	1,200
2006 Campeche	1,200
2006 Zaragoza	1,200
2006 Colima	1,200

	PF
2006 Chiapas	1,200
2006 Chihuahua	1,200
2006 Distrito Federal	1,200
2006 Durango	1,200
2006 Guanajuato	1,200
2006 Guerrero	1,200
2006 Hidalgo	1,200
2006 Jalisco	1,200
2006 Mexico	1,200
2006 Michoacan	1,200
2006 Morelos	1,200
2007 Nayarit	1,200
2007 Nuevo Leon	1,200
2007 Oaxaca	1,200
2007 Puebla	1,200
2007 Quintana Roo	1,200
2007 Queretaro Arteaga	1,200
2007 San Luis Potosi	1,200
2007 Sinaloa	1,200
2007 Sonora	1,200
2007 Tabasco	1,200
2007 Tamaulipas	1,200
2007 Tlaxcala	1,200
2007 Veracruz	1,200
2007 Yucatan	1,200
2007 Zacatecas	1,200

Size: 39 millimeters.
Weight: 33.7 grams.
Composition: 92.5% silver center in aluminum-bronze ring.

	UNC	PF
2005 Don Quixote	25.00	60.00

Size: 39.9 millimeters.
Weight: 33.825 grams.
Composition: 92.5% silver center in aluminum-bronze ring.

	UNC	PF
2005 monetary reform centennial	40.00	75.00
2005 Mexico City mint 470th anniversary	40.00	95.00
2005 Bank of Mexico 80th anniversary	40.00	95.00

Size: 40 millimeters.
Weight: 33.7 grams.
Composition: 92.5% silver in aluminum-bronze ring.

	UNC
2006 Benito Juarez Garcia	40.00

Size: 39 millimeters.
Weight: 16.812 grams.
Composition: Silver center (0.5 troy ounces) in aluminum-bronze ring.

Mexico numismatic heritage

	PF
2011 1732 pillar dollar	.40.00
2011 8 reales sud	.40.00

Size: 39 millimeters.
Weight: 33.967 grams.
Composition: Silver center (1 troy ounce) in aluminum-bronze ring.

Mexico numismatic heritage

	PF
2011 1783 Carlos II	.40.00
2011 1824DO 8 reales	.40.00
2011 Parral bolita peso	.40.00
2011 1910 caballito peso	.40.00

TWO HUNDRED PESOS

Size: 29.5 millimeters.
Weight: 17.25 grams.
Composition: Copper-nickel.

	XF	UNC
1985 independence 175th anniversary	2.00	3.50
1985 1910 revolution 75th anniversary	2.00	4.00
1986 World Cup soccer, players	2.50	4.00

Size: 48 millimeters.
Weight: 62.206 grams.
Composition: 99.9% silver (1.9979 troy ounces).

	UNC
1986 World Cup soccer, value above three balls	.80.00

Size: 37 millimeters.
Weight: 41.6666 grams.
Composition: 90% gold (1.2 troy ounces).

Mexico independence bicentenary

	UNC	PF
2010 winged victory	2,800	2,500

Size: 90 millimeters.
Weight: 1,000 grams.
Composition: 99.9% gold (32.117 troy ounces).

	PF
2010 winged victory	60,000

TWO HUNDRED FIFTY PESOS

Size: 24 millimeters.
Weight: 8.64 grams.
Composition: 90% gold (0.25 troy ounces).

World Cup soccer

	UNC	PF
1985 soccer ball	475	500

	UNC	PF
1985 equestrian figure	475	475
1986 soccer ball	475	500

FIVE HUNDRED PESOS

Size: 29 millimeters.
Weight: 17.28 grams.
Composition: 90% gold (0.5 troy ounces).

World Cup soccer

	UNC	PF
1985 soccer player	950	950
1985 soccer ball	950	950
1986 soccer player	950	950

Size: 39 millimeters.
Weight: 33.45 grams.
Composition: 92.5% silver (0.9947 troy ounces).

	PF
1985 1910 revolution 75th anniversary	.65.00

Size: 28.5 millimeters.
Weight: 12.64 grams.
Composition: Copper-nickel.

	XF	UNC
1986	1.00	3.25
1987	0.75	2.25
1988	0.50	2.25
1989	0.75	2.25
1992	1.00	2.25

Weight: 17.28 grams.
Composition: 90% gold (0.5 troy ounces).

	UNC
1988 nationalization of oil industry 50th anniversary	1,000

ONE THOUSAND PESOS

Size: 29 millimeters.
Weight: 17.28 grams.
Composition: 90% gold (0.5 troy ounces).

	PF
1985 independence 175th anniversary	950

Size: 32 millimeters.
Weight: 31.105 grams.
Composition: 99.9% gold (0.999 troy ounces).

	UNC
1986 World Cup soccer	2,000

Size: 30.5 millimeters.
Weight: 15 grams.
Composition: Aluminum-bronze.

	XF	UNC
1988	2.00	4.25
1989	2.00	4.25
1990	2.00	4.00
1991	2.00	3.00
1992	2.00	3.50

Weight: 34.559 grams.
Composition: 90% gold (0.9999 troy ounces).

	PF
1988 nationalization of oil industry 50th anniversary	2,000

Size: 22 millimeters.
Composition: Aluminum-bronze.

	UNC
1991	15.00

TWO THOUSAND PESOS

Size: 39 millimeters.
Weight: 62.2 grams.
Composition: 99.9% gold (1.9977 troy ounces).

	UNC
1986 World Cup soccer	4,000

FIVE THOUSAND PESOS

Size: 33.5 millimeters.
Composition: Copper-nickel.

	XF	UNC
1988 nationalization of oil industry 50th anniversary	4.75	7.75

Size: 23 millimeters.
Weight: 7.77 grams.
Composition: 99.9% gold (0.2496 troy ounces).

	PF
2006 World Cup soccer	600

FIFTY THOUSAND PESOS

Size: 23 millimeters.
Composition: 99.9% gold.

	PF
2006 World Cup soccer	600

BULLION COINS

AZTECA SERIES

Peso
Size: 26.8 millimeters.
Weight: 7.77 grams.
Composition: 99.9% silver (0.2496 troy ounces).
Notes: "Nuevo Peso."

	UNC	PF
1993 eagle warrior	18.00	30.00

2 pesos
Size: 32.9 millimeters.
Weight: 15.42 grams.
Composition: 99.9% silver (0.4952 troy ounces).
Notes: "Nuevo Pesos." Eagle warrior reverse design.

	UNC	PF
1993 eagle warrior	20.00	40.00

5 pesos
Size: 40 millimeters.
Weight: 31.05 grams.
Composition: 99.9% silver.
Notes: "Nuevo Pesos."

	UNC	PF
1993 eagle warrior	35.00	70.00
1993 Xochipilli sculpture	35.00	75.00
1993 Huchucteoti sculpture	35.00	75.00
1993 Brasero Efigie sculpture	50.00	75.00

10 pesos
Size: 64 millimeters.
Weight: 153.31 grams.

Composition: 99.9% silver (4.9881 troy ounces).
Notes: "Nuevo Pesos."

	UNC	PF
1992 Piedra de Tizoc	—	300
1993 Piedra de Tizoc	175	200

25 pesos
Size: 27 millimeters.
Weight: 7.7758 grams.
Composition: 99.9% silver (0.2497 troy ounces).

	UNC	PF
1992 eagle warrior	18.00	30.00

50 pesos
Size: 33 millimeters.
Weight: 15.5517 grams.
Composition: 99.9% silver (0.4995 troy ounces).

	UNC	PF
1992 eagle warrior	25.00	40.00

100 pesos
Size: 40 millimeters.
Weight: 31.1035 grams.
Composition: 99.9% silver (0.999 troy ounces).

	UNC	PF
1992 eagle warrior	40.00	75.00
1992 Xochipilli sculpture	—	90.00
1992 Brasero Efigie sculpture	—	75.00
1992 Huehueteoti sculpture	—	70.00

250 pesos
Size: 23 millimeters.
Weight: 7.7758 grams.
Composition: 99.9% gold (0.2497 troy ounces).

	UNC	PF
1992 jaguar	475	450

500 pesos
Size: 29 millimeters.
Weight: 15.5517 grams.
Composition: 99.9% gold (0.4995 troy ounces).

	UNC	PF
1992 jaguar	900	925

1,000 pesos
Size: 33.8 millimeters.
Weight: 31.1035 grams.
Composition: 99.9% gold (0.999 troy ounces).

	UNC	PF
1992 jaguar	1,750	1,800

10,000 pesos
Size: 64 millimeters.
Weight: 155.5175 grams.
Composition: 99.9% silver (4.9948 troy ounces).

	UNC	PF
1992 Piedra de Tizoc	175	275

CENTRAL VERACRUZ SERIES

Peso
Size: 27 millimeters.
Weight: 7.7601 grams.
Composition: 99.9% silver (0.2492 troy ounces).
Notes: "Nuevo Peso."

	UNC	PF
1993 Bajorelieve de el Tajin	20.00	35.00

2 pesos
Size: 33 millimeters
Weight: 15.5516 grams.
Composition: 99.9% silver (0.4995 troy ounces).
Notes: "Nuevo Pesos."

	UNC	PF
1993 Bajorelieve de el Tajin	25.00	35.00

5 pesos
Size: 40 millimeters.
Weight: 31.1035 grams.
Composition: 99.9% silver (0.999 troy ounces).
Notes: "Nuevo Pesos."

	UNC	PF
1993 Bajorelieve de el Tajin	35.00	70.00
1993 Palma con Cocodrilo	35.00	75.00
1993 Anciano con Brasero	35.00	75.00
1993 Carita Sonriente	35.00	75.00

10 pesos

Size: 64 millimeters.
Weight: 115.517 grams.
Composition: 99.9% silver (3.7101 troy ounces).
Notes: "Nuevo Pesos."

	UNC	PF
1993 Piramide del El Tajin	175	190

25 pesos

Size: 23 millimeters.
Weight: 7.7758 grams.
Composition: 99.9% gold (0.2497 troy ounces).
Notes: "Nuevo Pesos."

	UNC	PF
1993 Hacha ceremonial	475	500

50 pesos

Size: 29 millimeters.
Weight: 15.5517 grams.
Composition: 99.9% gold (0.4995 troy ounces).
Notes: "Nuevo Pesos."

	UNC	PF
1993 Hacha ceremonial	900	925

100 pesos

Size: 34.5 millimeters.
Weight: 31.1035 grams.
Composition: 99.9% gold (0.999 troy ounces).
Notes: "Nuevo Pesos."

	UNC	PF
1993 Hacha ceremonial	1,800	1,850

MAYAN SERIES

Peso

Size: 27 millimeters.
Weight: 7.7601 grams.
Composition: 99.9% silver (0.2492 troy ounces).
Notes: "Nuevo Pesos."

	UNC	PF
1994 Chaac Mool	20.00	35.00

2 pesos

Size: 33 millimeters.
Weight: 15.5516 grams.
Composition: 99.9% silver (0.4995 troy ounces).
Notes: "Nuevo Pesos."

	UNC	PF
1994 Chaac Mool	25.00	35.00

5 pesos

Size: 40 millimeters.
Weight: 31.1035 grams.
Composition: 99.9% silver (0.999 troy ounces).
Notes: "Nuevo Pesos."

	UNC	PF
1994 Chaac Mool	35.00	70.00
1994 Palenque Memorial Stone	35.00	70.00
1994 Mascaron del Dios Chaac	35.00	70.00
1994 Dintel 26	45.00	75.00

10 pesos

Size: 65 millimeters.
Weight: 155.5175 grams.
Composition: 99.9% silver (4.9948 troy ounces).
Notes: "Nuevo Pesos."

	UNC	PF
1993 Piramide del Castillo	—	650
1994 Piramide del Castillo	175	225

25 pesos

Size: 23 millimeters.
Weight: 7.7758 grams.
Composition: 99.9% gold (0.2497 troy ounces).
Notes: "Nuevo Pesos."

	UNC	PF
1994 Personaje de Jaina	475	500

50 pesos

Size: 29 millimeters.
Weight: 15.5517 grams.
Composition: 99.9% gold (0.4995 troy ounces).
Notes: "Nuevo Pesos."

	UNC	PF
1994 Personaje de Jaina	900	925

100 pesos

Size: 34.5 millimeters.
Weight: 31.1035 grams.
Composition: 99.9% gold (0.999 troy ounces).
Notes: "Nuevo Pesos."

	UNC	PF
1994 Personaje de Jaina	1,800	1,850

OLMEC SERIES

Peso

Size: 27 millimeters.
Weight: 7.775 grams.
Composition: 99.9% silver (0.2497 troy ounces).

	UNC	PF
1996 Senor de las Limas	20.00	35.00
1998 Senor de las Limas	22.00	—

2 pesos

Size: 33 millimeters.
Weight: 15.5517 grams.
Composition: 99.9% silver (0.4995 troy ounces).

	UNC	PF
1996 Senor de las Limas	25.00	35.00
1998 Senor de las Limas	28.00	—

5 pesos

Size: 40 millimeters.
Weight: 31.1035 grams.
Composition: 99.9% silver (0.999 troy ounces).

	UNC	PF
1996 hombre jaguar	90.00	70.00
1996 Senor de las Limas	35.00	70.00
1996 El Luchador	35.00	70.00
1996 Hacha ceremonial	35.00	70.00
1998 hombre jaguar	35.00	75.00
1998 Senor de las Limas	40.00	—
1998 El Luchador	40.00	—
1998 Hacha ceremonial	40.00	—

10 pesos

Size: 64 millimeters.
Weight: 115.517 grams.

Composition: 99.9% silver (3.7101 troy ounces).

	UNC	PF
1996 Cabeza Olmeca	180	190
1998 Cabeza Olmeca	180	—

25 pesos
Size: 23 millimeters.
Weight: 7.7758 grams.
Composition: 99.9% gold (0.2497 troy ounces).

	UNC	PF
1996 Sacerdote	475	500

50 pesos
Size: 29 millimeters.
Weight: 15.5517 grams.
Composition: 99.9% gold (0.4995 troy ounces).

	UNC	PF
1996 Sacerdote	900	925

100 pesos
Size: 34.5 millimeters.
Weight: 31.1035 grams.
Composition: 99.9% gold (0.999 troy ounces).

	UNC	PF
1996 Sacerdote	1,800	1,850

TEOTIHUACAN SERIES

Peso
Size: 27 millimeters.
Weight: 7.7759 grams.
Composition: 99.9% silver (0.2497 troy ounces).

	UNC	PF
1997 Disco de la Merte	20.00	35.00
1998 Disco de la Merte	25.00	45.00

2 pesos
Size: 33 millimeters.
Weight: 15.5517 grams.
Composition: 99.9% silver (0.4995 troy ounces).

	UNC	PF
1997 Disco de la Merte	25.00	35.00
1998 Disco de la Merte	30.00	50.00

5 pesos
Size: 40 millimeters.
Weight: 31.1035 grams.
Composition: 99.9% silver (0.999 troy ounces).

	UNC	PF
1997 Vasija	40.00	75.00
1997 Jugador de Pelota	35.00	75.00
1997 Disco de la Muerte	35.00	75.00
1997 Mascara	35.00	75.00
1998 Vasija	40.00	150
1998 Jugador de Pelota	40.00	150
1998 Disco de la Muerte	40.00	150
1998 Mascara	40.00	150

10 pesos
Size: 64 millimeters.
Weight: 155.5175 grams.
Composition: 99.9% silver (4.9948 troy ounces).

	UNC	PF
1997 Piramide del Sol	200	225
1998 Piramide del Sol	200	—

25 pesos
Size: 23 millimeters.
Weight: 7.758 grams.
Composition: 99.9% gold (0.2497 troy ounces).

	UNC	PF
1997 Serpiente Emplumada	475	525

50 pesos
Size: 29 millimeters.
Weight: 15.5517 grams.
Composition: 99.9% gold (0.4995 troy ounces).

	UNC	PF
1997 Serpiente Emplumada	925	950

100 pesos
Size: 34.5 millimeters.
Weight: 31.1035 grams.
Composition: 99.9% gold (0.999 troy ounces).

	UNC	PF
1997 Serpiente Emplumada	1,850	1,900

TOLTECA SERIES

Peso
Size: 27 millimeters.
Weight: 7.7759 grams.
Composition: 99.9% (0.2497 troy ounces).

	UNC	PF
1998 jaguar	20.00	30.00

2 pesos
Size: 33 millimeters.
Weight: 15.5517 grams.
Composition: 99.9% silver (0.4995 troy ounces).

	UNC	PF
1998	25.00	35.00

5 pesos
Size: 40 millimeters.
Weight: 31.1035 grams.
Composition: 99.9% silver (0.999 troy ounces).

	UNC	PF
1998 jaguar	35.00	75.00
1998 Sacerdote	35.00	75.00
1998 Serpiente con Craneo	35.00	75.00
1998 Quetzalcoati	35.00	75.00

10 pesos
Size: 64 millimeters.
Weight: 155.73 grams.
Composition: 99.9% silver (5.0016 troy ounces).

	UNC	PF
1998	180	200

25 pesos
Size: 23 millimeters.
Weight: 7.7759 grams.
Composition: 99.9% gold (0.2497 troy ounces).

	UNC	PF
1998 Aguila	500	525

50 pesos
Size: 29 millimeters.
Weight: 15.5517 grams.
Composition: 99.9% gold (0.4995 troy ounces).

	UNC	PF
1998 Aguila	925	950

100 pesos
Size: 34.5 millimeters.
Weight: 31.1035 grams.
Composition: 99.9% gold (0.999 troy ounces).

	UNC	PF
1998 Aguila	1,850	1,900

MEXICAN PAPER MONEY

✐⌒ Introduction ⌒✐

The earliest cataloged paper money for Mexico dates back to 1823. Emperor Agustin de Iturbide and the republic's national treasury both issued notes attributed to that date. They were followed by notes issued by the Bank of Mexico under Emperor Maximilian in 1866.

Paper money issuance resumed under the United States of Mexico. The listings that follow cover Bank of Mexico notes issued under the United States of Mexico. Values are for the most common varieties of the notes; more scarce varieties have higher values.

1925 ISSUE

	F
5 pesos	20.00
10 pesos	75.00
20 pesos	40.00
50 pesos	120
100 pesos	175
500 pesos	1,000
1,000 pesos	2,250

1940-1943 ISSUE

	VF
1 peso	2.00
10 pesos	3.50
20 pesos	4.50
50 pesos	5.00
100 pesos	60.00
500 pesos	100
1,000 pesos	100

10,000 pesos	600

1936 ISSUE

	VF
1 peso	5.00
5 pesos	50.00
10 pesos	50.00
100 pesos	50.00
500 pesos	500
1,000 pesos	600

1937 ISSUE

	VF
5 pesos	2.00
10 pesos	5.00
20 pesos	35.00
50 pesos	350

1945-1948 ISSUE

	VF
1 peso	1.00
10 pesos	3.00
20 pesos	4.00

1945-1951 ISSUE

	VF
50 pesos	2.00
100 pesos	15.00
500 pesos	3.50
1,00 pesos	15.00

1950 ISSUE

	VF
20 pesos	1.50
100 pesos	7.00

1950, 1951 ISSUE

	VF
10 pesos	2.00

1953, 1954 ISSUE

	VF
1 peso	1.00

5 pesos	1.00

1954 ISSUE

	VF
10 pesos	1.00

1957, 1961 ISSUE

	VF
1 peso	0.20
5 pesos	0.50
100 pesos	1.50

1969-1974 ISSUE

	UNC
5 pesos	1.50

	UNC
10 pesos	0.75
20 pesos	1.50
50 pesos	3.00
100 pesos	3.00

1978-1980

	UNC
50 pesos	1.50
100 pesos	1.00
500 pesos	11.00

	UNC
1,000 pesos	10.00
5,000 pesos	45.00
10,000 pesos	75.00

1981 ISSUE

	UNC
50 pesos	1.00
100 pesos	0.75
500 pesos	4.50
1,000 pesos	7.00
5,000 pesos	30.00
10,000 pesos	50.00

1983-1984 ISSUES

	UNC
500 pesos	2.50
1,000 pesos	3.00
2,000 pesos	5.00
5,000 pesos	9.00
10,000 pesos	15.00

1985 ISSUES

	UNC
1,000 pesos	2.50
2,000 pesos	2.25
5,000 pesos	3.00

	UNC
10,000 pesos	6.00
20,000 pesos	12.50
50,000 pesos	45.00
100,000 pesos	85.00

1992 FIRST ISSUE

	UNC
10 nuevos pesos	7.50
20 nuevos pesos	12.00
50 nuevos pesos	27.50
100 neuvos pesos	40.00

1992 SECOND ISSUE (1994)

	UNC
10 nuevos pesos	4.00
20 nuevos pesos	6.50
50 neuvos pesos	15.00
100 nuevos pesos	25.00
200 neuvos pesos	45.00
500 neuvos pesos	110

1994, 1995 ISSUE (1996)

	UNC
10 pesos	3.00
20 pesos	5.50
50 pesos	10.00
100 pesos	22.50
200 pesos	37.50
500 pesos	95.00

2000 ISSUE

Bank of Mexico 75th anniversary

	UNC
20 pesos	9.50
50 pesos	17.50
100 pesos	35.00
200 pesos	70.00
500 pesos	150

2000-2001 ISSUE

	UNC
20 pesos	4.50
50 pesos	10.00
100 pesos	18.00
200 pesos	32.50
500 pesos	80.00
1,000 pesos	150

2004, 2006 ISSUE

	UNC
20 pesos	4.00
50 pesos	7.50
100 pesos	15.00
200 pesos	25.00
500 pesos	70.00
1,000 pesos	150

2010 ISSUE

Mexico revolution centenary

	UNC
100 pesos	10.00

Mexico independence bicentenary

	UNC
200 pesos	15.00

BRITISH COINS
⮑ Introduction ⮐

The long, rich, and storied history of British coins has its roots in ancient times, when local tribes produced their own issues in potin (tin-bronze), bronze, silver, and gold. Later, Roman Empire coins were used in the region when the Romans invaded it in A.D. 43. Roman and locally struck Roman-style coins continued to be used in the region for several centuries.

Many of the aspects associated today with traditional British coinage took shape under Tudor rule in the 16th century. Medieval designs were abandoned in favor of profile portraits of the reigning monarch on the obverse and a coat of arms on the reverse. New denominations were introduced during this time; the reign of Elizabeth I (1558-1603) saw the use of 20 denominations, including the penny, shilling, crown, pound, and sovereign. Over the years, colorful colloquialisms for these denominations developed in everyday British life: A shilling was a "bob," a pound was a "quid," and 20 pounds were a "pony."

British coinage saw numerous changes in the centuries that followed, but many of the traditional names for denominations used under Elizabeth I survived well into the 20th century. Until 1971, the British coinage system was based on the following values:

4 farthings = 1 penny.
12 pence = 1 shilling.
2 shillings = 1 florin.
5 shillings = 1 crown.
20 shillings = 1 pound (or sovereign).
21 shillings = 1 guinea.
Half sovereign = 10 shillings (or a half pound).
1 sovereign = 1 pound.

Mercifully, in the view of the outside world, Great Britain switched to a decimal coinage system in 1971. Under the new system, 100 pence equal one pound. Until 1982, the base unit was referred to as a "new penny" (or "new pence" in plural form).

The listings that follow begin with the reign of Edward VII (1901-1910). They are followed by coins of George V (1910-1936), George VI (1936-1952), and Elizabeth II (1952-present).

The portrait of Elizabeth II on the obverses of British coins has seen several changes during her long reign. The original portrait, introduced in 1953, shows the young queen wearing a laurel wreath. With the introduction of decimal coinage in 1971, the portrait was revised to show the queen wearing a crown. A more mature depiction of the queen was introduced in 1985 and was revised again in 1998.

British mintmarks consist of an "H" for Heaton and a "KN" for King's Norton.

ONE-THIRD FARTHING

EDWARD VII
Size: 16 millimeters.
Weight: 9.5 grams.
Composition: Bronze.

	VF	XF
1902	5.00	10.00

GEORGE V
Size: 16 millimeters.
Weight: 9.5 grams.
Composition: Bronze.

	VF	XF
1913	5.00	10.00

FARTHING

EDWARD VII
Size: 20 millimeters.
Weight: 2.8 grams.
Composition: Bronze.

	XF	UNC
1902	7.50	30.00
1903	7.50	30.00
1904	8.00	35.00
1905	6.00	30.00
1906	6.00	30.00
1907	6.00	30.00
1908	6.00	30.00
1909	6.00	30.00
1910	8.00	35.00

GEORGE V

Size: 20 millimeters.
Weight: 2.8 grams.
Composition: Bronze.

	XF	UNC
1911	4.00	24.00
1912	3.00	22.00
1913	4.00	22.00
1914	3.00	22.00
1915	5.00	25.00
1916	3.00	25.00
1917	2.00	25.00
1918	9.50	30.00

1918 bright finish	1.00	15.00
1919	1.00	15.00
1920	1.00	17.00
1921	1.00	16.00
1922	1.00	16.00
1923	1.00	16.00
1924	1.00	16.00
1925	1.00	16.00
1926	1.00	10.00
1927	1.00	10.00
1928	1.00	10.00
1929	1.00	10.00
1930	1.00	10.00
1931	1.00	10.00
1932	1.00	10.00
1933	1.00	10.00
1934	2.00	15.00
1935	3.00	14.00
1936	1.00	10.00

GEORGE VI

Size: 20 millimeters.
Weight: 2.8 grams.
Composition: Bronze.

	XF	UNC
1937	0.50	8.00
1938	0.60	8.00
1939	0.50	7.00
1940	0.50	7.00
1941	0.50	6.00
1942	0.50	6.00
1943	0.50	6.00
1944	0.50	6.00
1945	0.50	6.00
1946	0.50	6.00
1947	0.50	8.00
1948	0.50	6.00
1949	0.50	6.50
1950	0.50	6.50
1951	0.50	7.00
1952	0.50	6.00

ELIZABETH II

Size: 20 millimeters.
Weight: 2.8 grams.
Composition: Bronze.

	XF	UNC
1953	0.50	3.00
1954	0.50	5.00
1955	0.50	5.00
1956	3.00	7.50

HALF PENNY

EDWARD VII

Size: 25.5 millimeters.
Weight: 5.2 grams.
Composition: Bronze.

	VF	XF
1902 low horizon line	2.00	75.00
1902 high horizon line	2.50	10.00
1903	2.50	10.00
1904	4.50	16.50
1905	2.50	10.00
1906	2.50	10.00
1907	2.50	10.00
1908	2.50	10.00
1909	2.50	10.00
1910	2.50	10.00

GEORGE V

Size: 25.5 millimeters.
Weight: 5.4 grams.
Composition: Bronze.

	XF	UNC
1911	9.00	35.00
1912	9.00	35.00
1913	12.00	35.00
1914	9.00	35.00
1915	9.00	35.00
1916	5.00	35.00
1917	5.00	35.00
1918	5.00	35.00
1919	5.00	35.00
1920	5.00	35.00
1921	5.00	35.00
1922	7.00	35.00
1923	5.00	35.00
1924	7.00	35.00
1925	7.00	35.00
1925 modified portrait	8.00	60.00
1926	8.00	35.00
1927	4.50	35.00
1928	2.50	25.00
1929	2.50	25.00
1930	2.50	25.00
1931	2.50	25.00
1932	2.50	25.00
1933	2.50	25.00
1934	4.00	25.00
1935	2.50	25.00
1936	2.50	19.00

GEORGE VI

Size: 25.5 millimeters.
Weight: 5.4 grams.
Composition: Bronze.

	XF	UNC
1937	0.50	7.00
1938	1.00	10.00
1939	2.00	12.00
1940	3.00	14.00
1941	1.00	7.50
1942	0.60	6.50
1943	0.75	6.50
1944	0.75	7.50
1945	1.00	6.50
1946	2.50	12.00
1947	1.50	9.50
1948	0.90	7.50
1949	4.00	13.00
1950	3.00	12.00
1951	0.50	5.00
1952	1.00	8.00

ELIZABETH II

Size: 25.5 millimeters.
Weight: 5.4 grams.
Composition: Bronze.

	XF	UNC
1953	1.00	3.00

Size: 25.44 millimeters.
Weight: 5.6 grams.
Composition: Bronze.

	XF	UNC
1954	1.50	4.00
1955	1.25	3.50
1956	1.25	5.50
1957	0.50	3.00
1958	0.20	2.00
1959	0.15	1.50
1960	0.15	1.50
1962	0.10	1.00
1963	0.10	1.00
1964	0.10	1.00
1965	—	1.00
1966	—	0.55
1967	—	0.55
1970		*proof* 3.50

Size: 17.14 millimeters.
Weight: 1.782 grams.
Composition: Bronze.
Notes: "New Penny," 1971-1981.

	UNC	PF
1971	0.20	1.00
1972	—	1.50
1973	0.20	1.00
1974	0.20	1.00
1975	0.20	1.00
1976	0.20	1.00
1977	0.20	1.00
1978	0.20	1.00
1979	0.20	1.00
1980	0.20	1.00
1981	0.20	1.00
1982	0.20	1.00
1983	0.20	1.50
1984	2.00	1.50

PENNY

EDWARD VII

Size: 30.8 millimeters.
Weight: 9.45 grams.
Composition: Bronze.

	VF	XF
1902 low sea level	24.00	100
1902 high sea level	3.50	12.50
1903	5.00	26.00
1904	7.00	50.00
1905	7.00	40.00
1906	5.00	26.00
1907	5.00	27.00
1908	5.00	23.00
1909	5.00	27.00
1910	4.50	22.00

Size: 11 millimeters.
Weight: 0.4713 grams.
Composition: 92.5% silver (0.014 troy ounces).
Notes: Prooflike.

	UNC
1902	40.00
1903	40.00
1904	40.00
1905	40.00
1906	40.00
1907	40.00
1908	40.00
1909	60.00
1910	65.00

GEORGE V

Size: 11 millimeters.
Weight: 0.4713 grams.
Composition: 92.5% silver (0.014 troy ounces).
Notes: Prooflike.

	UNC
1911	35.00
1912	35.00
1913	35.00
1914	35.00
1915	35.00
1916	35.00
1917	35.00
1918	35.00
1919	35.00
1920	35.00

Size: 30.8 millimeters.
Weight: 9 grams.
Composition: Bronze.

	VF	XF
1911	2.50	16.00
1912	2.50	17.00
1912-H	8.00	75.00
1913	3.00	22.00
1914	2.50	17.00
1915	2.50	17.00
1916	2.50	17.00
1917	2.50	17.00
1915	2.50	17.00
1918-H	30.00	250
1918-KN	40.00	400
1919	2.50	17.00
1919-H	35.00	300
1919-KN	70.00	650
1920	2.50	17.00
1921	2.50	17.00
1922	4.00	20.00
1926	7.00	30.00
1926 modified portrait	100	1,200
1927	0.75	8.00
1928	0.50	8.00
1929	0.50	8.00
1930	1.50	15.00
1931	1.50	15.00
1932	4.50	20.00
1933 rare		
1934	4.00	20.00
1935	0.50	5.00
1936	0.40	5.00

Size: 11 millimeters.
Weight: 0.4713 grams
Composition: 92.5% silver (0.014 troy ounces).
Notes: Prooflike.

	UNC
1921	35.00
1922	35.00
1923	35.00
1924	35.00
1925	35.00
1926	35.00
1927	35.00

Size: 11 millimeters.
Weight: 0.4713 grams.
Composition: 50% silver (0.0076 troy ounces).
Notes: Prooflike.

	UNC
1928	45.00
1929	45.00
1930	45.00
1931	45.00
1932	45.00
1933	45.00
1934	45.00
1935	45.00
1936	50.00

GEORGE VI

Size: 30.8 millimeters.
Weight: 9.45 grams.
Composition: Bronze.

	XF	UNC
1937	1.00	7.50
1938	1.00	8.00
1939	1.50	9.50
1940	7.50	30.00
1944	6.00	20.00
1945	5.00	19.00
1946	5.00	14.50
1947	0.75	6.50
1948	0.75	7.50
1949	0.75	7.50
1950	20.00	55.00
1951	35.00	60.00

Size: 11 millimeters.
Weight: 0.4713 grams.
Composition: 50% silver (0.0076 troy ounces).
Notes: Prooflike.

	UNC
1937	35.00
1938	40.00

	UNC
1939	.40.00
1940	.40.00
1941	.40.00
1942	.40.00
1943	.40.00
1944	.40.00
1945	.40.00
1946	.40.00

Size: 11 millimeters.
Weight: 0.4713 grams.
Composition: 92.5% silver (0.014 troy ounces).
Notes: Prooflike.

	UNC
1947	.40.00
1948	.40.00
1949	.40.00
1950	.40.00
1951	.40.00
1952	.50.00

ELIZABETH II

Size: 30.8 millimeters.
Weight: 9.44 grams.
Composition: Bronze.

	XF	UNC
1953	3.00	14.00

Size: 11 millimeters.
Weight: 0.4713 grams.
Composition: 92.5% silver (0.014 troy ounces).
Notes: Prooflike.

	UNC
1953	275
1954	.35.00
1955	.35.00
1956	.35.00
1957	.35.00
1958	.35.00
1959	.35.00
1960	.35.00
1961	.35.00
1962	.35.00
1963	.35.00
1964	.35.00
1965	.35.00
1966	.35.00
1967	.38.00
1968	.38.00
1969	.38.00
1970	.38.00
1971	.38.00

	UNC
1972	.38.00
1973	.38.00
1974	.38.00
1975	.38.00
1976	.38.00
1977	.38.00
1978	.38.00
1979	.38.00
1980	.38.00
1981	.38.00
1982	.38.00
1983	.38.00
1984	.38.00
1985	.38.00
1986	.38.00
1987	.38.00
1988	.38.00
1989	.38.00
1990	.40.00
1991	.40.00
1992	.40.00
1993	.40.00
1994	.40.00
1995	.40.00
1996	.42.00
1997	.42.00
1998	.42.00
1999	.42.00
2000	.50.00
2001	.50.00
2002	.50.00
2003	.55.00
2004	.55.00
2005	.55.00
2006	.55.00
2007	.55.00
2008	.55.00
2009	.55.00
2010	.55.00
2011	.55.00
2012	.55.00

Size: 30.72 millimeters.
Weight: 9.44 grams.
Composition: Bronze.

	XF	UNC
1954 1 known		
1961	0.15	2.25
1962	0.10	1.00
1963	0.10	1.00
1964	—	0.55
1965	—	0.55
1966	—	0.55
1967	—	0.30
1970	proof	5.00

Size: 20.3 millimeters.
Weight: 3.5 grams.
Composition: Bronze.
Notes: "New Penny," 1971-1981.

	UNC	PF
1971	0.20	1.25
1972	—	1.50
1973	0.20	1.25
1974	0.20	1.25
1975	0.20	1.25
1976	0.20	1.25
1977	0.20	1.25
1978	0.20	1.25
1979	0.20	1.25
1980	0.20	1.25
1981	0.20	1.25
1982	0.20	1.25
1983	0.40	1.25
1984	1.25	1.25

Notes: New portrait

	UNC	PF
1985	0.20	1.25
1986	0.20	1.25
1987	0.20	1.25
1988	0.20	1.25
1989	0.20	1.25
1990	0.20	1.25
1991	0.20	1.25
1992	0.50	1.25
2002	—	2.00
2003	—	2.00
2004	—	2.00

Size: 20.32 millimeters.
Weight: 3.59 grams.
Composition: Copper-plated steel.

	UNC	PF
1992	0.20	—
1993	0.20	1.25
1994	0.20	1.25
1995	0.20	1.25
1996	0.20	1.25
1997	0.20	1.25

Notes: New portrait

	UNC	PF
1998	0.15	3.25
1999	0.15	—
2000	0.15	3.25
2001	0.20	—
2002	0.20	—
2003	0.20	3.25
2004	0.20	3.25
2005	0.20	3.25
2006	0.20	3.25

2007 . . . . **0.20** **3.25**
2008 . . . . **2.00** . . . . —

Notes: lion and harp reverse

	UNC	PF
2008	**0.20**	**3.50**
2009	**0.20**	**3.50**
2010	**0.20**	**3.50**
2011	**0.20**	**3.50**
2012	**0.20**	**3.50**
2013	**0.20**	**3.50**

Size: 20.3 millimeters.
Weight: 3.56 grams.
Composition: 92.5% silver (0.1059 troy ounces).

	UNC	PF
1996	—	**16.00**
2000	—	**16.50**
2008	—	**13.50**
2009	**25.00**	**25.00**
2010	**25.00**	**25.00**
2012 partially gilt	—	**25.00**
2013	—	**25.00**

Size: 20.3 millimeters.
Weight: 3.5 grams.
Composition: Bronze. Notes: Issued in sets only.

	UNC	PF
1999	**0.15**	**2.50**

Size: 11 millimeters.
Weight: 0.79 grams.
Composition: 91.67% gold
Notes: Original, laureate portrait on obverse. Crown above 1 on reverse.

	PF
2002	**1,000**

Size: 20.32 grams.
Weight: 6.98 grams.
Composition: 91.67% gold.
Notes: Contemporary, crowned portrait on obverse. Crowned portcullis on reverse.

	PF
2002 crowned portcullis	**750**
2008 crowned portcullis	**550**
2008 lion and harp	**350**

Size: 20.3 millimeters.
Weight: 8.6 grams.
Composition: 99.95-percent platinum (0.2764 troy ounces).

	PF
2008	**600**

TWO PENCE

EDWARD VII
Size: 13 millimeters.
Weight: 0.9426 grams.
Composition: 92.5% silver (0.028 troy ounces).
Notes: Prooflike.

	UNC
1902	**35.00**
1903	**35.00**
1904	**35.00**
1905	**35.00**
1906	**35.00**
1907	**35.00**
1908	**35.00**
1909	**60.00**
1910	**70.00**

GEORGE V
Size: 13 millimeters.
Weight: 0.9426 grams
Composition: 92.5% silver (0.028 troy ounces).
Notes: Prooflike.

	UNC
1911	**50.00**
1912	**50.00**
1913	**50.00**
1914	**50.00**
1915	**50.00**
1916	**50.00**
1917	**50.00**
1918	**50.00**
1919	**50.00**
1920	**50.00**

Size: 13 millimeters.
Weight: 0.9426 grams.
Composition: 50% silver (0.0152 troy ounces).
Notes: Prooflike.

	UNC
1921	**50.00**
1922	**50.00**
1923	**50.00**
1924	**50.00**
1925	**50.00**
1926	**50.00**
1927	**50.00**
1928	**50.00**
1929	**50.00**
1930	**50.00**
1931	**50.00**
1932	**50.00**
1933	**50.00**
1934	**50.00**
1935	**50.00**
1936	**55.00**

GEORGE VI
Size: 13 millimeters.
Weight: 0.9426 grams.
Composition: 50% silver (0.0152 troy ounces).
Notes: Prooflike.

	UNC
1937	**45.00**
1938	**45.00**
1939	**45.00**
1940	**45.00**
1941	**45.00**
1942	**45.00**
1943	**45.00**
1944	**45.00**
1945	**45.00**
1946	**45.00**

Size: 13 millimeters.
Weight: 0.9426 grams.
Composition: 92.5% silver (0.028 troy ounces).
Notes: Prooflike.

	UNC
1947	**45.00**
1948	**45.00**
1949	**45.00**
1950	**45.00**
1951	**45.00**
1952	**55.00**

ELIZABETH II
Size: 13 millimeters.
Weight: 0.9426 grams.
Composition: 92.5% silver (0.028 troy ounces).
Notes: Prooflike.

	UNC
1953	**170**
1954	**50.00**
1955	**50.00**
1956	**50.00**
1957	**50.00**
1958	**50.00**
1959	**50.00**
1960	**50.00**
1961	**50.00**
1962	**50.00**
1963	**50.00**
1964	**50.00**
1965	**50.00**
1966	**50.00**

	UNC	PF
1967		55.00
1968		55.00
1969		55.00
1970		55.00
1971		55.00
1972		55.00
1973		55.00
1974		55.00
1975		55.00
1976		55.00
1977		55.00
1978		55.00
1979		55.00
1980		55.00
1981		55.00
1982		55.00
1983		55.00
1984		55.00
1985		55.00
1986		55.00
1987		55.00
1988		55.00
1989		55.00
1990		55.00
1991		55.00
1992		55.00
1993		55.00
1994		55.00
1995		55.00
1996		60.00
1997		60.00
1998		60.00
1999		60.00
2000		70.00
2001		60.00
2002		60.00
2003		65.00
2004		65.00
2005		65.00
2006		65.00
2007		65.00
2008		65.00
2009		65.00
2010		65.00
2012		62.00

Size: 25.91 millimeters.
Weight: 7.12 grams.
Composition: Bronze.
Notes: "New Pence," 1971-1981.

	UNC	PF
1971	0.20	1.50
1972	—	1.50
1973	—	1.50
1974	—	1.50
1975	0.20	1.50
1976	0.20	1.50
1977	0.20	1.50
1978	0.20	1.50
1979	0.20	1.50
1980	0.20	1.50
1981	0.20	1.50
1982	0.20	1.50
1983	0.20	1.50
1984	0.20	1.50

Notes: New portrait

	UNC	PF
1985	0.20	1.50
1986	0.20	1.50
1987	0.20	1.50
1988	0.20	1.50
1989	0.20	1.50
1990	0.20	1.50
1991	0.20	1.50
1992	0.50	1.50

Notes: New portrait

	UNC	PF
1998	0.15	2.50
1999	0.15	2.50
2002	—	2.50
2003	—	2.50
2004	—	2.50

Size: 25.9 millimeters.
Weight: 7.1 grams.
Composition: Copper-plated steel.

	UNC	PF
1992	0.20	—
1993	0.20	1.50
1994	0.20	1.50
1995	0.20	1.50
1996	0.20	1.50
1997	0.20	1.50

Notes: New portrait

	UNC	PF
1998	0.15	1.50
1999	0.15	1.50
2000	0.15	1.50
2001	0.25	—
2002	0.25	—
2003	0.25	3.25
2004	0.25	3.25
2005	0.25	3.25
2006	0.25	3.25
2007	0.25	3.25
2008	2.00	—

Notes: lion and harp reverse

	UNC	PF
2008	2.50	3.25
2009	2.50	3.25
2010	2.50	3.25
2011	2.50	3.25
2012	2.50	3.25
2013	2.50	3.25

Size: 25.91 millimeters.
Weight: 7.12 grams.
Composition: 92.5% silver (0.2117 troy ounces).

	PF
1996	17.00
2000	18.50
2008	18.50
2008 Welsh plumes and crown	18.50
2009	17.50
2010	17.50
2011	25.00
2012 royal arms	17.50
2013	25.00

Size: 13 millimeters.
Weight: 1.58 grams.
Composition: 91.67% gold.
Notes: Original, laureate portrait on obverse. Crown above 2 on reverse.

	PF
2002	1,100

Size: 25.91 millimeters.
Weight: 13.96 grams.
Composition: 91.67% gold
Notes: Contemporary, crowned portrait on obverse. Welsh plumes and crown on reverse.

	PF
2002 Elizabeth II golden jubilee	850
2008 Elizabeth II golden jubilee	650

Size: 25.9 millimeters.
Weight: 17.2 grams.
Composition: 99.95-percent platinum (0.5527 troy ounces).

	PF
2008	1,100

THREE PENCE

EDWARD VII

Size: 16.1 millimeters.
Weight: 1.3 grams.
Composition: 92.5% silver (0.0387 troy ounces).

	VF	XF
1902	5.00	15.00
1903	10.00	30.00
1904	15.00	60.00

Size: 16 millimeters.
Weight: 1.4138 grams.
Composition: 92.5% silver (0.042 troy ounces).

	VF	XF
1904	15.00	40.00
1905	11.00	35.00
1906	13.00	40.00
1907	11.00	30.00
1908	5.00	18.00
1909	11.00	30.00
1910	5.00	18.00

GEORGE V

Size: 16 millimeters.
Weight: 1.4138 grams.
Composition: 92.5% silver (0.042 troy ounces).

	XF	UNC
1911	7.00	30.00
1912	7.00	30.00
1913	7.00	30.00
1914	7.00	25.00
1915	7.00	30.00
1916	4.00	20.00
1917	4.00	20.00
1918	6.00	20.00
1919	6.00	20.00
1920	7.00	30.00

Size: 16.1 millimeters.
Weight: 1.32 grams.
Composition: 50% silver (0.0212 troy ounces).

	XF	UNC
1920	5.00	20.00
1921	5.00	30.00
1922	20.00	80.00
1923	*prooflike*	85.00
1924	*prooflike*	85.00
1925	25.00	65.00
1926	45.00	135
1927	*prooflike*	85.00

Size: 16 millimeters.
Weight: 1.4138 grams.
Composition: 50% silver (0.0227 troy ounces).

	XF	UNC
1926	12.00	45.00
1927	*proof*	120.00
1928	15.00	50.00
1929	*prooflike*	50.00

1930	20.00	60.00
1931	2.00	18.00
1932	2.25	18.00
1933	2.25	18.00
1934	2.00	15.00
1935	2.00	18.00
1936	2.25	13.00

GEORGE VI

Size: 16 millimeters.
Weight: 1.4138 grams.
Composition: 50% silver (0.0227 troy ounces).

	XF	UNC
1937	1.75	12.00
1938	2.00	12.00
1939	8.00	28.00
1940	5.00	25.00
1941	4.00	25.00
1942	20.00	50.00
1943	25.00	60.00
1944	40.00	100
1945 rare		

Size: 21 millimeters.
Weight: 6.8 grams.
Composition: Nickel-brass.

	XF	UNC
1937	1.50	9.50
1938	4.50	25.00
1939	9.50	50.00
1940	3.00	20.00
1941	1.50	13.00
1942	1.50	12.00
1943	1.50	12.00
1944	1.50	12.00
1945	1.50	18.00
1946	125	600
1948	8.00	55.00

Size: 16 millimeters.
Weight: 1.4138 grams.
Composition: 50% silver (0.0227 troy ounces).
Notes: Prooflike.

	UNC
1937	50.00
1938	50.00
1939	50.00
1940	50.00
1941	50.00
1942	50.00
1943	50.00
1944	50.00
1945	50.00
1946	50.00

Size: 16 millimeters.
Weight: 1.4138 grams.
Composition: 92.5% silver (0.042 troy ounces).
Notes: Prooflike.

	UNC
1947	50.00
1948	50.00
1949	50.00
1950	50.00
1951	50.00
1952	60.00

Size: 22 millimeters.
Weight: 6.8 grams.
Composition: Nickel-brass.

	VF	XF
1949	16.00	125
1950	3.00	15.00
1951	3.00	20.00
1952	0.50	5.00

ELIZABETH II

Size: 22 millimeters.
Weight: 6.8 grams.
Composition: Nickel-brass.

	XF	UNC
1953	0.75	6.00
1954	0.50	8.00
1955	0.75	10.00
1956	1.25	10.00
1957	0.50	5.00
1958	2.25	8.00
1959	0.50	4.50
1960	0.50	4.50
1961	0.25	1.50
1962	0.25	1.50
1963	0.25	1.50
1964	0.25	1.50
1965	0.25	1.50
1966	0.25	1.00
1967	0.25	0.50
1970	*proof*	3.50

Size: 16 millimeters.
Weight: 1.4138 grams.
Composition: 92.5% (0.042 troy ounces).
Notes: Prooflike.

	UNC
1953	180
1954	60.00

1955	.60.00
1956	.60.00
1957	.60.00
1958	.60.00
1959	.60.00
1960	.60.00
1961	.60.00
1962	.60.00
1963	.60.00
1964	.60.00
1965	.60.00
1966	.60.00
1967	.65.00
1968	.65.00
1969	.65.00
1970	.65.00
1971	.65.00
1972	.65.00
1973	.65.00
1974	.65.00
1975	.65.00
1976	.65.00
1977	.65.00
1978	.65.00
1979	.65.00
1980	.65.00
1981	.65.00
1982	.65.00
1983	.65.00
1984	.65.00
1985	.65.00
1986	.65.00
1987	.65.00
1988	.65.00
1989	.65.00
1990	.65.00
1991	.65.00
1992	.65.00
1993	.65.00
1994	.65.00
1995	.65.00
1996	.70.00
1997	.70.00
1998	.70.00
1999	.70.00
2000	.75.00
2001	.65.00
2002	.65.00
2003	.70.00
2004	.70.00
2005	.70.00
2006	.70.00
2007	.70.00
2008	.70.00
2009	.70.00
2010	.70.00
2011	.70.00
2012	.70.00

Size: 12.26 millimeters.
Weight: 2.37 grams.
Composition: 91.67%.

	PF
2002	.1,150

FOUR PENCE (GROAT)

EDWARD VII
Size: 18 millimeters.
Weight: 1.8851 grams.
Composition: 92.5% silver (0.0561 troy ounces).
Notes: Prooflike.

	UNC
1902	.45.00
1903	.45.00
1904	.45.00
1905	.45.00
1906	.45.00
1907	.45.00
1908	.45.00
1909	.70.00
1910	.75.00

GEORGE V
Size: 18 millimeters.
Weight: 1.8851 grams.
Composition: 92.5% silver (0.0561 troy ounces).
Notes: Prooflike.

	UNC
1911	.50.00
1912	.50.00
1913	.50.00
1914	.50.00
1915	.50.00
1916	.50.00
1917	.50.00
1918	.50.00
1919	.50.00
1920	.50.00

Size: 18 millimeters.
Weight: 1.8851 grams.
Composition: 50% silver (0.0303 troy ounces).
Notes: Prooflike.

	UNC
1921	.50.00
1922	.50.00
1923	.50.00
1924	.50.00
1925	.50.00
1926	.50.00
1927	.50.00
1928	.50.00
1929	.50.00
1930	.50.00
1931	.50.00
1932	.50.00
1933	.50.00
1934	.50.00
1935	.50.00
1936	.50.00

GEORGE VI
Size: 18 millimeters.
Weight: 1.8851 grams.
Composition: 50% silver (0.0303 troy ounces).
Notes: Prooflike.

	UNC
1937	.50.00
1938	.55.00
1939	.55.00
1940	.55.00
1941	.55.00
1942	.55.00
1943	.55.00
1944	.55.00
1945	.55.00
1946	.55.00

Size: 18 millimeters.
Weight: 1.8851 grams.
Composition: 92.5% silver (0.0561 troy ounces).
Notes: Prooflike.

	UNC
1947	.55.00
1948	.55.00
1949	.55.00
1950	.55.00
1951	.55.00
1952	.60.00

ELIZABETH II
Size: 18 millimeters.
Weight: 1.8851 grams.
Composition: 92.5% silver (0.0561 troy ounces).
Notes: Prooflike.

	UNC
1953	.180
1954	.60.00
1955	.60.00
1956	.60.00
1957	.60.00
1958	.60.00
1959	.60.00
1960	.60.00
1961	.60.00

Year	Price
1962	.60.00
1963	.60.00
1964	.60.00
1965	.60.00
1966	.60.00
1967	.65.00
1968	.65.00
1969	.65.00
1970	.65.00
1971	.65.00
1972	.65.00
1973	.65.00
1974	.65.00
1975	.65.00
1976	.65.00
1977	.65.00
1978	.65.00
1979	.65.00
1980	.65.00
1981	.65.00
1982	.65.00
1983	.65.00
1984	.65.00
1985	.65.00
1986	.65.00
1987	.65.00
1988	.65.00
1989	.65.00
1990	.65.00
1991	.65.00
1992	.65.00
1993	.65.00
1994	.65.00
1995	.65.00
1996	.70.00
1997	.70.00
1998	.70.00
1999	.70.00
2000	.75.00
2001	.65.00
2002	.65.00
2003	.65.00
2004	.65.00
2005	.65.00
2006	.65.00
2007	.65.00
2008	.65.00
2009	.65.00
2010	.65.00
2011	.65.00
2012	.65.00

Size: 17.63 millimeters
Weight: 3.16 grams.
Composition: 91.67% gold.

	PF
2002	.1,250

FIVE PENCE

ELIZABETH II

Size: 23.59 millimeters.
Weight: 5.65 grams.
Composition: Copper-nickel.
Notes: "New Pence," 1968-1981.

	UNC	PF
1968	0.20	—
1969	0.20	—
1970	0.20	—
1971	0.20	1.50
1972	—	1.50
1973	—	1.50
1974	—	1.50
1975	0.20	1.50
1976	—	1.50
1977	0.20	1.50
1978	0.20	1.50
1979	0.20	1.50
1980	0.20	1.50
1981	—	1.50
1982	1.50	1.50
1983	1.50	1.50
1984	1.50	1.50

Notes: New portrait

	UNC	PF
1985	2.00	2.25
1986	1.00	2.25
1987	0.20	2.25
1988	0.20	2.25
1989	0.20	2.25
1990	2.50	2.50

Size: 23.59 millimeters.
Weight: 5.6 grams.
Composition: 92.5% silver (0.1665 troy ounces).

	PF
1990	.22.00

Size: 18 millimeters.
Weight: 3.25 grams.
Composition: 92.5% silver (0.0966 troy ounces).

	PF
1990	.16.00
1996	.16.00
2000	.22.50
2008 crowned thistle reverse	.22.50
2008 arms reverse	.20.00
2009	.20.00
2010	.20.00
2011	.35.00
2012	.20.00

	PF
2013	.35.00

Size: 18 millimeters.
Weight: 3.25 grams.
Composition: Copper-nickel.

	UNC	PF
1990	0.15	2.00
1991	0.15	2.00
1992	0.15	2.00
1993	0.15	2.00
1994	0.15	2.00
1995	0.15	2.00
1996	0.15	2.00
1997	0.15	2.00

Notes: New portrait

	UNC	PF
1998	0.15	3.50
1999	0.15	3.00
2000	0.15	3.00
2001	0.30	3.00
2002	0.30	3.00
2003	0.30	3.00
2004	0.30	3.00
2005	0.30	3.00
2006	0.30	3.00
2007	0.30	3.00
2008 crowned thistle reverse	4.50	—
2008 arms reverse, center of shield	0.30	3.00
2009	2.00	3.00
2010	2.00	3.00

Size: 18 millimeters.
Weight: 6.32 grams.
Composition: 91.67% gold.

	PF
2002	450
2008 crowned thistle	400
2008 royal arms	500

Size: 18 millimeters.
Weight: 7.8 grams.
Composition: 99.95-percent platinum (0.2507 troy ounces).

	PF
2008	800

Size: 18 millimeters.
Weight: 3.25 grams.
Composition: Nickel-plated steel.

	UNC	PF
2011	2.00	3.00
2012	2.00	3.00

2013 . . . . 2.00 . . . . . 3.00

SIX PENCE

EDWARD VII

Size: 19.5 millimeters.
Weight: 3.01 grams.
Composition: 92.5% silver (0.0895 troy ounces).

	VF	XF
1902	15.00	50.00
1903	15.00	55.00
1904	30.00	100
1905	25.00	85.00
1906	15.00	55.00
1907	15.00	60.00
1908	16.00	65.00
1909	15.00	60.00
1910	10.00	45.00

GEORGE V

Size: 19.5 millimeters.
Weight: 2.8276 grams.
Composition: 92.5-percent silver (0.0841 troy ounces).

	VF	XF
1911	10.00	25.00
1912	12.00	35.00
1913	15.00	40.00
1914	10.00	25.00
1915	10.00	25.00
1916	10.00	25.00
1917	18.00	50.00
1918	10.00	25.00
1919	12.00	30.00
1920	15.00	40.00

Size: 19.5 millimeters.
Weight: 2.8276 grams.
Composition: 50% silver (0.0455 troy ounces).

	VF	XF
1920	7.00	28.00
1921	4.00	20.00
1922	5.00	20.00
1923	6.00	28.00
1924	4.00	18.00
1925	4.00	25.00
1926	4.00	25.00
1926 modified portrait	5.00	20.00

1927	4.00	25.00
1928	3.00	10.00
1929	3.00	10.00
1930	4.00	16.00
1931	3.00	10.00
1932	5.00	18.00
1933	3.00	10.00
1934	3.00	12.00
1935	2.00	8.00
1936	2.00	7.50

GEORGE VI

Size: 19.5 millimeters.
Weight: 2.8276 grams.
Composition: 50% silver (0.0455 troy ounces).

	XF	UNC
1937	5.00	12.00
1938	7.00	25.00
1939	6.00	25.00
1940	6.00	25.00
1941	4.00	18.00
1942	4.00	12.00
1943	4.00	12.00
1944	4.00	12.00
1945	4.00	12.00
1946	4.00	12.00

Size: 19.5 millimeters.
Weight: 3 grams.
Composition: Copper-nickel.

	XF	UNC
1947	0.50	10.00
1948	1.50	7.50
1949	1.50	10.00
1950	1.50	10.00
1951	1.50	19.00
1952	30.00	75.00

ELIZABETH II

Size: 19.5 millimeters.
Weight: 3 grams.
Composition: Copper-nickel.

	XF	UNC
1953	0.50	4.00
1954	0.50	6.00
1955	0.35	4.00
1956	0.35	4.00
1957	0.35	3.50
1958	0.35	6.00
1959	0.35	3.00

1960	0.35	4.50
1961	0.35	4.50
1962	0.35	1.50
1963	0.30	1.50
1964	0.25	1.50
1965	0.20	1.50
1966	0.20	1.50
1967	0.20	1.50
1970		*proof* 3.50

TEN PENCE

ELIZABETH II

Size: 28.5 millimeters.
Weight: 11.31 grams.
Composition: Copper-nickel.
Notes: "New Pence," 1968-1981. Issued in sets only, 1982-1992.

	UNC	PF
1968	0.30	—
1969	0.30	—
1970	0.30	—
1971	0.30	1.75
1972	—	3.00
1973	0.30	1.75
1974	0.30	1.75
1975	0.30	1.75
1976	0.30	1.75
1977	0.30	1.75
1978	—	5.25
1979	0.30	1.75
1980	0.30	1.75
1981	1.00	1.75
1982	3.00	1.75
1983	3.00	1.75
1984	2.00	1.75
1985	3.00	1.75
1986	1.75	1.75
1987	3.00	3.00
1988	3.00	3.00
1989	3.00	3.00
1990	3.00	3.00
1991	3.00	3.00
1992	3.00	3.00

Size: 24.5 millimeters.
Weight: 6.5 grams.
Composition: Copper-nickel.

	UNC	PF
1992	0.20	3.00
1993	0.20	1.75
1994	0.20	1.75
1995	0.20	1.75
1996	0.20	1.75
1997	0.20	1.75

Notes: New portrait

	UNC	PF
1998	1.25	3.00
1999	1.25	3.00
2000	0.40	3.00
2001	0.40	3.25
2002	0.40	3.25
2003	0.40	3.25
2004	0.40	3.25
2005	0.40	3.25
2006	0.40	3.25
2007	0.40	3.25
2008	3.00	—
2008 two-lions reverse	4.00	3.50
2009	4.00	3.50
2010	4.00	3.50

Size: 28.5 millimeters.
Weight: 6.5 grams.
Composition: 92.5% silver (0.1933 troy ounces).

	PF
1992	16.00
1996	16.00
2000	20.00
2008	20.00

Size: 28.5 millimeters.
Weight: 11.31 grams.
Composition: 92.5% silver (0.3363 troy ounces).

	PF
1992	25.00

Size: 24.5 millimeters.
Weight: 12.65 grams.
Composition: 91.67% gold.

	PF
2002	650
2008 royal arms	950

Size: 24.5 millimeters.
Weight: 6.5 grams.
Composition: 92.5-percent silver (0.1933 troy ounces).

	PF
2008 two lions	25.00
2008 crowned lion	20.00
2009	25.00
2010	25.00
2011	80.00
2012	25.00
2013	80.00

Size: 24.5 millimeters.
Weight: 15.6 grams.
Composition: 99.95-percent platinum (0.5013 troy ounces).

	PF
2008	1,600

Size: 24.5 millimeters.
Weight: 6.5 grams.
Composition: Nickel-plated steel.

	UNC	PF
2011	3.50	3.50
2012	3.50	3.50
2013	3.50	3.50

TWENTY PENCE

ELIZABETH II

Size: 21.4 millimeters.
Weight: 5 grams.
Composition: Copper-nickel.

	UNC	PF
1982	0.50	3.00
1983	0.50	3.50
1984	0.50	3.50

Notes: New portrait

	UNC	PF
1985	0.50	4.50
1986	0.50	4.50
1987	0.50	4.50
1988	0.50	5.00
1989	0.50	5.00
1990	0.50	5.00
1991	0.50	5.00
1992	0.50	5.00
1993	0.50	5.00
1994	0.50	5.00
1995	0.50	5.00
1996	0.50	5.00
1997	0.50	5.00

Notes: New portrait

	UNC	PF
1998	0.35	3.50
1999	0.35	3.00
2000	0.35	3.50
2001	0.60	3.25
2002	0.60	3.25
2003	0.60	3.25
2004	0.60	3.25
2005	0.60	3.25
2006	0.60	3.25
2007	0.60	3.25

2008 double-rose reverse

	3.50	—
2008 lions-tails reverse	3.50	4.50
2009	3.50	4.50
2010	3.35	4.50
2011	3.50	4.50
2012	3.50	4.50
2013	3.50	4.50

Size: 21.4 millimeters.
Weight: 5 grams.
Composition: 92.5% silver (0.1487 troy ounces).

	PF
1996	18.50
2000	22.00
2008 arms reverse	35.00
2008 double rose reverse	22.50
2009	35.00
2010	35.00
2011	80.00
2012	35.00
2013	80.00

Size: 21.4 millimeters.
Weight: 9.74 grams.
Composition: 91.67% gold.

	PF
2002	550
2008 double rose reverse	500
2008 arms reverse	700

Size: 21.4 millimeters.
Weight: 12 grams.
Composition: 99.95-percent platinum (0.3849 troy ounces).

	PF
2008	1,200

TWENTY-FIVE PENCE

ELIZABETH II

Size: 38.6 millimeters.
Weight: 28.4 grams.
Composition: Copper-nickel.
Notes: "New Pence."

	UNC	PF
1972 royal wedding silver anniversary	1.50	6.00
1977 Elizabeth II silver jubilee	1.50	6.00
1980 Queen Mother birthday	1.50	—
1981 royal wedding	1.50	—

Size: 38.6 millimeters.
Weight: 28.2759 grams.
Composition: 92.5% silver (0.8409 troy ounces).
Notes: "New Pence."

	PF
1972 royal wedding silver anniversary	30.00
1977 Elizabeth II silver jubilee	30.00
1980 Queen Mother birthday	55.00
1981 royal wedding	35.00

FIFTY PENCE

ELIZABETH II

Size: 30 millimeters.
Weight: 13.5 grams.
Composition: Copper-nickel.
Notes: "New Pence," 1969-1981.

	UNC	PF
1969	2.50	—
1970	3.50	—
1971	—	3.50
1972	—	6.00
1973 European Economic Community	1.50	4.50
1974	—	3.00
1975	—	3.00
1976	3.50	2.50
1977	3.50	2.50
1978	3.50	3.00
1979	2.25	3.00
1980	2.25	2.50
1981	2.25	2.50
1982	1.50	2.50
1983	1.50	2.50
1984	3.00	2.50

Notes: New portrait

	UNC	PF
1985	5.50	3.00
1986	3.00	3.00
1987	3.00	3.00
1988	3.00	3.50
1989	3.50	3.00
1990	3.50	6.00
1991	3.00	6.00
1992	3.00	6.00

	UNC	PF
1992 European Council of Ministers	6.00	11.00s
1993	3.50	3.50
1994 Normandy invasion 50th anniversary	2.50	6.00
1995	3.00	3.50
1996	3.00	3.50
1997	3.00	3.50

Size: 30 millimeters.
Weight: 13.5 grams.
Composition: 92.5% silver (0.4015 troy ounces).

	PF
1992 European Council of Ministers	35.00
1994 Normandy invasion 50th anniversary	45.00
1996	30.00

Size: 30 millimeters.
Weight: 26.32 grams.
Composition: 91.7% gold (0.7759 troy ounces).

	PF
1992 European Council of Ministers	1,400
1994 Normandy invasion 50th anniversary	1,400

Size: 27.3 millimeters.
Weight: 8 grams.
Composition: Copper-nickel.

	UNC	PF
1997	2.50	3.50

Notes: New portrait

	UNC	PF
1998	1.50	2.50
1998 Common Market	3.00	9.50
1998 National Health Service	3.00	—
1999	1.50	2.50
2000	1.50	2.50
2000 public library	3.00	3.00
2001	1.75	2.50
2002	1.75	2.50
2003	1.75	2.50
2003 women's suffrage	2.50	9.50

	UNC	PF
2004	1.75	2.50
2004 Roger Bannister	5.00	7.50
2005	1.75	2.50
2005 first English dictionary	2.50	6.00
2006	1.75	2.50
2006 Victoria Cross	5.00	7.50
2006 Heroic Act	5.00	7.50
2007	1.75	2.50
2007 Victoria Cross	—	7.50
2007 Heroic Act	—	7.50
2007 scouting centennial	5.00	7.50
2008	3.50	7.00
2009	3.50	7.00
2009 Kew botanical gardens	5.00	7.50
2009 London Olympics	3.50	—
2010	3.50	7.00
2010 Girl Guiding centennial	4.00	10.00
2011	3.50	7.00
2011 World Wildlife Fund 50th anniversary	5.00	8.50
2011 London Olympics, high jumping	2.50	—
2011 London Olympics, swimming	5.00	—
2011 London Olympics, canoeing	5.00	—
2011 London Olympics, cycling	5.00	—
2011 London Olympics, gymnastics	5.00	—
2011 London Olympics, hockey	5.00	—
2011 London Olympics, rowing	5.00	—
2011 London Olympics, triathlon	5.00	—
2011 London Olympics, badminton	5.00	—
2011 London Olympics, boxing	5.00	—
2011 London Olympics, equestrian	5.00	—
2011 London Olympics, pentathlon	5.00	—
2011 London Olympics, shooting	5.00	—
2011 London Olympics, volleyball	5.00	—
2011 London Olympics, taekwondo	5.00	—
2011 London Olympics, weightlifting	5.00	—
2011 London Olympics, wrestling	5.00	—

2011 London Olympics, basketball
. . . . **5.00** . . . . —
2011 London Olympics, fencing
. . . . **5.00** . . . . —
2011 London Olympics, handball
. . . . **5.00** . . . . —
2011 London Olympics, soccer
. . . . **5.00** . . . . —
2011 London Olympics, tennis
. . . . **5.00** . . . . —
2011 London Olympics, sailing
. . . . **5.00** . . . . —
2011 London Olympics, judo
. . . . **5.00** . . . . —
2012 London Olympics, sailing
. . . . **5.00** . . . . —
2011 London Paralympics, archery
. . . . **5.00** . . . . —
2011 London Paralympics,
table tennis . . . . **5.00** . . . . —
2011 London Paralympics,
goalball. . . . . **5.00** . . . . —
2011 London Paralympics,
wheelchair rugby . . . **5.00** . . . . —
2011 London Paralympics,
boccia . . . . **5.00** . . . . . . —
2012 . . . . **3.50** **7.00**
2013 . . . . **3.50** **7.00**
2013 Christopher Ironside birth
centennial . . . . . . **15.00** **50.00**

Size: 27.3 millimeters.
Weight: 8 grams.
Composition: 92.5% silver (0.2379 troy ounces).

	PF
1997	.25.00
1998 Common Market	.40.00
1998 National Health Service. . . .	.40.00
2000	.24.00
2000 public library	.35.00
2003 women's suffrage	.45.00
2004 Roger Bannister	.50.00
2005 first English dictionary	.45.00
2006 Victoria Cross.	.40.00
2006 Victoria Cross, 7 sided	.40.00
2007 scouting centennial	.60.00
2008	.50.00
2009 arms reverse	.50.00
2009 Kew botanical gardens	.50.00
2009 London Olympics.	.50.00
2010	.50.00
2010 Girl Guiding centennial . . .	.50.00
2011	.50.00
2011 World Wildlife Fund	
50th anniversary	.55.00
2012 arms reverse	.50.00
2013	.50.00

2013 Christopher Ironside
birth centennial **50.00**

Size: 27.3 millimeters.
Weight: 15.5 grams.
Composition: 91.67% gold (0.4568 troy ounces).

	PF
1998 National Health Service. . . .	850
2002	700
2003 women's suffrage	800
2005 first English dictionary	800
2007 scouting centennial	800
2008	825
2009 arms reverse	825
2009 Kew botanical gardens	800

Size: 22 millimeters.
Weight: 8.11 grams.
Composition: 98.54% silver (0.2569 troy ounces).

	PF
1999	.35.00

Size: 27.3 millimeters.
Weight: 19.1 grams.
Composition: 99.95-percent platinum (0.6138 troy ounces).

	PF
2008	.1,350

SHILLING

EDWARD VII
Size: 23.5 millimeters.
Weight: 5.6552 grams.
Composition: 92.5% silver (0.1682 troy ounces).

	VF	XF
1902	16.00	. .60.00
1903	25.00	. . . 165
1904	20.00	. . . 150
1905	250	. .1,300
1906	15.00	. .75.00
1907	15.00	. .90.00
1908	30.00	. . . 175
1909	30.00	. . . 175
1910	15.00	. .70.00

GEORGE V

Size: 23.5 millimeters.
Weight: 5.6552 grams.
Composition: 92.5% silver (0.1682 troy ounces).

	VF	XF
1911	12.00	. . .35.00
1912	15.00	. . .45.00
1913	20.00	. . .75.00
1914	12.00	. . .35.00
1915	6.50	. . .30.00
1916	6.50	. . .30.00
1917	6.50	. . .35.00
1918	6.50	. . .30.00
1919	6.50	. . .30.00

Size: 23.5 millimeters.
Weight: 5.6552 grams.
Composition: 50% silver (0.0909 troy ounces).

	VF	XF
1920	15.00	. . . .40.00
1921	20.00	. . .60.00
1922	6.00	. . .40.00
1923	6.00	. . .28.00
1924	12.00	. . .50.00
1925	15.00	. . .60.00
1926	10.00	. . .30.00
1926 modified portrait . .	4.50	. . . .30.00
1927	6.00	. . .40.00
1927 modified reverse . .	4.50	. . .20.00
1928	3.50	. . .15.00
1929	3.50	. . .15.00
1930	16.00	. . .50.00
1931	4.00	. . .15.00
1932	4.00	. . .15.00
1933	3.50	. . .15.00
1934	5.50	. . .20.00
1935	3.50	. . .15.00
1936	3.50	. . .10.00

GEORGE VI

Size: 23.5 millimeters.

Weight: 5.6552 grams.
Composition: 50% silver (0.0909 troy ounces).
Notes: Lion atop crown on reverse.

	XF	UNC
1937	7.00	18.00
1938	8.00	45.00
1939	4.50	18.00
1940	5.00	25.00
1941	5.00	18.00
1942	5.00	18.00
1943	5.00	18.00
1944	5.00	18.00
1945	4.00	12.00
1946	4.00	10.00

Size: 23.5 millimeters.
Weight: 5.6552 grams.
Composition: 50% silver (0.0909 troy ounces).
Notes: Lion atop crown holding sword and scepter on reverse.

	XF	UNC
1937	6.00	12.00
1938	9.00	40.00
1939	5.00	18.00
1940	6.00	25.00
1941	6.00	25.00
1942	6.00	25.00
1943	6.00	18.00
1944	6.00	18.00
1945	6.00	12.00
1946	6.00	12.00

Size: 23.5 millimeters.
Weight: 5.6 grams.
Composition: Copper-nickel.
Notes: Lion atop crown on reverse.

	XF	UNC
1947	1.00	9.50
1948	1.00	10.00
1949	1.50	22.00
1950	1.50	22.00
1951	3.50	24.00

Size: 23.5 millimeters.
Weight: 5.6 grams.
Composition: Copper-nickel.
Notes: Lion atop crown holding sword and scepter on reverse.

	XF	UNC
1947	1.00	9.50
1948	1.00	10.00
1949	1.50	22.00
1950	1.50	22.00
1951	3.50	24.00

ELIZABETH II

Size: 23.5 millimeters.
Weight: 5.6 grams.
Composition: Copper-nickel.
Notes: English shield on reverse.

	XF	UNC
1953	0.50	7.00
1954	0.50	6.50
1955	0.50	6.50
1956	0.50	10.00
1957	0.50	6.00
1958	3.00	30.00
1959	0.40	6.00
1960	0.35	3.00
1961	0.35	2.50
1962	0.25	1.50
1963	0.25	1.25
1964	0.25	1.25
1965	0.25	1.25
1966	0.25	1.25
1970		proof 5.00

Notes: Scottish shield on reverse.

	XF	UNC
1953	0.50	7.50
1954	0.25	6.50
1955	0.35	8.00
1956	1.00	12.00
1957	3.50	30.00
1958	0.50	6.00
1959	3.50	60.00
1960	0.50	4.50
1961	1.00	14.00
1962	0.25	1.50
1963	0.25	1.25
1964	0.25	1.50
1965	0.25	1.50
1966	0.25	1.25
1970		proof 3.00

FLORIN (TWO SHILLINGS)

EDWARD VII

Size: 28.3 millimeters.
Weight: 11.3104 grams.
Composition: 92.5% silver (0.3364 troy ounces).

	VF	XF
1902	25.00	70.00
1903	40.00	165
1904	50.00	225
1905	200	775
1906	35.00	165
1907	45.00	190
1908	55.00	325
1909	55.00	300
1910	30.00	125

GEORGE V

Size: 28.3 millimeters.
Weight: 11.3104 grams.
Composition: 92.5% silver (0.3364 troy ounces).

	VF	XF
1911	17.00	55.00
1912	20.00	75.00
1913	35.00	100
1914	15.00	50.00
1915	25.00	65.00
1916	15.00	45.00
1917	18.00	50.00
1918	15.00	40.00
1919	18.00	50.00

Size: 28.3 millimeters.
Weight: 11.3104 grams.
Composition: 50% silver (0.1818 troy ounces).

	VF	XF
1920	15.00	55.00
1921	10.00	50.00
1922	9.00	45.00
1923	9.00	35.00
1924	15.00	60.00
1925	60.00	250
1926	15.00	60.00
1927		proof 120
1928	6.00	14.00
1929	6.00	18.00
1930	12.00	40.00
1931	7.00	20.00
1932	85.00	375
1933	7.00	15.00
1935	7.00	15.00
1936	7.00	10.00

GEORGE VI

Size: 28.3 millimeters.
Weight: 11.3104 grams.

Composition: 50% silver (0.1818 troy ounces).

	XF	UNC
1937	7.00	18.00
1938	10.00	45.00
1939	8.00	20.00
1940	8.00	25.00
1941	8.00	18.00
1942	8.00	12.00
1943	8.00	18.00
1944	8.00	18.00
1945	8.00	12.00
1946	8.00	12.00

Size: 28.3 millimeters.
Weight: 11.3 grams.
Composition: Copper-nickel.

	XF	UNC
1947	1.00	10.00
1948	1.00	10.00
1949	1.00	18.00
1950	1.00	19.50
1951	4.00	24.00

ELIZABETH II

Size: 28.3 millimeters.
Weight: 11.3 grams.
Composition: Copper-nickel.

	XF	UNC
1953	1.00	8.00
1954	5.50	65.00
1955	2.00	6.00
1956	1.00	6.00
1957	5.00	65.00
1958	5.00	30.00
1959	5.00	40.00
1960	1.25	6.00
1961	1.00	5.00
1962	0.75	3.00
1963	0.75	3.00
1964	0.50	3.00
1965	0.50	3.00
1966	0.30	1.50
1967	0.30	1.50
1970		proof 6.50

HALF CROWN

Images reduced by 25%

EDWARD VII

Size: 32.3 millimeters.
Weight: 14.138 grams.
Composition: 92.5% silver (0.4204 troy ounces).

	VF	XF
1902	40.00	100
1903	600	2,250
1904	300	1,000
1905	1,650	4,750
1906	55.00	275
1907	55.00	275
1908	60.00	500
1909	55.00	400
1910	45.00	250

GEORGE V

Size: 32.3 millimeters.
Weight: 14.138 grams.
Composition: 92.5% silver (0.4204 troy ounces).

	VF	XF
1911	30.00	80.00
1912	30.00	80.00
1913	35.00	90.00
1914	15.00	40.00
1915	15.00	35.00
1916	15.00	35.00
1917	20.00	55.00
1918	15.00	40.00
1919	20.00	55.00

Size: 32.3 millimeters.
Weight: 14 grams.
Composition: 50% silver (0.225 troy ounces).

	VF	XF
1920	15.00	55.00
1921	15.00	55.00
1922	12.00	55.00
1923	8.00	35.00
1924	12.00	55.00
1925	75.00	300
1926	20.00	80.00
1926 modified portrait	25.00	80.00
1927	12.00	40.00
1928	8.00	18.00
1929	8.00	20.00
1930	90.00	375
1931	8.00	25.00
1932	10.00	25.00
1933	8.00	15.00
1934	12.00	75.00
1935	8.00	15.00
1936	8.00	12.00

GEORGE VI

Size: 32.3 millimeters.
Weight: 14.138 grams.
Composition: 50% silver (0.2273 troy ounces).

	XF	UNC
1937	10.00	25.00
1938	10.00	50.00
1939	10.00	25.00
1940	10.00	30.00
1941	10.00	25.00
1942	10.00	18.00
1943	10.00	25.00
1944	10.00	18.00
1945	10.00	18.00
1946	10.00	18.00

Size: 32.3 millimeters.
Weight: 14 grams.
Composition: Copper-nickel.

	XF	UNC
1947	1.00	10.00
1948	1.00	10.00
1949	1.25	24.00
1950	3.00	23.00
1951	1.50	30.00

ELIZABETH II

Size: 32.3 millimeters.
Weight: 14 grams.
Composition: Copper-nickel.

	XF	UNC
1953	1.75	11.00
1954	4.00	50.00
1955	1.00	10.00
1956	0.75	13.00
1957	0.75	8.50
1958	3.50	30.00
1959	6.00	60.00
1960	0.75	6.50
1961	0.75	5.00
1962	0.75	3.00
1963	0.75	3.00
1964	0.75	3.00
1965	0.50	5.00
1966	0.50	1.50
1967	0.50	1.50
1970		proof 6.50

CROWN

EDWARD VII

Size: 38.61 millimeters.
Weight: 28.2759 grams.
Composition: 92.5% silver (0.8409 troy ounces).

	VF	XF
1902	140	225

GEORGE V

Size: 38.61 millimeters.
Weight: 28.2759 grams.
Composition: 50% silver (0.4545 troy ounces).

	VF	XF
1927	proof	375
1928	200	375
1929	250	475
1930	225	425
1931	250	450
1932	350	725
1933	200	400
1934	2,500	4,000
1935 George V silver jubilee, incused edge lettering	20.00	30.00
1936	350	750

Size: 38.61 millimeters.
Weight: 28.276 grams.
Composition: 92.5-percent silver (0.8409 troy ounces).
Notes: George V silver jubilee. Raised edge lettering.

	UNC	PF
1935	2,400	24,000

Size: 38.61 millimeters.
Weight: 47.83 grams.
Composition: 91.7% gold (1.4101 troy ounces).

	PF
1935 George V silver jubilee	30,000

GEORGE VI

Size: 38.61 millimeters.
Weight: 28.2760 grams.
Composition: 50-percent silver (0.4545 troy ounces).

	VF	XF
1937	16.00	28.00

Size: 38.61 millimeters.
Weight: 28.3 grams.
Composition: Copper-nickel.
Notes: St. George slaying dragon on reverse.

	UNC	PF
1951 Festival of Britain	20.00	25.00

ELIZABETH II

Size: 38.61 millimeters.
Weight: 28.3 grams.
Composition: Copper-nickel.

	XF	UNC
1953 Elizabeth II coronation	7.50	13.00
1960 British exhibition in New York	6.00	12.00
1965 Sir Winston Churchill	1.00	3.00

POUND

ELIZABETH II

Size: 22.5 millimeters.
Weight: 9.5 grams.
Composition: Nickel-brass.

	UNC	PF
1983	4.00	6.00
1984	4.00	6.00

Notes: New portrait

	UNC	PF
1986	3.50	6.00
1990	6.00	6.00
1986	6.00	6.00
1987	3.50	6.00
1988	6.00	6.00
1989	4.00	6.00
1991	4.00	6.00
1992	4.00	6.00
1993	4.00	6.00
1994	3.50	6.00
1995	5.50	7.00
1996	3.50	6.00
1997	5.50	6.00
1998	6.00	8.50
1999	3.50	6.00
2000	3.50	6.00
2001	4.00	6.00
2002	5.00	7.00
2003	5.00	7.50
2004 Forth Rail Bridge	6.00	9.00
2005 Menai Bridge	5.00	10.00
2006 Egyptian Arch Bridge	8.00	10.00
2007 Egyptian Arch Bridge	—	10.00
2007 Gateshead Millennium Bridge	7.00	10.00
2008	5.00	—
2008	4.00	6.00
2009	4.00	6.00
2010 royal arms	7.50	7.50
2010 London arms	6.00	10.00
2010 Belfast arms	6.00	10.00
2011 royal arms	7.50	7.50
2011 Belfast arms	6.00	10.00
2011 Cardiff arms	6.00	10.00
2012	7.50	7.50
2013 royal arms	7.50	7.50
2013 rose, oak	6.00	10.00
2013 leek, daffodil	6.00	10.00

Size: 22.5 millimeters.
Weight: 9.5 grams.
Composition: 92.5% silver (0.2825 troy ounces).

	UNC	PF
1983	—	35.00
1984	—	32.00
1985	—	32.00

Notes: New portrait

	UNC	PF
1986	—	32.00
1987	—	32.00
1988	—	35.00
1989	—	40.00
1990	—	40.00
1991	—	40.00
1992	—	40.00
1993	—	40.00
1994	—	40.00
1995	—	40.00
1996	—	35.00
1997	—	40.00

1998 . . . . — . . .**45.00**
1999 . . . . — . . .**40.00**
2000 . . . . — . . .**40.00**
2001 . . . . — . . .**45.00**
2002 . . . . — . . .**45.00**
2003 . . . . — . . .**45.00**
2004 . . . . — . . .**45.00**
2005 Menai Bridge . . . . . — . . .**45.00**
2005 Menai Bridge, ornamented
  edge . . . . — . . .**45.00**
2006 Egyptian Arch Bridge
  . . . . — . . .**50.00**
2006 Egyptian Arch Bridge,
  ornamented edge . . . . . — . . .**45.00**
2007 Gateshead Millennium
  Bridge . . . . — . . .**45.00**
2008 . . . . — . . .**50.00**
2009 . . . . **50.00** . . .**60.00**
2010 royal arms . . . . . **50.00** . . .**60.00**
2010 London arms . . . . . — . . .**60.00**
2010 Belfast arms . . . . . . — . . .**60.00**
2011 Edinburgh arms . . . — . . .**45.00**
2011 Cardiff arms . . . . . . — . . .**45.00**
2012 . . . . — . . .**60.00**
2013 . . . . — . . .**40.00**

Size: 22.5 millimeters.
Weight: 19.6 grams.
Composition: 91.6-percent gold
(0.57 troy ounces).

	PF
2002	**850**
2004 Forth Rail Bridge	**1,100**
2005 Menai Bridge	**1,000**
2005 Menai Bridge, ornamented edge	
. . . .	**1,000**
2006 Egyptian Arch Bridge	**1,000**
2006 Egyptian Arch Bridge, ornamented	
edge	**1,100**
2007 Gateshead Millennium Bridge	
. . . .	**1,000**
2008 royal arms	**1,100**
2010 London arms	**1,100**
2010 Belfast arms	**1,100**
2013 royal arms	**1,200**
2013 oak, rose	**1,400**
2013 leek, daffodil	**1,400**

Size: 22.5 millimeters.
Weight: 16.6 grams.
Composition: 91.6-percent gold (0.489
troy ounces).

	PF
2008	**1,100**
2009	**1,050**
2013 royal arms	**1,200**
2013 crowned shield	**1,200**

Size: 22.5 millimeters.
Weight: 19.59 grams.
Composition: 99.95-percent platinum
(0.6295 troy ounces).

	PF
2008	**1,650**

TWO POUNDS

EDWARD VII

Size: 30 millimeters.
Weight: 15.9761 grams.
Composition: 91.7% gold (0.471 troy
ounces).

	XF	UNC
1902	**1,050**	**1,350**

GEORGE V

Size: 30 millimeters.
Weight: 15.9761 grams.
Composition: 91.7% gold (0.471 troy
ounces).

	PF
1911	**1,500**

GEORGE VI

Size: 30 millimeters.
Weight: 15.9761 grams.
Composition: 91.7% gold (0.471 troy
ounces).

	PF
1937	**1,100**

ELIZABETH II

Size: 28 millimeters.
Weight: 15.92 grams.
Composition: 91.7% gold (0.4693 troy
ounces).

	PF
1980	**850**
1982	**900**
1983	**850**

Notes: New portrait

	PF
1985	**850**
1987	**850**

1988	**850**
1989 gold sovereign	
500th anniversary	**900**
1990	**850**
1991	**850**
1992	**850**
1993	**850**
1999	**850**

Size: 28.4 millimeters.
Weight: 15.98 grams.
Composition: Nickel-brass.

	UNC	PF
1986 Commonwealth Games		
. . . .	**4.50**	**8.00**
1989 bill of rights tercentenary		
. . . .	**4.50**	**11.00**
1989 claim of right tercentenary		
. . . .	**4.50**	**11.00**
1994 Bank of England 300th		
anniversary	**4.50**	**8.00**
1995 end of World War II		
50th anniversary . . .	**4.50**	**8.00**
1995 United Nations 50th anniversary		
. . . .	**4.50**	—
1996 Tenth European Championship		
of Football	**4.50**	**8.00**

Size: 28.4 millimeters.
Weight: 15.98 grams.
Composition: 50% silver (0.2569 troy
ounces).

	UNC
1986 Commonwealth Games	**15.00**

Size: 28.4 millimeters.
Weight: 15.9 grams.
Composition: 92.5% silver (0.475 troy
ounces).

	PF
1986 Commonwealth Games	**45.00**
1989 bill of rights tercentenary . . .	**45.00**
1989 claim of right tercentenary . .	**45.00**
1994 Bank of England	
300th anniversary	**45.00**
1995 end of World War II	
50th anniversary	**45.00**
1995 United Nations	
50th anniversary	**45.00**
1996 Tenth European Championship	
of Football	**45.00**

Size: 28.4 millimeters.
Weight: 15.9 grams.
Composition: 91.7% gold (0.47 troy ounces).

	PF
1986 Commonwealth Games	875
1994	900
1994 Bank of England 300th anniversary	875

	PF
1995 end of World War II 50th anniversary	875
1995 United Nations 50th anniversary	875
1996 Tenth European Championship of Football	975
1997	875
1999 rugby world cup	900
2000	875
2002	900
2002 Elizabeth II golden jubilee	875
2005	900
2006	875
2007	875
2008	875
2009 London Olympics, Olympic flag	875
2012 London Olympics	2,250

Size: 28.35 millimeters.
Weight: 12 grams.
Composition: Copper-nickel center in nickel-brass ring.

	UNC	PF
1997	4.50	8.00
1998	9.50	9.50
1999	4.50	8.00
1999 rugby world cup	7.00	11.50
2000	6.00	10.00
2001 first transatlantic radio transmission	9.50	12.00
2010 Florence Nightengale	12.00	15.00
2011 Mary Rose	12.00	—

Size: 28.35 millimeters.
Weight: 12 grams.
Composition: 92.5% silver (0.3569 troy ounces).

	PF
1997	45.00
1998	45.00
1998 gold plated	45.00
1999 rugby world cup	50.00
2000	45.00
2012 technology	50.00

Size: 28.35 millimeters.
Weight: 24 grams.
Composition: 92.5% silver (0.7137 troy ounces).

	PF
1999 rugby world cup	150

Size: 28.4 millimeters.
Weight: 12 grams.
Composition: Copper-nickel center in nickel-brass ring.

	UNC	PF
2001 technology	6.00	10.00
2001 first transatlantic radio transmission	6.00	10.00
2002 technology	6.00	10.00
2002 Commonwealth Games, English flag	6.00	8.75
2002 Commonwealth Games, Scottish flag	5.00	8.75
2002 Commonwealth Games, Welsh flag	6.00	8.75
2002 Commonwealth Games, Northern Ireland flag	6.00	8.75
2003 technology	6.00	10.00
2003 DNA discovery 50th anniversary	7.00	10.00
2004 technology	6.00	10.00
2004 first steam locomotive	7.50	10.00
2005 technology	6.00	10.00
2006 technology	6.00	10.00
2006 Isambard Kingdom Brunel 200th birth anniversary	16.00	35.00
2006 Isambard Kingdom Brunel engineering achievements	16.00	20.00
2007 technology	6.00	10.00
2007 Isambard Kingdom Brunel 200th birth anniversary	—	35.00
2007 Isambard Kingdom Brunel engineering achievements	—	20.00
2007 abolition of slave trade 200th anniversary	6.00	9.00
2007 England-Scotland union 300th anniversary	6.00	9.00
2008 technology	6.00	—
2008 London 1908, Olympics	6.00	9.00
2008 Beijing-London Olympic flag handoff	6.00	45.00
2009 technology	9.50	12.00
2009 Charles Darwin 200th birth anniversary	16.00	20.00
2009 Robert Burns 250th birth anniversary	16.00	20.00
2010 technology	9.50	12.00
2011 technology	9.50	12.00
2011 King James Bible	12.00	15.00
2012 technology	9.50	12.00
2012 Olympic flag	12.00	15.00
2013 technology	9.50	12.00
2013 London subway 125th anniversary, train in tube	12.00	15.00
2013 London subway 125th anniversary, Underground logo	12.00	15.00
2013 George III spade guinea coinage	12.00	15.00

Size: 28.4 millimeters.
Weight: 24 grams.
Composition: 92.5% silver center in gold plated ring (0.7137 troy ounces of silver).

	PF
2001 first transatlantic radio transmission	45.00

Size: 28.4 millimeters.
Weight: 12 grams.
Composition: 92.5-percent silver (0.3569 troy ounces) in gilt ring.

	PF
2001 first transatlantic radio transmission	45.00
2011 King James Bible	55.00
2013 London subway 125th anniversary, train in tube	75.00
2013 London subway 125th anniversary, Underground logo	75.00
2013 George III spade guinea coinage	55.00

Size: 28.4 millimeters.
Weight: 15.9 grams.
Composition: yellow-gold center in red-gold ring (0.47 troy ounces).

	PF
2001 first transatlantic radio transmission	900

2002 Commonwealth Games,
English flag **950**
2002 Commonwealth Games,
Scottish games. **950**
2002 Commonwealth Games,
Welsh flag **950**
2002 Commonwealth Games,
Northern Ireland flag. **950**
2003 DNA discovery
50th anniversary **900**
2004 first steam locomotive **900**
2005 end of World War II
60th anniversary **900**
2007 abolition of slave trade
200th anniversary **900**
2007 England-Scotland union
300th anniversary **900**
2009 Robert Burns 250th birth
anniversary. **900**
2009 Olympic flag handoff **900**
2011 Mary Rose **1,600**
2013 London subway 125th anniversary,
train in tube **1,600**
2013 London subway 125th anniversary,
Underground logo **1,600**

Size: 28.35 millimeters.
Weight: 15.98 grams.
Composition: 91.67-percent gold
(0.471 troy ounces).

	PF
2002 technological development. . .	**900**

Size: 28.4 millimeters.
Weight: 12 grams.
Composition: Silver center in gold-
plated ring (0.3569 troy ounces of silver).

	UNC	PF
2002 Commonwealth Games, English flag	—	**45.00**
2002 Commonwealth Games, Scottish flag	—	**30.00**
2002 Commonwealth Games, Welsh games	—	**35.00**
2002 Commonwealth Games, Northern Ireland flag	—	**35.00**
2003 DNA discovery 50th anniversary	—	**35.00**
2004 first steam locomotive	**50.00**	**35.00**
2005 end of World War II 60th anniversary	—	**35.00**
2007 abolition of slave trade 200th anniversary	—	**55.00**
2007 England-Scotland union 300th anniversary	—	**55.00**
2011 Mary Rose	—	**55.00**

2012 London Olympics. . — **145**

Size: 28.4 millimeters.
Weight: 12 grams.
Composition: Nickel-brass center in
copper-nickel ring.

	UNC	PF
2005 Gunpowder Plot 400th anniversary	**6.00**	**9.00**
2005 end of World War II 60th anniversary	**8.00**	—

FIVE POUNDS

EDWARD VII

Size: 38 millimeters.
Weight: 39.9403 grams.
Composition: 91.7% gold (1.1775 troy
ounces).

	XF	UNC
1902	**2,400**	**3,000**

GEORGE V

Size: 38 millimeters.
Weight: 39.9403 grams.
Composition: 91.7% gold (1.1775 troy
ounces).

	PF
1911	**3,750**

GEORGE VI

Size: 38 millimeters.
Weight: 39.9403 grams.
Composition: 91.7% gold (1.1775 troy
ounces).

	PF
1937	**2,600**

ELIZABETH II

Size: 38 millimeters.
Weight: 39.9403 grams.
Composition: 91.7% gold (1.1775 troy
ounces).

	UNC	PF
1980	—	**2,150**
1981	—	**2,150**
1982	—	**2,150**
1984	**1,490**	**2,150**

Notes: New portrait

	UNC	PF
1985	**1,490**	**1,490**
1986	—	**2,150**
1987	—	**1,490**
1988	—	**1,490**
1989 gold sovereign 500th anniversary	**2,100**	**2,150**
1990	**2.250**	**2,150**
1991	**2,350**	**2,150**
1992	**2,350**	**2,150**
1993	**2,350**	**2,150**
1994	**2,250**	**2,350**
1995	**2,350**	**2,350**
1996	**2,350**	—
1997	**2,350**	—

Notes: New portrait

	UNC	PF
1998	**2,100**	**2,250**
1999	**2,100**	**2,150**
2000	**2,100**	**2,250**

Size: 38.6 millimeters.
Weight: 28.28 grams.
Composition: Copper-nickel.

	UNC	PF
1990 Queen Mother 90th birthday	**9.50**	—
1993 Elizabeth II coronation 40th anniversary	**8.00**	**12.50**
1996 Elizabeth II 70th birthday	**11.00**	**11.00**
1997 Elizabeth II and Prince Philip golden wedding anniversary	**11.00**	**11.00**
1998 Prince Charles 50th birthday	**11.00**	**16.00**
1999 Princes Diana 1961-1997	**11.00**	**16.00**
1999 Greenwich meridian	**9.50**	**20.00**
2000 Greenwich meridian	**9.50**	**19.00**
2000 Greenwich meridian, world clock	**20.00**	—

2000 Queen Mother
100th birthday . . . . . **9.50** . . . . —
2001 Victoria death centennial
. . . . **14.00** **20.00**
2002 Elizabeth II golden jubilee
. . . . **12.50** **20.00**
2002 Queen Mother . **15.00** **20.00**
2003 Elizabeth II golden jubilee
. . . . **12.50** **20.00**
2004 Entente Cordiale
. . . . **15.00** **20.00**
2005 Battle of Trafalgar
. . . . **12.50** **18.50**
2005 Horatio Nelson . . **15.00** **18.50**
2006 Elizabeth II 80th birthday
. . . . **20.00** **27.00**
2007 Elizabeth II 80th birthday
. . . . — **27.00**
2007 Elizabeth II 60th wedding
anniversary . . . . . . **20.00** **30.00**
2008 Prince Charles 60th birthday
. . . . **12.50** **18.50**
2008 Elizabeth II accession 1558-2008
. . . . **12.50** **18.50**
2009 London Olympics, swimmer
. . . . **20.00** **30.00**
2009 Henry VIII . . . . . . — **40.00**
2009 London Olympics, swimmer
. . . . **20.00** **30.00**
2009 London Olympics, Big Ben
. . . . — **30.00**
2010 London Olympics, runners
. . . . **20.00** **30.00**
2010 London Olympics, Churchill
. . . . — **40.00**
2010 London Olympics,
Buckingham Palace . . . — **40.00**
2010 1660 monarchy restoration
. . . . **20.00** . . . . . . —
2011 Prince Philip 90th birthday
. . . . **20.00** **30.00**
2011 London Olympics, cyclist
. . . . **20.00** **30.00**
2011 royal wedding . . **20.00** . . . . . . —
2012 Elizabeth II 60th anniversary
of reign . . . . — **25.00**
2013 Elizabeth II 60th anniversary
of coronation . . . . . **25.00** **35.00**

Size: 38.6 millimeters.
Weight: 28.28 grams.
Composition: 92.5% silver (0.841 troy
ounces).

PF
1990 Queen Mother 90th birthday
. . . . **50.00**

1993 Elizabeth II coronation
40th anniversary **50.00**
1996 Elizabeth II 70th birthday . . **50.00**
1997 Elizabeth II and Prince Philip
golden wedding anniversary **50.00**
1998 Prince Charles 50th birthday
. . . . **50.00**
1999 Princes Diana 1961-1997 . . **50.00**
1999 Greenwich meridian **50.00**
2000 Greenwich meridian **50.00**
2000 Queen Mother 100th birthday
. . . . **50.00**
2001 Victoria death centennial . . . **50.00**
2002 Elizabeth II golden jubilee . . **50.00**
2002 Queen Mother **50.00**
2003 Elizabeth II golden jubilee . . **50.00**
2004 Entente Cordiale **50.00**
2005 Battle of Trafalgar **50.00**
2005 Horatio Nelson **50.00**
2006 Elizabeth II 80th birthday . . **50.00**
2007 Elizabeth II 60th wedding
anniversary **50.00**
2009 Henry VIII **50.00**
2009 London Olympics, swimmer
. . . . **50.00**
2009 London Olympics, Flying
Scotsman **50.00**
2009 London Olympics, Globe
Theatre **50.00**
2009 London Olympics, man in leg
braces **50.00**
2009 London Olympics, Stonehenge
. . . . **50.00**
2009 London Olympics, Angel of
the North **50.00**
2009 London Olympics, Big Ben . . **50.00**
2010 London Olympics, Giants
Causeway **50.00**
2010 London Olympics, coastline . . **50.00**
2010 London Olympics, Thames
River **50.00**
2010 London Olympics, flora **50.00**
2010 London Olympics, owl **50.00**
2010 London Olympics, weather
vane **50.00**
2011 Prince Philip 90th birthday . . **50.00**
2010 London Olympics, runners . . **50.00**
2010 London Olympics,
Churchill **50.00**
2010 London Olympics, flora **50.00**
2010 London Olympics, musical
instruments **50.00**
2010 1660 monarchy restoration . . **50.00**
2011 London Olympics, cyclist . . **50.00**
2011 royal wedding **50.00**
2013 Elizabeth II 60th anniversary of
coronation **125**

2013 young Elizabeth II bust **150**
2013 Elizabeth II with tiara **150**
2013 Elizabeth II with crown **150**
2013 Elizabeth II Machin bust **150**

Size: 38.61 millimeters.
Weight: 39.94 grams.
Composition: 91.7% gold (1.177 troy
ounces).

PF
1990 Queen Mother 90th birthday
. . . . **2,150**
1993 Elizabeth II coronation 40th
anniversary **2,150**
1996 Elizabeth II 70th birthday . . . **2,150**
1997 Elizabeth II and Prince Philip
golden wedding anniversary **2,150**
1998 Prince Charles 50th birthday
. . . . **2,150**

PF
1999 Princes Diana 1961-1997 . . **2,150**
1999 Greenwich meridian **2,150**
2000 Greenwich meridian **2,150**
2000 Queen Mother 100th
birthday **2,150**
2001 Victoria death centennial . . . **2,100**

PF
2002 Elizabeth II golden jubilee . . **2,100**
2002 Queen Mother **2,100**
2003 Elizabeth II golden jubilee . . **2,100**
2004 Entente Cordiale **2,100**
2005 Battle of Trafalgar **2,100**
2005 Horatio Nelson **2,100**
2006 Elizabeth II 80th birthday . . **2,100**
2007 Elizabeth II 60th wedding
anniversary **2,100**
2009 London Olympics, swimmer
. . . . **2,100**

1999 ...
2010 London ...
    Palace . . . .
2013 Elizabeth II 60th anniv...
    of coronation, gold plated . . . . . .
2013 royal arms **3,000**

Size: 38.6 millimeters.
Weight: 94.2 grams.
Composition: 99.95-percent platinum
(3.027 troy ounces).

	PF
2004 Entente Cordiale	**75,700**
2013 Elizabeth II 60th anniversary of coronation	**.9,000**

TEN POUNDS

Size: 65 millimeters.
Weight: 155.5 grams.
Composition: 99.9-percent silver
(4.9942 troy ounces).

	PF
2012 London Olympics	**225**

Weight: 155.5 grams.
Composition: 99.9-percent gold
(4.9942 troy ounces).

	PF
2012 London Olympics	**.9,500**

TWENTY-FIVE POUNDS

Size: 22 millimeters.
Weight: 8.51 grams.
Composition: 91.67-percent gold
(0.2508 troy ounces).

	PF
2010 London Olympics, Mercury, cyclists	**800**

...ics, Diana,
    . . . . **800**
...mpics, Juno **800**
...ympics, Apollo . . . **800**
...Olympics, Minerva . . **800**
...Olympics, Vulcan . . . **800**

...NDRED POUNDS

...millimeters.
...32.69 grams.
...osition: 91.67-percent gold
...4 troy ounces).

	PF
...0 London Olympics, Neptune	**1,850**
...11 London Olympics, Jupiter . .	**.1,850**
...012 London Olympics, Mars . . .	**.1,850**

FIVE HUNDRED POUNDS

Size: 100 millimeters.
Weight: 1,000 grams.
Composition: 99.99-percent silver
(32.146 troy ounces).

	PF
2012 London Olympics, ring of pennants	**.1,500**
2012 royal arms	**.1,300**

ONE THOUSAND POUNDS

Weight: 1,000 grams.
Composition: 99.9-percent gold
(32.117 troy ounces).

	PF
2012 barbell	**58,000**

QUARTER SOVEREIGN

ELIZABETH II

Size: 13 millimeters.
Weight: 2 grams.
Composition: 91.7% gold (0.059 troy
ounces).

	UNC	PF
2009	. . . . **115**	. . . . . **135**
2010	. . . . **115**	. . . . . **135**
2011	. . . . **115**	. . . . . **135**
2012	. . . . **—**	. . . . . **135**
2013	. . . . **115**	. . . **135**

HALF SOVEREIGN

EDWARD VII

Size: 20 millimeters.
Weight: 3.994 grams.
Composition: 91.7% gold (0.1177 troy
ounces).

	XF	UNC
1902	. . . . **150**	. . . . **325**
1903	. . . . **150**	. . . . **—**
1904	. . . . **150**	. . . . **—**
1905	. . . . **150**	. . . . **—**
1906	. . . . **150**	. . . . **—**
1907	. . . . **150**	. . . . **—**
1908	. . . . **150**	. . . . **—**
1909	. . . . **150**	. . . . **—**
1910	. . . . **150**	. . . . **—**

GEORGE V

Size: 20 millimeters.
Weight: 3.994 grams.
Composition: 91.7% gold (0.1177 troy
ounces).

	XF	UNC
1911	. . . . **150**	. . . . **400**
1912	. . . . **150**	. . . . **—**
1913	. . . . **150**	. . . . **—**
1914	. . . . **150**	. . . . **—**
1915	. . . . **150**	. . . . **—**

GEORGE VI

Size: 20 millimeters.
Weight: 3.994 grams.
Composition: 91.7% gold (0.1177 troy
ounces).

	PF
1937	. . . . **600**

ELIZABETH II

Size: 20 millimeters.
Weight: 3.99 grams.
Composition: 91.7% gold (0.1176 troy
ounces).

	UNC	PF
1980	. . . . **—**	. . . . . **160**
1982	. . . . **160**	. . . . . **150**
1983	. . . . **—**	. . . . . **160**
1984	. . . . **—**	. . . . . **160**

Notes: New portrait

	PF
1985	230
1986	230
1987	230
1988	230
1989 gold sovereign 500th anniversary	600
1990	290
1991	290
1992	290
1993	290
1994	260
1995	260
1996	260
1997	260

Notes: New portrait

	UNC	PF
1998	—	160
1999	—	160
2000	150	160
2001	150	160
2002	150	160
2002 Elizabeth II golden jubilee	165	185
2003	150	160
2004	160	—
2005	150	165
2006	150	160
2007	150	160
2008	150	160
2009	150	160
2010	150	160
2011	150	160
2012	—	165
2013	150	165

SOVEREIGN

EDWARD VII

Size: 23 millimeters.
Weight: 7.9881 grams.
Composition: 91.7% gold (0.2355 troy ounces).

	UNC	PF
1902	425	450
1903	425	—
1904	425	—
1905	425	—
1906	425	—
1907	425	—
1908	425	—
1909	425	—
1910	425	—

GEORGE V

Size: 23 millimeters.
Weight: 7.9881 grams.
Composition: 91.7% gold (0.2355 troy ounces).

	UNC	PF
1911	425	850
1912	425	—
1913	425	—
1914	425	—
1915	425	—
1916	425	—
1917	12,000	—
1925	425	—

GEORGE VI

Size: 23 millimeters.
Weight: 7.9881 grams.
Composition: 91.7% gold (0.235 troy ounces).

	PF
1937	2,250

ELIZABETH II

Size: 23 millimeters.
Weight: 7.9881 grams.
Composition: 91.7% gold (0.2355 troy ounces).

	UNC	PF
1957	425	6,500
1958	425	6,500
1959	425	6,500
1962	425	—
1963	425	6,750
1964	425	—
1965	425	—
1966	425	—
1967	425	—
1968	425	—

Notes: New portrait

	UNC	PF
1974	300	—
1976	300	—
1978	300	—
1979	300	425
1980	300	425
1981	300	425
1982	300	425
1983	—	425
1984	—	425

Notes: New portrait

	UNC	PF
1985	—	425
1986	—	425
1987	—	425
1988	—	425
1989 gold sovereign 500th anniversary	—	1,250
1990	—	475
1991	—	475
1992	—	475
1993	—	525
1994	—	475
1995	—	475
1996	—	475
1997	—	475
1998		450
1999	—	500
2000	425	425
2001	300	425
2002	300	—
2002 Elizabeth II golden jubilee	300	425
2003	300	425
2004	300	—
2005	300	425
2006	300	425
2007	300	425
2008	300	425
2009	300	425
2010	300	425
2011	300	425
2012	—	425
2013	300	425

BRITISH PAPER MONEY

✌ Introduction ✍

The earliest recorded paper money of Great Britain dates back to the founding of the Bank of England in 1694. This first British paper money consisted of handwritten promissory notes and certificates of deposit. The first partially printed notes with handwritten amounts were introduced in about 1696. By 1745 all notes were printed, in denominations of 20 pounds through 1,000 pounds, but values in shillings in between the round figures could be added by hand.

The listings that follow begin with the Bank of England 1960-1964 issue, when British notes took on the general look of current issues. The fronts of all notes feature a portrait of Queen Elizabeth II; the backs feature portraits of various historical figures, as indicated in the listings.

Values are for the most common varieties of the notes; more scarce varieties have higher values.

1960-1964 ISSUE

	VF
10 shillings, Britannia	4.00
1 pound, Britannia	4.00

	VF
5 pounds, Britannia	25.00
10 pounds, lion	35.00

1971-1982 ISSUE

	VF
1 pound, Sir Isaac Newton	4.00
5 pounds, Arthur Wellesley	15.00
10 pounds, Florence Nightingale	25.00
20 pounds, Shakespeare	55.00

50 pounds, Sir C. Wren **120**

1990-1992 ISSUE

	UNC
5 pounds, George Stephenson	**35.00**
10 pounds, Charles Dickens	**60.00**
20 pounds, M. Faraday	**120**

1993 ISSUE

	UNC
5 pounds, George Stephenson	**25.00**
10 pounds, Charles Dickens	**55.00**
20 pounds, M. Faraday	**95.00**
50 pounds, Sir J. Houblon	**180**

1996 ISSUE

	UNC
5 pounds, Elizabeth II 70th birthday	**80.00**

1997 ISSUE

	UNC
5 pounds, return of Hong Kong to People's Republic of China	**25.00**

1999-2000 ISSUE

	UNC
10 pounds, Charles Darwin	**35.00**
20 pounds, Sir Edward Elgar	**70.00**

2000 ISSUE

	UNC
5 pounds, millennium	**40.00**
5 pounds, Queen Mother 100th birthday	**60.00**
5 pounds, with 5-pound stamp in folder	**80.00**
10 pounds, millennium	**65.00**

2002 ISSUE

	UNC
5 pounds, Elizabeth Fry	**17.50**

2006 ISSUE

	UNC
20 pounds, Buckingham Palace	**65.00**
50 pounds, Matthew Boulton	**175**

WORLD COINS

AUSTRALIA

Great Britain's six colonies in Australia were united in 1901 as the Commonwealth of Australia. In 1942, Australia passed a law establishing its complete autonomy in external and internal affairs, which merely formalized a situation that had already existed for years. The British monarch, however, continues as Australia's head of state and appears on its coins.

The listings that follow begin with commonwealth issues, which were introduced in 1910. Australia's coinage system was based originally on the old British system of pounds, shillings, and pence. The country switched to a decimal system (100 cents equaling 1 dollar) in 1966.

	VF
1922 half penny, George V (BZ)	1.00
1938 half penny, George VI (BZ)	0.40
1942 half penny, George VI, kangaroo (BZ)	0.50
1953 half penny, Elizabeth II (BZ)	0.15
1911 penny, George V (BZ)	4.00

1941 penny, George VI (BZ) 0.75

1961 penny, Elizabeth II (BZ)	0.20
1910 3 pence, Edward VII (S)	7.00
1918 3 pence, George V (S)	7.00
1938 3 pence, George VI (S)	1.25
1953 3 pence, Elizabeth II (S)	1.50
1910 6 pence, Edward VIII (S)	17.00
1928 6 pence, George V (S)	8.00
1945 6 pence, George VI (S)	2.50
1956 6 pence, Elizabeth II (S)	2.00

1934 shilling, George V (S)	22.50
1943 shilling, George VI (S)	5.00
1957 shilling, Elizabeth II (S)	2.75
1910 florin, Edward VII (S)	150
1927 florin, Parliament House opening (S)	7.50
1934 florin, Victoria and Melbourne centennial (S)	130
1936 florin, George V (S)	7.50

1944 florin, George VI (S)	10.00
1951 florin, commonwealth 50th anniversary (S)	5.50
1954 florin, Elizabeth II, kangaroo (S)	5.50
1960 florin, Elizabeth II (S)	5.50
1937 crown, George VI (S)	25.00
1911 half sovereign, George V (G)	150

1924 sovereign, George V (G) 800

	UNC
1970 cent, Elizabeth II (BZ)	0.50
1985 cent, new portrait (BZ)	0.20
1991 cent, feather-tailed glider (S)	proof 10.00
2006 cent, feather-tailed glider (BZ)	2.25
2006 cent, feather-tailed glider (S)	proof 15.00

	UNC
2006 cent, feather-tailed glider (G)	proof 650
1975 2 cents (BZ)	0.50
1985 2 cents, new portrait (BZ)	0.35
1991 2 cents, frill-necked lizard (S)	proof 10.00
2006 2 cents, frill-necked lizard (BZ)	2.25
2006 2 cents, frill-necked lizard (S)	proof 15.00
2006 2 cents, frill-necked lizard (G)	proof 700
2009 2 cents, 1966 decimal pattern (S)	20.00
1975 5 cents (C-N)	0.50
1987 5 cents (C-N)	0.50
1991 5 cents, echidna (S)	proof 10.00
1999 5 cents, new portrait (C-N)	0.20
1999 5 cents, kangaroo reverse of 1939-1948 (S)	proof 10.00
2005 5 cents, federation centennial (G)	450
2006 5 cents, echidna (S)	proof 15.00
2009 5 cents, 1966 decimal pattern (S)	proof 30.00
1966 10 cents (C-N)	2.00
1985 10 cents, new portrait (C-N)	0.50
1991 10 cents, lyrebird (S)	proof 12.50
1999 10 cents, new portrait (C-N)	0.50
2005 10 cents, federation centennial (G)	700
2006 10 cents, lyrebird (S)	proof 15.00
2009 10 cents, 1966 decimal pattern (S)	45.00
1980 20 cents (C-N)	0.70
1985 20 cents, new portrait (C-N)	6.00
1991 20 cents, duckbill platypus (S)	proof 20.00
1995 20 cents, United Nations 50th anniversary (C-N)	2.00
1998 20 cents, 1927 Parliament House florin design (S)	proof 20.00
1999 20 cents, new portrait (C-N)	0.80
1999 20 cents, 3 pence reverse of 1938-1944 (S)	proof 20.00
2000 20 cents, Edward VII reverse (S)	proof 20.00
2000 20 cents, George V reverse (S)	20.00

UNC

2000 20 cents, Elizabeth II original portrait reverse (S) . . . . . *proof* **20.00**

2001 20 cents, Norfolk Island (C-N) **3.50**

2001 20 cents, New South Wales (C-N) **3.50**

2001 20 cents, Australian Capital Territory (C-N) **3.50**

2001 20 cents, Queensland (C-N) .**3.50**

2001 20 cents, state of Victoria (C-N) **3.50**

2001 20 cents, Northern Territory (C-N) **3.50**

2001 20 cents, South Australia (C-N) **3.50**

2001 20 cents, Western Australia (C-N) **3.50**

2001 20 cents, Tasmania (C-N) . . .**3.50**

2006 20 cents, federation centennial (G) . . . . *proof* **1,500**

2007 20 cents, Year of the Surf Lifesaver (C-N) **3.50**

2009 20 cents, Year of Astronomy (C-N) **4.00**

1988 25 cents, Aboriginal culture (S) . . . . *proof* **10.00**

1989 25 cents, Aboriginal mythology (S) **15.00**

1990 25 cents, mythological creatures (S) **17.50**

2001 25 cents, Parliament House, coin in shape of 7-sided star (S) . . . . *prooflike* **17.50**

1966 50 cents (S) **10.00**

1977 50 cents, Elizabeth II golden jubilee (C-N) **1.50**

1981 50 cents (C-N) **1.00**

1981 50 cents, Prince Charles and Lady Diana wedding (C-N) **1.00**

1985 50 cents, new portrait (C-N) .**8.00**

1989 50 cents, Prince Charles and Lady Diana wedding (S) **18.00**

1991 50 cents, decimal currency 25th anniversary (C-N) **5.00**

1991 50 cents, decimal currency 25th anniversary (S) . . . . *proof* **20.00**

1998 50 cents, 1937 crown design (S) . . . . *proof* **28.00**

2000 50 cents, millennium (C-N) .**4.00**

2000 50 cents, millennium, multicolored (C-N) . . . . . *proof* **35.00**

2000 50 cents, royal visit (C-N) . . .**1.50**

2000 50 cents, royal visit (S) . . . . *proof* **28.50**

2000 50 cents, George VI reverse (S) . . . . *proof* **28.00**

2001 50 cents, federation centennial, commonwealth coat of arms (C-N) **2.00**

2001 50 cents, federation centennial, commonwealth coat of arms, multicolored (C-N) . . . . . *proof* **27.50**

2001 50 cents, federation centennial, commonwealth coat of arms (G) **1,950**

2001 50 cents, Year of the Snake (S) **12.50**

2003 50 cents, Elizabeth II 50th anniversary of coronation (AL-BZ) **15.00**

2006 50 cents, Australian coat of arms (S) . . . . *proof* **50.00**

2006 50 cents, Elizabeth II 80th birthday (C-N) **5.00**

2006 50 cents, Elizabeth II 80th birthday (S) . . . . *proof* **50.00**

2006 50 cents, Elizabeth II royal visit (C-N) **5.00**

2006 50 cents, Elizabeth II royal visit (S) . . . . *proof* **50.00**

2009 50 cents, Great Barrier Reef, lion fish, multicolored (S) . . . . *proof* **50.00**

2009 50 cents, Great Barrier Reef, leafy sea dragon, multicolored (S) . . . . *proof* **50.00**

2009 55 cents, postal service 200th anniversary, early post box (S) . . . . *proof* **90.00**

2009 55 cents, postal service 200th anniversary, home delivery (S) . . . . *proof* **90.00**

1984 dollar (N-AL-C) **2.00**

1985 dollar, new portrait (N-AL-C) **4.00**

1996 dollar, decimal currency 10th anniversary (S) . . . . . . *proof* **100**

1996 dollar, Sir Henry Parkes (N-AL-C) **5.00**

1998 dollar, new Parliament House anniversary (S) . . . . *proof* **50.00**

2000 dollar, Victoria Cross (N-AL-C) **165**

2000 dollar, millennium (S) **37.50**

2001 dollar, Australian Royal Navy 90th anniversary (AL-BZ) **15.00**

2001 dollar, Australian army centennial (AL-BZ) **6.00**

2001 dollar, Australian Royal Air Force 80th anniversary (AL-BZ) **6.00**

2002 dollar, Elizabeth II golden jubilee (S) . . . . *proof* **35.00**

2002 dollar, Melbourne Mint (S) . . . . *proof* **37.50**

2003 dollar, Korean War (S) . . . . *proof* **20.00**

2003 dollar, Prince William 21st birthday (S) . . . . *proof* **28.00**

2003 dollar, women's suffrage (AL-BZ) **3.00**

2003 dollar, Vietnam War veterans (AL-BZ) **3.50**

2004 dollar, last penny (C center in S ring) . . . . *proof* **55.00**

2004 dollar, first moon walk, rocket, multicolored (S) . . . . *proof* **28.00**

2004 dollar, first moon walk, astronauts, multicolored (S) . . . . *proof* **28.00**

2004 dollar, first moon walk, astronaut on moon, multicolored . . *proof* **28.00**

2005 dollar, Australian Open tennis centennial (S) **40.00**

2005 dollar, Prince Harry 21st birthday (S) . . . . *proof* **25.00**

2006 dollar, 50 years of television (AL-BZ) **2.50**

2006 dollar, replica of 1758 Mexico 8 reales (S) **80.00**

2006 dollar, first European landing on Australian mainland tercentenary (S) . . . . *proof* **40.00**

2006 dollar, Elizabeth II 80th birthday (S) . . . . *proof* **25.00**

2008 dollar, rugby league centennial (AL-BR) **13.00**

2008 dollar, Kakadu National Park, saltwater crocodile (S) . . . *proof* **70.00**

2009 dollar, Year of Astronomy (AL-BR) **12.00**

2009 dollar, FIFA World Cup (S) . . . . *proof* **100**

2010 dollar, century of flight in Australia (S) . . . . *proof* **90.00**

1988 2 dollars (AL-BZ) **4.25**

1999 2 dollars, new portrait (AL-BZ) **8.00**

1999 2 dollars, St. George slaying dragon (S) . . . . *proof* **22.00**

2000 2 dollars, Victoria reverse (S) **27.50**

2006 2 dollars, Aboriginal elder (S) . . . . *proof* **20.00**

1988 5 dollars, Parliament House (AL-BZ) **5.00**

1988 5 dollars, Parliament House (S) . . . . *proof* **30.00**

1996 5 dollars, Dame Nellie Melba (S) . . . . *proof* **27.50**

UNC

1996 5 dollars, Henry Lawson (S)
. . . . *proof* **27.50**

2000 5 dollars, Sydney 2000 Olympics, runner (AL-BZ) **9.00**

2000 5 dollars, Sydney 2000 Olympics, gymnast (AL-BZ) **8.00**

2000 5 dollars, Sydney 2000 Olympics, sailing (AL-BZ) **9.00**

2000 5 dollars, Sydney 2000 Olympics, archery (AL-BZ) **9.00**

2000 5 dollars, Sydney 2000 Olympics, field hockey (AL-BZ) **8.00**

2000 5 dollars, Sydney 2000 Olympics, weightlifting (AL-BZ) **8.00**

2000 5 dollars, Sydney 2000 Olympics, cycling (AL-BZ) **9.00**

2000 5 dollars, Sydney 2000 Olympics, soccer (AL-BZ) **9.00**

2000 5 dollars, Sydney 2000 Olympics, triathlon (AL-BZ) **9.00**

2000 5 dollars, Sydney 2000 Olympics, netball (AL-BZ) **9.00**

2000 5 dollars, Sydney 2000 Olympics, wrestling (AL-BZ) **9.00**

2000 5 dollars, Sydney 2000 Olympics, canoeing (AL-BZ) **9.00**

2000 5 dollars, Sydney 2000 Olympics, softball (AL-BZ) **9.00**

2000 5 dollars, Sydney 2000 Olympics, basketball (BR) **8.00**

2000 5 dollars, Sydney 2000 Olympics, tae kwon do (BR) **8.00**

2000 5 dollars, Sydney 2000 Olympics, tennis (BR) **8.00**

2000 5 dollars, Sydney 2000 Olympics, shooting (BR) **8.00**

2000 5 dollars, Sydney 2000 Olympics, table tennis (BR) **8.00**

2000 5 dollars, Sydney 2000 Olympics, fencing (BR) **8.00**

2000 5 dollars, Sydney 2000 Olympics, badminton (BR) **9.00**

2000 5 dollars, Sydney 2000 Olympics, pentathlon (BR) **9.00**

2000 5 dollars, Sydney 2000 Olympics, judo (BR) **8.00**

2000 5 dollars, Sydney 2000 Olympics, rowing (BR) **9.00**

2000 5 dollars, Sydney 2000 Olympics, boxing (BR) **9.00**

2000 5 dollars, Sydney 2000 Olympics, volleyball (BR) **9.00**

2000 5 dollars, Sydney 2000 Olympics, equestrian (BR) **9.00**

2000 5 dollars, Sydney 2000 Olympics, baseball (BR) **9.00**

2000 5 dollars, Sydney 2000 Olympics, swimming (BR) **9.00**

2000 5 dollars, Phar Lap (AL-BZ center in SS ring) **10.00**

2002 5 dollars, Year of the Outback (S) . . . . *proof* **100**

2002 5 dollars, Battle of Sunda Strait (AL center in SS ring) **7.50**

2002 5 dollars, Duyfken sailing ship (S) . . . . *proof* **35.00**

2002 5 dollars, HMS Endeavour sailing ship (S) . . . . *proof* **35.00**

2002 5 dollars, HMS Sirius sailing ship . . . . *proof* **35.00**

2002 5 dollars, HMS Investigator sailing ship (S) . . . . *proof* **35.00**

2003 5 dollars, Rugby World Cup (S) . . . . *proof* **85.00**

2004 5 dollars, Australian steam railways 150th anniversary (S) . . . *proof* **30.00**

2006 5 dollars, Voyage of Discovery 1606 (AL-BZ) **15.00**

2009 5 dollars, Arctic explorers (S) . . . . *proof* **85.00**

1982 10 dollars, XII Commonwealth Games (S) **13.50**

1985 10 dollars, state of Victoria 150th anniversary (S) **13.50**

1986 10 dollars, South Australia 150th anniversary (S) **13.50**

1987 10 dollars, New South Wales (S) **13.50**

1989 10 dollars, Queensland (S) . . **13.50**

1990 10 dollars, Western Australia (S) **15.00**

1991 10 dollars, Tasmania (S) **15.00**

1992 10 dollars, Northern Territory (S) **13.50**

1993 10 dollars, Australian Capital Territory (S) **15.00**

1996 10 dollars, southern right whale (S) . . . . *proof* **50.00**

1997 10 dollars, Sydney Opera House (S) . . . . *proof* **32.50**

1997 10 dollars, Sydney Harbour Bridge (S) . . . . *proof* **32.50**

2002 10 dollars, Adelaide pound coin 1852-2002 (S) . . . . *proof* **65.00**

2003 10 dollars, Sydney Mint 150th anniversary (S) . . . . *proof* **85.00**

2001 20 dollars, Gregorian millennium (S center in G ring) . . . . *prooflike* **350**

2001 20 dollars, federation centennial (G center in S ring) . . . . *prooflike* **475**

1992 25 dollars, Elizabeth II 40th anniversary of reign, Queen Mother (S) . . . . *proof* **32.50**

1992 25 dollars, Elizabeth II 40th anniversary of reign, Princess Diana (S) . . . . *proof* **32.50**

1992 25 dollars, Elizabeth II 40th anniversary of reign, Princess Anne (S) . . . . *proof* **32.50**

1992 25 dollars, Elizabeth II 40th anniversary of reign, Princess Margaret (S) . . . . *proof* **32.50**

2005 25 dollars, first Australian sovereign 150th anniversary (G) . . . . . *proof* **475**

2008 25 dollars, end of World War I 90th anniversary (G) . . . . *proof* **675**

1999 100 dollars, Perth Mint centennial (G center in S ring) . . . . *proof* **600**

2002 100 dollars, Elizabeth II 50th anniversary of accession (G) . . . . *proof* **1,775**

2005 100 dollars, end of World War II 60th anniversary (G) **1,800**

1981 200 dollars, Prince Charles and Lady Diana wedding (G) **525**

1982 200 dollars, XII Commonwealth Games (G) **525**

1987 200 dollars, Arthur Phillip (G) . . **525**

1993 200 dollars, Olympic centenary (G) . . . . *proof* **885**

AUSTRIA

Modern Austria started to take form in the early 19th century when Franz II renounced his title as Holy Roman Emperor and declared himself emperor of Austria as Franz I. After the fall of Napoleon in 1815, Austria became the most powerful of the German states but was expelled from the German Confederation following the Austro-Prussian War in 1866.

A year later, Emperor Franz Joseph I reached an accord with Hungary, which united the two countries for external affairs. The Austro-Hungarian Empire, as it is commonly called, continued through World War I. After the war, the empire was abolished and Austria became an independent republic.

Austria was incorporated into the Greater German Reich in 1938. Victorious Allied forces occupied Austria in April 1945 and divided the country into four zones of military occupation. On May 15, 1955, the four powers formally recognized Austria as a sovereign, independent democratic state.

The listings that follow begin in 1892, when the empire adopted a new coinage system consisting of 100 heller = 1 corona.

XF

1893 heller (BZ) 0.50
1916 heller (BZ) 14.00
1899 2 heller (BZ) 1.00
1918 2 heller (I) 4.00

1893 10 heller (N) 1.50
1910 10 heller (N) 2.50
1915 10 heller (C-N-Z) 0.50
1894 20 heller (N) 1.50
1907 20 heller (N) 3.00
1916 20 heller (I) 2.00
1895 corona (S) 15.00
1903 corona (S) 8.00
1908 corona, Franz Joseph I 60th
  anniversary of reign (S) 6.00
1915 corona, Franz Joseph I (S) . . .3.50
1912 2 corona, Franz Joseph I (S) . .7.00
1900 5 corona, Franz Joseph I (S).30.00
1907 5 corona, Franz Joseph I (S).45.00
1908 5 corona, Franz Joseph I 60th
  anniversary of reign (S) 30.00
1909 5 corona, Franz Joseph I,
  large portrait (S) 40.00
1909 5 corona, Franz Joseph I, smaller
  portrait (S) 35.00
1897 10 corona, Franz Joseph I G) . .185
1905 10 corona, Franz Joseph I (G). .185
1908 10 corona, Franz Joseph I, 60th
  anniversary of reign (G) 125

1909 10 corona, Franz Joseph I (G) **125**
1910 10 corona, Franz Joseph I (G) **125**
1892 20 corona, Franz Joseph I (G) **315**
1905 20 corona, Franz Joseph I (G) **250**
1908 20 corona, Franz Joseph I, 60th
  anniversary of reign (G) **400**
1909 20 corona, Franz Joseph I
  (G) **1,450**
1914 20 corona, Franz Joseph I (G) **800**
1916 20 corona, Franz Joseph I (G) **900**

1908 100 corona, Franz Joseph I, 60th
  anniversary of reign (G) **1,950**
1910 100 corona, Franz Joseph I
  (G) **1,800**
1923 20 kronen (G). **1,850**

1923 100 kronen (G) **2,750**
1924 100 kronen (BZ) **1.50**
1924 200 kronen (BZ) **2.00**
1924 1,000 kronen (C-N) **3.00**

UNC

1925 groschen (BZ) 2.00
1947 groschen (Z) 2.50
1928 2 groschen (BZ) 2.00
1952 2 groschen (AL) 2.50
1980 2 groschen (AL) 0.50
1932 5 groschen (C-N) 5.00
1965 5 groschen (Z) 3.00
1975 5 groschen (Z) 0.75
1929 10 groschen (C-N) 4.50
1949 10 groschen (Z) 3.50
1957 10 groschen (AL) 4.00
1985 10 groschen (AL) 0.45
1951 20 groschen (AL-BZ) 2.75
1934 50 groschen (C-N) 90.00
1935 50 groschen (C-N) 5.00
1952 50 groschen (AL) 8.50
1961 50 groschen (AL-BZ) 15.00
1990 50 groschen (AL-BZ) 0.75
1925 half schilling (S) 8.00
1924 schilling (S) 10.00
1925 schilling (S) 7.00
1934 schilling (C-N) 7.50

1947 schilling (AL) 6.00
1957 schilling (AL) 7.00
1959 schilling (AL-BZ) 12.00
1995 schilling (AL-BZ) 1.25
1928 2 schilling, Franz Schubert
  (S) 16.00
1929 2 schilling, Dr. Theodor Billroth
  (S) 32.50
1930 2 schilling, Walther von der
  Vogelweide (S) 18.00
1931 2 schilling, Wolfgang Mozart
  (S) 50.00

1932 2 schilling, Joseph Haydn (S). **175**
1933 2 schilling, Ignaz Seipel (S) .**60.00**
1934 2 schilling, Dr. Engelbert Dollfuss
  (S) 32.50
1935 2 schilling, Dr. Karl Lueger
  (S) 45.00
1936 2 schilling, Prince Eugen of Savoy
  (S) 30.00
1937 2 schilling, St. Charles Church
  (S) 30.00
1947 2 schilling (AL) 22.00
1935 5 schilling (S) 60.00
1952 5 schilling (AL) 12.50
1964 5 schilling (S) 3.50
1970 5 schilling (C-N) 4.00
2000 5 schilling (C-N) 2.00
1968 10 schilling (S) 10.00
1980 10 schilling (C-N) 6.00
1982 20 schilling, Joseph Haydn
  (C-AL-N) 3.50
1983 20 schilling, Hochosterwitz Castle
  (C-AL-N) 3.50
1984 20 schilling, Grafenegg Palace
  (C-AL-N) 3.50
1985 20 schilling, Diocese of Linz
  200th anniversary (C-AL-N) 4.50
1986 20 schilling, Georgenberger Treaty
  800th anniversary (C-AL-N) 4.50
1987 20 schilling, Archbishop Thun
  (C-AL-N) 4.50
1991 20 schilling (C-AL-N) 5.00
1991 20 schilling, Franz Grillparzer
  (C-AL-N) 4.50
1994 20 schilling, Vienna Mint 800th
  anniversary (C-AL-N) 4.50

UNC

1995 20 schilling, Krems 1,000th anniversary (C-AL-N) **4.50**

1996 20 schilling, Anton Bruckner (C-AL-N). **4.50**

1997 20 schilling, St. Stephen's Cathedral (C-AL-N) **4.50**

2000 20 schilling, first Austrian postage stamp 150th anniversary (C-AL-N). **4.50**

2001 20 schilling, Johann Nepomuk Nestroy (C-AL-N) **4.50**

1926 25 schilling (G) **310**

1937 25 schilling, St. Leopold (G) **850**

1955 25 schilling, National Theater in Vienna (S) **20.00**

1956 25 schilling, Wolfgang Mozart (S) **8.00**

1957 25 schilling, Mariazell Basilica (S) **8.00**

1958 25 schilling, Auer von Welbsbach (S) **8.00**

1959 25 schilling, Archduke Johann (S) **8.00**

1961 25 schilling, Burgenland 40th anniversary (S) **8.00**

1963 25 schilling, Prince Eugen (S) **8.00**

1964 25 schilling, Franz Grillparzer (S) **8.00**

1966 25 schilling, Ferdinand Raimund (S) **8.00**

1967 25 schilling, Empress Maria Theresa (S) **8.00**

1969 25 schilling, Peter Rosegger (S) **8.00**

1970 25 schilling, Franz Lehar (S) . **8.00**

1971 25 schilling, Vienna Bourse 200th anniversary (S) **8.00**

1972 25 schilling, Carl M. Ziehrer (S) **8.00**

1959 50 schilling, liberation of Tirol 150th anniversary (S) **14.00**

1963 50 schilling, union with Tirol 600th anniversary (S). **14.00**

1964 50 schilling, Winter Olympics (S) **14.00**

1965 50 schilling, Vienna University 600th anniversary (S) **14.00**

1966 50 schilling, National Bank 150th anniversary (S). **14.00**

1967 50 schilling, Blue Danube Waltz (S) **14.00**

1968 50 schilling, Austrian republic 50th anniversary (S). **14.00**

1969 50 schilling, Maximilian I (S) **14.00**

1970 50 schilling, Innsbruck University 300th anniversary (S) **14.00**

1972 50 schilling, Salzburg University (S) **14.00**

1974 50 schilling, Vienna International Flower Show (S) **10.00**

1974 50 schilling, Salzburg Cathedral (S) **10.00**

1978 50 schilling, Franz Schubert (S) **10.00**

1996 50 schilling, Austrian millennium (C-N-clad N center in AL-BZ ring) **14.00**

1998 50 schilling, Austrian presidency of European Union (C-N-clad N center in AL-BZ ring) **8.00**

1999 50 schilling, euro currency (C-N-clad N center in AL-BZ ring). . . . **7.00**

1999 50 schilling, Johann Strauss (C-N-clad N center in AL-BZ ring). . . . **7.00**

2000 50 schilling, Sigmund Freud (C-N-clad N center in AL-BZ ring). . . . **7.00**

2000 50 schilling, Ferdinand Porsche (C-N-clad N center in AL-BZ ring) **7.00**

2001 50 schilling, schilling era (C-N-clad N center in AL-BZ ring). . . . **7.50**

1926 100 schilling (G) **1,250**

1936 100 schilling (G) **1,650**

1974 100 schilling, Innsbruck Winter Olympics (S) **11.00**

1975 100 schilling, Innsbruck Winter Olympics (S) **11.00**

1975 100 schilling, Johann Strauss (S) **11.00**

1975 100 schilling, State Treaty 20th anniversary (S). **11.00**

1975 100 schilling, schilling 50th anniversary (S). **11.00**

1976 100 schilling, Burgtheater 200th anniversary (S). **11.50**

1977 100 schilling, Hohensalzburg Fortress (S) **11.50**

1977 100 schilling, Hall Mint 500th anniversary (S). **11.50**

1978 100 schilling, Arlberg Tunnel (S) **11.50**

1979 100 schilling, Cathedral of Wiener Neustadt 700th anniversary (S). **11.50**

1991 100 schilling, Mozart in Salzburg (S) . . . . *proof* **32.50**

1991 100 schilling, Mozart in Vienna (S) . . . . *proof* **32.50**

1991 100 schilling, Rudolph I (S) . . . .*proof* **135**

1992 100 schilling, Otto Nicolai (S) . . . . *proof* **35.00**

1992 100 schilling, Karl V. . *proof* **50.00**

1993 100 schilling, Kaiser Leopold I (S) . . . . *proof* **35.00**

1994 100 schilling, Franz Joseph I (S) . . . . *proof* **35.00**

1994 100 schilling, 1848 revolution (S) . . . . *proof* **35.00**

1995 100 schilling, first republic (S) . . . . *proof* **35.00**

1996 100 schilling, Leopold III (S) . . . . *proof* **35.00**

1999 100 schilling, Archduke Franz Ferdinand and Sophie (S) *proof* **40.00**

2000 100 schilling, communications (titanium center in S ring) . . . . *proof* **45.00**

2000 100 schilling, Marcus Aurelius (S) . . . . *proof* **40.00**

2001 100 schilling, transportation (titanium center in S ring) *proof* **40.00**

2001 100 schilling, Charlemagne (S) . . . . *proof* **40.00**

2001 100 schilling, Duke Rudolf IV (S) . . . . *proof* **40.00**

1995 200 schilling, Olympic Centenary (S) . . . . *proof* **32.50**

1995 200 schilling, Olympics, skier (S) . . . . *proof* **32.50**

1980 500 schilling, Austrian Red Cross centennial (S) **50.00**

1981 500 schilling, Verdun Altar 800th anniversary (S). **50.00**

1981 500 schilling, religious tolerance 200th anniversary (S) **50.00**

1982 500 schilling, St. Severin (S) **50.00**

UNC

1982 500 schilling, Austrian printing 500th anniversary (S) **50.00**

1983 500 schilling, World Horse Jumping Championship (S) **50.00**

1983 500 schilling, Vienna City Hall centennial (S) **50.00**

1983 500 schilling, Pope John Paul II visit (S) **50.00**

1983 500 schilling, Parliament building centennial (S) **50.00**

1984 500 schilling, Tirolean revolution 175th anniversary (S) **50.00**

1984 500 schilling, Stift Stams in Tirol 700th anniversary (S) **50.00**

1985 500 schilling, Graz University 400th anniversary (S) **50.00**

1985 500 schilling, 40 years of peace in Austria (S) **50.00**

1985 500 schilling, Leopold III (S) **50.00**

1986 500 schilling, first thaler coin struck at Hall Mint 500th anniversary (S) **50.00**

1987 500 schilling, Austrian Railroad 150th anniversary (S) **50.00**

1987 500 schilling, Holy Cross Church 800th anniversary (S) **50.00**

1989 500 schilling, Gustav Klimt (S) **50.00**

1991 500 schilling, Mozart (G) . . . . *proof* **475**

1992 500 schilling, Gustav Mahler (S) **47.50**

1992 500 schilling, Richard Strauss (S) **47.50**

1992 500 schilling, Vienna Philharmonic 150th anniversary (G) . . . . . *proof* **350**

1994 500 schilling, Congress of Vienna (G) . . . . *proof* **475**

1996 500 schilling, Innsbruck Square (S) **47.50**

1997 500 schilling, Franz Schubert (G) . . . . *proof* **475**

1999 500 schilling, Rosenburg Castle (S) **42.00**

2000 500 schilling, Jesus Christ 2,000th birth anniversary (G) . . . . . . *proof* **600**

2000 500 schilling, Hochosterwitz Castle (S) **42.00**

2000 500 schilling, Hohenwerfen Castle (S) **42.00**

2001 500 schilling, 2,000 years of Christianity (G) . . . . *proof* **600**

2001 500 schilling, Kufstein Castle (S) **45.00**

2001 500 schilling, Schattenburg Castle (S) **42.00**

1976 1,000 schilling, Babenburg dynasty millennium (G) **700**

1991 1,000 schilling, The Magic Flute opera (G) . . . . *proof* **950**

1992 1,000 schilling, Johann Strauss (G) . . . . *proof* **950**

1994 1,000 schilling, Vienna Mint 800th anniversary (G center in S ring) . . . . *proof* **800**

1995 1,000 schilling, Olympics (G) . . . . *proof* **925**

1995 1,000 schilling, second republic (G) . . . . *proof* **950**

1996 1,000 schilling, Osterreich name millennium (G) . . . . *proof* **950**

1997 1,000 schilling, Marie Antoinette (G) . . . . *proof* **950**

1998 1,000 schilling, Empress Elisabeth assassination 100th anniversary (G) . . . . *proof* **950**

1999 1,000 schilling, Karl I (G) . . . . *proof* **950**

2001 1,000 schilling, Archduke Maximilian (G) **950**

EURO COINAGE

2002 euro cent (C-plated ST) **0.35**

2003 2 euro cent (C-plated ST) . . . **0.50**

2004 5 euro cent (C-plated ST) . . . **0.75**

2005 10 euro cent (BR) **0.75**

2009 10 euro cent (BR) **0.75**

2002 20 euro cent (BR) **1.00**

2009 20 euro cent (BR) **1.00**

2005 50 euro cent (BR) **1.25**

2009 50 euro cent (BR) **1.25**

2007 euro (C-N center in BR ring) **2.50**

2008 euro (C-N center in BR ring) **2.00**

2003 2 euro (BR center in C-N ring) **3.75**

2005 2 euro, State Treaty 50th anniversary (BR center in C-N ring) **5.00**

2007 2 euro, Treaty of Rome 50th anniversary (BR center in C-N ring) **4.00**

2009 2 euro (BR center in C-N ring) **5.00**

2009 2 euro, European Monetary Union 10th anniversary (C-N center in BR ring) **7.50**

2002 5 euro, Schoenbrunn Zoo (S) **12.50**

2004 5 euro, European Union expansion (S) **9.50**

2004 5 euro, Austrian soccer centennial (S) **9.50**

2005 5 euro, sport skiing centennial (S) **9.50**

2005 5 euro, Austrian membership in European Union 10th anniversary (S) **12.50**

2006 5 euro, Mozart (S) **15.00**

2008 5 euro, Herbert von Karajan (S) **17.00**

2009 5 euro, Joseph Haydn (S) . . . **15.00**

2002 10 euro, Ambras Palace (S) . **17.00**

2002 10 euro, Eggenberg Palace and Johannes Kepler (S) **17.50**

2003 10 euro, Schloss Hof Castle (S) **17.50**

2004 10 euro, Hellbrunn Castle (S) **17.00**

2004 10 euro, Artstetten Castle (S) **17.00**

2005 10 euro, second republic 60th anniversary (S) **17.00**

2005 10 euro, Burg Theater and Opera reopening (S) **17.00**

2006 10 euro, Gottweig Abby (S) . **17.00**

2007 10 euro, Melk Abbey (S) . . . **17.00**

2007 10 euro, St. Paul Abbey (S) . **17.00**

2008 10 euro, Klosterneuburg Abby (S) **17.00**

2008 10 euro, Seckau Abbey (S) . . **17.00**

2009 10 euro, Baslisk of Vienna (S) **17.00**

2009 10 euro, Richard the Lionheart in Durnstein (S) **20.00**

2002 20 euro, Ferdinand I (S) . . . . *proof* **37.50**

2002 20 euro, Prince Eugen (S) . . . . *proof* **42.00**

2003 20 euro, Prince Metternich (S) . . . . *proof* **45.00**

2003 20 euro, postwar reconstruction (S) . . . . *proof* **50.00**

UNC

2004 20 euro, SMS Novara (S)
. . . . *proof* **50.00**

2005 20 euro, SMS St. George sailing
past Statue of Liberty
(S) . . . . *proof* **50.00**

2006 20 euro, Austrian Merchant
Marine (S) . . . . *proof* **50.00**

2007 20 euro, 1837 steam locomotive
(S) . . . . *proof* **50.00**

2007 20 euro, 1848 steam locomotive
(S) . . . . *proof* **50.00**

2009 20 euro, high-speed train
(S) . . . . *proof* **50.00**

2004 25 euro, Semmering Alpine
Railway (niobium center in S ring)
. . . . **100**

2005 25 euro, Austrian television 50th
anniversary (niobium center in
S ring) **60.00**

2006 25 euro, European satellite
navigation (niobium center in S ring)
. . . . **60.00**

2007 25 euro, Austrian aviation (niobium
center in S ring) **60.00**

2009 25 euro, Year of Astronomy
(niobium center in S ring) **75.00**

2002 50 euro, Saints Benedict and
Scholastica (G) . . . . *proof* **600**

2004 50 euro, Joseph Haydn
(G) . . . . *proof* **600**

2005 50 euro, Ludwig van Beethoven
(G) . . . . *proof* **600**

2006 50 euro, Wolfgang Mozart
(G) . . . . *proof* **600**

2007 50 euro, Gerard van Sweieten
(G) . . . . *proof* **600**

2009 50 euro, Theodor Billroth
(G) . . . . *proof* **600**

2002 100 euro, Raphael Donner
(G) . . . . *proof* **700**

2004 100 euro, Secession Exhibit Hall in
Vienna (G) . . . . *proof* **950**

2005 100 euro, St. Leopold's Church in
Steinhof (G) . . . . *proof* **950**

2006 100 euro, River Gate Park in
Vienna (G) . . . . *proof* **950**

2008 100 euro, Otto I (G) . . . . *proof* **950**

BELGIUM

Today's constitutional monarchy of Belgium has its roots in the Celtic tribe of Belgae, from which the country takes its name. In the centuries that followed, various regions of modern-day Belgium fell under the various powers and monarchs that vied for control of Europe. The French controlled the region until the fall of Napoleon, and in 1815 the Congress of Vienna reunited the area with the Netherlands. Belgium gained independence from the Netherlands in 1830 and named Leopold I (1831-1865) of Saxe-Coburg-Gotha as its first king.

The listings that follow begin with the establishment of the independent Kingdom of Belgium. All issues are decimal (100 centimes = 1 franc).

XF

1832 centime (C) **500**

1899 centime (C) **5.00**

1907 centime (C) **1.50**

1864 2 centimes (C) **20.00**

1910 2 centimes (C) **3.00**

1850 5 centimes (C) **65.00**

1895 5 centimes (C-N) **9.00**

1925 5 centimes (C-N) **1.25**

1832 10 centimes (C) **400**

1895 10 centimes (C-N) **20.00**

1901 10 centimes (C-N) **200**

1920 10 centimes (C-N) **1.50**

1853 20 centimes (S) **80.00**

1954 20 centimes (BZ) **0.75**

1929 25 centimes (C-N) **2.00**

1938 25 centimes (N-BR) **1.00**

1975 25 centimes (C-N) **0.10**

1898 50 centimes, Leopold II (S) . . **100**

1912 50 centimes, Leopold II (S) . . **2.00**

1922 50 centimes (N) **1.00**

1955 50 centimes (BZ) **0.10**

1834 quarter franc, Leopold I (S) . . **220**

1840 half franc, Leopold I (S) **700**

1835 franc, Leopold I (S) **600**

1866 franc, Leopold II (S) **150**

1912 franc, Albert I (S) **2.75**

1930 franc (N) **1.00**

1940 franc (N) **0.75**

1946 franc (Z) **1.50**

1951 franc, Baudouin I (C-N) . . . **0.10**

1990 franc, Baudouin I (N-plated I)
. . . . *unc* **0.35**

1995 franc, Albert II (N-plated I)
. . . . *unc* **0.30**

1834 2 francs, Leopold I (S) **1,700**

1867 2 francs, Leopold II (S) **450**

1880 2 francs, independence 50th
anniversary (S) **300**

1910 2 francs, Albert I (S) **25.00**

1923 2 francs (N) **10.00**

1849 2-1/2 francs, Leopold I (S) . . . **700**

1847 5 francs, Leopold I (S) **200**

1853 5 francs, Leopold I (S) **200**

1868 5 francs, Leopold II (S) **60.00**

1930 5 francs, Albert I (N) **12.00**

1936 5 francs, Leopold III (N) . . . **50.00**

XF

1949 5 francs, Leopold III (C-N) . . **7.50**

1960 5 francs, Baudouin I (C-N) . . **1.00**

1994 5 francs, Albert II (AL-BZ)
. . . . *unc* **0.50**

1850 10 francs, Leopold I (G) . . . **2,400**

XF

1930 10 francs, independence
centennial (N) **130**

1930 10 francs, conjoined heads of
Leopold I, Leopold II, and Albert I
(N) **140**

1975 10 francs, Baudouin I (N) . . . **0.50**

1865 20 francs, Leopold I (G) **325**

1870 20 francs, Leopold II (G) **235**

1914 20 francs, Albert I (G) . . . *unc* **325**

1949 20 francs (S) **7.00**

1980 20 francs, Baudouin I
(N-BZ) **0.70**

1994 20 francs, Albert II (N-BZ)
. . . . *unc* **1.00**

1848 25 francs, Leopold I (G) . . . **2,400**

1834 40 francs, Leopold I (G)
. . . . **14,000**

1935 50 francs, Brussels Exposition and
Railway centennial (S) **150**

1940 50 francs, Leopold III (S) . . **25.00**

1958 50 francs (S) **11.00**

1958 50 francs, Brussels World Fair
(S) **11.00**

1970 50 francs, Baudouin I and Dona
Fabiola de Mora y Aragon marriage
(S) **11.00**

1987 50 francs, Baudouin I (N) . . . **2.00**

1998 50 francs, Albert II (N) **3.00**

2000 50 francs, European Soccer
Championships (N) . . . . . . *unc* **6.00**

1948 100 francs, conjoined heads of
Leopold I, Leopold II, Albert I, and
Leopold III (S) **10.00**

2000 200 francs, the universe (S)
. . . . **25.00**

UNC

2000 200 francs, nature (S) **35.00**

1976 250 francs, Baudouin I silver
jubilee, French legend, reeded edge
(S) **20.00**

1976 250 francs, Baudouin I silver
jubilee, French legend, stars on edge
(S) **18.00**

1976 250 francs, Baudouin I silver
jubilee, Dutch legend, reeded edge
(S) **15.00**

1976 250 francs, Baudouin I silver
jubilee, Dutch legend, stars on edge
(S) **18.00**

1994 250 francs, BE-NE-LUX Treaty
(S) **18.00**

1995 250 francs, Queen Astrid
(S) **16.00**

1996 250 francs, Baudouin I Foundation
20th anniversary (S) **16.00**

1997 250 francs, Queen Paola 60th
birthday (S) **16.00**

1998 250 francs, Baudouin I death
5th anniversary, Queen Fabiola 70th
birthday (S) **16.00**

1999 250 francs, Albert II and Paola
40th wedding anniversary (S) . . **16.00**

1999 250 francs, Prince Philip and
Princess Mathilde marriage (S)
. . . . **16.00**

1980 500 francs, independence 150th
anniversary, French legend
(S-clad C-N) **8.00**

1980 500 francs, independence 150th
anniversary, French legend (S)
. . . . *proof* **20.00**

1980 500 francs, independence
150th anniversary, Dutch legend
(S-clad C-N) **8.00**

1980 500 francs, independence
150th anniversary, Dutch legend
(S) . . . . *proof* **20.00**

1990 500 francs, Baudouin I 60th
birthday, French legends (S) . . . **20.00**

1990 500 francs, Baudouin I 60th
birthday, Dutch legends (S) **20.00**

1990 500 francs, Baudouin I 60th
birthday, German legends (S)
. . . . **30.00**

1991 500 francs, Baudouin I reign 40th
anniversary, French legend (S)
. . . . **35.00**

1991 500 francs, Baudouin I reign
40th anniversary, Dutch legend (S)
. . . . **35.00**

1991 500 francs, Baudouin I reign
40th anniversary, German legend (S)
. . . . **35.00**

1993 500 francs, Europalaia-Mexico
Exposition (S) **30.00**

1999 500 francs, Brussels (S) **45.00**

2000 500 francs, Charles V of Spain
(S) . . . . *proof* **50.00**

2001 500 francs, Europa and the Bull
(S) . . . . *proof* **50.00**

1999 5,000 francs, Brussels
(G) . . . . *proof* **950**

2000 5,000 francs, Charles V of Spain
(G) . . . . *proof* **1,200**

2001 5,000 francs, Europa and the Bull
(G) . . . . *proof* **875**

EURO COINAGE

UNC

1999 euro cent, Albert II
(C-plated ST) **0.75**

2003 2 euro cent, Albert II (C-plated
ST) **0.75**

2010 2 euro cent, Albert II (C-plated
ST) **0.50**

2005 5 euro cent, Albert II (C-plated
ST) **0.80**

2006 10 euro cent, Albert II (BR) . . **1.00**

2002 20 euro cent, Albert II (BR) . . **1.00**

2005 20 euro cent, World Cup soccer
(S) . . . . *proof* **65.00**

2002 50 euro cent, Albert II (BR) . . **1.00**

2007 euro, Albert II (C-N center in BR
ring) **3.00**

2002 2 euro, Albert II (BR center in
C-N ring) **3.75**

2005 2 euro, Schengen Agreement
(BR center in C-N ring) **5.00**

2007 2 euro, Treaty of Rome
50th anniversary (BR center in
C-N ring) **9.00**

2008 2 euro, Universal Declaration of
Human Rights (BZ center in C-N
ring) **6.00**

2008 5 euro, Smurfs 50th anniversary
(S) . . . . *proof* **50.00**

2008 5 euro, Smurfs 50th anniversary,
multicolored (S) . . . . *proof* **75.00**

UNC

2002 10 euro, Belgian railway system
(S) . . . . *proof* **50.00**

2005 10 euro, liberation 60th anniversary
(S) . . . . *proof* **50.00**

2005 10 euro, Netherlands-Belgium
soccer 75th anniversary (S) . . . .
. . . . *proof* **45.00**

2006 10 euro, Justus Lipsius (S)
. . . . *proof* **45.00**

2007 10 euro, Treaty of Rome
50th anniversary (S). . . . . *proof* **45.00**

2007 10 euro, International Polar Year
(S) . . . . *proof* **50.00**

2008 10 euro, Beijing Olympics
(S) . . . . *proof* **50.00**

2009 10 euro, Albert II 75th birthday
(S) **50.00**

2007 12-1/2 euro, Saxe-Coburg-Gotha
175th anniversary (G) . . . *proof* **80.00**

2008 12-1/2 euro, Saxe-Coburg-Gotha
175th anniversary (G) . . . *proof* **80.00**

2007 20 euro, Georges Remi
(S) . . . . *proof* **75.00**

2009 20 euro, Father Damien
(S) . . . . *proof* **75.00**

2008 25 euro, Beijing Olympics
(G) . . . . *proof* **225**

2004 50 euro, Albert II 70th birthday
(G) . . . . *proof* **350**

2008 50 euro, Maurice Maeterlinck
(G) . . . . *proof* **400**

2009 50 euro, Erasmus (G). **475**

2002 100 euro, founding fathers
(G) . . . . *proof* **875**

2003 100 euro, Albert II reign
10th anniversary (G) . . . . . *proof* **875**

2005 100 euro, liberty 175th anniversary
(G) . . . . *proof* **875**

2007 100 euro, Belgian coinage 175th
anniversary (G) . . . . *proof* **875**

2008 100 euro, Brussels Exposition
50th anniversary (G) . . . . . . *proof* **875**

2009 100 euro, Albert II and Paola
50th wedding anniversary
(G) . . . . *proof* **875**

BRAZIL

Brazil was claimed for Portugal by Adm. Pedro Alvares Cabral in 1500. Portugal established a settlement in Brazil in 1532 and proclaimed the area a royal colony in 1549. During the Napoleonic Wars, Dom Joao VI established the seat of Portuguese government in Rio de Janeiro. When he returned to Portugal, his son Dom Pedro I declared Brazil's independence on Sept. 7, 1822, and became emperor of Brazil.

The empire was maintained until 1887 when a federal republic was established. It was followed by the "federative republic" in 1946, which continued until a coup in 1964. The armed forces retained overall control of the country under a dictatorship until civilian government was restored on March 15, 1985. Brazil's current constitution was adopted in 1988.

The listings that follow begin in 1889 with the first coinage of the first republic.

XF

1889 20 reis (BZ) **9.50**
1910 20 reis (BZ) **9.50**
1920 20 reis (C-N) **1.25**
1889 40 reis (BZ) **2.00**
1911 40 reis (BZ) **4.00**
1918 50 reis (C-N) **1.00**
1889 100 reis (C-N) **8.00**

1901 100 reis (C-N) **3.50**
1930 100 reis (C-N) **2.75**
1932 100 reis, colonization 400th
anniversary (C-N) **2.25**
1938 100 reis, Adm. Marques
Tamandare (C-N) **1.00**
1940 100 reis, Dr. Getulio Vargas
(C-N) **0.50**
1889 200 reis (C-N) **10.00**

1901 200 reis (C-N) **2.50**
1925 200 reis (C-N) **2.00**
1932 200 reis, colonization 400th
anniversary (C-N) **3.50**
1936 200 reis, Viscount de Maua
(C-N). **2.00**
1942 200 reis, Dr. Getulio Vargas
(C-N). **0.60**
1936 300 reis, Antonio Carlos Gomes
(C-N). **4.00**
1938 300 reis, Dr. Getulio Vargas
(C-N). **0.50**

1900 400 reis, Portuguese discovery
400th anniversary (S) **40.00**
1901 400 reis (C-N) **8.00**
1914 400 reis (C-N) **75.00**
1935 400 reis (C-N) **5.50**
1932 400 reis, colonization 400th
anniversary (C-N) **5.50**
1938 400 reis, Oswaldo Cruz
(C-N). **2.75**
1940 400 reis, Dr. Getulio Vargas
(C-N). **1.00**
1889 500 reis (S). **23.50**
1906 500 reis (S). **5.00**
1912 500 reis (S). **14.00**
1913 500 reis (S). **5.00**
1922 500 reis, Dom Pedro and President
Pessoa (AL-BZ) **1.25**
1924 500 reis. **1.50**
1932 500 reis, colonization 400th
anniversary (AL-BZ) **11.50**
1935 500 reis, Diego Antonio Feijo
(AL-BZ). **20.00**
1936 500 reis, Diego Antonio Feijo
(AL-BZ). **4.75**
1939 500 reis, Joaquim Machado de
Assis (AL-BZ) **3.00**
1889 1,000 reis (S) **40.00**

1900 1,000 reis, Portuguese discovery
400th anniversary (S) **80.00**
1906 1,000 reis (S) **10.00**
1913 1,000 reis (S) **11.00**

XF

1922 1,000 reis, Dom Pedro and President Pessoa (AL-BZ) **2.00**

1928 1,000 reis (AL-BZ) **2.25**

1932 1,000 reis, colonization 400th anniversary (AL-BZ) **7.50**

1935 1,000 reis, Jose de Anchieta (AL-BZ) **4.00**

1936 1,00 reis, Jose de Anchieta (AL-BZ) **2.50**

1939 1,000 reis, Tobias Barreto de Menezes (AL-BZ) **2.00**

1891 2,000 reis (S) **2,500**

1900 2,000 reis, Portuguese discovery 400th anniversary (S) **200**

1907 2,000 reis (S) **15.00**

1912 2,000 reis (S) **23.50**

1922 2,000 reis, independence centennial (S) **5.00**

1928 2,000 reis (S) **4.00**

1932 2,000 reis, colonization 400th anniversary (S) **8.00**

1935 2,000 reis, Duke of Caxias (S) **4.00**

1936 2,000 reis, Duke of Caxias (AL-BZ) **2.00**

1939 2,000 reis, President Floriano Peixoto (AL-BZ) **2.00**

1900 4,000 reis, Portuguese discovery 400th anniversary (S) **500**

1936 5,000 reis, Alberto Santos Dumont (S) **6.50**

1889 10,000 reis (G) **600**

1901 10,000 reis (G) **825**

1889 20,000 reis (G) **850**

1908 20,000 reis (G) **1,100**

UNC

1967 centavo (SS) **0.15**

1977 centavo (SS) **1.00**

1983 centavo (SS) **1.25**

1988 centavo (SS) **0.25**

1990 centavos (SS) **1.00**

1994 centavo (SS) **0.35**

2000 centavo (C-plated ST) **0.10**

1967 2 centavos (SS) **0.25**

1975 2 centavos (SS) **0.75**

1976 2 centavos (SS) **1.00**

1967 5 centavos (SS) **0.50**

1969 5 centavos (SS) **0.50**

1976 5 centavos (SS) **0.50**

1988 5 centavos (SS) **0.25**

1990 5 centavos (SS) **1.00**

1994 5 centavos (SS) **0.45**

2000 5 centavos (C-plated ST) **0.60**

1942 10 centavos, Dr. Getulio Vargas (C-N) **1.00**

1955 10 centavos, Jose Bonifacio de Andrada e Silva (AL-BZ) **0.35**

1960 10 centavos (AL) **0.50**

1967 10 centavos (C-N) **0.50**

1979 10 centavos (SS) **0.50**

1986 10 centavos (SS) **0.15**

1990 10 centavos (SS) **0.60**

1994 10 centavos (SS) **0.60**

1995 10 centavos, F.A.O. (SS) **0.70**

1999 10 centavos (BR-plated ST) . . **1.00**

2008 10 centavos (BR-plated ST) . . **0.50**

1942 20 centavos, Dr. Getulio Vargas (C-N) **1.00**

1955 20 centavos, Ruy Barbosa (AL-BZ) **0.50**

1961 20 centavos (AL) **0.40**

1975 20 centavos (SS) **0.50**

1986 20 centavos (SS) **0.20**

1994 25 centavos (SS) **0.75**

1995 25 centavos, F.A.O. (SS) **1.00**

2000 25 centavos, Deodoro (BR-plated ST) **0.80**

1945 50 centavos, Dr. Getulio Vargas (AL-BZ) **1.00**

1948 50 centavos, Gen. Eurico Gaspar Dutra (AL-BZ) **0.50**

1956 50 centavos (AL-BZ) **0.50**

1961 50 centavos (AL) **0.35**

1978 50 centavos (C-N) **1.00**

1986 50 centavos (SS) **0.35**

1990 50 centavos (SS) **1.25**

1995 50 centavos (SS) **1.25**

2000 50 centavos (C-N) **1.50**

1943 cruzeiro (AL-BZ) **1.00**

1956 cruzeiro (AL-BZ) **0.65**

1960 cruzeiro (AL) **0.75**

1970 cruzeiro (N) **1.00**

1972 cruzeiro, independence 150th anniversary (N) **1.65**

1978 cruzeiro (C-N) **3.00**

1985 cruzeiro, F.A.O. (SS) **0.50**

1989 cruzeiro (SS) **0.65**

1990 cruzeiro (SS) **0.35**

1988 cruzado (SS) **0.45**

1989 novo cruzado, republic centennial (SS) **2.00**

1994 real (SS) **2.50**

1998 real (C-N center in BR ring) **2.75**

1998 real, Universal Declaration of Human Rights (C-N center in BR ring) **4.00**

2002 real, Juscelino Kubitschek (SS center, BR-plated ST ring) **3.50**

2005 real, central bank 40th anniversary (SS cent in BR-plated SS ring) . . **5.00**

1944 2 cruzeiros (AL-BZ) **1.00**

1956 2 cruzeiros (AL-BZ) **1.50**

1959 2 cruzeiros (AL) **1.00**

1994 2 reais, first Brazilian mint 300th anniversary (S) . . . . *proof* **65.00**

1995 2 reais, Ayrton Senna (S) . . . . *proof* **75.00**

2002 2 reais, Carlos Drummond de Andrade (S) . . . . *proof* **60.00**

2002 2 reais, Juscelino Kubitschek (S) . . . . *proof* **55.00**

2003 2 reais, Ary Barroso (S) . . . . *proof* **45.00**

2003 2 reais, Portinari (S) . . *proof* **50.00**

2004 2 reais, FIFA centennial (S) . . . . *proof* **55.00**

UNC

2006 2 reais, Flight 14 Bis centennial
(S) . . . . *proof* **45.00**

2007 2 reais, Pan-American Games XV
(C-N) . . . . *proof* **30.00**

1995 3 reais, central bank 30th
anniversary (S) . . . . *proof* **42.50**

1997 3 reais, Belo Horizonte
centennial (S) . . . . *proof* **42.50**

1994 4 reais, World Cup soccer
(S) . . . . *proof* **75.00**

1943 5 cruzeiros (AL-BZ) **7.00**

1980 5 cruzeiros (SS) **0.75**

1985 5 cruzeiros, F.A.O. (SS) **0.85**

1990 5 cruzeiros (SS) **0.45**

1988 5 cruzados (SS) **0.65**

1993 5 cruzeiros reais (SS) **1.50**

2000 5 reais, Portuguese discovery of
Brazil 500th anniversary
(S) . . . . *proof* **65.00**

2002 5 reais, soccer (S) . . . . *proof* **45.00**

2007 5 reais, Pan-American Games
XV (S) . . . . *proof* **45.00**

1965 10 cruzeiros (AL) **0.50**

1975 10 cruzeiros, central bank 10th
anniversary (S) **55.00**

1982 10 cruzeiros (SS) **0.75**

1992 10 cruzeiros (SS) **0.75**

1988 10 cruzados (SS) **0.85**

1965 20 cruzeiros (AL) **0.75**

1972 20 cruzeiros, independence 150th
anniversary (S) **14.00**

1982 20 cruzeiros, St. Francis of Assisi
Church (SS) **0.65**

1994 20 reais, World Cup soccer
(G) . . . . *proof* **800**

1995 20 reais, Ayrton Senna
(G) . . . . *proof* **625**

2000 20 reais, Portuguese discovery of
Brazil 500th anniversary
(G) . . . . *proof* **500**

2002 20 reais, Juscelino Kubitschek
(G) . . . . *proof* **475**

2002 20 reais, Carlos Drummond de
Andrade (G) . . . . *proof* **475**

2002 20 reais, soccer (G) . . . . *proof* **475**

2003 20 reais, Ary Barroso
(G) . . . . *proof* **475**

1965 50 cruzeiros (N) **1.50**

1984 50 cruzeiros (SS) **0.65**

1992 50 cruzeiros (SS) **0.60**

1993 50 cruzeiros reais (SS) **1.75**

1985 100 cruzeiros (SS) **0.40**

1988 100 cruzados, abolition of slavery
centennial, male image (SS) **4.00**

1988 100 cruzados, abolition of slavery
centennial, female image (SS) . . . **4.00**

1988 100 cruzados, abolition of slavery
centennial, child image (SS) **4.00**

1993 100 cruzeiros (SS) **1.50**

1994 100 cruzeiros reais (SS) **1.75**

1985 200 cruzeiros (SS) **0.50**

1989 200 novos cruzados, republic
centennial (S) . . . . *proof* **35.00**

1972 300 cruzeiros, independence
150th anniversary (G) **900**

1985 500 cruzeiros (SS) **1.00**

1991 500 cruzeiros, Ibero-American
series (S) . . . . *proof* **60.00**

1992 500 cruzeiros (SS) **1.50**

1993 1,000 cruzeiros (SS) **1.50**

1992 2,000 cruzeiros, United Nations
Conference on Environment and
Development (S) . . . . *proof* **55.00**

1992 5,000 cruzeiros, Tiradentes
(SS) **2.50**

BRITISH COLONIES, DEPENDENCIES, AND TERRITORIES

The British Empire was once the largest in the world. The lands under Great Britain's direct governance today are a mere fraction of what they used to be, but they still stretch into many parts of the world. Many of them are prolific issuers of commemorative coins targeted at the collector market. A sampling follows.

BERMUDA

UNC

1995 5 cents (G) . . . . *proof* **300**

1995 10 cents (G) . . . . *proof* **250**

1995 25 cents (G) . . . . *proof* **625**

1972 dollar, Elizabeth II and Prince
Philip 25th wedding anniversary
(S) **14.00**

1981 dollar, Prince Charles and Lady
Diana wedding (C-N) **7.00**

1981 dollar, Prince Charles and Lady
Diana wedding (S) . . . . . . *proof* **25.00**

1987 dollar, commercial aviation 50th
anniversary (C-N) **7.00**

1987 dollar, commercial aviation 50th
anniversary (S) **20.00**

1999-2000 dollar, millennium (C-N)
. . . . **22.00**

2000 dollar, tall ships (C-N) **12.00**

2000 dollar, tall ships (S) . . . . . *proof* **100**

2000 dollar, Queen Mother
(S) . . . . *proof* **40.00**

2001 dollar, Gombey dancers (C-N)
. . . . **10.00**

2002 dollar, Elizabeth II golden jubilee
(C-N) **10.00**

2008 2 dollars, Bermuda hawksbill turtle
(S) . . . . *proof* **50.00**

2006 3 dollars, Hunter Galley ship,
triangle shape (S) . . . . . . *proof* **90.00**

2007 3 dollars, Cristobal Colon, triangle
shape (S) . . . . *proof* **85.00**

2007 3 dollars, San Pedro ship, triangle
shape (S) . . . . *proof* **85.00**

2009 4 dollars, Bermuda settlement
400th anniversary (S) . . . *proof* **50.00**

1994 2 dollars, royal visit (S)
. . . . *proof* **35.00**

1996 2 dollars, Elizabeth II 70th
birthday (S) . . . . *proof* **35.00**

1997 2 dollars, town of St. George 200th
anniversary (S) . . . . *proof* **150**

UNC

1997 2 dollars, Elizabeth II and Prince
Philip 50th wedding anniversary
(S) . . . . *proof* **45.00**

2000 2 dollars, millennium
(S) . . . . *proof* **55.00**

1997 5 dollars, Sea Venture
(S) . . . . *proof* **145**

2001 5 dollars, Gombey dancers
(S) . . . . *proof* **50.00**

2001 5 dollars, St. George's Statehouse
(S) . . . . *proof* **45.00**

2003 5 dollars, fitted dinghy racing
centennial (S) . . . . *proof* **50.00**

2005 5 dollars, Bermuda quincentennial
(S) . . . . *proof* **40.00**

1998 9 dollars, Deliverance ship
(S) . . . . *proof* **200**

2007 9 dollars, Constellation ship
(S) . . . . *proof* **200**

1989 10 dollars, Hogge money
(G) . . . . *proof* **190**

1975 25 dollars, royal visit (C-N) . **45.00**

1977 25 dollars, Elizabeth II silver
jubilee (S) **40.00**

1998 30 dollars, Deliverance ship
(G) . . . . *proof* **900**

2006 30 dollars, Mary Celestia ship
(G) . . . . *proof* **1,850**

1977 50 dollars, Elizabeth II silver
jubilee (G) **215**

1996 60 dollars, Bermuda Triangle
(G) . . . . *proof* **1,850**

1975 100 dollars, royal visit (G) . . . **375**

1977 100 dollars, Elizabeth II silver
jubilee (G) **425**

1994 100 dollars, royal visit
(G) . . . . *proof* **2,550**

1993 200 dollars, Bermudan coinage
200th anniversary (G) . . . *proof* **1,700**

1981 250 dollars, Prince Charles and
Lady Diana wedding (G) **875**

BRITISH VIRGIN ISLANDS

UNC

2002 dollar, Queen Mother memoriam,
Queen Mother with young Prince
Charles (C-N) **10.00**

2002 dollar, Queen Mother memoriam,
casket (C-N) **10.00**

2003 dollar, John Kennedy assassination
40th anniversary (C-N) **10.00**

2003 dollar, powered flight centennial
(C-N) **10.00**

2003 dollar, Sir William Shakespeare
(C-N) **10.00**

2003 dollar, Elizabeth II coronation
50th anniversary, queen riding in
automobile (C-N) **10.00**

2004 dollar, Peter Rabbit (C-N) . . **15.00**

2005 dollar, V-E Day (C-N) **10.00**

2005 dollar, V-J Day (C-N) **10.00**

2004 2 dollars, 1896 Olympic medal
(BZ) . . . . *proof* **20.00**

1983 10 dollars, Elizabeth II coronation
30th anniversary (S). . . . *proof* **17.50**

1992 10 dollars, discovery of America
(C-N) . . . . *proof* **12.50**

2000 10 dollars, Queen Mother
100th birthday (S) . . . . . . *proof* **40.00**

2002 10 dollars, Sir Francis Drake
(S) . . . . *proof* **40.00**

2002 10 dollars, Sir Walter Raleigh
(S) . . . . *proof* **40.00**

2002 10 dollars, Elizabeth II golden
jubilee, queen on horseback
(G-clad S) . . . . *proof* **45.00**

2002 10 dollars, Princes Diana
(S) . . . . *proof* **40.00**

2002 10 dollars, Sept. 11, 2001, World
Trade Center (S) . . . . . . *proof* **40.00**

2003 10 dollars, powered flight
centennial (S) . . . . *proof* **45.00**

2003 10 dollars, Henry VIII and
Elizabeth I (S) . . . . *proof* **40.00**

2004 10 dollars, Peter Rabbit
(S) . . . . *proof* **50.00**

2004 10 dollars, Peter Rabbit,
multicolored (S). . . . . . . *proof* **65.00**

2004 10 dollars, D-Day (S) . *proof* **50.00**

2005 10 dollars, dolphins
(S) . . . . *proof* **50.00**

2007 10 dollars, founding of Jamestown
400th anniversary (S) . . . *proof* **75.00**

2007 10 dollars, Elizabeth II and Prince
Philip 60th wedding anniversary, glass
coach (S) . . . . *proof* **75.00**

2009 10 dollars, Henry VIII
(G) . . . . *proof* **80.00**

1985 20 dollars, sextant (S). *proof* **17.00**

1985 20 dollars, 1702 gold doubloon
(S) . . . . *proof* **17.00**

1985 20 dollars, brass nocturnal
(S) . . . . *proof* **17.00**

1985 20 dollars, gold bar (S) *proof* **17.00**

1985 20 dollars, 1733 gold escudo
(S) . . . . *proof* **17.00**

1985 20 dollars, ship's stern lantern
(S). . . . . *proof* **17.00**

1985 20 dollars, Spanish 8 reales coin
(S) . . . . *proof* **17.00**

2002 20 dollars, teddy bear centennial
(G) . . . . *proof* **75.00**

2006 20 dollars, Columbus death
500th anniversary, Columbus portrait
(G) . . . . *proof* **185**

1978 25 dollars, Elizabeth II silver
jubilee (S) . . . . *proof* **25.00**

1988 25 dollars, hour glass
(S) . . . . *proof* **26.00**

1988 25 dollars, violin (S) . . *proof* **26.00**

1992 25 dollars, discovery of America,
Columbus planning voyage
(S) . . . . *proof* **25.00**

1992 25 dollars, discovery of America,
Queen Isabella offering jewels
(S) . . . . *proof* **25.00**

1992 25 dollars, discovery of America,
Columbus aboard ship (S)
. . . . *proof* **25.00**

1992 25 dollars, discovery of America,
Columbus navigating by stars
(S) . . . . *proof* **25.00**

1993 25 dollars, flamingos
(S) . . . . *proof* **40.00**

1993 25 dollars, snow leopard
(S) . . . . *proof* **45.00**

1988 50 dollars, Mixtec mask
(G) . . . . *proof* **65.00**

2004 75 dollars, British Guiana stamp
(titanium center in G ring) . *proof* **450**

1975 100 dollars, royal tern
(G) . . . . *proof* **425**

1976 100 dollars, Elizabeth II
50th birthday (G). **400**

1977 100 dollars, Elizabeth II silver
jubilee (G) . . . . *proof* **375**

UNC

1979 100 dollars, Sir Francis Drake
(G) . . . . *proof* **375**

1982 100 dollars, Elizabeth II reign
30th anniversary (G) . . . . . *proof* **425**

1991 100 dollars, discovery of America,
King Ferdinand of Spain (G)
. . . . *proof* **135**

2000 100 dollars, Queen Mother
100th birthday (G). . . . . . . *proof* **365**

2002 100 dollars, Elizabeth II golden
jubilee, queen on throne
(G). . . . . *proof* **365**

2002 100 dollars, Princess Diana
(G) . . . . *proof* **350**

2003 100 dollars, powered flight
centennial (G) . . . . *proof* **875**

2003 100 dollars, Mathew Parker,
archbishop of Canterbury (G)
. . . . *proof* **350**

2004 100 dollars, D-Day, pilot and
planes (G) . . . . *proof* **350**

1991 500 dollars, discovery of America,
Columbus (G) . . . . *proof* **600**

1994 500 dollars, Santa Maria ship
(G). . . . . *proof* **600**

2004 500 dollars, Hernando Pizarro
(G, 5.163 troy ounces). . . *proof* **9,000**

CAYMAN ISLANDS

UNC

1992 dollar, lesser Caymans rock iguana
(S) . . . . *proof* **50.00**

1994 dollar, Cayman ironwood tree
(S) . . . . *proof* **40.00**

1994 dollar, royal visit (S) . *proof* **50.00**

1994 dollar, Sir Francis Drake
(S) . . . . *proof* **30.00**

1996 dollar, Caymans parrot
(S) . . . . *proof* **50.00**

1980 2 dollars, great blue heron
(S) . . . . *proof* **27.00**

1994 2 dollars, Ten Sails ship
(S) . . . . *proof* **30.00**

1996 2 dollars, currency board
25th anniversary (S). . . . . *proof* **55.00**

1997 2 dollars, Elizabeth II and Prince
Philip 50th wedding anniversary
(S) . . . . *proof* **60.00**

1997 2 dollars, Arbutus I and Goldfield
ships (S). . . . . *proof* **60.00**

2003 2 dollars, Columbus sighting
Cayman Islands 500th anniversary
(S) . . . . *proof* **75.00**

2003 2 dollars, Royal Horticulture
Society (S) . . . . *proof* **35.00**

1982 5 dollars, parliamentary
government 150th anniversary
(S) . . . . *proof* **40.00**

1983 5 dollars, royal visit (S)
. . . . *proof* **40.00**

1985 5 dollars, royal land grant 250th
anniversary (S). . . . . *proof* **35.00**

1987 5 dollars, Elizabeth II and
Prince Philip 40th wedding
anniversary (S). . . . . *proof* **30.00**

1988 5 dollars, Columbus' discovery of
America 500th anniversary (S)
. . . . *proof* **30.00**

1988 5 dollars, Princess Alexandra visit
(S) . . . . *proof* **40.00**

1989 5 dollars, postal service centennial
(S) . . . . *proof* **40.00**

1990 5 dollars, Queen Mother 100th
birthday (S) . . . . *proof* **25.00**

1993 5 dollars, Elizabeth II coronation
40th anniversary (S). . . . *proof* **45.00**

1996 5 dollars, Elizabeth II 70th
birthday (S) . . . . *proof* **45.00**

2006 5 dollars, Charles crowned Prince
of Wales (S) . . . . *proof* **40.00**

2009 5 dollars, constitutional
government 50th anniversary (S)
. . . . *proof* **75.00**

1981 10 dollars, Prince Charles and
Lady Diana wedding (C-N). **7.50**

1981 10 dollars, Prince Charles
and Lady Diana wedding (S)
. . . . *proof* **25.00**

1983 10 dollars, royal visit (S)
. . . . *proof* **30.00**

2007 10 dollars, Cayman Islands
monetary authority 10th anniversary
(S) . . . . *proof* **110**

2007 10 dollars, Cayman Islands
monetary authority, 10th anniversary
(G) . . . . *proof* **475**

2009 10 dollars, constitutional
government, 50th anniversary (G)
. . . . *proof* **475**

1972 25 dollars, Elizabeth II and Prince
Philip 25th wedding anniversary
(S) **30.00**

1972 25 dollars, Elizabeth II and
Prince Philip 25th wedding
anniversary (G) **400**

1974 25 dollars, Winston Churchill
centenary (S) **35.00**

1977 25 dollars, Elizabeth II silver
jubilee (S) **45.00**

1977 25 dollars, Mary I (S) . *proof* **55.00**

1977 25 dollars, Elizabeth I
(S) . . . . *proof* **55.00**

1977 25 dollars, Mary II . . . *proof* **55.00**

1977 25 dollars, Anne (S) . . *proof* **55.00**

1977 25 dollars, Victoria
(S) . . . . *proof* **55.00**

1980 25 dollars, Norman kings
(S) . . . . *proof* **35.00**

1980 25 dollars, House of York
(S) . . . . *proof* **35.00**

1980 25 dollars, House of Stuart and
Orange (S) . . . . *proof* **35.00**

1980 25 dollars, House of Hanover
(S) **35.00**

1990 25 dollars, Dunkirk evacuation
(G) . . . . *proof* **140**

1978 50 dollars, Elizabeth II coronation
25th anniversary, St. Edward's crown
(G). . . . . *proof* **350**

1978 50 dollars, coronation chair
(G) . . . . *proof* **350**

1980 50 dollars, Saxon kings
(G) . . . . *proof* **350**

1980 50 dollars, House of Lancaster
(G) . . . . *proof* **350**

1980 50 dollars, House of Tudor
(G) . . . . *proof* **350**

1980 50 dollars, House of Saxe-Coburg
and Windsor (G) . . . . *proof* **350**

1985 50 dollars, snowy egret
(S) . . . . *proof* **100**

1990 50 dollars, Winston Churchill
(G). . . . . *proof* **460**

1976 100 dollars, sovereign queens of
England (G). . . . . *proof* **660**

1977 100 dollars, Elizabeth II silver
jubilee (G) . . . . *proof* **600**

1981 100 dollars, Prince Charles and
Lady Diana wedding (G). . . *proof* **450**

1988 100 dollars, Columbus' discovery of
America 500th anniversary
(G). . . . . *proof* **850**

1985 250 dollars, royal land grant
250th anniversary (G) . . . *proof* **2,550**

1993 250 dollars, Elizabeth II coronation 40th anniversary (G) .... *proof* **2,550**

FALKLAND ISLANDS

UNC

1980 50 pence, Queen Mother 80th birthday (C-N)................**3.50**

1980 50 pence, Queen Mother 80th birthday (S) .... *proof* **25.00**

1981 50 pence, Prince Charles and Lady Diana wedding (C-N) **3.00**

1981 50 pence, Prince Charles and Lady Diana wedding (S)...... *proof* **25.00**

1982 50 pence, liberation from Argentine forces (C-N) **3.00**

1982 50 pence, liberation from Argentine forces (S) .... *proof* **25.00**

1982 50 pence, liberation from Argentine forces (G)............. *proof* **5,500**

1983 50 pence, British rule 150th anniversary (C-N) **5.00**

1983 50 pence, British rule 150th anniversary (S)........... *proof* **25.00**

1983 50 pence, British rule 150th anniversary (G) .... *proof* **2,500**

1985 50 pence, Mount Pleasant Airport opening (C-N)...............**3.00**

1985 50 pence, Mount Pleasant Airport opening (S) .... *proof* **20.00**

1992 50 pence, Elizabeth II reign 40th anniversary (C-N) **4.50**

1992 50 pence, Elizabeth II reign 40th anniversary (S)........ *proof* **50.00**

1992 50 pence, Elizabeth II reign 40th anniversary (G) .... *proof* **2,500**

1993 50 pence, Elizabeth II coronation 40th anniversary (C-N) **6.50**

1993 50 pence, Elizabeth II coronation 40th anniversary (S)..... *proof* **55.00**

1995 50 pence, V-E Day 50th anniversary (C-N) **5.50**

1995 50 pence, V-E Day 50th anniversary (S) .... *proof* **50.00**

1995 50 pence, V-E Day 50th anniversary (G) .... *proof* **2,500**

1996 50 pence, Elizabeth I 70th birthday (C-N)....................**7.00**

1996 50 pence, Elizabeth I 70th birthday (S) .... *proof* **50.00**

1999 50 pence, Winston Churchill (C-N)....................**7.00**

1999 50 pence, Winston Churchill (S) .... *proof* **40.00**

1999 50 pence, Winston Churchill (G)................ *proof* **2,500**

2001 50 pence, Victoria death centennial (C-N)....................**6.00**

2001 50 pence, Victoria death centennial (S) .... *proof* **50.00**

2001 50 pence, Victoria death centennial (G)................ *proof* **2,500**

2001 50 pence, Elizabeth II 75th birthday (C-N) **6.00**

2001 50 pence, Elizabeth II 75th birthday (G) .... *proof* **2,500**

2001 50 pence, Edward IV (C-N) .**9.00**

2001 50 pence, Edward IV (S) .... *proof* **50.00**

2001 50 pence, Henry VII (C-N) ..**9.00**

2001 50 pence, Henry VII (S) .... *proof* **50.00**

2001 50 pence, Charles II (C-N) ..**9.00**

2001 50 pence, Charles II (S) .... *proof* **50.00**

2001 50 pence, Victoria (C-N) **9.00**

2001 50 pence, Victoria (S). *proof* **50.00**

2001 50 pence, Elizabeth II golden jubilee, queen on throne, multicolored bunting (C-N) .... *proof* **8.00**

2002 50 pence, Elizabeth II golden jubilee, queen on horseback, multicolored bunting (S) . *proof* **45.00**

2002 50 pence, Elizabeth II golden jubilee, conjoined busts of queen, Prince Charles, and Prince William, multicolored bunting (C-N) .... *proof* **8.00**

2002 50 pence, Elizabeth II golden jubilee, royal coach, plain bunting (C-N).....................**6.00**

2002 50 pence, Elizabeth II golden jubilee, orb and scepter, multicolored bunting (S)........... *proof* **45.00**

2002 50 pence, Elizabeth II golden jubilee, crown, plain bunting (S) .... *proof* **45.00**

2002 50 pence, Elizabeth II golden jubilee, conjoined busts of queen and Prince Philip, multicolored bunting (C-N)......................**6.00**

2002 50 pence, Elizabeth II golden jubilee, queen and St. Paul's Cathedral, multicolored bunting (S) .... *proof* **45.00**

2002 50 pence, Elizabeth II golden jubilee, queen and Prince Philip on balcony, plain bunting (S) .... *proof* **45.00**

2006 50 pence, Elizabeth II 80th birthday (S) .... *proof* **40.00**

1974 2 pounds, Romney marsh sheep (G)..................... *proof* **875**

1986 2 pounds, Commonwealth Games (S) **30.00**

1991 2 pounds, Princess Charles and Lady Diana 10th wedding anniversary (S) .... *proof* **40.00**

1996 2 pounds, William I (S) .... *proof* **50.00**

1996 2 pounds, Richard I the Lionheart (S) .... *proof* **50.00**

1996 2 pounds, Henry II (S) .... *proof* **50.00**

1996 2 pounds, Edward IV (S) .... *proof* **50.00**

1996 2 pounds, Henry VIII (S) .... *proof* **50.00**

1996 2 pounds, Elizabeth I (S) .... *proof* **50.00**

1996 2 pounds, Victoria (S) *proof* **50.00**

1998 2 pounds, flying doctor service (C-N) **8.50**

1998 2 pounds, flying doctor service (S) .... *proof* **50.00**

1999 2 pounds, Sir Ernest Henry Schackleton (C-N) **8.50**

1999 2 pounds, Sir Ernest Henry Schackleton (S) .... *proof* **50.00**

2000 2 pounds, Vicar of Bray ship (C-N)....................**8.50**

2000 2 pounds, Vicar of Bray ship (S) .... *proof* **50.00**

1979 5 pounds, humpback whale (S) **30.00**

1990 5 pounds, Queen Mother 90th birthday (C-N)............**17.50**

UNC

1990 5 pounds, Queen Mother 90th
birthday (S) . . . . *proof* **40.00**

1991 5 pounds, Prince Charles and
Lady Diana 10th wedding anniversary
(G) . . . . *proof* **2,200**

1992 5 pounds, liberation 10th
anniversary (C-N) **15.00**

1992 5 pounds, liberation 10th
anniversary (S) . . . . *proof* **45.00**

1992 5 pounds, liberation 10th
anniversary (G) **2,250**

1997 5 pounds, Elizabeth II and
Prince Philip 50th wedding
anniversary (C-N) **20.00**

1997 5 pounds, Elizabeth II and
Prince Philip 50th wedding
anniversary (S) . . . . *proof* **45.00**

1990 10 pounds, Queen Mother 90th
birthday (G) . . . . *proof* **200**

1985 25 pounds, self-sufficiency
centennial (S, 4.4607 troy ounces)
. . . . *proof* **165**

1986 25 pounds, Prince Andrew and
Sarah Ferguson wedding
(S, 4.4607 troy ounces) . . . . *proof* **140**

1992 25 pounds, Christchurch
Cathedral centennial (G) . . *proof* **450**

1992 25 pounds, first sighting of
Falkland Islands 400th anniversary
(S, 4.6267 troy ounces) . . . . *proof* **200**

1990 50 pounds, Queen Mother
90th birthday (G) . . . . *proof* **875**

1992 50 pounds, defense force
centennial (G) . . . . *proof* **875**

1993 50 pounds, Elizabeth II coronation
40th anniversary (G) . . . . *proof* **2,500**

1990 100 pounds, Queen Mother
90th birthday (G) . . . . *proof* **1,750**

1979 150 pounds, Falkland fur seal
(G) **1,700**

GIBRALTAR

UNC

1972 25 new pence, Elizabeth II
and Prince Philip 25th wedding
anniversary (C-N) **4.00**

1972 25 new pence, Elizabeth II
and Prince Philip 25th wedding

anniversary (S) . . . . *proof* **20.00**

1977 25 new pence, Elizabeth II silver
jubilee (C-N) **5.00**

1977 25 new pence, Elizabeth II silver
jubilee (S) . . . . *proof* **20.00**

1988 50 pence, Christmas (C-N) . . **4.00**

1988 50 pence, Christmas
(S) . . . . *proof* **15.00**

1988 50 pence, Christmas
(G) . . . . *proof* **1,050**

1988 50 pence, Christmas
(PL) . . . . *proof* **1,850**

2009 50 pence, Christmas (C-N) . **10.00**

1993 1/25 crown, Peter Rabbit
centennial, Peter Rabbit eating
carrots (G) . . . . *proof* **70.00**

1993 1/25 crown, Peter Rabbit
centennial, Peter Rabbit eating
carrots (PL) . . . . *proof* **75.00**

1996 1/25 crown, centenary of the
cinema, Grace Kelly (G) . *proof* **70.00**

1996 1/25 crown, centenary of the
cinema, James Dean (G) . *proof* **70.00**

1996 1/25 crown, centenary of
the cinema, Marilyn Monroe
(G) . . . . *proof* **70.00**

1996 1/25 crown, centenary of the
cinema, Charlie Chaplin (G)
. . . . *proof* **70.00**

1996 1/25 crown, centenary of
the cinema, Gone With the Wind
(G) . . . . *proof* **70.00**

1996 1/25 crown, centenary of the
cinema, the Marx Brothers
(G) . . . . *proof* **70.00**

1996 1/25 crown, centenary of the
cinema, Casablanca (G) . *proof* **70.00**

1996 1/25 crown, centenary of
the cinema, Alfred Hitchcock
(G) . . . . *proof* **70.00**

1997 1/25 crown, Nefertiti
(G) . . . . *proof* **70.00**

1997 1/25 crown, Cleopatra
(G) . . . . *proof* **70.00**

1997 1/25 crown, traders of the world,
Sir Francis Drake (G) . . . *proof* **70.00**

1997 1/25 crown, traders of the world,
Capt. Cook (G) . . . . *proof* **70.00**

1998 1/25 crown, traders of the world,
Christopher Columbus (G)
. . . . *proof* **70.00**

1998 1/25 crown, traders of the world,
Sir Walter Raleigh (G) . . . *proof* **70.00**

1998 1/25 crown, evolution of mankind,
Neanderthal man (G) . . . *proof* **70.00**

1998 1/25 crown, evolution of mankind,
homo sapiens (G) . . . . . *proof* **70.00**

1998 1/25 crown, evolution of mankind,
Charles Darwin (G) . . . . . *proof* **70.00**

2002 1/25 crown, Peter Pan
(G) . . . . *proof* **75.00**

1993 1/10 crown, Peter Rabbit
centennial, Mrs. Tiggy-Winkel
ironing (PL) . . . . *proof* **215**

1996 1/10 crown, centenary
of the cinema, Audrey
Hepburn (G) . . . . *proof* **180**

1996 1/10 crown, centenary of the
cinema, Wizard of Oz (G) . . *proof* **180**

1998 1/10 crown, Britannia
(G) . . . . *proof* **180**

1990 1/5 crown, "Penny Black"
postage stamp 150th anniversary
(G) . . . . *proof* **355**

1993 1/5 crown, World War II
warships, USS Philadelphia
(G) . . . . *proof* **355**

1993 1/5 crown, World War II warships,
HMS Hood (G) . . . . *proof* **355**

1993 1/5 crown, World War II
warships, FSS Savorgnan de Brazza
(G) . . . . *proof* **355**

1993 1/5 crown, Victoria (G) . *proof* **355**

1993 1/5 crown, Edward VII
(G) . . . . *proof* **355**

1993 1/5 crown, George VI
(G) . . . . *proof* **355**

1993 1/5 crown, Elizabeth II coronation
40th anniversary (G) . . . . . . *proof* **355**

1994 1/5 crown, World War II,
Glen Miller band (G) . . . . . *proof* **355**

1994 1/5 crown, Gen. Dwight
Eisenhower (G) . . . . *proof* **355**

1995 1/5 crown, first man on the moon,
astronaut setting up flag on moon
(G) . . . . *proof* **355**

1994 1/5 crown, Sherlock Holmes,
Holmes sitting with pipe in hand
(G) . . . . *proof* **355**

1994 1/5 crown, Sherlock Holmes,
Hound of the Baskervilles scene
(G) . . . . *proof* **355**

1996 1/5 crown, Peter Rabbit
centennial, Peter escaping garden
(PL) . . . . *proof* **380**

1996 1/5 crown, centenary of the
cinema, Bruce Lee (G) . . . . *proof* **355**

1996 1/5 crown, centenary of the
cinema, E.T. (G) . . . . *proof* **255**

UNC

1997 1/5 crown, Elizabeth II and Prince Philip 50th wedding anniversary, engagement portrait (G) . . . *proof* **355**

1998 1/5 crown, Athena (G) . . *proof* **355**

1998 1/5 crown, Year of the Ocean, polar bear and walrus (G). . . . . . *proof* **355**

1998 1/5 crown, Year of the Ocean, seals and penguins (G). . . . . *proof* **355**

1999 1/5 crown, millennium (G). . . . . *proof* **355**

1999 1/5 crown, King Alfred the Great (G). . . . . *proof* **355**

1999 1/5 crown, King Canute (G). . . . . *proof* **355**

1999 1/5 crown, King Edward the Confessor (G) . . . . *proof* **355**

1999 1/5 crown, Prince Edward and Sophie Rhys-Jones wedding, St. George's Chapel (G) . . . . . *proof* **355**

1999 1/5 crown, Winston Churchill (G). . . . . *proof* **355**

2000 1/5 crown, Queen Mother, 1937 coronation scene (G). . . . . . *proof* **355**

2000 1/5 crown, Prince William 18th birthday (G). . . . . *proof* **355**

2000 1/5 crown, Queen Mother 100th birthday (G). . . . . *proof* **355**

2001 1/5 crown, Queen Mother, 1953 coronation scene (G). . . . . *proof* **375**

2001 1/5 crown, Queen Mother, Queen Mother and Prince Charles in 1954 (G). . . . . *proof* **375**

2001 1/5 crown, Victorian Age, 1838 coronation scene (G). . . . . *proof* **375**

2001 1/5 crown, Victorian Age, 1897 diamond jubilee (G) . . . . . *proof* **375**

2001 1/5 crown, Victorian Age, Charles Dickens (G). . . . . *proof* **375**

2001 1/5 crown, Victorian Age, Florence Nightingale (G) . . . . *proof* **375**

2001 1/5 crown, Victorian Age, Lord Tennyson (G). . . . . *proof* **375**

2001 1/5 crown, solar system mythology, Helios (G) . . . . *proof* **375**

2001 1/5 crown, solar system mythology, Atlas (G) . . . . *proof* **375**

2002 1/5 crown, Queen Mother, Prince William's christening (G). . . *proof* **375**

2002 1/5 crown, Elizabeth II golden jubilee, royal coach (G, 0.075 troy ounces) . . . . *proof* **140**

2002 1/5 crown, Elizabeth II golden jubilee, royal coach (G, 0.1999 troy ounces) . . . . *proof* **375**

2002 1/5 crown, Elizabeth II golden jubilee, crown jewels inset with a tiny diamond, ruby, sapphire, and emerald (G). . . . . *proof* **375**

2002 1/5 crown, ancient coins, Athena (electrum alloy, equal parts G and S) . . . . *proof* **175**

2002 1/5 crown, ancient coins, Hercules (electrum alloy, equal parts G and S) . . . . *proof* **175**

2002 1/5 crown, Princess Diana (G). . . . . *proof* **375**

1993 half crown, Edward VIII (S) . . . . *proof* **27.50**

1998 half crown, peacocks (G) . . . . *proof* **875**

2000 half crown, two-pence postage stamp (G) . . . . *proof* **875**

2002 half crown, Elizabeth II golden jubilee, crown jewels inset with a tiny diamond, ruby, sapphire, and emerald (G). . . . . *proof* **900**

1980 crown, Queen Mother 80th birthday (C-N). **3.00**

1980 crown, Queen Mother 80th birthday (S) . . . . *proof* **35.00**

1981 crown, Prince Charles and Lady Diana wedding (C-N) **2.50**

1981 crown, Prince Charles and Lady Diana wedding (S). . . . . . *proof* **30.00**

1990 crown, "Penny Black" postage stamp 150th anniversary (C-N). . **7.50**

1990 crown, "Penny Black" postage stamp 150th anniversary (S) . . . . *proof* **45.00**

1990 crown, "Penny Black" postage stamp (G, 0.9997 troy ounces) . . . . *proof* **1,750**

1990 crown, "Penny Black" postage stamp (G, 0.4999 troy ounces) . . . . *proof* **875**

1990 crown, constitution 21st anniversary (C-N) **6.50**

1990 crown, constitution 21st anniversary (S). . . . . *proof* **50.00**

1991 crown, Rotary Club of Gibraltar (C-N). **5.00**

1991 crown, Rotary Club of Gibraltar (S) . . . . *proof* **25.00**

1991 crown, Rotary Club of Gibraltar (G). . . . . *proof* **875**

1991 crown, Prince Charles and Princess Diana 10th wedding anniversary, Prince Charles (C-N) **4.00**

1991 crown, Prince Charles and Princess Diana 10th wedding anniversary, Prince Charles (S) . . . . *proof* **35.00**

1991 crown, Prince Charles and Princess Diana 10th wedding anniversary, Prince Charles (G) . . . . *proof* **355**

1991 crown, Prince Charles and Princess Diana 10th wedding anniversary, Princess Diana (C-N) **4.00**

1991 crown, Prince Charles and Princess Diana 10th wedding anniversary, Princess Diana (S) . . . . *proof* **40.00**

1991 crown, Prince Charles and Princess Diana 10th wedding anniversary, Princess Diana (G) . . . . *proof* **355**

1991 crown, Prince Charles and Princess Diana 10th wedding anniversary, Britannia royal yacht (C-N). **4.00**

1991 crown, Prince Charles and Princess Diana 10th wedding anniversary, Britannia royal yacht (S) . . . . *proof* **35.00**

1991 crown, Prince Charles and Princess Diana 10th wedding anniversary, Britannia royal yacht (G) . . . . *proof* **355**

1992 crown, Gibraltar city charter (C-N). **5.00**

1992 crown, Gibraltar city charter (S) . . . . *proof* **35.00**

1993 crown, World War II warships, USS McLanahan (C-N) **4.00**

1993 crown, World War II warships, USS McLanaham (S) . . . *proof* **30.00**

1993 crown, World War II warships, HNLMS Isaac Sweers (C-N) . . . **4.00**

1993 crown, World War II warships, HNLMS Isaac Sweers (S) *proof* **30.00**

1993 crown, World War II warships, HMCS Prescott (C-N) **4.00**

1993 crown, World War II warships, HMCS Prescott (S). . . . . *proof* **30.00**

1993 crown, Anne (C-N) **4.00**

1993 crown, Anne (S) . . . . . *proof* **35.00**

1993 crown, George I (C-N). **4.00**

1993 crown, George I (S) . . *proof* **35.00**

UNC

1993 crown, Dependent Territories Conference (C-N) **5.50**

1993 crown, Dependent Territories Conference (S) . . . . *proof* **35.00**

1994 crown, World War II, Maltese convoy (C-N) **6.00**

1994 crown, World War II, Maltese convoy (S) . . . . *proof* **35.00**

1994 crown, World War II, Squadron 202 in Gibraltar (C-N) **6.00**

1994 crown, World War II, Squadron 202 in Gibraltar (S) . . . . . *proof* **35.00**

1994 crown, first man on the moon, first step on moon (C-N) **5.75**

1994 crown, first man on the moon, first step on moon (S) . . . . . . *proof* **25.00**

1994 crown, Sherlock Holmes, 221B Baker St. (C-N) **8.00**

1994 crown, Sherlock Holmes, 221B Baker St. (S) . . . . *proof* **25.00**

1995 crown, Rock of Gibraltar (C-N) **6.50**

1995 crown, Rock of Gibraltar (S) . . . . *proof* **40.00**

1996 crown, roses (C-N) **8.00**

1996 crown, roses (S) . . . . . *proof* **40.00**

1996 crown, centenary of the cinema, The Flintstones (C-N) **8.00**

1996 crown, centenary of the cinema, The Flintstones (S) . . . . . *proof* **40.00**

1997 crown, Elizabeth II and Prince Philip 50th wedding anniversary, royal couple (C-N) **7.50**

1997 crown, Elizabeth II and Prince Philip 50th wedding anniversary, royal couple (G-clad S) . . . . . . *proof* **45.00**

1997 crown, wonders of the world, statue of Zeus at Olympia (S) . . . . *proof* **50.00**

1997 crown, wonders of the world, Egyptian pyramids (S) . . . *proof* **50.00**

1997 crown, evolution of mankind, China (S) . . . . *proof* **40.00**

1997 crown, evolution of mankind, Greece (S) . . . . *proof* **40.00**

1997 crown, evolution of mankind, Rome (S) . . . . *proof* **40.00**

1997 crown, traders of the world, Romans (S) . . . . *proof* **50.00**

1997 crown, traders of the world, Venetians (S) . . . . *proof* **50.00**

1998 crown, chrysanthemum (C-N) **8.50**

1998 crown, chrysanthemum (S) . . . . *proof* **50.00**

1998 crown, traders of the world, Phoenicians (S) . . . . *proof* **50.00**

1998 crown, traders of the world, Marco Polo (S) . . . . *proof* **50.00**

1998 crown, wonders of the world, Victoria Falls (S) . . . . *proof* **65.00**

1998 crown, wonders of the world, Mount Fuji (S) . . . . *proof* **65.00**

1998 crown, Gen. Dwight Eisenhower (C-N) **8.00**

1998 crown, Gen. Dwight Eisenhower (S) . . . . *proof* **50.00**

1999 crown, William I (C-N) **7.50**

1999 crown, William I (S) . . *proof* **50.00**

1999 crown, Richard I (C-N) **7.50**

1999 crown, Richard I (S) . . *proof* **50.00**

1999 crown, Prince Edward and Sophie Rhys-Jones wedding, royal couple portrait (C-N) **8.00**

1999 crown, Queen Mother, 1936 family portrait (C-N) **8.00**

1999 crown, Queen Mother, 1936 family portrait (S) . . . . *proof* **50.00**

1999 crown, D-Day (C-N) **10.00**

1999 crown, D-Day (S) . . . . *proof* **50.00**

1999 crown, Barbarossa (C-N) . . . **10.00**

1999 crown, Barbarossa (S) *proof* **50.00**

2000 crown, Prince William 18th birthday (C-N) **10.00**

2000 crown, Prince William 18th birthday (S) . . . . *proof* **50.00**

2001 crown, 21st century (C-N) . . **10.00**

2001 crown, 21st century (S) . . . . *proof* **50.00**

2001 crown, 21st century (PL center, G inner ring, S outer ring) . . . . *proof* **650**

2001 crown, Victorian Age, Victoria as empress of India (C-N) **10.00**

2001 crown, Victorian Age, Victoria as empress of India (S) . . *proof* **50.00**

2001 crown, Victorian Age, Charles Darwin (C-N) **10.00**

2001 crown, Victorian Age, Charles Darwin (S) . . . . *proof* **50.00**

2001 crown, solar system mythology, goddess Diana and moon (C-N) **10.00**

2001 crown, solar system mythology, goddess Diana and moon (S) . . . . *proof* **50.00**

2001 crown, solar system mythology, goddess Diana and moon, small pearl set in moon (S) . . . . *proof* **90.00**

2001 crown, solar system mythology, Neptune (C-N) **10.00**

2001 crown, solar system mythology, Neptune (S) . . . . *proof* **50.00**

2001 crown, Elizabeth II 75th birthday (C-N) **10.00**

2001 crown, Elizabeth II 75th birthday (S) . . . . *proof* **50.00**

2001 crown, Victorian Age, Victoria and Albert with children (C-N) **10.00**

2001 crown, Victorian Age, Victoria and Albert with children (S) . . *proof* **50.00**

2001 crown, Victorian Age, Lord Tennyson and the Light Brigade (C-N) **10.00**

2001 crown, Victorian Age, Lord Tennyson and the Light Brigade (S) . . . . *proof* **50.00**

2001 crown, Victorian Age, Bronte sisters (C-N) **10.00**

2001 crown, Victorian Age, Bronte sisters (S) . . . . *proof* **50.00**

2002 crown, Elizabeth II golden jubilee, royal family (C-N) **10.00**

2002 crown, Elizabeth II golden jubilee, royal family (yellow BR) . . *proof* **20.00**

2002 crown, Elizabeth II golden jubilee, royal family (G) . . . . *proof* **55.00**

2002 crown, Elizabeth II golden jubilee, royal yacht under Tower Bridge (yellow BR) . . . . . . *proof* **20.00**

2002 crown, Elizabeth II golden jubilee, royal yacht under Tower Bridge (G-clad S) . . . . . . *proof* **55.00**

2002 crown, Queen Mother's death (C-N, dark patina) **10.00**

2002 crown, Queen Mother's death (S) . . . . *proof* **175**

2002 crown, Princess Diana (C-N) **10.00**

2002 crown, Princess Diana (S) . . . . *proof* **50.00**

2003 crown, St. George's death 1,700th anniversary (C-N) **9.00**

2003 crown, St. George's death 1,700th anniversary (S) . . . . *proof* **50.00**

2003 crown, powered flight centennial (C-N) **10.00**

2003 crown, powered flight centennial (PL center, G inner ring, S outer ring) . . . . *proof* **1,750**

2003 crown, Elizabeth II coronation 50th anniversary (C-N) **10.00**

2003 2 crowns, euro 1st anniversary (S star-shaped center in C outer ring) . . . . *proof* **100**

UNC

2003 2 crowns, euro 1st anniversary (G star-shaped center in C outer ring) . . . . *proof* **850**

2003 2 crowns, euro 1st anniversary (G star-shaped center in S outer ring) . . . . *proof* **900**

2001 5 crowns, 21st century (PL center, G inner ring in S outer ring) . . . . *proof* **6,500**

2003 5 crowns, Elizabeth II coronation 50th anniversary (S, 4.9958 troy ounces) . . . . *proof* **225**

2003 32 crowns, Peter Rabbit (S, 32.117 troy ounces) . . *proof* **1,150**

1989 pound, Gibraltar coinage 150th anniversary (N-B) **4.00**

1989 pound, Gibraltar coinage 150th anniversary (S) . . . . *proof* **35.00**

1989 pound, Gibraltar coinage 150th anniversary (G) . . . . *proof* **500**

1989 pound, Gibraltar coinage 150th anniversary (PL) . . . . *proof* **575**

1994 pound, Elizabeth II first royal visit to Gibraltar 40th anniversary (N-B) **7.50**

1995 pound, Rock of Gibraltar (S) . . . . *proof* **35.00**

2003 pound, St. George's death 1,700th anniversary (N-BR) **9.00**

2001 2 pounds, Union Jack bicentennial (C-N center in BR ring) **10.00**

2001 2 pounds, Union Jack bicentennial (S center in G-plated S ring) **30.00**

1995 5 pounds, V-E Day (virenium) **16.50**

1995 5 pounds, V-E Day (S) *proof* **40.00**

1995 5 pounds, V-E Day (G) . . . . *proof* **2,150**

1995 5 pounds, V-J Day (virenium) **16.50**

1995 5 pounds, V-J Day (S). *proof* **40.00**

1995 5 pounds, V-J Day (G) . . . . *proof* **2,150**

1996 5 pounds, Elizabeth II 70th birthday (virenium) **16.50**

1996 5 pounds, Elizabeth II 70th birthday (S) . . . . *proof* **40.00**

1996 5 pounds, Elizabeth II 70th birthday (G) . . . . *proof* **2,150**

1998 5 pounds, Radio Gibraltar 40th anniversary (virenium) **16.00**

1998 5 pounds, Radio Gibraltar 40th anniversary (S) . . . . *proof* **40.00**

1998 5 pounds, Radio Gibraltar 40th anniversary (G) . . . . *proof* **2,150**

1998 5 pounds, Royal Air Force 80th anniversary (virenium) **16.00**

1998 5 pounds, Royal Air Force 80th anniversary (S) . . . . *proof* **50.00**

1998 5 pounds, Royal Air Force 80th anniversary (G) . . . . *proof* **2,150**

1998 5 pounds, millennium (virenium) **16.00**

1998 5 pounds, millennium (S) . . . . *proof* **50.00**

1998 5 pounds, millennium (G) . . . . *proof* **2,150**

1998 5 pounds, Prince Charles 50th birthday (virenium) **16.00**

1998 5 pounds, Prince Charles 50th birthday (S) . . . . *proof* **50.00**

1998 5 pounds, Prince Charles 50th birthday (G) . . . . . . *proof* **2,150**

2000 5 pounds, Battle of Britain (virenium) **15.00**

2000 5 pounds, Battle of Britain (S) . . . . *proof* **50.00**

2000 5 pounds, Battle of Britain (G) . . . . *proof* **2,150**

2001 5 pounds, Gibraltar Chronicle 200th anniversary (virenium) . . **15.00**

2001 5 pounds, Gibraltar Chronicle 200th anniversary (S) . . . *proof* **50.00**

2001 5 pounds, Gibraltar Chronicle 200th anniversary (G) . . . *proof* **2,100**

2002 5 pounds, Elizabeth II golden jubilee (virenium) **15.00**

2002 5 pounds, Elizabeth II golden jubilee (S) . . . . *proof* **50.00**

2002 5 pounds, Elizabeth II golden jubilee (G) . . . . *proof* **2,100**

2005 5 pounds, Battle of Trafalgar (S) . . . . *proof* **40.00**

1975 50 pounds, British sterling introduction 250th anniversary (G) . . . . *proof* **825**

GUERNSEY

UNC

1999 2 pence, Guernsey cow (C-plated ST) **0.50**

1970 10 new pence, Guernsey cow (C-N) **1.50**

1972 25 pence, Elizabeth II and Prince Philip 25th wedding anniversary (C-N) **6.00**

1972 25 pence, Elizabeth II and Prince Philip 25th wedding anniversary (S) . . . . *proof* **25.00**

1977 25 pence, Elizabeth II silver jubilee (C-N) **2.25**

1977 25 pence, Elizabeth II silver jubilee (S) . . . . *proof* **25.00**

1978 25 pence, royal visit (C-N) . . . **2.50**

1978 25 pence, royal visit (S) . . . . *proof* **25.00**

1980 25 pence, Queen Mother 80th birthday (C-N) **2.50**

1980 25 pence, Queen Mother 80th birthday (S) . . . . *proof* **25.00**

1981 25 pence, Prince Charles and Lady Diana wedding (C-N) **2.75**

1981 25 pence, Prince Charles and Lady Diana wedding (S) . . . . . . *proof* **25.00**

2000 50 pence, Battle of Britain 60th anniversary (C-N) **2.00**

2000 50 pence, Battle of Britain 60th anniversary (S) . . . . *proof* **25.00**

2000 50 pence, Battle of Britain 60th anniversary (G) . . . . *proof* **850**

2003 50 pence, Elizabeth II coronation 50th anniversary, queen on horseback (C-N) **1.50**

2003 50 pence, Elizabeth II coronation 50th anniversary, queen on horseback (S) **25.00**

1981 pound, Guernsey lily (G) *proof* **450**

1983 pound, HMS Crescent (N-BR) **3.50**

1996 pound, Elizabeth II 70th birthday (S) . . . . *proof* **20.00**

1997 pound, Elizabeth II and Prince Philip 50th wedding anniversary (S) . . . . *proof* **20.00**

1997 pound, Tower of London (S) . . . . *proof* **30.00**

1998 pound, Royal Air Force 80th anniversary (S) . . . . *proof* **45.00**

UNC

1999 pound, Prince Edward and Sophie Rhys-Jones wedding (S). . *proof* **30.00**

1999 pound, Winston Churchill (S) . . . . *proof* **25.00**

1999 pound, Queen Mother (S) . . . . *proof* **35.00**

2000 pound, year 2000 (S) . *proof* **45.00**

2000 pound, Queen Mother 100th birthday (S) . . . . . . *proof* **25.00**

2001 pound, Elizabeth II 75th birthday (S) . . . . *proof* **25.00**

2002 pound, William, duke of Normandy (S) **35.00**

1985 2 pounds, liberation from Germany 40th anniversary (C-N) **6.00**

1985 2 pounds, liberation from Germany 40th anniversary (S). . . . . *proof* **30.00**

1987 2 pounds, William the Conqueror (C-N). **6.50**

1987 2 pounds, William the Conqueror (S) . . . . *proof* **30.00**

1987 2 pounds, William the Conqueror (G) . . . . *proof* **2,500**

1988 2 pounds, William II (C-N) . . **6.50**

1988 2 pounds, William II (S) . . . . *proof* **30.00**

1989 2 pounds, Henry I (C-N) **6.50**

1989 2 pounds, Henry I (S) *proof* **30.00**

1990 2 pounds, Queen Mother 90th birthday (C-N) **7.00**

1990 2 pounds, Queen Mother 90th birthday (S) . . . . . . *proof* **50.00**

1991 2 pounds, Henry II (C-N) . . . **6.50**

1991 2 pounds, Henry II (S) *proof* **50.00**

1993 2 pounds, Elizabeth II coronation 40th anniversary (C-N) **6.50**

1993 2 pounds, Elizabeth II coronation 40th anniversary (S). . . . . *proof* **45.00**

1994 2 pounds, Normandy invasion 50th anniversary (C-N) **7.50**

1994 2 pounds, Normandy invasion 50th anniversary (S). . . . . *proof* **35.00**

1996 5 pounds, Elizabeth II 70th birthday (S) . . . . *proof* **45.00**

1996 5 pounds, European football (C-N) **15.00**

1996 5 pounds, European football (S) . . . . *proof* **65.00**

1997 5 pounds, Elizabeth II and Prince Philip 50th wedding anniversary (C-N) **10.00**

1997 5 pounds, Elizabeth II and Prince Philip 50th wedding anniversary (S) . . . . *proof* **60.00**

1998 5 pounds, Royal Air Force 80th anniversary (C-N) **12.50**

1998 5 pounds, Royal Air Force 80th anniversary (S). . . . . *proof* **55.00**

1999 5 pounds, millennium, holed (S) . . . . *proof* **40.00**

1999 5 pounds, millennium (BR center in C-N ring). **18.00**

1999 5 pounds, Prince Edward and Sophie Rhys-Jones wedding (C-N). **15.00**

1999 5 pounds, Prince Edward and Sophie Rhys-Jones wedding (S) . . . . *proof* **40.00**

1999 5 pounds, Winston Churchill (C-N). **16.50**

1999 5 pounds, Winston Churchill (S) . . . . *proof* **50.00**

1999 5 pounds, Winston Churchill (G). . . . . *proof* **2,500**

2000 5 pounds, 20th century monarchies (C-N). **11.00**

2000 5 pounds, 20th century monarchies (S) . . . . *proof* **50.00**

2000 5 pounds, 20th century monarchies (G, 0.0333 troy ounces). . *proof* **70.00**

2000 5 pounds, 20th century monarchies (G, 1.177 troy ounces). . . *proof* **2,200**

2001 5 pounds, Victoria centennial (C-N). **7.50**

2001 5 pounds, Victoria centennial (S) . . . . *proof* **50.00**

2001 5 pounds, Elizabeth II 75th birthday (C-N). **6.00**

2001 5 pounds, Elizabeth II 75th birthday (S) . . . . *proof* **55.00**

2001 5 pounds, 19th century monarchies (C-N). **11.50**

2001 5 pounds, 19th century monarchies (S) . . . . *proof* **55.00**

2001 5 pounds, 19th century monarchies (G, 0.0333 troy ounces). . *proof* **70.00**

2001 5 pounds, 19th century monarchies (G, 1.177 troy ounces). . . *proof* **2,200**

2002 5 pounds, Elizabeth II golden jubilee, queen in coach (C-N). . **16.50**

2002 5 pounds, Elizabeth II golden jubilee, queen in coach (G-plated C-N) **15.00**

2002 5 pounds, Elizabeth II golden jubilee, queen in coach (S). . . . . *proof* **50.00**

2002 5 pounds, Elizabeth II golden jubilee, queen in coach (G). . . . . *proof* **2,200**

2002 5 pounds, Princes Diana (C-N). **13.50**

2002 5 pounds, Princes Diana (S) . . . . *proof* **45.00**

2002 5 pounds, Princes Diana (G) . . . . *proof* **2,500**

2002 5 pounds, 18th century monarchies (C-N). **15.00**

2002 5 pounds, 18th century monarchies (S) . . . . *proof* **50.00**

2002 5 pounds, 18th century monarchies (G, 0.0333 troy ounces). . *proof* **70.00**

2002 5 pounds, 18th century monarchies (G, 1.177 troy ounces). . . *proof* **2,200**

2003 5 pounds, Prince William (C-N). **17.50**

2003 5 pounds, Prince William (S) . . . . *proof* **50.00**

2003 5 pounds, Prince William (G) . . . . *proof* **2,200**

2003 5 pounds, 17th century monarchies (C-N). **22.50**

2004 5 pounds, HMS Invincible (C-N). **25.00**

2004 5 pounds, HMS Invincible (S) **40.00**

2004 5 pounds, 16th century monarchies (C-N). **22.50**

2004 5 pounds, D-Day, British troops storming ashore (C-N) **15.00**

2004 5 pounds, Crimean War 150th anniversary (C-N) **25.00**

2004 5 pounds, Crimean War 150th anniversary (S). . . . . *proof* **85.00**

2004 5 pounds, Crimean War 150th anniversary (G) **2,100**

2005 5 pounds, World War II, Winston Churchill and George VI (S) . . . . *proof* **85.00**

UNC

2005 5 pounds, World War II, Winston Churchill and George VI (G) . . . . *proof* **2,250**

2006 5 pounds, Elizabeth II 80th birthday (S) . . . . . . *proof* **40.00**

1994 10 pounds, Normandy invasion 50th anniversary (G) . . . . . *proof* **185**

1997 10 pounds, Elizabeth II and Prince Philip 50th wedding anniversary (S, G inset) . . . . *proof* **375**

2000 10 pounds, millennium (G) . . **775**

2001 10 pounds, 19th century monarchies (S, 4.5526 troy ounces) . . . . *proof* **225**

2002 10 pounds, 18th century monarchies (S, 4.9948 troy ounces) . . . . *proof* **225**

2004 10 pounds, D-Day (S, 4.6248 troy ounces) . . . . *proof* **400**

1994 25 pounds, Normandy invasion 50th anniversary (G) **465**

1997 25 pounds, Elizabeth II and Prince Philip 50th wedding anniversary (G) . . . . *proof* **475**

1998 25 pounds, Royal Air Force 80th anniversary (G) . . . . . . *proof* **465**

1999 25 pounds, Winston Churchill (G) . . . . *proof* **465**

2001 25 pounds, Victoria centennial (G) . . . . *proof* **450**

2001 25 pounds, Elizabeth II 75th birthday (G) . . . . *proof* **425**

2002 25 pounds, Princes Diana (G) . . . . *proof* **450**

2002 25 pounds, Elizabeth II golden jubilee (G) . . . . *proof* **445**

2002 25 pounds, Queen Mother (G) . . . . *proof* **450**

2003 25 pounds, Elizabeth II golden jubilee (G) . . . . *proof* **445**

2003 25 pounds, Prince William (G) . . . . *proof* **445**

1994 50 pounds, Normandy invasion 50th anniversary (G) . . . . . . *proof* **900**

2004 50 pounds, D-Day (S, 29.738 troy ounces) . . . . *proof* **1,300**

1994 100 pounds, Normandy invasion 50th anniversary (G) . . . . *proof* **1,850**

1995 100 pounds, liberation 50th anniversary (G) . . . . *proof* **1,850**

ISLE OF MAN

UNC

1980 50 pence, Christmas (C-N) . . **2.50**

1980 50 pence, Christmas (S) . . . . *proof* **12.50**

1890 50 pence, Christmas (G) . . . . *proof* **1,400**

1980 50 pence, Christmas (PL) . . . . *proof* **1,750**

1982 50 pence, Tourist Trophy motorcycle races (C-N) **3.00**

1982 50 pence, Tourist Trophy motorcycle races (S) . . . . *proof* **15.00**

1995 50 pence, Christmas (C-N) **2.50**

1995 50 pence, Christmas (S) . . . . *proof* **40.00**

1995 50 pence, Christmas (G) . . . . *proof* **1,400**

2001 50 pence, Christmas (C-N) . . **4.50**

2001 50 pence, Christmas (S) . . . . *proof* **35.00**

2001 50 pence, Christmas (G) . . . . *proof* **450**

2009 50 pence, Christmas (C-N) . **10.00**

2002 60 pence, Euro currency converter (BZ, S-finished rotator on reverse) **20.00**

1996 sovereign (pound), sports, cricket equipment (N-BR) **4.00**

1996 sovereign (pound), sports, cricket equipment (S) . . . . *proof* **25.00**

1981 2 pounds, Prince Charles and Lady Diana wedding (G) . . . . *proof* **850**

1994 2 pounds, Nigel Mansell (virenium) **8.00**

1995 2 pounds, V-E Day and V-J Day (virenium) **7.00**

1975 5 pounds (G) **2,100**

1984 5 pounds, College of Arms 400th anniversary (virenium) **10.00**

1984 5 pounds, College of Arms 400th anniversary (S) . . . . *proof* **40.00**

1984 5 pounds, College of Arms 400th anniversary (G) . . . . *proof* **2,150**

1984 5 pounds, College of Arms 400th anniversary (PL) . . . . . . *proof* **2,600**

1995 5 pounds, Winston Churchill (virenium) **14.00**

1995 5 pounds, Winston Churchill (S) . . . . *proof* **40.00**

1995 5 pounds, Winston Churchill (G) . . . . *proof* **2,150**

1997 5 pounds, Elizabeth II and Prince Philip 50th wedding anniversary (virenium) **17.50**

1997 5 pounds, Elizabeth II and Prince Philip 50th wedding anniversary (S) . . . . *proof* **40.00**

1997 5 pounds, Elizabeth II and Prince Philip 50th wedding anniversary (G) . . . . *proof* **2,100**

1998 5 pounds, Prince Charles 50th birthday (virenium) **15.50**

1998 5 pounds, Prince Charles 50th birthday (S) . . . . *proof* **30.00**

1998 5 pounds, Prince Charles 50th birthday (G) . . . . *proof* **2,100**

1999 5 pounds, Royal Navy Lifeboat Institution 175th anniversary (virenium) **15.50**

1999 5 pounds, Royal Navy Lifeboat Institution 175th anniversary (S) . . . . *proof* **50.00**

1999 5 pounds, Royal Navy Lifeboat Institution 175th anniversary (G) . . . . *proof* **2,100**

2000 5 pounds, St. Patrick's Hymn (virenium) **15.00**

2000 5 pounds, St. Patrick's Hymn (S) . . . . *proof* **35.00**

2002 1/32 crown, Elizabeth II golden jubilee (G) **60.00**

1992 half5 crown, America's Cup (G) **70.00**

2001 1/25 crown, Harry Potter, journey to Hogwarts (G) . . . . *proof* **75.00**

2001 1/25 crown, Harry Potter, quidditch (G) . . . . *proof* **75.00**

2002 1/25 crown, Harry Potter, Aragog (G) . . . . *proof* **75.00**

2002 1/25 crown, Harry Potter, Harry in hospital (G) . . . . *proof* **75.00**

UNC

2003 1/25 crown, Lord of the Rings
(G) . . . . *proof* **75.00**

2004 1/25 crown, Harry Potter,
Dumbledore (G) . . . . . . *proof* **75.00**

2005 1/25 crown, Himalayan cat
(G) . . . . *proof* **75.00**

2005 1/25 crown, Himalayan cat
(PL) . . . . *proof* **85.00**

1995 1/10 crown, Year of the Pig
(G) . . . . *proof* **180**

2000 1/10 crown, Year of the Dragon
(G) . . . . *proof* **180**

2001 1/10 crown, Harry Potter, Harry
flying on broomstick (G) . . . *proof* **180**

2001 1/10 crown, Harry Potter, birth of
Norbert (G) . . . . *proof* **180**

2003 1/10 crown, Lord of the Rings
(G) . . . . *proof* **180**

1991 1/5 crown, American Numismatic
Association centennial (G)
. . . . *proof* **355**

1994 1/5 crown, woolly mammoth
(G) . . . . *proof* **355**

1994 1/5 crown, seals (G) . . . . *proof* **355**

1994 1/5 crown, manned flight,
biplane (G) . . . . *proof* **355**

1994 1/5 crown, manned flight,
Concorde (G) . . . . *proof* **355**

1995 1/5 crown, manned flight,
Boeing 747 (G) . . . . *proof* **355**

1995 1/5 crown, Queen Mother
95th birthday (G) . . . . *proof* **355**

1995 1/5 crown, World War II aircraft,
P-51 Mustang (G) . . . . *proof* **355**

1995 1/5 crown, World War II
aircraft, Messerschmitt ME262
(G) . . . . *proof* **355**

1995 1/5 crown, World War II
aircraft, Spitfire (G) . . . . . . *proof* **355**

1995 1/5 crown, modern inventions,
computer (G) . . . . *proof* **355**

1995 1/5 crown, modern inventions,
photography (G) . . . . *proof* **355**

1996 1/5 crown, Ferdinand Magellan
(G) . . . . *proof* **355**

1996 1/5 crown, King Arthur legend,
Queen Guinevere (G) . . . . . *proof* **355**

1997 1/5 crown, birth of Christ,
Madonna and child (G) . . . . *proof* **355**

1997 1/5 crown, year 2000, fall of the
Roman Empire (G) . . . . *proof* **355**

1997 1/5 crown, year 2000, Norman
Conquests (G) . . . . *proof* **355**

1998 1/5 crown, steam railway 125th
anniversary, "The General" locomotive
(G) . . . . *proof* **355**

1998 1/5 crown, steam railway 125th
anniversary, "The Rocket" locomotive
(G) . . . . *proof* **355**

1999 1/5 crown, Queen Mother,
engagement portrait (G) . . . *proof* **355**

2000 1/5 crown, millennium, fall of the
Berlin Wall (G) . . . . *proof* **355**

2000 1/5 crown, Battle of Britain
(G) . . . . *proof* **355**

2001 1/5 crown, Queen Mother,
1948 silver wedding anniversary
(G) . . . . *proof* **355**

2001 1/5 crown, Elizabeth II 75th
birthday (G) . . . . *proof* **355**

2001 1/5 crown, Harry Potter, Harry in
potions class (G) . . . . *proof* **355**

2001 1/5 crown, Harry Potter, Harry
chasing a jeweled snitch (G) *proof* **355**

2002 1/5 crown, Princess Diana
(G) . . . . *proof* **355**

2004 1/5 crown, palladium bicentennial
(palladium) . . . . *proof* **175**

2006 1/5 crown, Battle of Cologne
(G) . . . . *proof* **355**

2008 1/5 crown, Prince Charles 60th
birthday (G) . . . . *proof* **355**

1996 quarter crown, King Arthur legend,
king with sword and orb (G center in
PL ring) . . . . *proof* **450**

1987 half crown, U.S. Constitution
(G) . . . . *proof* **900**

1987 half crown, U.S. Constitution
(PL) . . . . *proof* **950**

1988 half crown, Australian bicentennial,
cockatoo (G) . . . . *proof* **900**

1988 half crown, Australian bicentennial,
kangaroo (G) . . . . *proof* **900**

1990 half crown, "Penny Black" postage
stamp 150th anniversary (G) **870**

1993 half crown, Year of the Rooster
(G) . . . . *proof* **875**

1996 half crown, Year of the Ox
(G) . . . . *proof* **875**

1997 half crown, Leif Eriksson
(G) . . . . *proof* **875**

1998 half crown, Egyptian Mau cat
(G) . . . . *proof* **900**

2000 half crown, Greenwich Meridian
Time (titanium center in
G ring) . . . . *proof* **245**

2000 half crown, space station and
shuttle (titanium) **40.00**

2002 half crown, Elizabeth II golden
jubilee (G) . . . . *proof* **875**

2003 half crown, Lord of the Rings
(G) . . . . *proof* **875**

2004 half crown, palladium bicentennial
(palladium center in G ring)
. . . . *proof* **1,050**

1974 crown, Winston Churchill
(C-N) **5.00**

1974 crown, Winston Churchill
(S) . . . . *proof* **25.00**

1976 crown, U.S. bicentennial, George
Washington (C-N) **6.00**

1976 crown, U.S. bicentennial, George
Washington (S) **25.00**

1977 crown, Elizabeth II silver jubilee
(C-N) **4.50**

1977 crown, Elizabeth II silver jubilee
(S) **25.00**

1978 crown, Elizabeth II coronation
25th anniversary (C-N) **10.00**

1978 crown, Elizabeth II coronation
25th anniversary (S) **25.00**

1979 crown, Manx coinage 300th
anniversary (C-N) **8.00**

1979 crown, Manx coinage 300th
anniversary (S) **25.00**

1979 crown, Tynwald millennium, Sir
William Hillory (C-N) **8.00**

1979 crown, Tynwald millennium, Sir
William Hillory (S) **25.00**

1979 crown, Tynwald millennium, Sir
William Hillory (G) . . . . . *proof* **2,350**

1979 crown, Tynwald millennium, Sir
William Hillory (PL) . . . . *proof* **3,000**

1980 crown, Queen Mother 80th
birthday (C-N) **5.00**

1980 crown, Queen Mother 80th
birthday (S) **15.00**

1980 crown, Queen Mother 80th
birthday (S) . . . . *proof* **25.00**

1980 crown, Queen Mother 80th
birthday (G) **120**

1981 crown, International Year of
Disabled, Beethoven (G, 0.0613 troy
ounces) . . . . *proof* **120**

ISLE OF MAN

BRITISH COLONIES, DEPENDENCIES, AND TERRITORIES

UNC

1981 crown, International Year of Disabled, Beethoven (G, 0.2347 troy ounces) . . . . *proof* **425**

1981 crown, International Year of Disabled, Beethoven (PL) . . . . *proof* **3,000**

1981 crown, Prince Charles and Lady Diana wedding, portrait (C-N) . . **6.00**

1981 crown, Prince Charles andLady Diana wedding, portrait (S) **25.00**

1981 crown, Prince Charles and Lady Diana wedding, portrait (G, 0.0613 troy ounces) . . . . *proof* **120**

1981 crown, Prince Charles and Lady Diana wedding, portrait (G, 0.2347 troy ounces) . . . . *proof* **350**

1981 crown, Prince Charles and Lady Diana wedding, portrait (PL) . . . . *proof* **3,000**

1983 crown, manned flight, hot-air balloon (C-N) **8.00**

1983 crown, manned flight, hot-air balloon (S) **25.00**

1983 crown, manned flight, hot-air balloon (G, 0.0613 troy ounces) . . . . *proof* **125**

1983 crown, manned flight, hot-air balloon (G, 0.2347 troy ounces) . . . . *proof* **425**

1983 crown, manned flight, hot-air balloon (PL) . . . . *proof* **3,100**

1984 crown, 30th Commonwealth Parliamentary Conference, Elizabeth II and Prince Philip (G, 0.0613 troy ounces) . . . . *proof* **125**

1984 crown, 30th Commonwealth Parliamentary Conference, Elizabeth II and Prince Philip (G, 0.2347 troy ounces) . . . . *proof* **425**

1984 crown, 30th Commonwealth Parliamentary Conference, Elizabeth II and Prince Philip (PL) . . . . *proof* **3,000**

1985 crown, Queen Mother, wedding portrait (C-N) **2.50**

1985 crown, Queen Mother, wedding portrait (S-clad C-N) . . . . *proof* **10.00**

1985 crown, Queen Mother, wedding portrait (S) . . . . *proof* **25.00**

1985 crown, Queen Mother, wedding portrait (G, 0.0613 troy ounces) . . . . *proof* **125**

1985 crown, Queen Mother, wedding portrait (G, 0.2347 troy ounces) . . . . *proof* **425**

1985 crown, Queen Mother, wedding portrait (PL) . . . . *proof* **3,000**

1987 crown, U.S. Constitution (C-N) **5.00**

1987 crown, U.S. Constitution (palladium) . . . . *proof* **775**

1987 crown, U.S. Constitution (PL) **1,850**

1987 crown, America's Cup, Statue of Liberty and sailboats (C-N) **10.00**

1987 crown, America's Cup, Statue of Liberty and sailboats (S) **25.00**

1987 crown, America's Cup, Statue of Liberty and sailboats (palladium) **775**

1988 crown, Manx cat (S) . . *proof* **30.00**

1988 crown, Australian bicentennial, koala (C-N) **10.00**

1988 crown, Australian bicentennial, koala (S) . . . . *proof* **175**

1988 crown, Australian bicentennial, Tasmanian devil (C-N) **12.00**

1988 crown, Australian bicentennial, Tasmanian devil (S) . . . . *proof* **175**

1989 crown, Mutiny on the Bounty bicentenary, HMS Bounty (C-N) **7.50**

1989 crown, Mutiny on the Bounty bicentenary, HMS Bounty (S) . . . . *proof* **45.00**

1989 crown, Mutiny on the Bounty, Capt. Bligh and crew set afloat (C-N) **7.50**

1989 crown, Mutiny on the Bounty, Capt. Bligh and crew set afloat (S) . . . . *proof* **45.00**

1989 crown, Washington crossing the Delaware (C-N) **2.75**

1989 crown, Washington inauguration, Washington crossing the Delaware (S) . . . . *proof* **25.00**

1989 crown, Washington inauguration, Washington taking oath (C-N) **5.00**

1989 crown, Washington inauguration, Washington taking oath (S) . . . . *proof* **25.00**

1990 crown, "Penny Black" postage stamp 150th anniversary (C-N) **12.50**

1990 crown, "Penny Black" postage stamp 150th anniversary (S) . . . . *proof* **30.00**

1990 crown, "Penny Black" postage stamp 150th anniversary (G) . . . . *proof* **1,825**

1990 crown, "Penny Black" postage stamp 150th anniversary (PL) . . . . *proof* **3,000**

1990 crown, alley cat (C-N) **10.00**

1990 crown, alley cat (S) . . . *proof* **32.50**

1990 crown, Winston Churchill, Churchill with cigar (C-N) **3.25**

1990 crown, Winston Churchill, Churchill with cigar (S) . . *proof* **50.00**

1990 crown, Winston Churchill, Churchill with cigar (G) . . . *proof* **355**

1990 crown, Winston Churchill, Churchill with cigar (PL) . . *proof* **385**

1991 crown, American Numismatic Association centennial (C-N) . . . **4.50**

1991 crown, American Numismatic Association centennial (S) . . . . *proof* **25.00**

1991 crown, Norwegian cat (C-N) **10.00**

1991 crown, Norwegian cat (S) . . . . *proof* **35.00**

1991 crown, Norwegian cat (G) **1,800**

1991 crown, Prince Charles and Princess Diana 10th wedding anniversary, Prince Charles (C-N) **4.00**

1991 crown, Prince Charles and Princess Diana 10th wedding anniversary, Prince Charles (S) . . . . *proof* **40.00**

1991 crown, Prince Charles and Princess Diana 10th wedding anniversary, Prince Charles (G) . . . . *proof* **355**

1991 crown, Prince Charles and Princess Diana 10th wedding anniversary, Princess Diana (C-N) **4.00**

1991 crown, Prince Charles and Princess Diana 10th wedding anniversary, Princess Diana (S) . . . . *proof* **40.00**

UNC

1991 crown, Prince Charles and Princess Diana 10th wedding anniversary, Princess Diana (G) . . . . *proof* **355**

1992 crown, America's Cup, triskeles on shield above crossed flags (C-N) . **8.00**

1993 crown, dinosaur (C-N) **10.00**

1993 crown, diplodocus (C-N) **9.00**

1994 crown, Japanese bobtail cat (C-N) **11.00**

1994 crown, Japanese bobtail cat (S) . . . . *proof* **35.00**

1994 crown, Japanese bobtail cat (G) **1,800**

1994 crown, manned flight, Ferdinand von Zeppelin (C-N) **11.00**

1994 crown, manned flight, airmail 60th anniversary (C-N) **8.00**

1994 crown, manned flight, airmail 60th anniversary (S) . . . . *proof* **40.00**

1994 crown, manned flight, International Civil Aviation 50th anniversary (C-N) **8.00**

1994 crown, manned flight, International Civil Aviation 50th anniversary (S) . . . . *proof* **40.00**

1994 crown, Normandy invasion, troop ship and land craft (C-N) **6.50**

1994 crown, Normandy invasion, troop ship and land craft (S) . . . *proof* **26.50**

1994 crown, Normandy invasion, Gen. Dwight Eisenhower (C-N) **6.50**

1994 crown, Normandy invasion, Gen. Dwight Eisenhower (S) . . *proof* **26.50**

1995 crown, manned flight, first Tokyo-to-Paris flight (C-N) . . . . . . *proof* **6.50**

1995 crown, manned flight, first Tokyo-to-Paris flight (S) . . . . . . *proof* **40.00**

1995 crown, manned flight, Messerschmitt 262, first jet aircraft (C-N) . . . . *proof* **12.50**

1995 crown, manned flight, Messerschmitt 262, first jet aircraft (S) . . . . *proof* **40.00**

1995 crown, egrets (C-N) **11.00**

1995 crown, egrets (S) . . . . *proof* **40.00**

1995 crown, egrets (PL) **1,900**

1995 crown, World War II aircraft, JU87 Stuka (C-N) **5.50**

1995 crown, World War II aircraft, JU87 Stuka (S) . . . . *proof* **30.00**

1995 crown, World War II aircraft, MIG 3 (C-N) **5.50**

1995 crown, World War II aircraft, MIG 3 (S) . . . . *proof* **30.00**

1995 crown, modern inventions, movable type, Pi Shang (C-N) . . **5.00**

1995 crown, modern inventions, movable type, Pi Shang (S) . . . . *proof* **40.00**

1995 crown, modern inventions, X-ray, Wilhelm K. Roentgen (C-N) **5.00**

1995 crown, modern inventions, X-ray, Wilhelm K. Roentgen (S) . . . . *proof* **40.00**

1996 crown, Elizabeth II 70th birthday (C-N) **6.00**

1996 crown, Elizabeth II 70th birthday (S) . . . . *proof* **40.00**

1996 crown, Sir Francis Drake (C-N) **7.00**

1996 crown, Sir Francis Drake (S) . . . . *proof* **40.00**

1996 crown, King Arthur legend, Sir Lancelot (C-N) **10.00**

1996 crown, King Arthur legend, Sir Lancelot (S) . . . . *proof* **25.00**

1996 crown, King Arthur legend, Camelot (C-N) **10.00**

1996 crown, King Arthur legend, Camelot (S) . . . . *proof* **25.00**

1997 crown, Fridtjof Nansen (C-N) **8.00**

1997 crown, Fridtjof Nansen (S) . . . . *proof* **40.00**

1997 crown, Elizabeth II and Prince Philip 50th wedding anniversary (C-N) **8.00**

1997 crown, Elizabeth II and Prince Philip 50th wedding anniversary (G-clad S) . . . . *proof* **40.00**

1998 crown, Marco Polo (C-N) . . . **8.00**

1998 crown, Marco Polo (S) *proof* **45.00**

1998 crown, steam railway 125th anniversary, No. 1 Sutherland locomotive (C-N) **10.00**

1998 crown, steam railway 125th anniversary, No. 1 Sutherland locomotive (S) . . . . *proof* **45.00**

1998 crown, steam railway 125th anniversary, Flying Scotsman locomotive (C-N) **8.00**

1998 crown, steam railway 125th anniversary, Flying Scotsman locomotive (S) . . . . *proof* **30.00**

1998 crown, year 2000, French Revolution (C-N) **7.50**

1998 crown, year 2000, French Revolution (S) . . . . *proof* **30.00**

1998 crown, year 2000, Reformation (C-N) **7.50**

1998 crown, year 2000, Reformation (S) . . . . *proof* **30.00**

1999 crown, year 2000, U.S. Civil War (C-N) **9.50**

1999 crown, year 2000, U.S. Civil War (S) . . . . *proof* **50.00**

1999 crown, year 2000, Russian revolution (C-N) **7.50**

1999 crown, year 2000, Russian revolution (S) . . . . *proof* **50.00**

1999 crown, Prince Edward and Sophie Rhys-Jones wedding, Prince Edward (C-N) **7.50**

1999 crown, Prince Edward and Sophie Rhys-Jones wedding, Prince Edward (S) . . . . *proof* **50.00**

1999 crown, Prince Edward and Sophie Rhys-Jones wedding, Sophie Rhys-Jones (C-N) **7.50**

1999 crown, Prince Edward and Sophie Rhys-Jones wedding, Sophie Rhys-Jones (S) . . . . *proof* **50.00**

2000 crown, millennium (S) . . . . *proof* **50.00**

2000 crown, Queen Mother, 1963 royal visit to Isle of Man (C-N) **10.00**

2000 crown, Queen Mother, 1963 royal visit to Isle of Man (S) . . . *proof* **50.00**

2000 crown, Queen Mother, portrait (C-N) **10.00**

2000 crown, Queen Mother, portrait (S) . . . . *proof* **50.00**

2001 crown, Queen Mother, Prince Charles birth (C-N) **10.00**

2001 crown, Queen Mother, Prince Charles birth (S) . . . . . . *proof* **50.00**

2001 crown, Elizabeth II 75th birthday (C-N) **14.00**

2001 crown, Elizabeth II 75th birthday (S) . . . . *proof* **50.00**

2001 crown, Harry Potter, Harry with magic wand (C-N) **10.00**

2001 crown, Harry Potter, Harry with magic wand (S) . . . . . . *proof* **50.00**

UNC

2001 crown, Harry Potter, Harry catching a flying jeweled key (C-N) **10.00**

2001 crown, Harry Potter, Harry catching a flying jeweled key (S) . . . . *proof* **50.00**

2002 crown, Elizabeth II golden jubilee (red G center, white G inner ring, yellow G outer ring) . . . . . *proof* **1,200**

2002 crown, Elizabeth II golden jubilee, queen at coronation (C-N) **10.00**

2002 crown, Elizabeth II golden jubilee, queen at coronation, gold colored (C-N) **10.00**

2002 crown, Princess Diana (C-N) **10.00**

2002 crown, Princess Diana (S) . . . . *proof* **50.00**

2002 crown, Harry Potter, Harry and friends making polyjuice (C-N) **10.00**

2002 crown, Harry Potter, Harry and friends making polyjuice (S) . . . . *proof* **50.00**

2003 crown, Lord of the Rings, collage of characters (C-N) **12.50**

2003 crown, Lord of the Rings, collage of characters (S) . . . . . . *proof* **50.00**

2003 crown, Star of Indian ship (C-N) **10.00**

2004 crown, European Union (C-N) **10.00**

2004 crown, European Union (S) . . . . *proof* **50.00**

2004 crown, Harry Potter, Harry in the shrieking shack (C-N) **15.00**

2004 crown, Harry Potter, Harry in the shrieking shack (S) . . . . . *proof* **50.00**

2004 crown, Harry Potter, Harry and Dumbledore (C-N) **15.00**

2004 crown, Harry Potter, Harry and Dumbledore (S) . . . . *proof* **50.00**

2004 crown, Queen Mary 2 ship (C-N) **15.00**

2004 crown, D-Day (C-N) **15.00**

2004 crown, D-Day (S) . . . . *proof* **50.00**

2004 crown, Lord of the Rings (C-N) **15.00**

2004 crown, Lord of the Rings (S) . . . . *proof* **50.00**

2004 crown, Tonkinese cats (C-N) **14.00**

2004 crown, Tonkinese cats, multicolored (C-N) **14.00**

2004 crown, Tonkinese cats (S) . . . . *proof* **50.00**

2004 crown, Tonkinese cats, multicolored (S) . . . . *proof* **55.00**

2004 crown, Tonkinese cats (G) . . **1,800**

2005 crown, Harry Potter, Harry and the Hungarian horn tail (C-N) **15.00**

2005 crown, Harry Potter, Harry and portkey (C-N) **10.00**

2005 crown, end of World War II, Winston Churchill (C-N) **10.00**

2005 crown, the Gunpowder Plot, 400th anniversary (C-N) **10.00**

2005 crown, Battle of Trafalgar, naval battle scene (C-N) **10.00**

2005 crown, Isle of Man Steam Packet Co. 175th anniversary, modern and early ferry (C-N) **10.00**

2006 crown, Goldilocks and the Three Bears (C-N) **35.00**

2006 crown, Goldilocks and the Three Bears, multicolored (C-N) **40.00**

2006 crown, Goldilocks and the Three Bears (S) . . . . *proof* **80.00**

2006 crown, Goldilocks and the Three Bears, multicolored (S) . . . . *proof* **100**

2007 crown, Elizabeth II and Prince Philip 60th wedding anniversary, bridal bouquet of white orchids (C-N) **15.00**

2007 crown, Elizabeth II and Prince Philip 60th wedding anniversary, bridal bouquet of white orchids (S) . . . . *proof* **75.00**

2007 crown, Sleeping Beauty (C-N) **35.00**

2007 crown, Sleeping Beauty, multicolored (C-N) **40.00**

2007 crown, Sleeping Beauty (S) . . . . *proof* **80.00**

2007 crown, Sleeping Beauty, multicolored (S) . . . . *proof* **100**

2008 crown, Prince Charles 60th birthday (C-N) **10.00**

2008 crown, Prince Charles 60th birthday (S) . . . . . . *proof* **50.00**

2009 crown, Henry VIII (C-N) . . . **15.00**

2009 crown, Henry VIII (S) . . . . *proof* **35.00**

2004 2 crowns, palladium discovery 200th anniversary (palladium) . . . . *proof* **1,570**

1987 5 crowns, U.S. Constitution (S, 4.9958 troy ounces) . . . . *proof* **150**

1988 5 crowns, steam navigation, Queen Mary ship (S, 4.9958 troy ounces) **150**

1996 5 crowns, King Arthur legend, Merlin (S, 4.9958 troy ounces) . . . . *proof* **150**

2000 5 crowns, Year of the Dragon (G, 4.9993 troy ounces) . . . . . *proof* **6,800**

2003 5 crowns, Year of the Goat (G, 4.9991 troy ounces) . . . . . *proof* **6,800**

1987 10 crowns, America's Cup, sailboats and trophy (S, 9.9896 troy ounces) . . . . *proof* **350**

1997 10 crowns, Manx cat coins 10th anniversary (S, 9.2495 troy ounces) . . . . *proof* **400**

2004 64 crowns, Queen Mary 2 ship (S, 64.234 troy ounces) . . . . . *proof* **1,950**

2002 100 crowns, Elizabeth II golden jubilee (S, 96.438 troy ounces) . . . . *proof* **2,900**

2003 130 crowns, G-clad Elizabeth II portrait with 0.035-carat ruby inset (S, 128.46 troy ounces) . . . . . *proof* **3,850**

PITCAIRN ISLANDS

UNC

1988 dollar, drafting of constitution 150th anniversary (C-N) **8.00**

1988 dollar, drafting of constitution 150th anniversary (S) . . . *proof* **40.00**

1989 dollar, HMAV Bounty (C-N) .**8.00**

1989 dollar, HMAV Bounty (S) . . . . *proof* **35.00**

1990 dollar, establishment of settlement 200th anniversary (C-N) **15.00**

1990 dollar, establishment of settlement 200th anniversary (S) . . . *proof* **40.00**

1997 dollar, Queen Mother (C-N) **10.00**

2006 dollar, Elizabeth II 80th birthday (C-N) **12.50**

2008 2 dollars, Year of the Rat (S) **65.00**

2008 2 dollars, HMAV Bounty, multicolored (S) **75.00**

2008 2 dollars, HMAV Bounty, partially gilt (S) . . . . *proof* **85.00**

2009 2 dollars, Capt. William Bligh, partially gilt (S) . . . . *proof* **75.00**

UNC

1997 5 dollars, Queen Mother
(S) . . . . *proof* **35.00**

2002 5 dollars, save the whales, mother-of-pearl inset (S) . . . . *proof* **85.00**

2005 5 dollars, Bounty Bible and ship
(G) . . . . *proof* **90.00**

1997 10 dollars, Elizabeth II
and Prince Philip 50th wedding
anniversary (S) . . . . *proof* **55.00**

2008 10 dollars, HMAV Bounty
(G) . . . . *proof* **165**

2008 25 dollars, HMAV Bounty
(G) . . . . *proof* **775**

1988 50 dollars, drafting of constitution
150th anniversary (S, 4.9974 troy
ounces) . . . . *proof* **165**

1989 50 dollars, HMAV Bounty
(S, 4.9974 troy ounces) . . . . *proof* **165**

1990 50 dollars, establishment of
settlement 200th anniversary
(S, 4.9974 troy ounces) . . . . *proof* **200**

1988 250 dollars, drafting of constitution
150th anniversary (G) . . . . . *proof* **900**

1989 250 dollars, HMAV Bounty
(G) . . . . *proof* **900**

1990 250 dollars, establishment of
settlement 200th anniversary
(G) . . . . *proof* **950**

ST. HELENA

UNC

1973 25 pence, St. Helena tercentenary
(C-N) **4.50**

1973 25 pence, St. Helena tercentenary
(S) . . . . *proof* **25.00**

1977 25 pence, Elizabeth II silver jubilee
(C-N) **10.00**

1977 25 pence, Elizabeth II silver jubilee
(S) . . . . *proof* **25.00**

1978 25 pence, Elizabeth II coronation
25th anniversary (C-N) **4.00**

1978 25 pence, Elizabeth II coronation
25th anniversary (S) **25.00**

1980 25 pence, Queen Mother 80th
birthday (C-N) **3.50**

1980 25 pence, Queen Mother 80th
birthday (S) . . . . *proof* **25.00**

1981 25 pence, Prince Charles and Lady
Diana wedding (C-N) **3.50**

1981 25 pence, Prince Charles and Lady
Diana wedding (S) . . . . . . *proof* **25.00**

1984 50 pence, St. Helena colony 150th
anniversary (C-N) **4.50**

1984 50 pence, St. Helena colony 150th
anniversary (S) . . . . *proof* **30.00**

1984 50 pence, St. Helena colony 150th
anniversary (G) . . . . *proof* **2,700**

1984 50 pence, Prince Andrew royal visit
(C-N) **3.00**

1984 50 pence, Prince Andrew royal visit
(S) . . . . *proof* **32.00**

1995 50 pence, Queen Mother (C-N)
. . . . **7.50**

1995 50 pence, Queen Mother
(S) . . . . *proof* **35.00**

1995 50 pence, Queen Mother
(G) . . . . *proof* **2,700**

1996 50 pence, Elizabeth II
70th birthday (C-N) **6.00**

1996 50 pence, Elizabeth II
70th birthday (S) . . . . . . *proof* **50.00**

1997 50 pence, Elizabeth II and Prince
Philip 50th wedding
anniversary (C-N) **6.50**

1998 50 pence, blue whales (C-N)
. . . .**14.00**

1998 50 pence, blue whales
(S) . . . . *proof* **45.00**

1998 50 pence, rain piper (C-N) .**14.00**

2000 50 pence, Queen Mother 100th
birthday (C-N) **10.00**

2000 50 pence, Queen Mother 100th
birthday (S) . . . . *proof* **50.00**

2000 50 pence, Queen Mother 100th
birthday (G) . . . . *proof* **2,700**

2001 50 pence, Elizabeth II
75th birthday (C-N) **8.00**

2001 50 pence, Elizabeth II
75th birthday (S) . . . . . . *proof* **45.00**

2001 50 pence, Elizabeth II
75th birthday (G) . . . . . . *proof* **2,850**

2001 50 pence, Victoria death centennial
(C-N) **8.00**

2001 50 pence, Victoria death centennial
(S) . . . . *proof* **45.00**

2001 50 pence, Victoria death centennial
(G) . . . . *proof* **2,800**

2002 50 pence, Elizabeth II accession
50th anniversary (C-N) **8.00**

2002 50 pence, Elizabeth II accession
50th anniversary (S) . . . . . *proof* **35.00**

2002 50 pence, Queen Mother
(C-N) **8.00**

2002 50 pence, Queen Mother
(S) . . . . *proof* **35.00**

2002 50 pence, discovery of St. Helena
500th anniversary (C-N) **10.00**

2002 50 pence, discovery of St. Helena
500th anniversary (S) . . . *proof* **50.00**

2002 50 pence, Edmund Halley (C-N)
. . . .**10.00**

2002 50 pence, Edmund Halley
(S) . . . . *proof* **50.00**

2002 50 pence, James Cook (C-N)
. . . .**10.00**

2002 50 pence, James Cook (S)
. . . . *proof* **50.00**

2002 50 pence, Napoleon Bonaparte
(C-N) **10.00**

2002 50 pence, Napoleon Bonaparte (S)
. . . . *proof* **50.00**

2003 50 pence, Elizabeth II coronation
50th anniversary, queen with scepter
and orb (C-N) **10.00**

2003 50 pence, Elizabeth II coronation
50th anniversary, queen with scepter
and orb (S) . . . . *proof* **50.00**

2003 50 pence, Elizabeth II coronation
50th anniversary, queen with scepter
and orb (G) . . . . *proof* **2,500**

ST. HELENA & ASCENSION

UNC

1986 50 pence, Prince Andrew and
Sarah Ferguson wedding
(G) . . . . *proof* **2,700**

1986 50 pence, Napoleon's death 165th
anniversary (C-N) **5.00**

1994 50 pence, Normandy invasion 50th
anniversary (C-N) **6.00**

1994 50 pence, Normandy invasion 50th
anniversary (S) . . . . *proof* **40.00**

2001 50 pence, Elizabeth II
75th birthday (C-N) **8.00**

2001 50 pence, Elizabeth II
75th birthday (S) . . . . . . *proof* **45.00**

2001 50 pence, Elizabeth II
75th birthday (G) . . . . . . *proof* **1,900**

UNC

1990 2 pounds, Elizabeth II coronation 40th anniversary (S). . . . . *proof* **55.00**

1990 5 pounds, Queen Mother (S) . . . . *proof* **50.00**

1986 25 pounds, Napoleon's death 165th anniversary (S, 4.9782 troy ounces) . . . . *proof* **150**

1996 25 pounds, Elizabeth II 70th birthday (S, 4.9948 troy ounces) . . . . *proof* **200**

1986 50 pounds, Napoleon's death 165th anniversary (PL) . . *proof* **2,250**

TRISTAN DA CUNHA

UNC

1977 25 pence, Elizabeth II silver jubilee (C-N). **5.00**

1977 25 pence, Elizabeth II silver jubilee (S) . . . . *proof* **25.00**

1980 25 pence, Queen Mother 80th birthday (C-N). **3.50**

1980 25 pence, Queen Mother 80th birthday (S) . . . . *proof* **25.00**

1981 25 pence, Prince Charles and Lady Diana wedding (C-N) **3.50**

1981 25 pence, Prince Charles and Lady Diana wedding (S). . . . . . *proof* **25.00**

1987 50 pence, Elizabeth II and Prince Philip 40th wedding anniversary (C-N) **4.50**

1987 50 pence, Elizabeth II and Prince Philip 40th wedding anniversary (S). . . . . *proof* **27.50**

1987 50 pence, Elizabeth II and Prince Philip 40th wedding anniversary (G) . . . . *proof* **2,750**

UNC

1999 50 pence, Winston Churchill (C-N). **7.00**

1999 50 pence, Winston Churchill (S) . . . . *proof* **45.00**

1999 50 pence, Winston Churchill (G) . . . . *proof* **2,750**

2000 50 pence, Queen Mother 100th birthday (C-N) **6.50**

2000 50 pence, Queen Mother 100th birthday (S) . . . . . *proof* **50.00**

2000 50 pence, Queen Mother 100th birthday (G). . . . . *proof* **2,750**

2000 50 pence, Princess Anne 50th birthday (C-N) **6.50**

2000 50 pence, Princess Anne 50th birthday (S) . . . . . . *proof* **50.00**

2000 50 pence, Princess Anne 50th birthday (G). . . . . . *proof* **2,750**

2001 50 pence, Elizabeth II 75th birthday (C-N) **7.00**

2001 50 pence, Elizabeth II 75th anniversary (S). . . . . *proof* **25.00**

2001 50 pence, Elizabeth II 75th anniversary (G) . . . . *proof* **2,700**

2001 50 pence, Victoria death centennial (C-N). **8.00**

2001 50 pence, Victoria death centennial (S) . . . . *proof* **35.00**

2001 50 pence, Victoria death centennial (G) . . . . *proof* **2,700**

1978 crown, Elizabeth II coronation 25th anniversary (C-N) **3.50**

1978 crown, Elizabeth II coronation 25th anniversary (S). **14.50**

2005 crown, Pope John Paul II (C-N). **8.50**

2005 crown, Pope John Paul II (S) . . . . *proof* **45.00**

2006 crown, Tybalt ship (C-N). . . . **8.50**

2006 crown, Syren ship (C-N) **8.50**

2006 crown, Pride of Baltimore ship (C-N). **8.50**

2006 crown, Hornet ship (C-N) . . . **8.50**

2006 crown, Griffon ship (C-N) . . . **8.50**

2006 crown, Enterprise ship (C-N) **8.50**

2006 crown, Columbus ship (C-N). **8.50**

2006 crown, Chausseur ship (C-N). **8.50**

2006 crown, Cabot ship (C-N). . . . **8.50**

2006 crown, Black Prince ship (C-N). **8.50**

2006 crown, Argus ship (C-N) **8.50**

2006 crown, True Blooded Yankee ship (C-N). **8.50**

2008 crown, HMS Victory (C-N) **15.00**

2008 crown, HMS Belfast (C-N) **15.00**

2008 crown, HMS Sceptre (C-N) **15.00**

2008 crown, HMS Beagle (C-N) **15.00**

2008 crown, HMS Dreadnought (C-N) **15.00**

1983 2 pounds, International Year of the Scout (G). **950**

1990 2 pounds, Queen Mother 90th birthday (C-N). **12.50**

1990 2 pounds, Queen Mother 90th birthday (S) . . . . *proof* **35.00**

TURKS & CAICOS ISLANDS

UNC

1986 crown, Prince Andrew and Sarah Ferguson wedding (C-N). **4.50**

1986 crown, Prince Andrew and Sarah Ferguson wedding (S) . . . *proof* **25.00**

1988 crown, World Wildlife Fund 25th anniversary (C-N) **7.50**

1988 crown, World Wildlife Fund 25th anniversary (S) . . . . *proof* **27.50**

1990 crown, Queen Mother 90th birthday (C-N). **5.50**

1990 crown, Queen Mother 90th birthday (S) . . . . *proof* **45.00**

1991 crown, Elizabeth II and Prince Philip royal birthdays (C-N) **4.50**

1991 crown, Elizabeth II and Prince Philip royal birthdays (S) . *proof* **27.50**

1991 crown, Prince Charles and Princess Diana 10th wedding anniversary, Princess Diana (C-N) **4.00**

1991 crown, Prince Charles and Princess Diana 10th wedding anniversary, Princess Diana (S) . . . . *proof* **40.00**

1991 crown, Prince Charles and Princess Diana 10th wedding anniversary, Prince Charles (C-N) **4.00**

1991 crown, Prince Charles and Princess Diana 10th wedding anniversary, Prince Charles (S) . . . . *proof* **35.00**

1996 dollar, Flying Scotsman steam locomotive (C-N) **5.00**

1996 dollar, Evening Star steam locomotive (C-N) **5.00**

1980 5 crowns, Lord Mountbatten (S) . . . . *proof* **9.50**

UNC

1991 5 crowns, discovery of America (C-N) **7.50**

1992 5 crowns, Elizabeth II accession 40th anniversary (C-N) **6.75**

1992 5 crowns, Elizabeth II accession 40th anniversary, queen wearing crown (S) . . . . *proof* **40.00**

1992 5 crowns, Elizabeth II accession 40th anniversary, queen and Prince Philip (C-N) **6.75**

1992 5 crowns, Elizabeth II accession 40th anniversary, queen and Prince Philip (S) . . . . *proof* **40.00**

1992 5 crowns, Elizabeth II accession 40th anniversary, George VI (C-N) **6.75**

1992 5 crowns, Elizabeth II accession 40th anniversary (S) . . . . . *proof* **40.00**

1992 5 crowns, Elizabeth II accession 40th anniversary, Windsor Castle (C-N) **6.75**

1992 5 crowns, Elizabeth II accession 40th anniversary, Windsor Castle (S) . . . . *proof* **40.00**

1993 5 crowns, Elizabeth II coronation 40th anniversary, Westminster Abbey (C-N) **7.50**

1993 5 crowns, Elizabeth II coronation 40th anniversary, crown jewels (C-N) **7.50**

1993 5 crowns, Elizabeth II coronation 40th anniversary, queen, clergy, and maids of honor (C-N) **7.50**

1993 5 crowns, Elizabeth II coronation 40th anniversary, consort's homage (C-N) **7.50**

1993 5 crowns, Elizabeth II coronation 40th anniversary, queen on throne (C-N) **7.50**

1993 5 crowns, Elizabeth II coronation 40th anniversary, queen in coach (C-N) **7.50**

1993 5 crowns, Apollo 11 25th anniversary, rocket launch (C-N) **6.75**

1993 5 crowns, Apollo 11 25th anniversary, lunar landing (C-N) . **6.75**

1993 5 crowns, Apollo 11 25th anniversary, first step on moon (C-N) **6.75**

1993 5 crowns, Apollo 11 25th anniversary, astronaut on moon (C-N) **6.75**

1993 5 crowns, Apollo 11 25th anniversary, spacecraft recovery (C-N) **6.75**

1993 5 crowns, Apollo 11 25th anniversary, astronauts saluting flag on moon (C-N) **6.75**

1994 5 crowns, ANA salute to coin collecting (C-N) **10.00**

1994 5 crowns, ANA salute to coin collecting (PL) . . . . *proof* **200**

1994 5 crowns, Normandy invasion, Bernard Montgomery (C-N) **9.50**

1994 5 crowns, Normandy invasion, Omar Bradley (C-N) **9.50**

1994 5 crowns, Normandy invasion, Dwight Eisenhower (C-N) **9.50**

1995 5 crowns, V-E Day, Churchill, Roosevelt, and Stalin (C-N) **9.50**

1995 5 crowns, V-E Day, warplanes (C-N) **7.50**

1994 5 crowns, V-E Day, U.S. and Soviet troops shaking hands (C-N) . . . **7.50**

1994 5 crowns, V-E Day, London, Washington, and Paris (C-N) . . . **7.50**

1997 5 crowns, Mother Theresa (BR) **10.00**

1997 5 crowns, Elizabeth II and Prince Philip 50th wedding anniversary (C-N-plated BZ) **15.00**

2001 5 crowns, Royal Navy submarines (C-N) **10.00**

1996 5 dollars, Southern Pacific Lines class GS4 steam locomotive (S) . . . . *proof* **22.00**

1996 5 dollars, Princess Elizabeth steam locomotive (S) . . . . *proof* **22.00**

1979 10 crowns, Prince Charles investiture 10th anniversary (S) . . . . *proof* **28.00**

1981 10 crowns, Prince Charles and Lady Diana wedding (S) . *proof* **28.00**

1982 10 crowns, International Year of the Child (S) . . . . *proof* **22.00**

1985 10 crowns, Decade for Women (S) . . . . *proof* **40.00**

1974 20 crowns, Winston Churchill (S) **35.00**

1975 20 crowns, Christopher Columbus (S) **35.00**

1976 20 crowns, U.S. bicentennial (S) **35.00**

1977 20 crowns, Victoria cameos (S) **35.00**

1977 20 crowns, George III cameos (S) **35.00**

1989 20 crowns, discovery of America, Columbus and Indians (S) . . . . *proof* **25.00**

1989 20 crowns, discovery of America, ships crossing the Atlantic (S) . . . . *proof* **25.00**

1993 20 crowns, Elizabeth II accession 40th anniversary, queen wearing crown (S) . . . . *proof* **30.00**

1993 20 crowns, Elizabeth II accession 40th anniversary, George VI (S) . . . . *proof* **30.00**

1993 20 crowns, Elizabeth II accession 40th anniversary, queen and Prince Philip (S) . . . . *proof* **30.00**

1993 20 crowns, Elizabeth II accession 40th anniversary, Windsor Castle (S) . . . . *proof* **30.00**

1993 20 crowns, Elizabeth II coronation 40th anniversary, crown jewels (S) . . . . *proof* **30.00**

1994 20 crowns, D-Day, Omar Bradley (S) . . . . *proof* **30.00**

1995 20 crowns, Queen Mother (S) . . . . *proof* **30.00**

1995 20 crowns, V-E Day, Churchill, Roosevelt, and Stalin (S) . *proof* **30.00**

1997 20 crowns, Hong Kong's return to China (S) . . . . *proof* **30.00**

1998 20 crowns, RMS Titanic (S) . . . . *proof* **50.00**

1998 20 crowns, Royal Air Force 80th anniversary (S) . . . . . *proof* **50.00**

1999 20 crowns, Prince Edward and Sophie Rhys-Jones wedding (S) . . . . *proof* **40.00**

2002 20 crowns, Richard II (S) . . . . *proof* **40.00**

2002 20 crowns, Queen Mother (hafnium) . . . . *proof* **125**

1996 20 dollars, City of Truro steam locomotive (S) . . . . *proof* **35.00**

1996 20 dollars, German State Railway class 05 4-6-4 steam locomotive (S) . . . . *proof* **35.00**

1996 20 dollars, Japanese National Railway class 62 steam locomotive (S) . . . . *proof* **35.00**

1996 20 dollars, Chinese State Railway class RM 4-6-2 steam locomotive (S) . . . . *proof* **35.00**

1977 25 crowns, Elizabeth II silver jubilee (S) **40.00**

1978 25 crowns, Elizabeth II coronation 25th anniversary (S) . . . . *proof* **40.00**

1978 25 crowns, griffin of Edward III (S) . . . . *proof* **40.00**

UNC

1978 25 crowns, red dragon of Wales (S) . . . . *proof* **40.00**

1978 25 crowns, white greyhound of Richmond (S) . . . . *proof* **40.00**

1995 25 crowns, streamertail (S, 4.9923 troy ounces) . . . . *proof* **190**

1995 25 crowns, purple-throated carib (S, 4.9923 troy ounces) . . . . *proof* **190**

1995 25 crowns, woodstar (S, 4.9923 troy ounces) . . . . *proof* **190**

1974 50 crowns, Winston Churchill (G) **260**

1976 50 crowns, U.S. bicentennial (G) **190**

1977 50 crowns, Victoria cameos (S) **50.00**

1977 50 crowns, George III cameos (S) **50.00**

1977 50 crowns, Elizabeth II silver jubilee (G) **270**

1978 50 crowns, Elizabeth II coronation 25th anniversary (G) . . . . . . *proof* **280**

1978 50 crowns, unicorn of Scotland (G) . . . . *proof* **280**

1978 50 crowns, white horse of Hannover (G) . . . . *proof* **280**

1978 50 crowns, black bull of Clarence (G) . . . . *proof* **280**

1986 50 crowns, proposal of Columbus' voyage 500th anniversary (S, 4.0468 troy ounces) . . . . *proof* **200**

1974 100 crowns, Winston Churchill (G) **550**

1979 100 crowns, Prince Charles investiture 10th anniversary (G) **565**

1981 100 crowns, Prince Charles and Lady Diana wedding (G) . . . *proof* **360**

1997 100 crowns, Elizabeth II and Prince Philip 50th wedding anniversary (S, 4.9948 troy ounces) . . . . *proof* **225**

CHINA

China's ancient and historic civilization dates back to 2800-2300 B.C. The warring feudal states comprising early China were first united under Emperor Ch'in Shih (246-210 B.C.), who gave China its name and first central government.

The centuries that followed brought great cultural achievements to the country but more political turmoil, which continued into the 20th century. A republic was established in 1911, but the decades that followed saw continued struggles between Russian-backed communist factions, led by Mao Tse-tung, and nationalist factions, led by Chiang Kai-shek. The communist factions eventually won out, and they established the People's Republic of China on Sept. 21, 1949.

The listings that follow begin with People's Republic issues. In recent years, China has become a prolific issuer of commemorative coins for sale to the collector market. The listings that follow provide a mere sampling of what is available.

UNC

1955 fen (AL) **5.00**

1960 2 fen (AL) **1.00**

1956 5 fen (AL) **2.00**

1980 jiao (C-Z) **0.50**

1987 jiao, 6th National Games, gymnastics (BR) **2.00**

1987 jiao, 6th National Games, soccer (BR) **2.00**

1987 jiao, 6th National Games, volleyball (BR) **2.00**

1991 jiao (AL) **0.50**

2000 jiao (AL) **0.50**

2005 jiao (C-N) **0.50**

2005 jiao (ST) **0.25**

1980 2 jiao (C-Z) **0.60**

1980 5 jiao (C-Z) **0.75**

1983 5 jiao, Marco Polo (S) . . . . *proof* **90.00**

1990 5 jiao, Great Wall (S) . . . . *proof* **10.00**

1991 5 jiao (BR) **1.00**

2008 5 jiao (BR) **1.50**

1980 yuan (C-N) **2.00**

1980 yuan, Lake Placid Olympics, Alpine skiing (BR) . . . . . . *proof* **14.50**

1980 yuan, Lake Placid Olympics, biathlon (BR) . . . . *proof* **14.50**

1984 yuan, People's Republic 35th anniversary (C-N) **6.00**

1985 yuan, Tibet autonomous region 20th anniversary (C-N) **8.50**

1986 yuan, Year of Peace (C-N) . . . **5.00**

1987 yuan, Mongolian autonomous region (C-N) **6.00**

1988 yuan, People's Bank 40th anniversary (C-N) **75.00**

1989 yuan, People's Republic 40th anniversary (C-N) **4.00**

1990 yuan, 11th Asian Games (N-clad ST) **4.00**

1991 yuan (N-clad ST) **1.50**

1991 yuan, Chinese communist party 70th anniversary, House of Shanghai (N-plated ST) **2.25**

1992 yuan, constitution 10th anniversary (N-clad ST) **2.50**

1993 yuan, Chairman Mao birth 100th anniversary (N-clad ST) **3.50**

1995 yuan, table tennis (N-plated ST) **3.50**

1995 yuan, United Nations 50th anniversary (N-plated ST) **3.00**

2001 yuan (N-plated ST) **2.00**

2004 yuan, People's Congress 50th anniversary (N-clad ST) **3.50**

2005 yuan, Year of the Rooster (N-clad ST) **3.00**

1992 3 yuan, ancient Chinese coins (S) . . . . *proof* **16.50**

1995 3 yuan, Yin and Yang (S) . . . . *proof* **16.50**

1995 3 yuan, Great Wall (S) *proof* **16.50**

1983 5 yuan, Marco Polo (S) *proof* **55.00**

1985 5 yuan, Lao-Tse (S) . . *proof* **30.00**

1986 5 yuan, World Wildlife Fund 25th anniversary (S) **35.00**

UNC

1986 5 yuan, Cai Lun (S) . . *proof* **25.00**

1986 5 yuan, Empress of China ship (S) **35.00**

1988 5 yuan, Li Qingzhao (S) . . . . *proof* **25.00**

1988 5 yuan, Bi Sheng (S) . *proof* **25.00**

1988 5 yuan, Seoul Summer Olympics (S) . . . . *proof* **32.50**

1989 5 yuan, Huang Dao-po (S) . . . . *proof* **30.00**

1992 5 yuan, Wang Zhaojun (S) . . . . *proof* **30.00**

1992 5 yuan, first seismograph (S) . . . . *proof* **25.00**

1992 5 yuan, butterfly kites (S) . . . . *proof* **30.00**

1993 5 yuan, invention of the umbrella (S). . . . . *proof* **20.00**

1993 5 yuan, Chou En-Lai (S) . . . . *proof* **30.00**

1994 5 yuan, first tuned bells (S) . . . . *proof* **18.00**

1995 5 yuan, silk spinner (S). . . . . *proof* **25.00**

1995 5 yuan, chess players (S) . . . . *proof* **25.00**

1995 5 yuan, Pagoda of Six Harmonies (S) . . . . *proof* **25.00**

1996 5 yuan, astronomical clock (S) . . . . *proof* **30.00**

1997 5 yuan, red-crowned crane (BZ) **14.50**

1998 5 yuan, brown-eared pheasant (BZ) **12.50**

1998 5 yuan, Hong Kong International Coin Convention (S) . . . . *proof* **25.00**

2001 5 yuan, revolution 90th anniversary (BR). **7.50**

2003 5 yuan, Imperial Palace (BR) .**7.00**

1984 10 yuan, Los Angeles Summer Olympics (S) **80.00**

1986 10 yuan, Sun Yat-sen (S) . . . . *proof* **50.00**

1989 10 yuan, 1990 Asian Games, platform diving (S). . . . . *proof* **30.00**

1989 10 yuan, People's Republic 40th anniversary, Tiananmen Square (S) . . . . *proof* **40.00**

1990 10 yuan, Thomas Edison (S) . . . . *proof* **25.00**

1990 10 yuan, Barcelona Summer Olympics, cycling (S) . . . *proof* **22.50**

1991 10 yuan, Mozart (S) . . *proof* **25.00**

1991 10 yuan, Christopher Columbus (S) . . . . *proof* **25.00**

1991 10 yuan, Albert Einstein (S) . . . . *proof* **25.00**

1991 10 yuan, Mark Twain (S) . . . . *proof* **25.00**

1991 10 yuan, revolution 80th anniversary (S). . . . . *proof* **50.00**

1992 10 yuan, Tchaikovsky (S) . . . . *proof* **30.00**

1992 10 yuan, white storks (S) . . . . *proof* **50.00**

1992 10 yuan, Leonardo da Vinci (S). . . . . *proof* **30.00**

1992 10 yuan, Wolfgang von Goethe (S) . . . . *proof* **30.00**

1992 10 yuan, Alfred Nobel (S) . . . . *proof* **30.00**

1993 10 yuan, Mount Song (S) . . . . *proof* **35.00**

1994 10 yuan, Sino-Singapore friendship (S). . . . . *proof* **30.00**

1884 10 yuan, Confucius (S) . . . . *proof* **30.00**

1994 10 yuan, Socrates (S) . *proof* **30.00**

1994 10 yuan, Rembrandt (S) . . . . *proof* **30.00**

1995 10 yuan, return of Hong Kong to China (S) . . . . *proof* **45.00**

1996 10 yuan, Chinese aviation industry 45th anniversary, airplane (S) . . . . *proof* **30.00**

1996 10 yuan, Chinese aviation industry 45th anniversary, jet (S) . . . . *proof* **30.00**

1996 10 yuan, postal service centennial (S) . . . . *proof* **25.00**

1996 10 yuan, Long March 60th anniversary, Chairman Mao (S) . . . . *proof* **40.00**

1997 10 yuan, Shanghai International Stamp & Coin Expo (S). . *proof* **50.00**

1997 10 yuan, return of Macao to China (S). . . . . *proof* **50.00**

1998 10 yuan, Zhou Enlai, Zhou on horseback (S). . . . . *proof* **30.00**

1998 10 yuan, China International Aviation & Aerospace Exposition (S) . . . . *proof* **50.00**

1999 10 yuan, Wan Chun Pavilion (S) **50.00**

2000 10 yuan, dragons (S) **40.00**

2002 10 yuan, Shanghai World Expo (S) . . . . *proof* **50.00**

2004 10 yuan, People's Congress Hall, multicolored, hologram (S) . . . . *proof* **65.00**

2004 10 yuan, Red Cross centennial (S) . . . . *proof* **60.00**

2005 10 yuan, Zheng He's voyage 600th anniversary (S) . . . *proof* **50.00**

2005 10 yuan, War of Resistance 60th anniversary (S). . . . . . . *proof* **70.00**

2006 10 yuan, Shanghai Horticultural Expo (S). . . . . *proof* **50.00**

2008 10 yuan, Beijing Summer Olympics, dancers (S) . . . *proof* **55.00**

2008 10 yuan, Beijing Summer Olympics, kite flying (S) . . . . *proof* **45.00**

2010 10 yuan, Shanghai World Expo (G) . . . . *proof* **600**

1992 20 yuan, Great Wall (S) .*proof* **110**

1996 20 yuan, Qu Yuan Temple, rectangle shape (S) . . . . . *proof* **75.00**

2001 20 yuan, Mogao Grottos, four musicians (S). . . . .*proof* **200**

1982 25 yuan, World Cup soccer (S) . . . . *proof* **30.00**

1993 25 yuan, Temple of Heaven (G). **450**

1993 25 yuan, Bronze Age sculptures, unicorn (G) . . . . *proof* **1,000**

1993 25 yuan, equestrian scene (PL). . . . . *proof* **2,000**

1980 30 yuan, Lake Placid Winter Olympics, figure skating (S) . . . . *proof* **20.00**

1981 35 yuan, revolution 70th anniversary (S). . . . . . *proof* **450**

1991 50 yuan, revolution 80th anniversary (S). . . . . . *proof* **375**

1993 50 yuan, Fu, Lu, and Shu (S) . . . . *proof* **325**

1994 50 yuan, first records of comets (G). . . . . *proof* **1,500**

CHINA

UNC

1995 50 yuan, dinosaur (G)
. . . . *proof* **975**
1995 50 yuan, Silk Road (G)
. . . . *proof* **600**
1996 50 yuan, Yangtze River (G)
. . . . *proof* **1,100**

2000 50 yuan, Y2K
(G center in S ring) . . . . . . *proof* **425**
2003 50 yuan, Putuo Mountain
Pilgrimage Gate, hologram (G)
. . . . *proof* **225**
2010 50 yuan, Yungang Grotto art
(S) . . . . *proof* **80.00**
1984 100 yuan, Emperor Huang Di
(G) . . . . *proof* **700**

1987 100 yuan, Zhan Tianyou
(S) . . . . *proof* **360**
1991 100 yuan, Emperor Kang Xi
(G) . . . . *proof* **600**
1991 100 yuan, Albertville Winter
Olympics, pairs figure skating (G)
. . . . *proof* **650**
1992 100 yuan, Wu Zetian (G)
. . . . *proof* **675**
1992 100 yuan, ancient ships and
shipbuilding (G) . . . . *proof* **4,000**
1992 100 yuan, first compass
(G) . . . . *proof* **4,000**

1994 100 yuan, unicorn (G)
. . . . *proof* **3,000**

1995 100 yuan, unicorn (G) *proof* **4,000**

1996 100 yuan, unicorn (PL)
. . . . *proof* **6,000**

UNC

1999 100 yuan, People's Republic 50th
anniversary (G) . . . . *proof* **680**
2004 100 yuan, Bank of China Industrial
and Commercial 20th anniversary
(G) . . . . *proof* **500**
2005 100 yuan, Bank of Shanghai
centennial (G) . . . . *proof* **500**
2006 100 yuan, Bank of Beijing
(G) **800**
2009 100 yuan, precious-metals
commemorative coins 30th
anniversary (G) **550**

1994 150 yuan, unicorn (S) . .*proof* **600**
2004 150 yuan, Lantern Festival
(G) . . . . *proof* **650**

2008 150 yuan, Beijing Summer
Olympics, archer (G) . . . . . .*proof* **600**
2008 150 yuan, Beijing Summer
Olympics, wrestlers (G). . . .*proof* **600**
2001 200 yuan, Chinese occupation of
Tibet 50th anniversary
(G) . . . . *proof* **950**
2002 200 yuan, Peking Opera
(G) . . . . *proof* **1,050**
2006 200 yuan, Yvelv Academy
(G) . . . . *proof* **950**

2000 300 yuan, millennium
(S) . . . . *proof* **1,000**

1979 400 yuan, People's Republic
30th anniversary, People's Heroes
Monument (G) . . . . *proof* **950**
1979 500 yuan, People's Republic 30th
anniversary (G) . . . . *proof* **900**
1994 500 yuan, Taiwan Temple, Buddha
statue (G) . . . . *proof* **25,000**
1997 500 yuan, Yellow River culture
(G) . . . . *proof* **25,000**

1990 1,500 yuan, Great Wall
(G) . . . . *proof* **45,000**
2004 2,000 yuan, Maijishan Grottos (G)
. . . . *proof* **14,500**
2000 30,000 yuan, China Centenary
Altar (G, 321.46 troy ounces)
. . . . **562,500**

CZECHOSLOVAKIA AND CZECH REPUBLIC

Czechoslovakia declared itself a republic on Oct. 28, 1919. Germany occupied it during World War II, and it fell under communist rule after the war. On Nov. 11, 1989, demonstrations against the communist government began, and communism was overthrown the following month. The Czech and Slovak Federal Republic was then formed, but in 1993 it split into the Czech Republic and the Republic of Slovakia.

The Czech Republic consists of three major regions: Bohemia, which includes the city of Prague, the republic's capital; Moravia; and Silesia.

The listings that follow begin with the establishment of the first republic.

UNC

1923 halere (Z) **16.00**
1953 haler (AL). **0.25**
1962 haler (AL). **0.15**
1991 haler (AL). **2.50**
1953 3 halere (AL) **0.30**
1963 3 halere (AL) **0.15**
1923 5 haleru (BZ) **2.00**
1953 5 haleru (AL) **0.50**
1962 5 haleru (AL) **0.25**
1967 5 haleru (BR) **500**
1977 5 haleru (AL) **0.25**
1991 5 haleru (AL) **0.25**
1922 10 haleru (BZ) **3.00**
1953 10 haleru (AL) **5.00**
1961 10 haleru (AL) **0.35**
1968 10 haleru (BR) **500**
1974 10 haleru (AL) **0.25**
1991 10 haleru (AL) **0.50**
1921 20 haleru (C-N) **2.50**
1950 20 haleru (BZ) **2.00**
1951 20 haleru (AL) **1.00**
1972 20 haleru (BR) **0.40**
1991 20 haleru (AL-BZ) **0.50**
1933 25 haleru (C-N) **4.00**
1953 25 haleru (AL) **4.00**
1962 25 haleru (AL) **0.35**
1921 50 haleru (C-N) **3.00**
1947 50 haleru (BZ) **1.00**
1951 50 haleru (AL) **1.00**
1963 50 haleru (BZ) **0.45**
1969 50 haleru (BZ) **75.00**
1978 50 haleru (C-N) **0.50**
1991 50 haleru (C-N) **0.75**
1922 koruna (C-N) **2.00**
1946 koruna (C-N) **1.00**
1950 koruna (AL) **1.00**
1957 koruna (AL-BZ) **5.00**
1961 koruna (AL-BZ) **0.60**
1991 koruna (C-AL) **1.00**
1947 2 koruny (C-N) **1.25**
1972 2 koruny (C-N) **1.00**
1991 2 koruny (C-N) **1.25**
1965 3 koruny (C-N) **2.50**
1925 5 korun (C-N) **10.00**
1928 5 korun (S) **10.00**
1938 5 korun (N) **6.50**
1952 5 korun (AL) **140**

1966 5 korun (C-N) **2.00**
1991 5 korun (C-N) **2.00**
1928 10 korun, independence 10th
    anniversary (S). **13.00**
1930 10 korun (S) **12.50**
1954 10 korun, Slovak uprising 10th
    anniversary (S) **7.50**
1955 10 korun, liberation 10th
    anniversary (S) **7.50**
1957 10 korun, bishop of the Moravian
    brotherhood (S) **8.00**
1957 10 korun, technical college 250th
    anniversary (S) **8.50**
1964 10 korun, Slovak uprising 20th
    anniversary (S) **6.50**
1965 10 korun, Jan Hus (S) **15.00**
1966 10 korun, Great Moravia 1,100th
    anniversary (S). **6.50**
1967 10 korun, Bratislava University
    (S) **20.00**
1968 10 korun, Prague National Theater
    centennial (S) **20.00**
1993 10 korun (N-BZ) **7.00**
1933 20 korun (S) **15.00**
1937 20 korun, President Masaryk death
    (S) **14.00**
1972 20 korun, Andrej Sladkovic
    (S) **5.50**
1954 25 korun, Slovak uprising 10th
    anniversary (S) **8.00**
1955 25 korun, liberation 10th
    anniversary (S) **8.00**
1965 25 korun, liberation 20th
    anniversary (S). **7.50**
1968 25 korun, Prague National
    Museum 150th anniversary (S). .**9.00**

1969 25 korun, J.E. Purkyne (S) . . .**8.00**
1969 25 korun, Slovak uprising
    25th anniversary (S). **75.00**
1970 25 korun, Slovak National Theater
    50th anniversary (S). **10.00**
1970 25 korun, liberation 25th
    anniversary (S) **6.00**
1947 50 korun, 1944 Slovak uprising
    (S) **7.50**

1948 50 korun, Prague uprising 3rd
    anniversary (S). **7.50**
1949 50 korun, Josef Stalin
    70th birthday (S) **8.00**
1955 50 korun, liberation
    10th anniversary (S). **18.00**
1968 50 korun, republic
    50th anniversary (S). **32.00**
1970 50 korun, Vladimir Lenin
    (S) **9.00**
1971 50 korun, Czechoslovakia
    communist party 50th anniversary (S)
    . . . .**9.00**
1973 50 korun, Josef Jungmann
    (S) **8.50**
1978 50 korun, Kremnica Mint
    650th anniversary (S) **7.50**
1979 50 korun, 9th congress
    50th anniversary (S). **7.50**
1986 50 korun, Prague (S) **6.00**
1986 50 korun, Levoca (S) **6.00**
1986 50 korun, Telc (S) **6.00**
1986 50 korun, Bratislava (S) **6.00**
1986 50 korun, Cesky Krumlov
    (S) **6.00**
1989 50 korun, Breclav to Brno railroad
    150th anniversary (S) **7.00**
1991 50 korun, steamship Bohemia
    (S) **8.00**
1991 50 korun, Plestany Spa (S). . .**7.50**
1991 50 korun, Marianske Lazne Spa
    (S) **7.50**
1991 50 korun, Karlovy Vary Spa
    (S) **12.00**
1948 100 korun, Charles University
    600th anniversary (S) **8.50**
1948 100 korun, independence
    30th anniversary (S). **8.50**
1949 100 korun, Jihlava mining
    privileges 700th anniversary (S). .**8.50**
1949 100 korun, Josef Stalin
    70th birthday (S) **14.00**
1951 100 korun, communist party
    30th anniversary (S). **8.50**
1955 100 korun, liberation 10th
    anniversary (S). **32.50**
1978 100 korun, Charles IV (S)
    . . . .**12.00**
1980 100 korun, 5th Spartakiade Games
    (S) **12.00**

CZECH REPUBLIC

UNC

	UNC
1993 10 haleru (AL)	0.20
2001 10 haleru (AL)	0.20
1992 20 haleru (AL)	0.30
2001 20 haleru (AL)	0.30
1993 50 haleru (AL)	0.50
2001 50 haleru (AL)	0.50
1993 koruna (N-clad ST)	0.60
2001 koruna (N-clad ST)	0.60
1993 2 korun (N-clad ST)	0.65
2001 2 korun (N-clad ST)	0.65
1993 5 korun (N-plated ST)	1.00
2001 5 korun (N-plated ST)	1.00
1993 10 korun (C-plated ST)	2.00
2001 10 korun (C-plated ST)	1.50
2000 10 korun, year 2000 (C-plated ST)	1.50
1993 20 korun (BR-plated ST)	3.00
2000 20 korun, year 2000 (BR-plated ST)	2.50
2001 20 korun (BR-plated ST)	2.50
1993 50 korun (BR-plated ST center in C-plated ST ring)	7.50
2001 50 korun (BR-plated ST center in C-plated ST)	9.00
1993 200 korun, constitution 1st anniversary (S)	12.50
1994 200 korun, Normandy invasion 50th anniversary (S)	16.50
1995 200 korun, victory over fascism 50th anniversary (S)	14.00
1995 200 korun, United Nations 50th anniversary (S)	14.00
1996 200 korun, Christmas mass by Jakub J. Ryba 200th anniversary (S)	14.00
1996 200 korun, Czech Philharmonic (S)	14.00
1997 200 korun, first automobile in Bohemia centennial (S)	14.00
1997 200 korun, Na Stovanech-Emauzy Monastery 650th anniversary (S)	14.00
1997 200 korun, St. Adalbert (S)	14.00
1998 200 korun, Premysl I Otakar (S)	14.00
1998 200 korun, Frantisek Palacky (S)	14.00
1998 200 korun, Frantisek Kmoch (S)	11.50
1998 200 korun, Charles University (S)	14.00

	UNC
1981 100 korun, Otakar Spaniel (S)	9.00
1981 100 korun, manned space flight 20th anniversary (S)	9.00
1982 100 korun, Ceske Budejovice horse-drawn railway 150th anniversary (S)	12.00
1983 100 korun, Karl Marx (S)	12.00
1983 100 korun, Prague National Theater centennial (S)	9.000
1985 100 korun, Helsinki Conference 10th anniversary (S)	12.00
1985 100 korun, ice-hockey championships (S)	12.50
1987 100 korun, mining academy 225th anniversary (S)	12.00
1988 100 korun, Prague Philatelic Exposition (S)	14.00
1989 100 korun, Student Organization Against Occupation 50th anniversary (S)	14.00
1990 100 korun, Bohuslav Martinu (S)	15.00
1991 100 korun, A. Dvorak (S)	12.00
1991 100 korun, Mozart (S)	12.00
1992 100 korun, Moravian Museum 175th anniversary (S)	10.00
1992 100 korun, Nazi massacre at Lidice and Lezaky (S)	10.00
1993 100 korun, Brevnov Monastery 1,000th anniversary (S)	8.00
1993 100 korun, Slovak Museum cetennial (S)	8.00
1983 500 korun, Prague National Theater centennial (S)	45.00
1988 500 korun, national federation 20th anniversary (S)	45.00
1988 500 korun, Matica Slovenska Institute 125th anniversary (S)	45.00
1992 500 korun, J.A. Komensky (S)	35.00
1993 500 korun, Czech tennis centennial (S)	40.00

1999 200 korun, Prague Fine Arts Academy (S)	14.00
1999 200 korun, NATO 50th anniversary (S)	14.00
1999 200 korun, Brno University of Technology centennial (S)	14.00
2000 200 korun, currency reform 700th anniversary (S)	15.00
2000 200 korun, Vitezslav Nezval (S)	15.00
2000 200 korun, Zdenek Fibich (S)	14.00
2000 200 korun, millennium (S)	14.00
2001 200 korun Killian Ignac Dientzenhofer (S)	15.00
2001 200 korun, euro currency (S)	15.00
2002 200 korun, St. Zdislava (S)	15.00
2003 200 korun, Tabor-Bechyne electric railway (S)	16.00
2003 200 korun, Bohemian Skiers Union (S)	16.00
2004 200 korun, entry into European Union (S)	16.00
2004 200 korun, Kralice Bible (S)	16.00
2005 200 korun, production of first car in Malada Boleslov centennial (S)	16.00
2006 200 korun, Wenceslas III (S)	16.00
2006 200 korun, Kamenicky Senov school of glass making 150th anniversary (S)	16.00
2007 200 korun, satellite launch (S)	20.00
2008 200 korun, Schengen Convention (S)	20.00
2008 200 korun, National Technical Museum (S)	20.00
2008 200 korun, Czech Ice Hockey Association centennial (S)	20.00
2009 200 korun, Czech presidency of European Union (S)	20.00
2009 200 korun, Nordic World Ski Championships in Liberec (S)	20.00
2009 200 korun, North Pole exploration (S)	20.00
2009 200 korun, Kepler's planetary motion laws (S)	20.00
2010 200 korun, Prague astronomical clock (S)	16.00
2010 200 korun, Gustav Mahler (S)	16.00

DENMARK

Denmark was a great power during the era of the Vikings in the 9th through 11th centuries. Denmark, England, and Norway were united under King Canute in the 11th century. Queen Margrethe (1387-1412) united all of Scandinavia – Denmark, Norway, Sweden, Finland, and Greenland – under the Danish crown. An ill-advised alliance with Napoleon contributed to the Danish empire's dismemberment, and a liberal movement in the country resulted in the establishment of a constitutional monarchy in 1849, which continues today.

The listings that follow begin with the introduction of a decimal coinage system (100 ore = 1 krone) in 1874, which also continues today.

VF

1874 ore (BZ) **24.00**

1876 ore (BZ) **750**
1874 2 ore (BZ) **9.50**
1874 5 ore (BZ) **15.00**
1874 10 ore, Christian IX (BZ) . . .**35.00**
1874 25 ore, Christian IX (S) **45.00**
1875 krone, Christian IX (S) **65.00**

1898 krone, Christian IX (S) **100**
1925 krone, Christian IX (S) **45.00**
1875 2 kroner, Christian IX (S) . . .**65.00**
1888 2 kroner, Christian IX reign 25th anniversary (S) **24.00**
1892 2 kroner, Christian IX and Louise golden wedding anniversary (S) **24.00**
1873 10 kroner, Christian IX (G) **200**
1876 20 kroner, Christian IX (G) **400**

XF

1907 ore (BZ) **5.50**
1913 ore (BZ) **4.00**
1935 ore (BZ) **2.50**
1941 ore (Z) **18.00**
1952 ore (Z) **6.50**
1902 2 ore (BZ) **10.00**
1915 2 ore (BZ) **11.50**
1920 2 ore (BZ) **5.00**
1940 2 ore (BZ) **1.75**
1941 2 ore (AL) **6.00**
1954 2 ore (Z) **6.50**
1960 2 ore (Z) **1.75**
1902 5 ore (BZ) **80.00**
1907 5 ore (BZ) **65.00**
1921 5 ore (BZ) **25.00**
1927 5 ore (BZ) **8.00**
1940 5 ore (BZ) **1.75**
1941 5 ore (AL) **8.00**
1944 5 ore (Z) **55.00**
1960 5 ore (Z) **2.50**
1965 5 ore (BZ) **0.80**
1975 5 ore (C-clad I) . . . . *unc* **1.00**
1985 5 ore (C-clad I) . . . . *unc* **0.60**
1888 10 ore, Christian IX (BZ) **225**
1907 10 ore, Frederik VIII (S) . . .**20.00**
1914 10 ore (S) **22.00**
1935 10 ore (C-N) **13.00**
1941 10 ore (Z) **30.00**
1957 10 ore (C-N) **2.50**
1970 10 ore (C-N) . . . . *unc* **1.00**
1980 10 ore (C-N) . . . . *unc* **0.80**
1904 25 ore, Christian IX (S) **90.00**
1911 25 ore, Frederik VIII (S) . . .**45.00**
1915 25 ore (S) **30.00**
1940 25 ore (C-N) **7.50**
1957 25 ore (C-N) **1.50**
1965 25 ore (C-N) **1.75**
1970 25 ore (C-N) . . . . *unc* **1.00**
1988 25 ore (C-N) . . . . *unc* **0.80**
1995 25 ore (BZ) . . . . *unc* **0.50**
2007 25 ore (BZ) . . . . *unc* **0.15**
1990 50 ore (BZ) . . . . *unc* **0.75**
2009 50 ore (BZ) . . . . *unc* **0.25**
1924 half krone (AL-BZ) **30.00**
1915 krone, Christian X (S) **22.00**

1941 krone (AL-BZ) **120.00**
1945 krone, Christian X (AL-BZ) .**13.00**

1956 krone, Frederik IX (AL-BZ) **8.00**
1968 krone, Frederik IX (C-N) **4.00**
1973 krone, Margrethe II (C-N) . . . . *unc* **1.50**
2000 krone (C-N) . . . . *unc* **0.80**
2005 krone (C-N) . . . . *unc* **0.60**
1903 2 kroner, Christian IX reign 40th anniversary (S) **85.00**
1906 2 kroner, death of Christian IX, accession of Frederik VIII (S) . .**65.00**
1912 2 kroner, death of Frederik VIII, accession of Christian X (S) . . .**65.00**
1916 2 kroner, Christian X (S) . . .**65.00**
1923 2 kroner, Christian X and Alexandrine silver wedding anniversary (S) **40.00**
1939 2 kroner (AL-BZ) **25.00**
1930 2 kroner, Christian X 60th birthday (S) **25.00**
1937 2 kroner, Christian X reign 25th anniversary (S) **25.00**
1945 2 kroner, Christian X 75th birthday (S) **40.00**
1948 2 kroner (AL-BZ) **12.50**
1953 2 kroner, Foundation for the Campaign Against Tuberculosis in Greenland (S) **45.00**
1957 2 kroner (AL-BZ) **5.25**
1958 2 kroner, Princess Margrethe 18th birthday (S) **20.00**
1998 2 kroner (C-N) . . . . *unc* **1.25**
2009 2 kroner (C-N) . . . . *unc* **0.80**
1960 5 kroner, Frederik IX and Ingrid silver wedding anniversary (S) . .**22.00**
1964 5 kroner, Princess Anne Marie wedding (S) **25.00**
1966 5 kroner, Frederik IX (C-N) . .**4.00**
1973 5 kroner, Margrethe II (C-N) **2.50**
1995 5 kroner (C-N) . . . . *unc* **2.50**
2001 5 kroner (C-N) . . . . *unc* **2.50**
1908 10 kroner, Frederik VIII (G) . . **240**
1913 10 kroner, Christian X (G) . . . **235**
1967 10 kroner, Princess Margrethe wedding (S) **22.00**
1968 10 kroner, Princess Benedikte wedding (S) **22.00**
1972 10 kroner, death of Frederik IX, accession of Margrethe II (S) . .**20.00**
1982 10 kroner, Margrethe II (C-N) **8.50**
1986 10 kroner, Crown Prince Frederik 18th birthday (C-N) **4.00**

XF

1986 10 kroner, Crown Prince Frederik 18th birthday (S) . . . . *proof* **150**

1990 10 kroner, Margrethe II (AL-BZ) **3.00**

1999 10 kroner, Margrethe II (AL-BZ) . . . . *unc* **5.00**

2001 10 kroner, Margrethe II (AL-BZ) **4.00**

2008 10 kroner, Margrethe II (AL-BZ) **3.25**

1912 20 kroner, Frederik VIII (G) . . **475**

1913 20 kroner, Christian X (G) . . . **500**

2005 10 kroner, Hans Christian Andersen's The Ugly Duckling (AL-BZ) **4.00**

2005 10 kroner, Hans Christian Andersen's The Ugly Duckling (S) **45.00**

2005 10 kroner, Hans Christian Andersen's The Ugly Duckling (G) **450**

2005 10 kroner, Hans Christian Andersen's The Little Mermaid (AL-BZ) **4.00**

2005 10 kroner, Hans Christian Andersen's The Little Mermaid (S) **45.00**

2005 10 kroner, Hans Christian Andersen's The Little Mermaid (G) **475**

2006 10 kroner, Hans Christian Andersen's The Shadow (AL-BZ) **4.00**

2006 10 kroner, Hans Christian Andersen's The Shadow (S) **45.00**

2006 10 kroner, Hans Christian Andersen's The Shadow (G) **475**

2006 10 kroner, Hans Christian Andersen's The Snow Queen (AL-BZ) **4.00**

2006 10 kroner, Hans Christian Andersen's The Snow Queen (S) . . . . *unc* **45.00**

2006 10 kroner, Hans Christian Andersen's The Snow Queen (G) **475**

2007 10 kroner, Hans Christian Andersen's The Nightingale (AL-BZ) **4.00**

2007 10 kroner, Hans Christian Andersen's The Nightingale (S) **45.00**

2007 10 kroner, Hans Christian Andersen's The Nightingale (G) **475**

2007 10 kroner, Polar Year (AL-BZ) **4.00**

2008 10 kroner, Margrethe II (AL-BZ) **4.00**

2009 10 kroner, icescape, Northern Lights (AL-BZ) **4.00**

1990 20 kroner, Margrethe II 50th birthday (AL-BZ). **8.00**

1991 20 kroner, Margrethe II (AL-BZ) **12.00**

1992 20 kroner, Margrethe II and Henrik silver wedding anniversary (AL-BZ) **8.00**

1995 20 kroner, Danish coinage 1,000th anniversary (AL-BZ) **7.00**

1995 20 kroner, Prince Joachim wedding (AL-BZ). **6.50**

1997 20 kroner, Margrethe II reign 25th anniversary (AL-BZ) **7.00**

1999 20 kroner, Margrethe II (AL-BZ) **10.00**

2000 20 kroner, Margrethe II 60th birthday (AL-BZ). **6.25**

2001 20 kroner, Margrethe II (AL-BZ) **6.25**

2002 20 kroner, Aarhus City Hall (AL-BZ) **6.50**

2003 20 kroner, Copenhagen Old Stock Exchange spire (AL-BZ) **6.00**

2003 20 kroner, Christiansborg Castle tower (AL-BZ) **6.00**

2004 20 kroner, Crown Prince Frederik wedding (AL-BZ). **6.00**

2004 20 kroner, Gasetamet tower (AL-BZ) **6.00**

2004 20 kroner, Svaneke water tower (AL-BZ) **6.00**

2005 20 kroner, Landet Kirke bell tower (AL-BZ) **6.00**

2005 20 kroner, Nolsoy lighthouse (AL-BZ) **6.00**

2006 20 kroner, Grasten Castle bell tower (AL-BZ) **6.00**

2006 20 kroner, the Greenland Cairns (AL-BZ) **6.00**

2008 20 kroner, Dannebrog royal yacht (AL-BZ) **4.00**

2009 20 kroner, Margrethe II (AL-BZ) **6.00**

2009 20 kroner, Lightship XVII (AL-BZ) **6.00**

2009 20 kroner, Faerobad boat (AL-BZ) **6.00**

2007 100 kroner, Polar Year (S) . . .**55.00**

2008 100 kroner, Sirius Patrol (S) **50.00**

2009 100 kroner, icescape, Northern Lights (S). **50.00**

1990 200 kroner, Margrethe 50th birthday (S) **55.00**

1992 200 kroner, Margrethe II and Henrik silver wedding anniversary (S) **55.00**

1995 200 kroner, Danish coinage 1,000th anniversary (S) **80.00**

1995 200 kroner, Prince Joachim wedding (S) **55.00**

1997 200 kroner, Margrethe II reign 25th anniversary (S). **60.00**

2000 200 kroner, Margrethe II 60th birthday (S) **55.00**

2004 200 kroner, Crown Prince Frederik wedding (S) **60.00**

2008 500 kroner, Dannebrog royal yacht (S) **115**

2007 1,000 kroner, Polar Year (G) . . . . *proof* **475**

2008 1,000 kroner, Sirius Patrol (G) . . . . *proof* **475**

2009 1,000 kroner, icescape, Northern Lights (G) . . . . *proof* **475**

EGYPT

Egyptian history dates back to about 3000 B.C. when the empire was established by uniting the upper and lower kingdoms. Egypt's golden age came in the 16th to 13th centuries B.C., before it fell under the domain of the various world powers that dominated the subsequent centuries.

British troops occupied Egypt in 1882 and became the de facto rulers. Egypt was made a protectorate of Britain in 1914. British occupation ended in 1922 when Egypt became a sovereign, independent kingdom. The monarchy was subsequently abolished and a republic proclaimed in 1953. The republic has had several name changes in the years that followed. Egypt made world headlines in 2011 when anti-government protesters forced longtime president Hosni Mubarak out of office.

The listings that follow begin with coinage of the independent kingdom.

FUAD I

	XF
1924 half millieme (BZ)	14.00
1929 half millieme (BZ)	30.00
1924 millieme (BZ)	6.00
1929 millieme (BZ)	10.00
1924 2 milliemes (C-N)	10.00
1929 2 milliemes (C-N)	3.00
1933 2-1/2 milliemes (C-N)	10.00
1924 5 milliemes (C-N)	17.50
1929 5 milliemes (C-N)	14.00
1924 10 milliemes (C-N)	30.00
1929 10 milliemes (C-N)	20.00
1923 2 piastres (S)	11.00
1929 2 piastres (S)	11.00
1923 5 piastres (S)	35.00
1929 5 piastres (S)	65.00
1923 10 piastres (S)	60.00
1929 10 piastres (S)	55.00
1923 20 piastres (S)	210
1923 20 piastres (G)	180
1929 20 piastres (S)	165
1929 20 piastres (G)	115

1923 50 piastres (G)	225
1929 50 piastres (G)	235
1922 100 piastres (G)	450
1929 100 piastres (G)	450
1922 500 piastres (G)	2,100
1929 500 piastres (G)	2,100

FAROUK

	XF
1938 half millieme (BZ)	9.00
1938 millieme (BZ)	2.00
1938 millieme (C-N)	8.00
1938 2 milliemes (C-N)	14.00
1938 5 milliemes, scalloped (BZ)	3.00
1938 5 milliemes, smooth (C-N)	4.00
1938 10 milliemes, scalloped (BZ)	4.00
1938 10 milliemes, smooth (C-N)	5.00
1937 2 piastres (S)	3.00
1944 2 piastres (S)	2.75
1937 5 piastres (S)	6.50
1937 10 piastres (S)	17.50
1939 20 piastres (S)	55.00
1938 20 piastres, royal wedding (G)	115

1938 50 piastres, royal wedding (G)	230
1938 100 piastres, royal wedding (G)	450

1938 500 piastres, royal wedding (G)	2,150

REPUBLIC

	XF
1955 millieme (AL-BZ)	5.00
1957 5 milliemes (AL-BZ)	4.00
1958 10 milliemes (AL-BZ)	6.00
1956 5 piastres (S)	3.00
1956 10 piastres (S)	7.00
1956 20 piastres (S)	10.00
1956 25 piastres, Suez Canal nationalization (S)	13.00
1957 25 piastres, National Assembly inauguration (S)	13.00
1956 50 piastres, British evacuation (S)	13.00

1955 pound, revolution 3rd and 5th anniversaries (G)	415
1955 5 pounds, revolution 3rd and 5th anniversaries (G)	2,100

	UNC
1960 millieme (AL-BZ)	0.30
1972 millieme (AL)	0.50
1962 2 milliemes (AL-BZ)	0.65
1960 5 milliemes (AL-BZ)	0.85
1967 5 milliemes (AL)	0.75
1972 5 milliemes (AL)	2.50
1973 5 milliemes (BR)	0.30
1973 5 milliemes, F.A.O. (AL)	0.35
1975 5 milliemes, International Women's Year (BR)	0.30
1977 5 milliemes, F.A.O. (BR)	0.50
1979 5 milliemes, 1971 corrective revolution (BR)	0.50
1960 10 milliemes (AL-BZ)	1.20

1967 10 milliemes (AL)	0.75
1972 10 milliemes (AL)	6.00
1973 10 milliemes (BR)	0.59
1975 10 milliemes (BR)	0.35
1976 10 milliemes (BR)	0.30
1977 10 milliemes, F.A.O. (BR)	0.85
1977 10 milliemes, 1971 corrective revolution (BR)	0.65
1978 10 milliemes, F.A.O. (BR)	0.80
1979 10 milliemes, International Year of the Child (BR)	0.65
1980 10 milliemes, 1971 corrective revolution (AL-BZ)	1.00
1980 10 milliemes, F.A.O. (AL-BZ)	0.60
1958 20 milliemes (AL-BZ)	1.50
1984 piastre, Christian date (AL-BZ)	0.35
1984 piastre, Islamic date (AL-BZ)	0.35
1980 2 piastres (AL-BZ)	0.60
1984 2 piastres, Christian date (AL-BZ)	0.50
1984 2 piastres, Islamic date (AL-BZ)	0.50
1960 5 piastres (S)	5.00
1964 5 piastres, Nile River diversion (S)	4.00
1967 5 piastres (C-N)	1.50
1968 5 piastres, International Industrial Fair (C-N)	2.50
1969 5 piastres, International Labor Organization 50th anniversary (C-N)	2.50
1972 5 piastres, UNICEF 25th anniversary (C-N)	3.00
1973 5 piastres, National Bank of Egypt 75th anniversary (C-N)	2.00
1974 5 piastres, October War 1st anniversary (C-N)	2.00
1976 5 piastres, Cairo Trade Fair (C-N)	2.00
1977 5 piastres, textile industry 50th anniversary (C-N)	1.65
1979 5 piastres, International Year of the Child (C-N)	1.65
1984 5 piastres (AL-BZ)	0.85
2004 5 piastres (BR)	1.50
1959 10 piastres, United Arab Republic 1st anniversary (S)	17.50
1960 10 piastres (S)	8.00
1964 10 piastres, Nile River diversion (S)	6.00
1967 10 piastres (C-N)	2.00

UNC

1969 10 piastres, Cairo International
Agricultural Fair (C-N) **3.00**

1970 10 piastres, F.A.O. (C-N). . . . **3.50**

1970 10 piastres, Banque Misr
50th anniversary (C-N) **2.00**

1970 10 piastres, Cairo International
Industrial Fair (C-N) **3.25**

1971 10 piastres, Cairo International
Industrial Fair (C-N) **2.75**

1976 10 piastres, Suez Canal
reopening (C-N) **4.00**

1979 10 piastres, Abbasia Mint
25th anniversary (C-N) **3.00**

1980 10 piastres, Egyptian-Israeli peace
treaty (C-N). **4.50**

1985 10 piastres, parliament
60th anniversary (C-N) **2.00**

1989 10 piastres, 1973 October War
(C-N). **2.00**

1992 10 piastres, Mohammad Ali
Mosque (BR) **2.00**

2004 10 piastres, National Women's
Council (C-N) **1.50**

2008 10 piastres (N-plated ST). . . . **1.50**

1960 20 piastres (S) **25.00**

1985 20 piastres, Cairo International
Airport 25th anniversary (C-N) . . **5.00**

1988 20 piastres, Cairo Opera House
dedication (C-N) **5.00**

2004 20 piastres, National Women's
Council (C-N) **2.50**

1960 25 piastres, National Assembly 3rd
anniversary (S) **20.00**

1964 25 piastres, Nile River diversion
(S) **10.00**

1970 25 piastres, President Nasser
(S) **7.00**

1973 25 piastres, National Bank of Egypt
75th anniversary (S). **9.00**

1964 50 piastres, Nile River diversion
(S) **14.00**

1970 50 piastres, President Nasser
(S) **9.00**

2005 50 piastres, Cleopatra (BR) . . **3.00**

2007 50 piastres, Cleopatra
(B-plated ST) **1.50**

1958 half pound, United Arab
Republic founding (G) **220**

1993 half pound, 1973 October War
(G) **265**

2002 half pound, Egyptian Museum
Centennial (G) **250**

1960 pound (G). **420**

1968 pound, Aswan Dam power
station (S) **17.00**

1970 pound, President Nasser
(S) **17.00**

1970 pound, President Nasser (G) . **400**

1972 pound, Al Azhar Mosque 1,000th
anniversary (S) **18.00**

1974 pound, October War,
1st anniversary (S) **22.00**

1976 pound, Suez Canal reopening
(S) **10.00**

1976 pound, King Faisal (S) **12.00**

1977 pound, Economic Union
20th anniversary (S). **10.00**

1978 pound, Ain Shams University
25th anniversary (S) **10.00**

1979 pound, Abbasia Mint
25th anniversary (S). **20.00**

1979 pound, Bank of Land Reform
centennial (S) **11.00**

1979 pound, Mohammed's flight 1,400th
anniversary (S) **11.00**

1979 pound, Mohammed's flight 1,400th
anniversary (G) **400**

1980 pound, Egyptian-Israeli peace
treaty (S) **10.00**

1980 pound, Egyptian-Israeli peace
treaty (G) **400**

1981 pound, World Food Day
(S) **10.50**

1981 pound, Suez Canal reopening
(S) **10.50**

1981 pound, Suez Canal reopening
(G) **425**

1981 pound, Suez Canal nationalization
25th anniversary (S). **20.00**

1981 pound, Suez Canal nationalization
25th anniversary (G) **400**

1981 pound, Egyptian industry
25th anniversary (S). **15.00**

1981 pound, Arabi Pasha revolt
centennial (S) **11.00**

1981 pound, Arabi Pasha revolt
centennial (G) **400**

1982 pound, return of Sinai to Egypt
(S) **11.00**

1984 pound, Egyptian radio broadcasting
50th anniversary (G) **400**

1985 pound, Cairo Stadium
25th anniversary (G) **425**

1985 pound, Egyptian television
25th anniversary (G) **450**

1985 pound, Prophet's Mosque (G) **400**

1986 pound, petroleum industry
centennial (G) **400**

1986 pound, National Theater
50th anniversary (G) **420**

1986 pound, restoration of parliament
building (G). **400**

1987 pound, 1st African subway
(G) . . . . *proof* **400**

1988 pound, Naquib Mahfouz
(G) . . . . *proof* **400**

1989 pound, 1st Arab Olympics
(G) . . . . *proof* **410**

1991 pound, 5th African Games
(G) . . . . *proof* **425**

1994 pound, Suez Canal
125th anniversary (S) **20.00**

1995 pound, Pediatrics International
Conference (G) **450**

1996 pound, electrification centennial
(S) **15.00**

1998 pound, 1973 October War
(S) **40.00**

1998 pound, Al Azhar Mosque
restoration (G) **400**

1999 pound, Cairo Tunnel under
Nile River (G) **425**

2001 pound, National Women's Council
(S) **45.00**

2002 pound, Egyptian revolution
50th anniversary (G) **415**

2002 pound, Alexandria library (G). **415**

2002 pound, Egyptian Museum
centennial (S) **35.00**

2002 pound, Egyptian Museum
centennial (G) **415**

2002 pound, Egyptian revolution
centennial (S) **35.00**

2003 pound, 1973 October War
(S) **30.00**

2003 pound, 1973 October War
(G) **425**

2006 pound, Suez Canal nationalization
50th anniversary (S). **40.00**

2006 pound, Suez Canal nationalization
50th anniversary (G) **400**

2006 pound, UNESCO 60th anniversary
(S) **125**

UNC

2006 pound, World Environment Day
(G) **4125**

1960 5 pounds, Aswan Dam (G). .**2,100**

1964 5 pounds, Nile River diversion
(G) **1,000**

1968 5 pounds, Koran 1,400th
anniversary (G) **1,300**

1970 5 pounds, Al Azhar Mosque
1,000th anniversary (G). **1,350**

1970 5 pounds, President Nasser
(G) **1,350**

1973 5 pounds, National Bank of Egypt
75th anniversary (G) **1,300**

1979 5 pounds, Bank of Land Reform
centennial (G) **1,275**

1981 5 pounds, International
Year of the Child (S) . . . . *proof* **30.00**

1981 5 pounds, Ministry of Industry
25th anniversary (G) . . . . *proof* **1,275**

1982 5 pounds, Egyptian air force 50th
anniversary (G) **1,275**

1983 5 pounds, Cairo University
75th anniversary (S). **18.00**

1984 5 pounds, Los Angeles
Olympics (S) **13.50**

1984 5 pounds, Academy of Arabic
Languages (S) **13.50**

1985 5 pounds, Moharram Printing
Press Co. centennial (S) **18.50**

1985 5 pounds, Moharram Printing
Press Co. centennial (G). **2,000**

1985 5 pounds, Tutankhamen
(S) **25.00**

1986 5 pounds, Atomic Energy
Organization (S) **30.00**

1986 5 pounds, African Soccer
Championship (S) **24.00**

1986 5 pounds, Mecca (S) **15.00**

1986 5 pounds, Mecca (G)
. . . . *proof* **1,275**

1987 5 pounds, Aida opera (S) . . .**35.00**

1988 5 pounds, Summer Olympics,
athletes (S) **15.00**

1988 5 pounds, Winter Olympics,
athletes (S) **24.00**

1988 5 pounds, air travel
50th anniversary (S). **30.00**

1989 5 pounds, national health
insurance (S) **35.00**

1991 5 pounds, Islamic Development
Bank (S). **30.00**

1991 5 pounds, national zoo (S) . .**40.00**

1992 5 pounds, Alexandria lighthouse
(S) **22.00**

1992 5 pounds, University of Alexandria
50th anniversary (S). **22.00**

1993 5 pounds, Menkaure Triad
(S) . . . . *proof* **30.00**

1993 5 pounds, Cleopatra
(S) . . . . *proof* **35.00**

1993 5 pounds, pyramids
(S). . . . . *proof* **35.00**

1993 5 pounds, Amulet of Hathor
(S) . . . . *proof* **35.00**

1994 5 pounds, World Cup soccer,
players in front of pyramid (S). . . **150**

1994 5 pounds, Sphinx (S)
. . . . *proof* **32.50**

1994 5 pounds, King Khonsu
(S) . . . . *proof* **30.00**

1994 5 pounds, sun god Re and symbol
of life Ankh (S) . . . . *proof* **30.00**

1994 5 pounds, Karnak ruins
(S) . . . . *proof* **30.00**

1994 5 pounds, Akhnaton
(S) . . . . *proof* **40.00**

1994 5 pounds, King Thoutmosis III
(S) . . . . *proof* **30.00**

1994 5 pounds, King Amenenhat III
(G). . . . . *proof* **1,275**

1995 5 pounds, Arab League
50th anniversary (S). **22.50**

1995 5 pounds, American University in
Cairo 75th anniversary (S). **25.00**

1996 5 pounds, mining and geology
centennial (S) **75.00**

1999 5 pounds, 16th Men's World
Handball Championship (S) . . .**45.00**

1999 5 pounds, ancient sacred falcon
(S) . . . . *proof* **50.00**

1999 5 pounds, Tutankhamen's death
mask (S). . . . . *proof* **50.00**

2002 5 pounds, national police
50th anniversary (S). **45.00**

2002 5 pounds, Egyptian Museum
centennial (S) **40.00**

2002 5 pounds, Egyptian Museum
centennial (G) **1,350**

2003 5 pounds, republic 50th
anniversary (S). **35.00**

2004 5 pounds, Delta Bank
25th anniversary (S). **35.00**

2004 5 pounds, Cairo Mint
50th anniversary (S). **50.00**

2004 5 pounds, Egyptian Scouts
Organization 90th anniversary (S). . . .
. . . . **35.00**

2005 5 pounds, Arab League 60th
anniversary (S). **60.00**

2006 5 pounds, UNESCO 60th
anniversary (S). **125**

2007 5 pounds, 11th Arab Sports
Championships (S) **50.00**

2007 5 pounds, Pan-Arab Games
(S) **35.00**

2007 5 pounds, air force 75th
anniversary (S). **60.00**

1964 10 pounds, Nile River diversion
(G). **2,700**

1980 10 pounds, Egyptian-Israeli peace
treaty (G). **2,000**

2002 10 pounds, Egyptian Museum
centennial (G) **2,000**

2003 10 pounds, El Gomhoreya News
50th anniversary (G) **2,100**

2005 10 pounds, Arab League 60th
anniversary (G) **2,100**

2007 10 pounds, air force 75th
anniversary (G) **2,150**

1987 50 pounds, Mecca (G). **425**

1988 50 pounds, Summer Olympics
(G) . . . . *proof* **450**

1993 50 pounds, Cleopatra (G)
. . . . *proof* **425**

1993 50 pounds, Sphinx (G). .*proof* **425**

1993 50 pounds, King Namer
(G). . . . . *proof* **425**

1993 50 pounds, King Kna Sekhem
(G). . . . . *proof* **425**

UNC

1993 50 pounds, King Thoutmosis III
(G) . . . . *proof* **425**

1994 50 pounds, archer in chariot
(G) . . . . *proof* **425**

1994 50 pounds, Egyptian gazelle
(G) . . . . *proof* **445**

1994 50 pounds, Tutankhamen's throne
(G) . . . . *proof* **445**

1999 50 pounds, Ramses II
(G) . . . . *proof* **600**

1983 100 pounds, Nefertiti
(G) . . . . *proof* **900**

1985 100 pounds, breastplate found in
Tutankhamen's tomb (G) . . . *proof* **875**

1987 100 pounds, golden ram
(G) . . . . *proof* **850**

1989 100 pounds, golden cat
(G) . . . . *proof* **850**

1990 100 pounds, Sphinx (G) . *proof* **850**

1991 100 pounds, Giza pyramids
(G) . . . . *proof* **850**

1992 100 pounds, Summer Olympics,
fencing (G) **925**

1992 100 pounds, Golden Guardians
(G) . . . . *proof* **850**

FINLAND

The Finns, who probably originated in the Volga region of Russia, took Finland from the Lapps in the late 7th century. They were conquered by Eric IX of Sweden in the 12th century and then by Alexander I of Russia in 1809.

Finland remained a grand duchy in the Russian empire until Dec. 6, 1917, when it declared its independence. Civil war erupted between Finnish nationalists and Russian communists. The nationalists won, and the Finnish republic was established on Dec. 6, 1917.

The listings that follow begin with issues of the independent republic.

UNC

1919 penni (C) **3.00**
1918 5 pennia (C) **4.00**
1941 5 pennia, (C) **1.25**
1919 10 pennia (C) **5.00**
1941 10 pennia (C) **1.25**
1943 10 pennia (I) **5.00**
1921 25 pennia (C-N) **3.00**
1941 25 pennia (C) **5.00**
1944 25 pennia (I) **8.00**
1921 50 pennia (C-N) **3.00**
1941 50 pennia (C) **8.00**
1945 50 pennia (I) **15.00**
1921 markka (C-N) **10.00**
1937 markka (C-N) **6.00**
1941 markka (C) **8.00**
1950 markka (I) **7.00**
1952 markka (I) **7.00**
1953 markka (N-plated I) **0.50**
1941 5 markkaa (AL-BZ) **25.00**
1946 5 markkaa (BR) **10.00**
1952 5 markkaa (I) **8.00**
1954 5 markkaa (N-plated I) **5.00**
2001 5 markkaa (C-AL-N) **4.00**
1937 10 markkaa (AL-BZ) **120**
1961 10 markkaa (AL-BZ) **5.00**
1931 20 markkaa (AL-BZ) **100**
1969 20 markkaa (AL-BZ) **10.00**
1953 50 markkaa (AL-BZ) **15.00**

1926 100 markkaa (G) **2,000**
1956 100 markkaa (S) **4.00**

1926 200 markkaa (G) **3,000**
1956 200 markkaa (S) **7.00**
1952 500 markkaa (S) **40.00**
1960 1,000 markkaa, markka currency
centennial (S) **35.00**
1963 penni (C) **1.50**
1973 penni (AL) **0.50**
1963 5 pennia (C) **1.50**
1977 5 pennia (AL) **0.50**
1975 10 pennia (AL-BZ) **0.50**
1990 10 pennia (AL) **0.50**
1995 10 pennia (C-N) **0.15**
2001 10 pennia (C-N) **1.00**
1963 20 pennia (AL-BZ) **1.50**
1980 50 pennia (AL-BZ) **1.50**
1990 50 pennia (C-N) **0.75**
2001 50 pennia (C-N) **1.00**
1966 markka (S) **3.00**
1970 markka (C-N) **1.00**
1994 markka (AL-BZ) **0.75**
2001 markka (AL-BZ) **0.75**
2001 markka, remembrance markka
(C-N) **5.00**
2001 markka, last markka coin (G)
. . . . **375**
1973 5 markkaa (AL-BZ) **3.00**
1981 5 markkaa (AL-BZ) **2.25**
1993 5 markkaa (C-AL-N) **2.00**
1967 10 markkaa, independence
50th anniversary (S) **20.00**
1970 10 markkaa, President Paasikivi
birth centennial (S) **11.00**
1971 10 markkaa, 10th European
Athletic Championships (S) . . . **12.00**
1975 10 markkaa, President Kekkonen
75th birthday (S) **12.00**
1977 10 markkaa, independence
60th anniversary (S) **11.00**
1993 10 markkaa (BR center in
C-N ring) **3.50**
1995 10 markkaa, European unity (BR
center in C-N ring) **4.50**
1995 10 markkaa, European unity
(G center in S ring) . . . . . *proof* **2,500**
1999 10 markkaa, Finnish presidency of
the European Union (C-N center in
BR ring) **12.50**

UNC

1999 10 markkaa, Finnish presidency of the European Union (S center in G ring) **1,000**

2001 10 markkaa (BR center in C-N ring) **5.00**

1978 25 markkaa, Lahti Winter Games (S) **13.00**

197925 markkaa, Turku 750th anniversary (S) **13.00**

1997 25 markkaa, independence 80th anniversary (BR center in C-N ring) **15.00**

2001 25 markkaa, 1st Nordic Ski Championship (BR center in C-N ring) **30.00**

1981 50 markkaa, President Kekkonen 80th birthday (S) **10.00**

1982 50 markkaa, World Ice Hockey Championship (S) **12.00**

1983 50 markkaa, 1st World Athletics Championships (S) **11.00**

1985 50 markkaa, The Kalevala (S) **10.00**

1989 100 markkaa, World Nordic Skiing Championship (S) **35.00**

1989 100 markkaa, Finnish pictorial arts (S) **35.00**

1990 100 markkaa, Disabled War Veterans Association 50th anniversary (S) **35.00**

1990 100 markkaa, University of Helsinki 350th anniversary (S) .**40.00**

1991 100 markkaa, World Ice Hockey Championship (S) **35.00**

1991 100 markkaa, Aland autonomy 70th anniversary (S). **35.00**

1992 100 markkaa, independence 75th anniversary (S). **23.00**

1994 100 markkaa, Stadium of Friendship (S) **23.00**

1995 100 markkaa, Artturi Ilmari Virtanen (S) **35.00**

1995 100 markkaa, United Nations 50th anniversary (S) **35.00**

1996 100 markkaa, Helene Schjerfbeck (S) **60.00**

1997 100 markkaa, Paavo Nurmi (S) **35.00**

1998 100 markkaa, Alvar Aalto (S) **25.00**

1998 100 markkaa, Suomenilnna Fortress (S) **30.00**

1999 100 markkaa, Jean Sibelius (S) **28.00**

2000 100 markkaa, Turku Cathedral (S) **60.00**

2000 100 markkaa, Helsinki 450th anniversary (S) **50.00**

2000 100 markkaa, Aleksis Kivi (S) **30.00**

1992 1,000 markkaa, independence 75th anniversary (G) **450**

1997 1,000 markkaa, independence 80th anniversary (G) . . . .*proof* **435**

1999 1,000 markkaa, Jean Sibelius (G) . . . .*proof* **435**

1995 2,000 markkaa, 50 years of peace (G) . . . .*proof* **1,000**

EURO COINAGE

UNC

1999 euro cent (C-plated ST) **1.25**

2002 euro cent (C-plated ST) . . . .*proof* **15.00**

2009 euro cent (C-plated ST) **1.00**

1999 2 euro cent (C-plated ST) . . .**1.25**

2009 2 euro cent (C-plated ST) . . .**5.00**

1999 5 euro cent (C-plated ST) . . **1.00**

2009 5 euro cent (C-plated ST) . . **1.00**

1999 10 euro cent (BR). **1.25**

2009 10 euro cent (BR). **2.50**

1999 20 euro cent (BR). **1.25**

2009 20 euro cent (BR). **1.75**

1999 50 euro cent (BR). **1.75**

2009 50 euro cent (BR). **5.00**

1999 euro (C-N center in BR ring) **5.00**

2009 euro (C-N center in BR ring) **6.50**

1999 2 euro (BR center in C-N ring) **4.00**

2004 2 euro, European Union expansion (BR center in C-N ring) **10.00**

2005 2 euro, United Nations 60th anniversary (BR center in C-N ring) **6.00**

2006 2 euro, universal suffrage centennial (BR center in C-N ring) **6.00**

2007 2 euro, Treaty of Rome 50th anniversary (C-N center in BR ring) **7.00**

2007 2 euro, independence 90th anniversary (BR center in C-N ring) **6.00**

2008 2 euro, Universal Declaration of Human Rights ((BR center in C-N ring) **6.00**

2009 2 euro (BR center in C-N ring) **6.00**

2009 2 euro, autonomy 200th anniversary (BR center in C-N ring) **6.00**

2009 2 euro, Economic and Monetary Union 60th anniversary (BR center in C-N ring) **6.00**

2003 5 euro, World Ice Hockey Championship (C-N center in BR ring) **15.00**

2005 5 euro, International Association of Athletics Federations World Championships 10th anniversary (BR center in C-N ring) **15.00**

2006 5 euro, Aland demilitarization 150th anniversary (C) **20.00**

2006 5 euro, Finnish presidency of European Union (C-N center in BR ring) **15.00**

2007 5 euro, independence 90th anniversary (S). . . . . *proof* **35.00**

2008 5 euro, science and research (C-N) **15.00**

2002 10 euro, Helsinki Olympics 50th anniversary (S). **28.00**

2002 10 euro, Elias Lonnrot (S) **28.00**

2003 10 euro, Anders Chydenius (S) **32.00**

2003 10 euro, Mannerheim and St. Petersburg (S) **35.00**

2004 10 euro, Johan Ludwig Runeberg (S) **32.00**

2004 10 euro, Tove Jansson (S). . .**32.00**

2005 10 euro, 60 years of peace (S) **32.00**

2005 10 euro, unknown soldier and Finnish film art (S) **35.00**

2006 10 euro, Johan Vihelm Snellman (S) **32.00**

2006 10 euro, parliamentary reform centennial (S) **32.00**

UNC

2007 10 euro, A.E. Nordenskiold (S) **32.00**

2007 10 euro, Mikael Agricola (S) **32.00**

2008 10 euro, Finnish flag (S) . . .**28.00**

2008 10 euro, Mika Waltari (S) . .**28.00**

2009 10 euro, Fredrik Pacius (S) .**35.00**

2005 20 euro, International Association of Athletics Federations World Championships 10th anniversary (G) . . . .*proof* **100**

2003 50 euro, Finnish art and design (G center in S ring) . . . .*proof* **375**

2006 50 euro, Finnish presidency of European Union (G-S-C center in S-C ring) . . . .*proof* **400**

2002 100 euro, Lapland (G) . .*proof* **450**

2004 100 euro, Albert Edelfelt (G) . . . .*proof* **475**

2007 100 euro, independence 90th anniversary (G) **450**

2007 100 euro, independence 90th anniversary (G) . . . . . .*proof* **475**

2009 100 euro, Diet of Porvod (G) . . . .*proof* **375**

FRANCE

France's numismatic history dates back to 500 B.C. when Greek settlers in the area produced some small silver coins. In the centuries that followed, the area was served by Roman coins and, later, the coinage of various monarchs.

France first threw off monarchy rule and established a republic following the bloody French Revolution of 1789-1799. But this first republic was short-lived; it fell in 1799 to a coup led by Napoleon Bonaparte, who proclaimed himself emperor of France and king of Italy in 1804.

Napoleon's ultimate fall in 1815 led to another monarchy under Louis XVIII followed by Charles X and Louis Philippe of Orleans.

Another revolution in 1848 ousted the monarchy again, and Louis Napoleon Bonaparte (nephew of Napoleon I) was elected president of this second republic. He was declared emperor in 1852, but his regime fell following France's defeat in the Franco-Prussian War of 1870, which led to the establishment of the third republic.

The listings that follow begin with coinage of the third republic. All of the French coins in these listings are based on a decimal system.

VF

1872 centime (BZ) **5.00**

1900 centime (BZ) **30.00**

1878 2 centimes (BZ) **4.00**

1899 2 centimes (BZ) **5.00**

1872 5 centimes (BZ) **5.00**

1900 5 centimes (BZ) **3.00**

1890 10 centimes (BZ) **8.00**

1900 10 centimes (BZ) **3.00**

1922 10 centimes (C-N) **0.75**

1943 10 centimes (Z) **0.75**

1941 20 centimes (Z) **2.00**

1903 25 centimes (N) **1.00**

1904 25 centimes (N) **0.75**

1914 25 centimes (N) **3.00**

1930 25 centimes (C-N) **0.50**

1939 25 centimes (N-BZ) **0.35**

1895 50 centimes (S) **3.00**

1898 50 centimes (S) **2.00**

1922 50 centimes (AL-BZ) **0.25**

1938 50 centimes (AL-BZ) **0.75**

1946 50 centimes (AL) **0.25**

1881 franc (S) **8.00**

1899 franc (S) **3.00**

1923 franc (AL-BZ) **0.25**

1940 franc (AL-BZ) **0.25**

1943 franc (AL) **0.25**

1915 2 francs (S) **8.00**

1921 2 francs (AL-BZ) **1.50**

1936 2 francs (AL-BZ) **1.00**

1950 2 francs (AL) **0.50**

1870 2 francs, large size (S) **100**

1870 2 francs, small size (S) **18.00**

1898 2 francs (S) **5.00**

1870 5 francs (S) **125**

1933 5 francs, small size (N) **1.50**

1933 5 francs, large size (N) **0.75**

1950 5 francs (AL) **0.75**

1895 10 francs (G) **120**

1900 10 francs (G) **120**

1901 10 francs (G) **120**

1930 10 francs (S) **6.50**

1947 10 francs (C-N) **0.75**

1952 10 francs (AL-BZ) **0.35**

1871 20 francs (G) **235**

1900 20 francs (G) **235**

1934 20 francs (S) **13.00**

1952 20 francs (AL-BZ) **0.50**

1878 50 francs (G) **850**

1904 50 francs (G) **635**

1953 50 francs (AL-BZ) **1.25**

1881 100 francs (G) **1,180**

1901 100 francs (G) **1,240**

1935 100 francs (G) **240**

1954 100 francs (C-N) **1.00**

UNC

1968 centime (chrome steel) **0.25**

2000 centime, last centime (G) . . . **155**

2001 centime (chrome steel) **1.50**

VF

2001 centime, last centime (G) . . . **225**

1961 5 centimes (chrome steel) . . .**2.00**

1966 5 centimes (C-AL-N) **0.10**

2001 5 centimes (C-AL-N) **1.50**

1962 10 centimes (C-AL-N) **0.40**

2001 10 centimes (C-AL-N) **3.00**

1962 20 centimes (C-AL-N) **0.40**

2001 20 centimes (C-AL-N) **3.00**

1963 50 centimes, small size (AL-BZ) **2.00**

1963 50 centimes, large size (AL-BZ) **2.00**

1965 half franc (N) **0.30**

2001 half franc (N) **2.00**

VF

1970 franc (N) **0.40**

1988 franc, fifth republic 30th
anniversary (N) **1.00**

1988 franc, fifth republic 30th
anniversary (S) . . . . *proof* **30.00**

1988 franc, fifth republic 30th
anniversary (G) . . . . *proof* **500**

1989 franc, Estates General 200th
anniversary (N) **2.50**

1991 franc (N) **0.40**

1992 franc, republic 200th anniversary
(N) **1.25**

1992 franc, republic 200th anniversary
(S) **17.50**

1992 franc, republic 200th anniversary
(G) . . . . *proof* **500**

1992 franc, republic 200th anniversary
(platinum) . . . . *proof* **700**

1993 franc, Normandy invasion
(S) **15.00**

1993 franc, Normandy invasion
(G) . . . . *proof* **950**

1995 franc, Institute of France
200th anniversary (N) **1.50**

1996 franc, Jacques Rueff (N) **1.50**

1997 franc, World Cup soccer
(S) **25.00**

1999 franc, Universal Postal Union
125th anniversary (S) **20.00**

1999 franc, rugby (S). **25.00**

2000 franc (G). **245**

2000 franc, World Cup soccer
(S) **25.00**

2001 franc (N) **0.40**

2001 franc, "Un Ultime Franc"
(S) . . . . *proof* **75.00**

2001 franc, "Un Ultime Franc" (G)
. . . .**1,250**

2001 franc (N) **0.40**

2001 franc (G). **245**

1979 2 francs (N) **0.65**

1993 2 francs, Jean Moulin (N) . . .**1.00**

1995 2 francs, Louis Pasteur (N) . .**2.00**

1997 2 francs, Georges Guynemer
(N) **2.25**

1998 2 francs, declaration of human
rights 50th anniversary (N) **2.25**

2001 2 francs (N) **0.75**

1960 5 francs (S). **10.00**

1970 5 francs (N-clad C-N) **1.25**

1989 5 francs, Eiffel Tower centennial
(C-N). **6.50**

1989 5 francs, Eiffel Tower centennial
(S) . . . . *proof* **28.00**

1989 5 francs, Eiffel Tower centennial
(G). **775**

1989 5 francs, Eiffel Tower centennial
(platinum) **1,000**

UNC

1995 5 francs (N-clad (C-N) **1.65**

1992 5 francs, Pierre Mendes France
(C-N). **4.50**

1992 5 francs, Pierre Mendes France
(S) **30.00**

1992 5 francs, Pierre Mendes France
(G) **775**

1992 5 francs, French Antarctic
territories (S) **50.00**

1994 5 francs, Voltaire (N-clad C-N)
. . . .**4.00**

1995 5 francs, United Nations
50th anniversary (S). . . . . *proof* **27.50**

1995 5 francs, United Nations
50th anniversary (G) . . . . . *proof* **775**

1998 5 francs, World Cup soccer
(S) . . . . *proof* **45.00**

2000 5 francs, Yves St. Laurent
(S) **30.00**

2000 5 francs, 2000 years of French
coinage, 1st century B.C. Celtic parisii
stater (C-N-plated N) **10.00**

2000 5 francs, 2000 years of French
coinage, Charlemagne denar
(C-N-plated N) **10.00**

2000 5 francs, 2000 years of
French coinage, Louis IX gold ecu
(C-N-plated N) **9.50**

2001 5 francs (N-clad C-N) **5.00**

2001 5 francs (S). **22.50**

1965 10 francs (S). **22.00**

1974 10 francs (N-BR) **2.00**

1986 10 francs, Robert Schuman
(N). **6.50**

1986 10 francs, Robert Schuman
(S). **18.50**

1986 10 francs, Robert Schuman
(S) . . . . *proof* **45.00**

1986 10 francs, Robert Schuman
(G). . . . . *proof* **400**

1987 10 francs, Hugo Capet, first king of
France (N-BZ) **6.50**

1987 10 francs, Hugo Capet, first king of
France (S) **18.50**

1987 10 francs, Hugo Capet, first king of
France (S) . . . . *proof* **40.00**

1987 10 francs, Hugo Capet, first king of
France (G). . . . . *proof* **680**

1987 10 francs, Hugo Capet, first king of
France (platinum) . . . . *proof* **750**

1988 10 francs, Spirit of Bastille
(G center in palladium and S alloy
ring) . . . . *proof* **425**

1996 10 francs, World Cup, soccer ball
in net (S) . . . . *proof* **40.00**

1998 10 francs, Nefertiti
(S) . . . . *proof* **38.50**

1999 10 francs, first French
postage stamp (S) . . . . . . *proof* **45.00**

2000 10 francs, XXth century,
automobile (S). . . . . *proof* **40.00**

2000 10 francs, XXth century,
astronaut. . . . . *proof* **40.00**

2001 10 francs (AL-BZ) **6.00**

2001 10 francs, Palace of Versailles
(S) . . . . *proof* **35.00**

2001 10 francs, Arch of Triumph
. . . . *proof* **35.00**

2001 10 francs, Notre Dame
Cathedral (S). . . . . *proof* **35.00**

2001 10 francs, Eiffel Tower
(S) . . . . *proof* **35.00**

1992 20 francs, Mont St. Michel
(C-AL-N center, N inner ring,
C-AL-N outer ring) **15.00**

1993 20 francs, Mediterranean Games
(AL-BZ center, N inner ring, C-AL-N
outer ring) **10.00**

2001 20 francs (C-AL-N center,
N inner ring, C-AL-N outer ring)
. . . .**8.00**

1975 50 francs (S). **18.00**

2000 50 francs, Yves St. Laurent
(G) . . . . *proof* **475**

UNC

1984 100 francs, Marie Curie
(S) **25.00**

1984 100 francs, Marie Curie
(S) . . . . *proof* **200**

1984 100 francs, Marie Curie
(G) . . . . *proof* **950**

1985 100 francs (S) **15.00**

1986 100 francs, Statue of Liberty
(S) **15.00**

1986 100 francs, Statue of Liberty
(S) . . . . *proof* **45.00**

1986 100 francs, Statue of Liberty
(G) **875**

1986 100 francs, Statue of Liberty
(platinum) . . . . *proof* **1,500**

1986 100 francs, Statue of Liberty
(palladium) . . . .*proof* **450**

1987 100 francs, La Fayette (S) . .**20.00**

1987 100 francs, La Fayette
(S) . . . . *proof* **35.00**

1987 100 francs, La Fayette (G) . . . **875**

1987 100 francs, La Fayette
(platinum) . . . . *proof* **1,350**

1987 100 francs, La Fayette
(palladium) . . . .*proof* **450**

1988 100 francs, Fraternity (S) . . .**26.50**

1988 100 francs, Fraternity
(S) . . . . *proof* **40.00**

1988 100 francs, Fraternity (G) . . . **875**

1988 100 francs, Fraternity (platinum)
. . . . *proof* **1,450**

1988 100 francs, Fraternity
(palladium) . . . .*proof* **450**

1990 100 francs, Olympics, speed
skating (S) . . . . *proof* **30.00**

1990 100 francs, Olympics,
bobsledding (S) . . . . *proof* **30.00**

1990 100 francs, Charlemagne
(S) **37.50**

1991 100 francs, Descartes (S) . .**32.50**

1993 100 francs, Louvre bicentennial,
Mona Lisa (S) **35.00**

1993 100 francs, Louvre bicentennial,
Venus de Milo (S) . . . . . . *proof* **40.00**

1994 100 francs, Winston Churchill
(S) . . . . *proof* **42.50**

1994 100 francs, Gen. de Gaulle
(S) . . . . *proof* **45.00**

1994 100 francs, Gen. Dwight David
Eisenhower (S) . . . . *proof* **42.50**

1994 100 francs, Olympics, discus
thrower (S) **32.50**

1994 100 francs, Charlie Chaplin
(S) . . . . *proof* **42.00**

1994 100 francs, Charlie Chaplin
(G) . . . . *proof* **875**

1994 100 francs, liberation of Paris
(S) **35.00**

1994 100 francs, liberation of Paris
(S) . . . . *proof* **42.50**

1995 100 francs, Alfred Hitchcock
(S) . . . . *proof* **40.00**

1995 100 francs, Alfred Hitchcock
(G) . . . . *proof* **950**

1995 100 francs, Greta Garbo
(S) . . . . *proof* **37.50**

1995 100 francs, Greta Garbo
(G) . . . . *proof* **950**

1995 100 francs, V.E. Day (S) **40.00**

1997 100 francs, Pierre and Marie Curie
(S) . . . . *proof* **50.00**

1999 100 francs, Louis Braille
(S) . . . . *proof* **50.00**

2000 100 francs, flight (G) . . .*proof* **950**

1989 500 francs, Olympics, Alpine skiing
(G) . . . . *proof* **950**

1990 500 francs, Olympics, speed
skating (G) . . . .*proof* **950**

1991 500 francs, basketball
100th anniversary (G) . . . . .*proof* **950**

1991 500 francs, Olympics,
Pierre de Coubertin (G) . . .*proof* **950**

1991 500 francs, Mozart (G) . *proof* **950**

1994 500 francs, Voltaire (G) . *proof* **950**

1996 500 francs-75euro, The Thinker
(G) **9,500**

EURO COINAGE

2001 euro cent (C-plated ST) **0.35**

2001 2 euro cents (C-plated ST) . .**0.50**

2001 5 euro cents (C-plated ST) . .**0.75**

2007 5 euro cents, euro 5th anniversary
(S) **325**

2008 5 euro cents, fifth republic
50th anniversary (G) **75.00**

2001 10 euro cents (BR) **1.25**

2001 20 euro cents (BR) **1.00**

2007 20 euro cents, Asterix
(G) . . . . *proof* **700**

2008 20 euro cents, French presidency
of European Union (S) . . . .*proof* **250**

2008 20 euro cents, fifth republic 50th
anniversary (S) . . . .*proof* **250**

2002 quarter euro, children's design
(C-AL-N) **6.50**

2002 quarter euro, children's design
(S) . . . . *proof* **45.00**

2002 quarter euro, children's design
(G) . . . . *proof* **185**

2002 quarter euro, eight French euro
coin designs (S) **18.00**

2003 quarter euro, first franc
(G) . . . . *proof* **185**

2004 quarter euro, Samuel de
Champlain (S) **27.50**

2005 quarter euro, Jules Verne
(C-AL-N) **10.00**

2006 quarter euro, Benjamin Franklin
(S) **30.00**

2007 quarter euro, Lafayette (S)
. . . .**30.00**

2007 quarter euro, Rugby World Cup
(S) **30.00**

2001 50 euro cents (BR) **1.25**

2001 euro (C-N center in BR ring)
. . . .**2.75**

2007 euro, Rugby World Cup
(G) . . . . *proof* **875**

2007 euro, Great Wall of China
(S) . . . . *proof* **45.00**

2007 euro, Great Wall of China
(G) . . . . *proof* **450**

2007 euro, Cannes Film Festival
(G) . . . . *proof* **450**

2009 euro, Concorde 40th anniversary
(G) . . . . *proof* **6,800**

2002 1-1/2 euro, Charles Lindbergh
(S) . . . . *proof* **45.00**

2003 1-1/2 euro, Hansel and Gretel
(S) . . . . *proof* **50.00**

2004 1-1/2 euro, Napoleon
(S) . . . . *proof* **45.00**

2004 1-1/2 euro, Emile Loubet and King
Edward VII (S) . . . .*proof* **45.00**

2004 1-1/2 euro, Statue of Liberty
(S) . . . . *proof* **45.00**

2005 1-1/2 euro, Jules Verne, 20,000
Leagues Under the Sea
(S) . . . . *proof* **60.00**

2005 1-1/2 euro, Austerlitz victory
bicentennial (S) . . . . *proof* **50.00**

UNC

2005 1-1/2 euro, classification of
Bordeaux wines 150th anniversary
(S) . . . . *proof* **60.00**

2006 1-1/2 euro, French Grand Prix
centennial (S) . . . . *proof* **60.00**

2006 1-1/2 euro, Formula 1 World
Championship (S) . . . . . *proof* **50.00**

2007 1-1/2 euro, Airbus A380
(S) . . . . *proof* **40.00**

2001 2 euro (BR center in C-N ring)
. . . . **3.75**

2007 5 euro, euro 5th anniversary
(S) . . . . *proof* **50.00**

2009 5 euro, Year of the Ox
(S) . . . . *proof* **30.00**

2003 10 euro, first franc coin
(G) . . . . *proof* **475**

2007 10 euro, Christian Dior
(G) . . . . *proof* **525**

2008 10 euro, European Parliament 50th
anniversary (G) . . . . *proof* **475**

2008 10 euro, France-Japan relations,
Japanese cash coin (G) . . . . *proof* **475**

2008 10 euro, Andre Citrone
(G) . . . . *proof* **525**

2009 10 euro, fall of Berlin Wall
(S) . . . . *proof* **30.00**

2009 10 euro, Ettore Bugatti
(S) . . . . *proof* **30.00**

2007 15 euro, Pantheon
(S) . . . . *proof* **75.00**

2003 20 euro, Alice in Wonderland
(G) . . . . *proof* **900**

2004 20 euro, Trans-Siberian Railroad
(G) . . . . *proof* **900**

2007 20 euro, Stanislas Leszczynski
(G) . . . . *proof* **900**

2007 50 euro, Georges Remi
(G) . . . . *proof* **1,900**

2009 50 euro, Eiffel Tower
(S) . . . . *proof* **250**

2009 50 euro, Court of Human Rights
50th anniversary (S) . . . . . . *proof* **200**

2009 50 euro, International Year of
Astronomy (S) . . . . *proof* **250**

2009 50 euro, FIFA World Cup
(G) . . . . *proof* **500**

2004 100 euro, Statue of Liberty
(G) . . . . *proof* **10,000**

2007 100 euro, Cannes Film Festival
60th anniversary (G) . . . *proof* **10,000**

2009 100 euro, Renoir, rectangular shape
(G) . . . . *proof* **1,000**

2009 500 euro, Ettore Bugatti
(G) . . . . *proof* **9,975**

2009 1,000 euro, fall of Berlin Wall
(G) . . . . *proof* **18,500**

GERMAN STATES

For centuries, "Germany" was little more than a geographic expression consisting of hundreds of effectively autonomous states ruled by lords. At one time there were 1,800 individual states, some with populations as little as 300.

The German Empire was formed on April 14, 1871, when the king of Prussia became German Emperor William I. States, however, retained the right to issue gold and silver coins with values higher than 1 mark.

ANHALT-DESSAU

VF

1914 3 mark, Friedrich II silver
wedding anniversary (S) **85.00**

BADEN

VF

1902 2 mark, Friedrich I
50th year of reign (S) **35.00**

1908 3 mark, Friedrich I (S) **35.00**

BAVARIA

VF

1842 2 thaler, Ludwig I, Walhalla
(S) **150**

1899 2 mark, Otto, (S) **30.00**

1900 5 mark, Otto, (S) **30.00**

1911 2 mark, Luitpold 90th birthday
(S) **22.00**

1901 10 mark, Otto (G) **210**

BREMEN

VF

1840 12 grote (S) **20.00**

1863 thaler, liberation of Germany 50th
anniversary (S) **35.00**

1865 thaler, German shooting festival
(S) **35.00**

1906 5 mark (S) **200**

FRANKFURT AM MAIN

VF

1815 heller (C) **12.00**

1806 pfennig (C) **8.00**

1838 kreuzer (S) **7.00**

1842 kreuzer (S) **12.00**

1848 3 kreuzer (S) **12.00**

1842 gulden (S) **40.00**

1856 2 gulden (S) **90.00**

1860 thaler (S) **35.00**

1861 2 thaler (S) **40.00**

HAMBURG

VF

1892 2 mark (S) **25.00**

1908 3 mark (S) **25.00**

1900 5 mark (S) **40.00**

1875 10 mark (G) **185**

HANNOVER

VF

1832 pfennig (C) **10.00**

1835 2 pfennig (C) **10.00**

1858 groschen (S) **4.00**

1834 thaler, Wilhelm IV (S) **55.00**

1855 thaler, Georg V (S) **25.00**

1813 5 thaler (G) **300**

1830 10 thaler (G) **550**

HESSE-CASSEL

VF

1806 heller (C) **15.00**

1822 2 heller (C) **12.00**

1851 silber groschen (S) **25.00**

1833 1/6 thaler (S) **20.00**

1842 thaler (S) **40.00**

1834 5 thaler (G) **900**

HESSE-DARMSTADT

VF

1801 kreuzer (S) **25.00**

1850 3 kreuzer (S) **10.00**

	VF
1865 6 kreuzer (S)	.12.00
1838 gulden, Ludwig II (S)	.80.00
1870 thaler, Ludwig II (S)	.70.00
1895 5 mark, Ernst Ludwig (S)	200

1898 10 mark, Ernst Ludwig (G)	700
1900 20 mark, Ernst Ludwig (G)	430
1911 20 mark, Ernst Ludwig (G)	450

LIPPE-DETMOLD

	VF
1840 heller (C)	.20.00
1825 pfenning (C)	.9.00
1860 thaler, Paul Friedrich Emil Leopold III (S)	.65.00

LUBECK

	VF
1907 2 mark (S)	100
1913 5 mark (S)	325
1910 10 mark (G)	800

MECKLENBURG-SCHWERIN

	VF
1815 3 pfennig (C)	.15.00
1842 schilling (S)	.5.00
1830 4 schilling (S)	.15.00
1848 1/12 thaler (S)	.10.00
1840 2/3 thaler (S)	.35.00
1867 thaler (S)	.60.00
1904 2 mark, Friedrich Franz IV wedding (S)	.40.00
1915 5 mark, grand duchy 100th anniversary (S)	375

NASSAU

	VF
1810 1/4 kreuzer (C)	.10.00
1860 kreuzer (C)	.6.00

1818 3 kreuzer (S)	.25.00
1809 1/2 thaler, (S) Friedrich August	400
1811 thaler, Friedrich August (S)	400
1840 1/2 gulden (S)	.40.00
1855 gulden, Adolph (S)	.45.00
1860 thaler, Adolph (S)	.55.00

OLDENBURG

	VF
1860 schwaren (C)	.6.00
1816 1/2 groten (C)	.14.00
1850 groten (S)	.10.00
1816 6 grote (S)	.35.00
1865 1/2 groschen (S)	.8.00
1869 groschen (S)	.8.00
1866 thaler, Nicolaus Friedrich Peter (S)	.60.00

PRUSSIA

	VF
1801 pfennig (C)	.8.00
1810 2 pfennig (C)	.8.00
1821 3 pfennig (C)	.10.00
1823 4 pfennig (C)	.30.00
1841 1/2 silver groschen, Friedrich Wilhelm IV (S)	.8.00
1861 groschen, Wilhelm I (S)	.8.00
1868 1/6 thaler, Friedrich Wilhelm I (S)	.45.00
1870 thaler, Wilhelm I (S)	.60.00
1901 2 mark, kingdom of Prussia 200th anniversary (S)	.15.00
1905 2 mark, Wilhelm II (S)	.15.00
1913 2 mark, victory over Napoleon 100th anniversary (S)	.15.00
1913 2 mark, Wilhelm II 25th anniversary of reign (S)	.15.00
1910 3 mark, Berlin University (S)	.55.00
1911 3 mark, Breslau University (S)	.45.00
1913 3 mark, victory over Napoleon 100th anniversary (S)	.20.00
1913 3 mark, Wilhelm II 25th anniversary of reign (S)	.20.00

1888 5 mark, Friedrich III (S) 75.00

1900 5 mark, Wilhelm II (S)	.20.00
1901 5 mark, kingdom of Prussia 200th anniversary (S)	.50.00
1880 10 mark, Wilhelm I (G)	165
1900 10 mark, Wilhelm II (G)	200

1899 20 mark, Wilhelm II (G) 320

REUSS-OBERGREIZ

	VF
1812 helle (C)	.10.00
1815 pfennig (C)	.8.00
1817 3 pfennig (C)	.6.00
1868 groschen (S)	.8.00
1858 thaler, Heinrich XX (S)	100
1868 thaler, Heinrich XXII (S)	100
1851 2 thaler, Heinrich XX (S)	375
1899 2 mark, Heinrich XXII (S)	225
1909 3 mark, Heinrich XXIV (S)	325

SAXE-COBURG-GOTHA

	VF
1834 1-1/2 pfennig (C)	.4.00
1841 2 pfennig (C)	.4.00
1834 3 pfennig (C)	.8.00
1837 kreuzer (S)	.6.00
1838 6 kreuzer (S)	.5.00
1836 20 kreuzer (S)	.35.00
1841 1/2 groschen (S)	.10.00
1855 groschen (S)	.4.00
1858 2 groschen (S)	.12.00
1864 1/6 thaler, Ernst II (S)	.30.00
1841 thaler, Ernst I (S)	150
1848 thaler, Ernst II (S)	150
1869 thaler, Ernst II 25th anniversary of reign (S)	.85.00
1854 2 thaler, Ernst II (S)	425

SAXE-COBURG-SAALFELD

	VF
1804 pfennig (C)	.6.00
1810 2 pfennig (C)	.15.00
1821 3 pfennig (C)	.8.00
1820 4 pfennig (C)	.10.00
1820 6 pfennig (C)	.10.00
1824 kreuzer (S)	.10.00

1821 3 kreuzer (S)............10.00
1822 6 kreuzer (S)............10.00
1826 20 kreuzer (S)...........50.00
1806 1/48 thaler (S) 100
1805 1/24 thaler (S) 25.00

1817 thaler (S) 300

SAXE-MEININGEN

	VF
1818 pfennig (C)................	8.00
1828 1/8 kreuzer (C)............	6.00
1818 1/4 kreuzer (C)............	6.00
1831 1/2 kreuzer (C)............	5.00
1835 kreuzer (S)	5.00
1840 3 kreuzer (S)..............	5.00
1846 1/2 gulden, Bernhard II (S)	55.00
1846 gulden, Bernhard II (S) ...	90.00
1860 thaler, Bernhard II (S)	85.00
1902 2 mark, Georg II (S)........	200
1908 5 mark, Georg II (S)........	160

SAXE-WEIMAR-EISENACH

	VF
1801 heller (C)	7.00
1810 pfennig (C)...............	8.00
1812 4 pfennig (C)	12.00
1814 1/48 thaler (S)	6.00
1840 1/2 groschen (S)...........	4.00
1892 2 mark, Carl Alexander 50th wedding anniversary (S) ...	200
1908 2 mark, Jena University 350th anniversary	55.00
1892 20 mark, Carl Alexander 50th wedding anniversary (G)	1,200

SAXONY

	VF
1801 pfennig (C)...............	5.00
1802 3 pfennige (C)	6.00
1862 5 pfennige (C)	3.00
1809 8 pfennige	8.00
1850 neu groschen (S)	3.00
1802 1/12 thaler (S)	10.00
1810 1/6 thaler (S)	16.00
1802 1/3 thaler, Friedrich August III (S)	40.00

1805 thaler, Friedrich August III
(S) 150
1830 thaler, Anton (S)........ 60.00
1836 thaler, death of Anton (S). 80.00
1806 5 thaler, Friedrich August III
(G)...................... 1,000
1855 thaler, Johann (S) 40.00
1854 2 thaler, death of Friedrich August
II (S) 200
1872 2 thaler, Johann 50th wedding
anniversary (S)............. 75.00
1817 5 thaler, Friedrich August III . 500
1900 2 mark, Albert (S)........ 60.00
1900 5 mark, Albert (S)........ 55.00
1881 10 mark, Albert (G) 155
1894 20 mark, Albert (G) 315

SAXONY-ALBERTINE

	VF
1902 2 mark, Georg (S)........	40.00
1909 2 mark, Leipzig University 500th anniversary (S)............	35.00

1913 3 mark, Battle of Leipzig
centennial (S) 18.00
1902 5 mark, Albert (S)........ 45.00
1903 5 mark, Georg (S)........ 50.00
1909 5 mark, Leipzig University 500th
anniversary (S)................ 100
1914 5 mark, Friedrich August III
(S) 35.00
1912 10 mark, Friedrich August III
(G)...................... 300

SCHWARZBURG-RUDOLSTADT

	VF
1804 3 pfennig (C)	12.00
1808 6 pfennig (S)	16.00
1840 1/4 kreuzer (C)...........	6.00
1864 kreuzer (C)..............	4.00
1841 1/2 gulden, Friedrich Gunther (S)	30.00
1858 thaler, Friedrich Gunther (S)	65.00
1898 2 mark, Gunther Viktor (S) ..	250

WALDECK-PYRMONT

	VF
1809 pfennig (C).............	12.00
1819 3 pfennig (C)	15.00
1836 groschen (S)............	20.00
1823 mariengroschen (S)	25.00
1837 1/6 thaler (S)	45.00
1824 1/3 thaler (S)	125
1813 thaler, Georg Heinrich (S) ..	1,100
1856 2 thaler, Georg Victor (S)	400

WESTPHALIA

	VF
1808 mariengroschen (B-S)	20.00
1809 1/24 thaler (S)	20.00
1813 1/6 thaler (S)	25.00
1812 thaler, Hieronymus Napoleon (S)	200
1812 centime (C)	7.50
1812 5 centimes (C)	6.00
1812 10 centimes (S)	12.50
1812 20 centimes (S)	17.50

1808 2 franken, Hieronymus
Napoleon (S)............... 350
1811 20 franken, Hieronymus
Napoleon (G) 400

WURTTEMBERG

	VF
1842 1/4 kreuzer (C)...........	6.50
1845 1/2 kreuzer (B)	6.00
1801 kreuzer (B)	20.00
1850 kreuzer (S)	4.00
1805 3 kreuzer (S)............	30.00
1855 3 kreuzer (S)............	4.00
1805 6 kreuzer (S)............	45.00
1840 6 kreuzer (S)............	12.00
1810 20 kreuzer (S)...........	80.00
1805 1/2 gulden (S)...........	25.00
1855 gulden, Wilhelm (S)......	40.00
1855 2 gulden, Wilhelm (S)	60.00
1857 thaler, Wilhelm (S).......	40.00

1869 2 thaler, restoration of Ulm
 Cathedral (S) **200**
1892 2 mark, Wilhelm II (S) **30.00**
1905 2 mark, Wilhelm II (S) **20.00**
1910 3 mark, Wilhelm II **20.00**
1900 5 mark, Wilhelm II (S) **35.00**
1875 10 mark, Karl (G) **185**
1910 10 mark, Wilhelm II (G) **220**
1905 20 mark, Wilhelm II (G) **290**

GERMANY

EMPIRE

In 1871 Prussian chancellor Otto von Bismarck united the German States into an empire ruled by Prussian King William I.

	VF
1876 pfennig (C)	**5.00**
1901 pfennig (C)	**1.25**
1917 pfennig (AL)	**0.75**
1876 2 pfennig (C)	**15.00**
1904 2 pfennig (C)	**1.00**
1875 5 pfennig (C-N)	**2.50**
1901 5 pfennig (C-N)	**0.60**
1915 5 pfennig (I)	**0.50**

1898 10 pfennig (C-N) **2.50**
1901 10 pfennig (C-N) **1.00**
1916 10 pfennig (I) **0.60**
1917 10 pfennig (Z) **0.20**
1873 20 pfennig (S) **15.00**

1890 20 pfennig (C-N) **40.00**
1909 25 pfennig (N) **9.00**

1876 50 pfennig (S) **15.00**
1901 50 pfennig (S) **300**
1905 1/2 mark (S) **2.50**
1875 mark (S) **4.00**
1908 mark (S) **5.00**

WEIMAR REPUBLIC

The imperial German government disintegrated in a flurry of royal abdications as World War I ended. Desperate German parliamentarians, fearful of impending anarchy and civil war, hastily declared a German Republic. The new national assembly convened Feb. 6, 1919, in Weimar and established a government, drafted a constitution, and concluded a peace treaty with the Allies.

	VF
1919 50 pfennig (AL)	**1.00**
1922 3 mark (AL)	**2.00**
1923 20 mark (AL)	**0.50**
1923 500 mark (AL)	**1.00**
1924 rentenpfennig (BZ)	**1.50**
1924 2 rentenpfennig (BZ)	**1.00**
1924 5 rentenpfennig (AL-BZ)	**1.00**
1924 10 rentenpfennig (AL-BZ) . . .	**1.00**
1924 50 rentenpfennig (AL-BZ) . .	**15.00**
1935 reichspfennig (BZ)	**1.00**
1925 2 reichspfennig (BZ)	**1.00**

1932 4 reichspfennig (BZ) **12.00**

1925 5 reichspfennig (AL-BZ) **0.60**
1935 10 reichspfennig (AL-BZ) . . . **2.00**
1928 50 reichspfennig (N) **3.00**
1924 mark (S) **15.00**

1924 3 mark (S) **40.00**
1926 reichsmark (S) **20.00**
1926 2 reichsmark (S) **16.00**
1925 3 reichsmark (S) **45.00**

1927 3 reichsmark, Tubingen University
 (S) **380**

1928 3 reichsmark, Albrecht Durer
 (S) **330**
1928 5 reichsmark (S) **100**

1930 5 reichsmark (S), Graf
 Zeppelin **120**

THIRD REICH

The Weimar Republic failed to gain popular support in Germany. By 1930, Nationalists, Nazis, and Communists held nearly half of the reichstag seats. In 1932, the Nazis won 230 Reichstag seats, which allowed party leader Adolph Hitler to rise to power.

	VF
1938 reichspfennig (BZ)	**0.35**
1940 reichspfennig (Z)	**0.25**
1939 2 reichspfennig (BZ)	**0.35**
1938 5 reichspfennig (AL-BZ)	**1.00**
1941 5 reichspfennig (Z)	**0.40**
1939 10 reichspfennig (AL-BZ) . . .	**2.00**
1941 10 reichspfennig (Z)	**0.75**

VF

1935 50 reichspfennig (AL) **2.25**
1939 50 reichspfennig (N) **35.00**
1942 50 reichspfennig (AL) **15.00**
1934 reichsmark (N). **3.00**
1933 2 reichsmark (S). **30.00**
1938 2 reichsmark (S). **4.00**

1937 5 reichsmark, Hindenburg
(S) **10.00**

FEDERAL REPUBLIC

Following Germany's defeat in World War II, Allied forces controlled several western German provinces while the Soviet Union controlled provinces in the northeast. The Federal Republic of Germany was commonly referred to as West Germany until Oct. 3, 1990, when East Germany (German Democratic Republic) ceased to exist and was reunited with the west.

XF

1949 pfennig (BZ-clad ST) **6.00**

1950 pfennig (C-plated ST) **0.10**
1961 2 pfennig (BZ) **1.50**
1970 2 pfennig (BZ-clad ST). **0.10**
1959 5 pfennig (BZ-clad ST). . . .**10.00**
1975 5 pfennig (BR-plated ST). . .**0.10**
1949 10 pfennig (BR-clad ST) . . .**10.00**
1980 10 pfennig (BR-plated ST). . .**0.10**
1949 50 pfennig (C-N) **4.00**
1971 50 pfennig (C-N) **0.55**
1985 50 pfennig (C-N) **0.45**
1965 mark (C-N) **3.00**
1951 2 mark (C-N) **30.00**
1965 2 mark, Max Planck(C-N) . . .**2.50**
1981 2 mark, Konrad Adenauer
(C-N-clad N). **1.50**
1980 2 mark, Theodor Heuss
(C-N-clad N). **1.50**

1990 2 mark, Dr. Kurt Schumacher
(C-N-clad N). **1.75**
1993 2 mark, Franz Joseph Strauss
(C-N-clad N). **3.00**
1994 2 mark, Ludwig Erhard
(C-N-clad N). **1.75**

1955 5 mark, Friedrich von Schiller
(S) **450**

1957 5 mark, Joseph Freiherr von
Eichendorff (S) **380**
1960 5 mark (S) **20.00**
1978 5 mark (C-N-clad N) **3.50**

UNC

1998 2 mark, Willy Brandt (C-N-
clad N). **4.25**
1968 5 mark, Johannes Gutenberg
(S) **9.00**
1969 5 mark, Theodor Fontane (S).**9.00**
1970 5 mark, Ludwig van Beethoven
(S) **6.00**
1973 5 mark, Frankfurt Parliament
125th anniversary **6.00**
1973 5 mark, Nicholas Copernicus
(S) **6.00**
1975 5 mark, Albert Schweitzer
(S) **6.00**

1976 5 mark, death of von
Grimmelshausen 300th anniversary . .
. . . .**6.00**
1982 5 mark, Johann Wolfgang von
Goethe (CN-clad N). **4.00**

1983 5 mark, Martin Luther
(CN-clad N) **4.00**
1986 5 mark, Frederick the Great (CN-
clad N). **4.00**
1972 10 mark, Munich Olympics, flame
(S) **7.50**
1987 10 mark, Berlin 750th anniversary
(S) **9.00**
1988 10 mark, Carl Zeiss (S) **7.50**
1993 10 mark, Potsdam
1,000th anniversary (S) **7.50**
1998 10 mark, Peace of Westphalia
(S) **9.50**
2000 10 mark, reunification
10th anniversary (S). **9.50**
2002 euro cent (C-plated ST). . . .**0.35**
2002 2 euro cent (C-plated ST) . . .**0.50**
2002 5 euro cent (C-plated ST) . . .**0.75**
2005 10 euro cent (BR). **1.25**
2008 10 euro cent, Western Europe map
(BR). **1.25**
2002 20 euro cent (BR). **1.00**
2008 20 euro cent, Western Europe map
(BR). **1.00**
2005 50 euro cent (BR). **1.50**
2008 50 euro cent, Western Europe map
(BR). **1.50**
2002 euro (C-N center in BR ring)
. . . .**2.50**
2009 euro, Western Europe map
(C-N center in BR ring) **2.50**
2005 2 euro (BR center in
C-N ring). **4.50**
2006 2 euro, city gate (BR center in C-N
ring) **5.00**
2007 2 euro, Treaty of Rome
50th anniversary (BR center in
C-N ring). **4.00**
2007 2 euro, Schwerin Castle
(BR center in C-N ring) **4.00**
2008 2 euro, Hamburg Cathedral
(BR center in C-N ring). **4.00**
2008 2 euro, Western Europe map
(BR center in C-N ring) **4.50**
2009 2 euro, Saarbrucken church
(BR center in C-N ring) **4.50**
2010 2 euro, Berlin (BR center in
C-N ring) **4.50**
2002 10 euro, euro currency
introduction (S). **20.00**
2003 10 euro, World Cup soccer
(S) **20.00**
2005 10 euro, Albert Einstein (S).**20.00**

UNC

2006 10 euro, World Cup soccer
(S) **18.00**

2006 10 euro, Wolfgang Amadeus
Mozart (S) **18.00**

2008 10 euro, Franz Kafka (S)
. . . .**20.00**

2009 10 euro, Leipzig University 600th
anniversary (S) **18.00**

2010 10 euro, Robert Schumann
(S) **15.00**

2010 10 euro, German unification 20th
anniversary (S) **15.00**

2002 100 euro, euro currency
introduction (G) . . . . *proof* **680**

2002 200 euro, euro currency
introduction (G) . . . . *proof* **1,360**

DEMOCRATIC REPUBLIC

The German Democratic Republic, commonly referred to as East Germany, consisted of the region controlled by the Soviet Union following World War II.

XF

1950 pfennig (AL). **8.00**

1985 pfennig (AL). **0.20**

1948 5 pfennig (AL) **7.50**

1988 5 pfennig (AL) **0.25**

1953 10 pfennig (AL) **20.00**

1978 10 pfennig (AL) **1.00**

1984 20 pfennig (BR) **2.00**

1968 50 pfennig (AL) **2.00**

1956 mark (AL). **3.00**

1978 mark (AL). **1.00**

1983 2 mark (AL) 2.00

1972 5 mark, Johannes Brahms
(C-N) **15.00**

1979 5 mark, Albert Einstein
(C-N) **55.00**

1980 5 mark, Brandenburg Gate
(C-N) **10.00**

1982 5 mark, Wartburg Castle
(C-N-Z) **25.00**

1983 5 mark, Wittenberg church (C-N)
. . . .**25.00**

1989 5 mark, Marien Kirche (C-Z-N)
. . . .**7.00**

1968 10 mark, Johann Gutenberg
(S) **60.00**

1970 10 mark, Ludwig van Beethoven
(S) **50.00**

1972 10 mark, Buchenwald Memorial
(C-N). . . . . *unc* **9.50**

1981 10 mark, Berlin mint 700th
anniversary (C-N) **45.00**

1983 10 mark, Richard Wagner (S)
. . . .**50.00**

1988 10 mark, Ulrich von Hutten
(S) **75.00**

1975 20 mark, Johann Sebastian Bach
(S) **115**

1983 20 mark, Martin Luther (S) . .**625**

1984 20 mark, Georg Friedrich
Handel (S) **175**

1986 20 mark, Jacob and Wilhelm
Grimm (S) **245**

1990 20 Mark, Brandenburg Gate
(C-N) **8.00**

GREECE

Ancient Greece is known for its contributions to drama, art, architecture, and, in numismatics, classic coins. The modern state took form in the 1820s when Greece won independence from the Ottoman Empire. A monarchy was officially established in 1833.

But political struggles continued in the years that followed. A republic was declared in 1925, the monarchy was restored in 1935, and German-Italian occupation forces ruled during World War II. After the war, the monarchy was reconfirmed by plebiscite, but a military junta in 1967 took control of the government and suspended the constitution. The monarchy was abolished by plebiscite in 1974, and Greece became officially known as the Hellenic Republic, the third republic in Greek history.

The listings that follow begin with independence from the Ottoman Empire.

VF

1840 lepton (C). **175**

1845 lepton (C). **200**

1849 lepton (C). **200**

1857 lepton (C). **75.00**

1869 lepton (C). **10.00**

1878 lepton (C). **10.00**

1840 2 lepta (C) **125**

1845 2 lepta (C) **175**

1848 2 lepta (C) **250**

1857 2 lepta (C) **50.00**

1869 2 lepta (C) **6.00**

1878 2 lepta (C) **3.50**

1833 5 lepta (C) **50.00**

1846 5 lepta (C) **275**

1849 5 lepta (C) **250**

1857 5 lepta (C) **120**

1869 5 lepta, George I (C) **10.00**

1882 5 lepta, George I (C) **15.00**

1895 5 lepta (C-N) **5.00**

1836 10 lepta (C) **150**

1845 10 lepta (C) **150**

1850 10 lepta (C) **125**

1869 10 lepta, George I (C) **10.00**

1878 10 lepta, George I (C) **10.00**

1894 10 lepta (C-N) **5.00**

1912 10 lepta (N) **3.00**

1922 10 lepta, thin planchet (AL). .**2.00**

1922 10 lepta, thicker planchet
(AL) **10.00**

1874 20 lepta, George I (S). **10.00**

1895 20 lepta (C-N) **5.00**

1912 20 lepta (N) **3.00**

1926 20 lepta (C-N) **1.50**

1874 50 lepta, George I (S). **12.00**

VF

1921 50 lepta (C-N) **1,500**
1926 50 lepta (C-N) **1.00**
1833 quarter drachma, Othon (S).**75.00**

1855 quarter drachma, Othon (S). . **400**
1834 half drachma, Othon (S) **100**
1855 half drachma, Othon (S) **400**

1832 drachma, Othon (S) **200**
1851 drachma, Othon (S) **1,000**
1883 drachma, George I (S) **75.00**
1910 drachma, George I (S) **15.00**
1926 drachma (C-N). **1.00**
1868 2 drachmai, George I (S) **300**
1911 2 drachmai, George I (S) . . .**30.00**
1926 2 drachmai (C-N) **2.00**

1833 5 drachmai, Othon (S) **250**
1851 5 drachmai, Othon (S) **2,500**

1875 5 drachmai, George I (S) . . .**75.00**
1876 5 drachmai, George I (G) **750**
1930 5 drachmai (N). **1.50**
1876 10 drachmai, George I (G) . . .**475**
1930 10 drachmai (S) **10.00**

1833 20 drachmai, Othon (G) **700**
1876 20 drachmai, George I (G). . . **500**
1884 20 drachmai, George I (G). . . **375**

1930 20 drachmai (S) **12.50**
1940 20 drachmai, George II, restoration
of monarchy 5th anniversary
(G) . . . . *proof* **18,000**
1876 50 drachmai, George I (G)
. . . .**5,500**

1940 100 drachmai, George II,
restoration of monarchy
5th anniversary, (S) . . . . . *proof* **2,500**
1940 100 drachmai, George II,
restoration of monarchy
5th anniversary, (G) . . . . *proof* **30,000**

UNC

1954 5 lepta (AL) **4.00**
1966 10 lepta (AL) **4.00**
1973 10 lepta, soldier and phoenix on
obverse (AL) **5.00**
1973 10 lepta, phoenix on obverse
(AL). **2.00**
1976 10 lepta (AL) **2.00**
1959 20 lepta (AL) **0.50**
1973 20 lepta, soldier and phoenix on
obverse (AL) **5.00**
1973 20 lepta, phoenix on obverse
(AL) **2.50**
1976 20 lepta (AL) **2.50**
1964 50 lepta, Paul I (C-N) **8.00**
1970 50 lepta, Constantine II
(C-N). **6.00**
1973 50 lepta, Constantine II
(C-N). **5.00**
1973 50 lepta, phoenix (N-BR). . . .**1.00**

1980 50 lepta, Markos Botsaris
(N-BR). **1.25**
1962 drachma, Paul I (C-N) **8.00**
1966 drachma, Constantine II
(C-N). **5.00**
1973 drachma, Constantine II
(C-N). **5.50**
1973 drachma, phoenix (N-BR) . . .**3.00**
1986 drachma, Konstantinos Kanaris (N-
BR) **1.00**
2000 drachma, Lascarina Bouboulina
(C) **0.50**
2000 drachma, Lascarina Bouboulina
(G) . . . . *proof* **475**
1954 2 drachmai, Paul I (C-N) . . .**50.00**
1967 2 drachmai, Constantine II
(C-N). **5.00**
1973 2 drachmai, Constantine II
(C-N). **5.50**
1973 2 drachmai, phoenix (N-BR) .**4.00**
1980 2 drachmai, Georgios Karaiskakis
(N-BR). **1.00**
1982 2 drachmes, Georgios Karaiskakis
(N-BR). **1.00**
1900 2 drachmes, Manto Mavrogenous
(C) **0.50**
1965 5 drachmai, Paul I (C-N) **5.50**
1970 5 drachmai, Constantine II
(C-N). **10.00**
1971 5 drachmai, Constantine II
(C-N). **6.00**
1973 5 drachmai (C-N) **4.00**
1980 5 drachmai, Aristotle (C-N) . .**1.00**
1994 5 drachmes, Aristotle (C-N)
1959 10 drachmai, Paul I (N) **16.00**
1968 10 drachmai, Constantine II
(C-N). **7.00**
1973 10 drachmai, Constantine II
(C-N). **8.00**
1973 10 drachmai, phoenix (C-N) .**6.00**
1976 10 drachmai, Democritus (C-N)
. . . .**1.00**
1982 10 drachmes, Democritus (C-N)
. . . .**1.00**
1960 20 drachmai, Paul I (S) **7.00**

1970 20 drachmai, 1967 revolution
(G) **700**

	UNC
1973 20 drachmai, soldier and phoenix (C-N)	**10.00**
1973 20 drachmai, phoenix (C-N)	**2.00**
1978 20 drachmai, Pericles (C-N)	**1.50**
1990 20 drachmes, Dionysios Solomos (N-BZ)	**1.25**
1963 30 drachmai, five Greek kings (S)	**12.00**
1964 30 drachmai, Constantine and Anne-Marie wedding (S)	**9.50**
1967 50 drachmai, 1967 revolution (S)	**75.00**
1980 50 drachmai, Solon the Archon of Athens (C-N)	**3.50**
1982 50 drachmes, Solon the Archon of Athens (C-N)	**1.50**
1990 50 drachmes, Homer (N-BR)	**1.50**
1994 50 drachmes, constitution 150th anniversary, Dimitrios Kallergis (BR)	**3.00**
1994 50 drachmes, constitution 150th anniversary, Makryglannis (BR)	**3.00**
1998 50 drachmes, Rigas Feraios (BR)	**3.50**
1998 50 drachmes, Dionysios Solomos (BR)	**3.50**

1970 100 drachmai, 1967 revolution (S)	**100**
1970 100 drachmai, 1967 revolution (G)	**1,800**
1978 100 drachmai, Bank of Greece 50th anniversary (S)	*proof* **150**
1981 100 drachmai, Pan-European Games, broad jump (S)	**8.00**
1982 100 drachmai, Pan-European Games, high jump (S)	**8.00**
1982 100 drachmai, Pan-European Games, pole vault (S)	**8.00**
1988 100 drachmes, 28th Chess Olympics (C-N)	**12.00**
2000 100 drachmes, Alexander the Great (BR)	**2.35**
1997 100 drachmes, VI Universal Track Championship Games (BR)	**2.75**
1998 100 drachmes, 13th World Basketball Championships (BR)	**4.50**
1999 100 drachmes, wrestling (BR)	**3.50**

1999 100 drachmes, weightlifting (BR)	**3.50**
1981 250 drachmai, Pan-European Games, javelin (S)	**12.50**
1982 250 drachmai, Pan-European Games, discus (S)	**12.50**
1982 250 drachmai, Pan-European Games, shot put (S)	**12.50**
1981 500 drachmai, Pan-European Games, relay race (S)	**20.00**
1982 500 drachmai, Pan-European Games, runners at starting blocks (S)	**20.00**
1982 500 drachmai, Pan-European Games, runners (S)	**20.00**
1979 500 drachmes, Common Market membership (S)	*proof* **225**
1984 500 drachmes, Olympics (S)	**80.00**
1988 500 drachmes, 28th Chess Olympics (S)	*proof* **300**
1991 500 drachmes, XI Mediterranean Games (S)	*proof* **75.00**
1993 500 drachmes, democracy 2,500th anniversary (S)	*proof* **275**
1994 500 drachmes, volleyball centennial (S)	*proof* **175**
2000 500 drachmes, 2004 Olympics, ancient Olympic stadium (C-N)	**4.50**
2000 500 drachmes, 2004 Olympics, runner receiving Olympic torch (C-N)	**4.50**
2000 500 drachmes, 2004 Olympics, Diagoras being carried (C-N)	**4.50**
2000 500 drachmes, 2004 Olympics, President Vikelas and Baron Couberten (C-N)	**4.50**
2000 500 drachmes, 2004 Olympics, Spyros Louis (C-N)	**4.50**
2000 500 drachmes, 2004 Olympics, 1896 Olympic gold medal design (C-N)	**4.50**
1995 1,000 drachmes, Decade for Women (S)	*proof* **200**
1990 1,000 drachmes, Italian invasion of Greece 50th anniversary (S)	*proof* **200**
1996 1,000 drachmes, Olympics, runners (S)	*proof* **40.00**
1996 1,000 drachmes, Olympics, wrestlers (S)	*proof* **40.00**
1981 2,500 drachmai, Pan-European Games (G)	*proof* **400**
1982 2,500 drachmai, Pan-European Games, figure holding wreath (G)	*proof* **450**

1982 2,500 drachmai, Pan-European Games, winged statue (G)	*proof* **450**

1981 5,000 drachmai, Pan-European Games (G)	*proof* **650**

1982 5,000 drachmai, Pan-European Games (G)	*proof* **650**
1984 5,000 drachmai, Pan-European Games (G)	**600**
1979 10,000 drachmai, Common Market membership (G)	*proof* **1,000**

1985 10,000 drachmai, Decade for Women (G)	*proof* **900**
1991 10,000 drachmes, XI Mediterranean Games (G)	*proof* **600**
1993 10,000 drachmes, democracy 2,500th anniversary (G)	*proof* **550**
1994 10,000 drachmes, volleyball centennial (G)	*proof* **2,750**
1990 20,000 drachmes, Italian invasion of Greece 50th anniversary (G)	*proof* **3,250**
1996 20,000 drachmes, Olympics (G)	*proof* **875**

EURO COINAGE

	UNC
2002 euro cent (C-plated ST)	**0.35**
2003 2 euro cent (C-plated ST)	**0.50**
2004 5 euro cent (C-plated ST)	**1.00**

	UNC
2005 10 euro cent (BR)	1.25
2009 10 euro cent (BR)	1.25
2002 20 euro cent (BR)	1.25
2008 20 euro cent (BR)	1.25
2003 50 euro cent (BR)	1.50
2009 50 euro cent (BR)	1.50
2004 euro (C-N center in BR ring)	5.00
2008 euro (C-N center in BR ring)	3.00
2005 2 euro (BR center in C-N ring)	4.00
2004 2 euro, 2004 Olympics (BR center in C-N ring)	4.00
2007 2 euro, Treaty of Rome 50th anniversary (BR center in C-N ring)	9.00
2008 2 euro (BR center in C-N ring)	3.00
2009 2 euro, European Monetary Union 10th anniversary (BR center in C-N ring)	5.00
2003 10 euro, Olympics, discus (S)	proof 60.00
2003 10 euro, Olympics, javelin (S)	proof 60.00
2003 10 euro, Olympics, long jump (S)	proof 60.00
2003 10 euro, Olympics, runners (S)	proof 60.00
2003 10 euro, Olympics, horsemen (S)	proof 60.00
2003 10 euro, Olympics, acrobats (S)	proof 60.00
2003 10 euro, Olympics, swimmers (S)	proof 60.00
2003 10 euro, Olympics, runners (S)	proof 60.00
2003 10 euro, Greek presidency of European Union (S)	proof 55.00
2004 10 euro, Olympics, weightlifters (S)	proof 60.00
2004 10 euro, Olympics, wrestlers (S)	proof 60.00
2004 10 euro, Olympics, handball players (S)	proof 60.00
2004 10 euro, Olympics, soccer players (S)	proof 60.00
2005 10 euro, titans (S)	proof 45.00
2006 10 euro, Achaia (S)	proof 50.00
2006 10 euro, Zeus (S)	proof 55.00
2006 10 euro, Mount Olympus -International Biosphere Reserve (S)	proof 55.00

2007 10 euro, Arkoudorema River (S)	proof 60.00
2007 10 euro, Valia Kalda (S)	proof 60.00
2007 10 euro, Maria Callas (S)	proof 50.00
2007 10 euro, Nikos Kazantzakis (S)	proof 50.00
2008 10 euro, Acropolis Museum (S)	50.00
2008 10 euro, Yannis Ritsas (S)	proof 50.00
2009 10 euro, astronomy (S)	proof 45.00
2003 20 euro, Bank of Greece 75th anniversary (S)	27.00
2003 100 euro, Olympics, Knossos Palace (G)	proof 600
2003 100 euro, Olympics, Krypte archway (G)	proof 600
2003 100 euro, Olympics, Panathenean Stadium (G)	proof 600
2003 100 euro, Olympics, Zappeion Mansion (G)	proof 600
2004 100 euro, Olympics, Acropolis (G)	proof 600
2004 100 euro, Olympics, Academy of Athens (G)	proof 600

HUNGARY

The ancient kingdom of Hungary, founded by the Magyars in the 9th century, achieved its greatest extension in the mid-14th century when its dominions touched the Baltic, Black, and Mediterranean seas. After suffering repeated Turkish invasions, Hungary accepted Habsburg rule to escape Turkish occupation. It regained independence in 1867 with the Austrian emperor as king of a dual Austro-Hungarian monarchy.

The short-lived republic of 1918 was followed by a chaotic interval of communist rule in 1919 and the restoration of the monarchy in 1920. Although a German ally in World War II, Hungary was occupied by German troops, who imposed a pro-Nazi dictatorship. Soviet armies drove out the Germans in 1945 and assisted the communist minority in seizing power. The People's Republic of Hungary was declared on Aug. 20, 1949. The Republic of Hungary was declared on Oct. 23, 1989.

The listings that follow begin with the People's Republic of Hungary in 1949.

PEOPLE'S REPUBLIC OF HUNGARY

	UNC
1950 2 filler (AL)	0.50
1966 2 filler (C-N)	proof 4.00
1953 5 filler (AL)	0.50
1966 5 filler (C-N)	proof 5.00
1951 10 filler (AL)	10.00
1967 10 filler (C-N)	proof 6.00
1955 20 filler (AL)	10.00
1967 20 filler (C-N)	proof 8.00
1983 20 filler, F.A.O. (AL)	2.50
1953 50 filler (AL)	12.00
1967 50 filler (C-N)	proof 10.00
1975 50 filler (AL)	1.50
1949 forint (AL)	12.00
1966 forint (S)	proof 12.00
1950 2 forint (C-N)	15.00
1966 2 forint (S)	proof 14.00
1980 2 forint (BR)	3.00
1967 5 forint, (C-N)	5.00
1980 5 forint (N)	2.00
1983 5 forint, F.A.O. (N)	3.50
1989 5 forint	1.00
1956 10 forint, forint 10th anniversary (S)	16.00
1977 10 forint (N)	4.00
1981 10 forint, F.A.O. (N)	5.00
1983 10 forint, F.A.O. (N)	5.00
1983 10 forint (AL-BZ)	2.00
1956 20 forint, forint 10th anniversary (S)	22.00
1982 20 forint (C-N)	1.60
1985 20 forint, F.A.O. (C-N)	5.00
1956 25 forint, forint 10th anniversary (S)	22.50
1961 25 forint, Ferenc Liszt (S)	proof 15.50
1961 25 forint, Bela Bartok (S)	proof 16.50
1966 25 forint, Mikos Zrinyi (S)	proof 20.00
1967 25 forint, Zoltan Kodaly (S)	10.00

UNC

1961 50 forint, Ferenc Liszt (S) . . . . *proof* **20.00**

1961 50 forint, Ferenc Liszt (G) . . . . *proof* **225**

1961 50 forint, Bela Bartok (S) . . . . *proof* **20.00**

1961 50 forint, Bela Bartok (G) . . . . *proof* **220**

1966 50 forint, Mikos Zrinyi (S) . . . . *proof* **25.00**

1967 50 forint, Zoltan Kodaly (S) . **10.00**

1968 50 forint, Ignaz Semmelweis (S) **10.00**

1968 50 forint, Ignaz Semmelweis (G) . . . . *proof* **215**

1969 50 forint, Republic of Councils 50th anniversary (S) **10.00**

1970 50 forint, liberation 25th anniversary (S) **10.00**

1972 50 forint, St. Stephen (S) . . **10.00**

1974 50 forint, national bank 50th anniversary (S) **10.00**

1961 100 forint, Ferenc Liszt (G) . . . . *proof* **450**

1961 100 forint, Bela Bartok (G) . . . . *proof* **450**

1966 100 forint, Mikos Zrinyi (G) . . . . *proof* **450**

1967 100 forint, Zoltan Kodoly (S) **25.00**

1968 100 forint, Ignaz Semmelweis (S) **17.50**

1968 100 forint, Ignaz Semmelweis (G) . . . . *proof* **445**

1969 100 forint, Republic of Councils 50th anniversary (S) **14.00**

1970 100 forint, liberation 25th anniversary (S) **14.00**

1972 100 forint, St. Stephen (S) . . **14.00**

1972 100 forint, Buda and Pest union centennial (S) **14.00**

1974 100 forint, Council of Mutual Economic Assistance (KGST) (S) **14.00**

1974 100 forint, national bank 50th anniversary (S) **14.00**

1980 100 forint, first Soviet-Hungarian space flight (N) **4.00**

1981 100 forint, Bulgarian statehood 1,300th anniversary (C-N-Z) . . . . *proof* **8.00**

1983 100 forint, F.A.O. (C-N) . . . **3.50**

1983 100 forint, Simon Bolivar (C-N-Z) **6.50**

1984 100 forint, Sandor Korosicsoma (C-N-Z) **6.00**

1985 100 forint, pond turtle (C-N-Z) **10.00**

1985 100 forint, European otter (C-N-Z) **10.00**

1985 100 forint, wildcat (C-N-Z) . **10.00**

1986 100 forint, Andras Fay (C-N-Z) **5.00**

1968 200 forint, Ignaz Semmelweis (G) . . . . *proof* **875**

1975 200 forint, liberation 30th anniversary (S) **18.00**

1976 200 forint, Ferencz Rakoczi (S) **18.00**

1977 200 forint, Tivadar Kosztka (S) **18.00**

1977 200 forint, national museum 175th anniversary (S) **18.00**

1978 200 forint, first Hungarian gold forint (S) **18.00**

1979 200 forint, Gabor Bethlen (S) **14.00**

1980 200 forint, Lake Placid Winter Olympics (S) . . . . *proof* **10.00**

1961 500 forint, Ferenc Liszt (G) . . . . *proof* **2,250**

1961 500 forint, Bela Bartok (G) . . . . *proof* **2,150**

1966 500 forint, Mikos Zrinyi (G) . . . . *proof* **2,200**

1968 500 forint, Ignaz Semmelweis (G) . . . . *proof* **2,150**

1968 500 forint, Lake Placid Winter Olympics (S) . . . . *proof* **55.00**

UNC

1981 500 forint, Bela Bartok (S) . . **18.00**

1984 500 forint, Decade for Women (S) **18.50**

1986 500 forint, repossession of Buda from the Turks 300th anniversary (S) **25.00**

1986 500 forint, Calgary Winter Olympics (S) **25.00**

1988 500 forint, World Wildlife Fund, Montagu's harrier (S) **25.00**

1988 500 forint, St. Stephen (S) . . **38.00**

1966 1,000 forint, Miklos Zrinyi (G) . . . . *proof* **4,500**

1967 1,000 forint, Zoltan Kodaly (G) . . . . *proof* **4,500**

1968 1,000 forint, Ignaz Semmelweis (G) . . . . *proof* **4,500**

REPUBLIC OF HUNGARY

UNC

1990 2 filler (AL) **2.00**

1990 5 filler (AL) **2.00**

1990 10 filler (AL) **0.50**

1995 20 filler (AL) **1.00**

1990 50 filler (AL) **0.30**

1992 forint (BR) **0.25**

2005 forint (BR) **0.10**

1992 2 forint (C-N) **0.50**

2006 2 forint (C-N) **0.20**

1992 5 forint (BR) **1.00**

2001 5 forint (BR) **1.00**

1995 10 forint (C-N) **1.00**

2003 10 forint (C-N-clad BR) **1.00**

2005 10 forint, Jozsef Attila (C-N) . **2.50**

1993 20 forint (N-BR) **1.25**

2002 20 forint (N-BR) **1.50**

2003 20 forint, Deak Ferenc (N-BR) **1.50**

1996 50 forint (C-N-clad BR) **3.00**

2006 50 forint (C-N-clad BR) **3.00**

2006 50 forint, Hungarian Red Cross 125th anniversary (C-N) **3.50**

2006 50 forint, 1956 revolution (C-N) **3.50**

2007 50 forint, Treaty of Rome 50th anniversary (C-N) **0.50**

1999 75 forint, national bank 75th anniversary (S) **35.00**

1990 100 forint, Hungarian Theater (C-N) **10.00**

1990 100 forint, Andras Fay (C-N-Z) **5.00**

1995 100 forint (BR) **2.50**

UNC

1996 100 forint (BR-plated ST) . . .**3.00**

1998 100 forint, Hungarian Order of Military Merit (1848-1849) (BZ) **7.00**

2001 100 forint (BR-plated ST center in SS ring) **3.50**

2002 100 forint, Lajos Kossuth (SS center in BR-plated ST ring) **2.00**

1994 200 forint, Ferenc Deak (S) . .**6.50**

2000 200 forint, Rodin's The Thinker (BR) **5.50**

2001 200 forint, Ludas Matyi (BR) **7.50**

1989 500 forint, Albertville Winter Olympics (S) **30.00**

1990 500 forint, King Mathias and Queen Beatrix (S) **32.50**

1990 500 forint, two capitals of King Mathias (S) **32.50**

1991 500 forint, papal visit (S) . . .**25.00**

1992 500 forint, King Ladislaus (S) **25.00**

1992 500 forint, Telstar I satellite (S) **25.00**

1993 500 forint, European currency unit (S) **30.00**

1994 500 forint, Lajos Kossuth (S) **30.00**

1994 500 forint, International European Union (S) **30.00**

2002 500 forint, Farkas Kempelen's chess machine, square shape (C-N) **15.00**

2002 500 forint, Rubik's Cube, square shape (C-N) **16.00**

2005 500 forint, first Hungarian post-office motor vehicle, diamond shape (C-N) **16.00**

1998 750 forint, Budapest 125th anniversary (S) **30.00**

1995 1,000 forint, Pannonhalma ruins (S) **30.00**

1995 1,000 forint, Hungarian parliament building (S) **38.00**

2006 1,000 forint, Ford Model T, diamond shape (C-N) **15.00**

2010 1,000 forint, Jozsef Biro (C-N) **12.00**

1998 2,000 forint, Lorand Eotvos (S) **40.00**

1999 2,000 forint, millennium (S) **35.00**

2000 3,000 forint, Denes Gabor (S) **50.00**

2000 3,000 forint, Liszt Music Academy 125th anniversary (S) **50.00**

2001 3,000 forint, Hungarian silver coinage millennium (S) **35.00**

2001 3,000 forint, first Hungarian film (The Dance) centennial (S) **40.00**

2002 3,000 forint, national library 200th anniversary (S) **35.00**

2002 3,000 forint, Janos Bolyai's Appendix (S) **40.00**

2009 3,000 forint, Ferenc Kazinczy (S) **16.00**

2001 4,000 forint, Godollo Artist Colony centennial, rectangle shape (S) **40.00**

1990 5,000 forint, Mathias I (G) . . . .*proof* **425**

2003 5,000 forint, Budapest Philharmonic Orchestra (S) . . .**45.00**

2005 5,000 forint, Diosgyor Castle (S) **45.00**

2005 5,000 forint, Stephan Bocskai (S) **45.00**

2006 5,000 forint, masterpieces of ecclesiastical architecture (S) . .**50.00**

2006 5,000 forint, Bela Bartok (S) . . . .*proof* **35.00**

2006 5,000 forint, Esterhazy Palace (S) **45.00**

2006 5,000 forint, 1956 revolution (S) **45.00**

2007 5,000 forint, Count Lajos Batthyany (S) . . . .*proof* **35.00**

2007 5,000 forint, Zoltan Kodaly (S) **45.00**

2007 5,000 forint, St. Elizabeth (S) **50.00**

2008 5,000 forint, Tokaj Wine Region (S) **30.00**

2009 5,000 forint, Donat Banki (C-N) **15.00**

2010 5,000 forint, Orseg National Park (S) **40.00**

1991 10,000 forint, papal visit (G) . . . .*proof* **400**

1996 20,000 forint, Hungarian nationhood 1,100th anniversary (G) . . . .*proof* **400**

2001 20,000 forint, Hungarian coinage millennium (G) . . . .*proof* **425**

2008 50,000 forint, Mathias Hunyadi (G) . . . .*proof* **600**

2006 100,000 forint, 1956 revolution (G) . . . .*proof* **1,250**

2010 500,000 forint, St. Stephen and St. Emeric (G) . . . . .*proof* **3,750**

IRELAND

Pope Adrian IV gave all of Ireland to English King Henry II in 1154 to administer as a papal fief. The relationship between the two countries was solidified in 1800 when they formed the United Kingdom of Great Britain and Ireland. A push for political autonomy resulted in the establishment of the Irish Free State on Dec. 6, 1921. Ireland proclaimed itself a republic on April 18, 1949.

For centuries, Irish coins emulated their English counterparts until Ireland established its own political identity. Like Great Britain, Ireland switched to a decimal coinage system in 1971.

The listings that follow begin with Irish Free State issues.

XF

1928 farthing (BZ) **4.50**

1928 half penny (BZ) **5.00**

1933 penny (BZ) **20.00**

1934 3 pence (N) **12.50**

1934 6 pence (N) **18.00**

1930 shilling (S) **100**

	XF
1928 florin (S)	40.00

| 1933 half crown (S) | 40.00 |

	UNC
1939 farthing (BZ)	7.50
1943 half penny (BZ)	22.00
1949 penny (BZ)	9.00
1940 3 pence (N)	50.00
1950 3 pence (C-N)	20.00

1964 3 pence (C-N)	1.50
1939 6 pence (N)	55.00
1955 6 pence (C-N)	20.00
1942 shilling (S)	40.00
1962 shilling (C-N)	7.00
1940 florin (S)	50.00
1962 florin (C-N)	10.00
1940 half crown (S)	15.00
1959 half crown (C-N)	12.50

1966 10 shilling, Easter uprising
50th anniversary (S) **35.00**

DECIMAL COINAGE

	UNC
1971 half penny (BZ)	0.30

1971 penny (BZ)	0.30
1990 penny (C-plated ST)	0.15
1975 2 pence (BZ)	0.50
2000 2 pence (C-plated ST)	0.25
1980 5 pence (C-N)	0.75
1995 5 pence (C-N)	0.50
1976 10 pence (C-N)	1.25
1993 10 pence (C-N)	0.75
1996 20 pence (N-BZ)	2.00
1977 50 pence (C-N)	3.00
1988 50 pence, Dublin millennium (C-N)	2.50
1994 punt (pound) (C-N)	7.50
1995 punt, United Nations 50th anniversary (S)	proof 100
2000 punt, millennium (C-N)	7.50

EURO COINAGE

	UNC
2002 euro cent (C-plated ST)	0.35
2004 2 euro cent (C-plated ST)	0.50
2005 5 euro cent (C-plated ST)	0.75
2006 10 euro cent (AL-BZ)	1.00
2008 10 euro cent (AL-BZ)	1.00
2002 20 euro cent (AL-BZ)	1.25
2007 20 euro cent (AL-BZ)	1.25
2003 50 euro cent (AL-BZ)	1.50
2007 50 euro cent (AL-BZ)	1.50
2002 euro (C-N center in BR ring)	2.75
2007 euro (C-N center in BR ring)	2.75
2003 2 euro (BR center in C-N ring)	4.00
2007 2 euro, Treaty of Rome 50th anniversary (BR center in C-N ring)	10.00
2009 2 euro (BR center in C-N ring)	4.00
2009 2 euro, Economic and Monetary Union 10th anniversary (BR center in C-N ring)	10.00
2003 5 euro, Special Olympics (C-N)	15.00
2008 5 euro, International Polar Year (S)	proof 90.00

2003 10 euro, Special Olympics (S)	proof 45.00
2004 10 euro, European Union presidency (S)	proof 40.00
2005 10 euro, Sir William R. Hamilton (S)	proof 40.00
2006 10 euro, Samuel Beckett (S)	proof 50.00
2007 10 euro, European culture-Ireland (S)	proof 55.00
2008 10 euro, Skellig Michael Island (S)	proof 65.00
2009 10 euro, first currency 80th anniversary (S)	proof 55.00
2007 15 euro, Seated Woman with Harp by Ivan Mestroviae (S)	proof 75.00
2009 15 euro, Gaelic athletics (S)	proof 75.00
2006 20 euro, Samuel Beckett (G)	proof 85.00
2007 20 euro, European culture-Ireland (G)	proof 95.00
2008 20 euro, Skellig Michael Island (G)	proof 100
2009 20 euro, first currency 80th anniversary (G)	proof 90.00
2008 100 euro, International Polar Year (G)	proof 950

ISRAEL

The state of Israel was formed following World War II in the ancient land of Palestine. The British had governed the area since World War I, and many Jews seeking a homeland immigrated to the region during this time and after World War II. The State of Israel was declared on May 14, 1948, after Britain withdrew from the area and the United Nations partitioned Palestine. War with neighboring Arab states, who did not recognize the partition, broke out almost immediately. Israel prevailed in this and subsequent conflicts, and expanded its territories as a result. Relations between

Israel and its neighboring Arab states remain tense today.

Many Israeli coins carry only Hebrew dating, which is formed from a combination of the 22 consonants in the Hebrew alphabet. Some more-recent commemoratives carry both Hebrew dating and common-era dating. For simplicity's sake, only common-era dates corresponding to the Hebrew dating are used in the listings that follow.

UNC

1949 pruta (AL)	**2.00**
1949 5 pruta (BZ)	**2.50**
1949 10 pruta (BZ)	**3.00**

1952 10 pruta (AL)	**2.00**
1957 10 prutot (AL)	**2.50**
1957 10 prutot (C-plated AL)	**2.00**
1949 25 pruta (C-N)	**2.00**
1954 25 pruta (N-clad ST)	**2.50**
1949 50 pruta (C-N)	**25.00**
1954 50 pruta (N-clad ST)	**2.00**
1949 100 pruta (C-N)	**2.50**
1954 100 pruta (N-clad ST)	**3.00**
1954 100 pruta, wreath on reverse farther from rim (N-clad ST) . . .	**1,000**
1949 250 pruta (C-N)	**5.00**
1949 250 pruta (S)	**12.50**

1949 500 pruta (S)	**35.00**
1964 agora (AL)	**0.75**
1980 agora, Bank of Israel 25th anniversary (N)	**2.00**
1965 5 agorot (AL-BZ)	**0.25**
1973 5 agorot, independence 25th anniversary (C-N)	**0.75**
1976 5 agorot (AL)	**0.50**
1980 5 agorot (N)	**2.00**

1965 10 agorot (AL-BZ)	**0.25**
1973 10 agorot, independence 25th anniversary (C-N)	**0.75**
1977 10 agorot (AL)	**0.25**
1979 10 agorot (C-N)	**1.00**
1980 10 agorot, Bank of Israel 25th anniversary (N)	**2.00**
1966 25 agorot (AL-BZ)	**0.40**
1973 25 agorot, independence 25th anniversary (C-N)	**0.75**
1974 25 agorot (C-N)	**0.75**
1980 25 agorot, Bank of Israel 25th anniversary (N)	**2.00**
1961 half lira, Feast of Purim (C-N)	**5.00**
1966 half lira (C-N)	**0.50**
1973 half lira, independence 25th anniversary (C-N)	**1.50**
1980 half lira, Bank of Israel 25th anniversary (N)	**3.00**
1958 lira, Hanukkah (C-N)	**2.00**
1960 lira, Hanukkah, Deganya 50th anniversary (C-N)	**4.50**
1960 lira, Hanukkah, Henrietta Szold (C-N)	**13.00**
1961 lira, Hanukkah (C-N)	**6.00**
1962 lira, Hanukkah (C-N)	**12.00**
1963 lira, Hanukkah (C-N)	**10.00**
1967 lira (C-N)	**1.25**
1973 lira, independence 25th anniversary (C-N)	**1.00**
1980 lira (C-N)	**0.75**
1980 lira, Bank of Israel 25th anniversary (N)	**4.00**
1958 5 lirot, independence 10th anniversary (S)	**22.00**
1959 5 lirot, independence 11th anniversary (S)	**22.00**
1960 5 lirot, independence 12th anniversary (S)	**22.00**
1961 5 lirot, independence 13th anniversary (S)	**35.00**
1962 5 lirot, independence 14th anniversary (S)	**25.00**

1963 5 lirot, independence 15th anniversary (S) **200**

1964 5 lirot, independence 16th anniversary (S)	**30.00**
1965 5 lirot, independence 17th anniversary (S)	**22.00**
1966 5 lirot, independence 18th anniversary (S)	**22.00**
1967 5 lirot, independence 19th anniversary (S)	**22.00**
1972 5 lirot, Hanukkah (S)	**15.00**
1973 5 lirot, Hanukkah (S)	**10.00**
1979 5 lirot (C-N)	**3.00**
1980 5 lirot, Bank of Israel 25th anniversary (N)	**3.00**
1967 10 lirot, victory (S)	**23.00**
1968 10 lirot, independence 20th anniversary (S)	**23.00**
1969 10 lirot, independence 21st anniversary (S)	**23.00**
1970 10 lirot, independence 22nd anniversary (S)	**23.00**
1970 10 lirot, Pidyon Haben (S) . .	**23.00**
1971 10 lirot, independence 23rd anniversary (S)	**23.00**
1971 10 lirot, "Let my people go," (S)	**23.00**
1972 10 lirot, independence 24th anniversary (S)	**23.00**
1973 10 lirot, independence 25th anniversary (S)	**23.00**
1974 10 lirot, independence 26th anniversary (S)	**23.00**
1974 10 lirot, Hanukkah (S)	**10.00**
1975 10 lirot, Hanukkah (S)	**10.00**
1976 10 lirot, Hanukkah (S)	**13.00**
1977 10 lirot, Hanukkah (C-N) . . .	**4.00**
1960 20 lirot, Dr. Theodor Herzl (G)	**320**
1974 25 lirot, David Ben Gurion (S)	**23.00**
1975 25 lirot, Pidyon Haben (S) . .	**23.00**
1976 25 lirot, independence 28th anniversary (S)	**23.00**
1977 25 lirot, independence 29th anniversary (S)	**10.00**
1978 25 lirot, Hanukkah (C-N) . . .	**4.00**

1964 50 lirot, Bank of Israel 10th anniversary (G) **850**

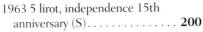

UNC

1973 50 lirot, independence 25th anniversary (G) . . . . *proof* **425**

1978 50 lirot, independence 30th anniversary (S) **12.00**

1979 50 lirot, independence 31st anniversary (S) **12.00**

1962 100 lirot, Chaim Weizmann (G) . . . . *proof* **1,700**

1967 100 lirot, victory (G) . . . . *proof* **1,700**

1969 100 lirot, independence 21st anniversary (G) **1,400**

1973 100 lirot, independence 25th anniversary (G) . . . . *proof* **850**

1979 100 lirot, Hanukkah (S) **10.00**

1973 200 lirot, independence 25th anniversary (G) . . . . *proof* **1,200**

1980 200 lirot, independence 32nd anniversary (S) **15.00**

1974 500 lirot, David Ben Gurion (G) . . . . *proof* **1,650**

1978 1,000 lirot, independence 30th anniversary (G) . . . . . . *proof* **750**

1980 5,000 lirot, independence 32nd anniversary (G) . . . . *proof* **1,100**

1980 new agora (AL) **0.20**

1980 5 new agorot (AL) **0.25**

1980 10 new agorot (BZ) **0.20**

1980 half sheqel (C-N) **1.00**

1982 half sheqel, Qumran Caves (S) **12.00**

1983 half sheqel, Herodion Ruins (S) **10.00**

1984 half sheqel, Kidron Valley (S) **15.00**

1985 half sheqel, Capernaum (S) .**15.00**

1980 sheqel, Hanukkah (S) **12.00**

1981 sheqel (C-N) **0.50**

1981 sheqel, Hanukkah (S) **12.00**

1982 sheqel, Hanukkah (S) **20.00**

1983 sheqel, independence 35th anniversary (S) **12.00**

1983 sheqel, Hanukkah (S) **12.00**

1984 sheqel, Hanukkah (S) **17.00**

1984 sheqel, independence 36th anniversary (S) **15.00**

1985 sheqel, independence 37th anniversary (S) **15.00**

1981 2 sheqalim, independence 33rd anniversary (S) **23.00**

1982 2 sheqalim, independence 34th anniversary (S) **23.00**

1982 2 sheqalim, Hanukkah (S) . . . . *proof* **25.00**

1983 2 sheqalim, Hanukkah (S) . . . . *proof* **25.00**

1984 2 sheqalim, Hanukkah (S) . . . . *proof* **30.00**

1984 2 sheqalim, independence 36th anniversary (S) . . . . . *proof* **25.00**

1985 2 sheqalim, independence 37th anniversary (S) . . . . *proof* **25.00**

1982 5 sheqalim (AL-BZ) **0.75**

1983 5 sheqalim, Herodion Ruins (G) . . . . *proof* **500**

1984 5 sheqalim, Kidron Valley (G) . . . . *proof* **525**

1985 5 sheqalim, Capernaum (G) **500**

1981 10 sheqalim, independence 33rd anniversary (G) . . . . *proof* **1,100**

1982 10 sheqalim (C-N) **1.25**

1982 10 sheqalim, independence 34th anniversary (G) **1,100**

1983 10 sheqalim, independence 35th anniversary (G) . . . . *proof* **1,100**

1984 10 sheqalim, Hanukkah (C-N) **1.50**

1984 10 sheqalim, independence 36th anniversary (G) . . . . *proof* **1,100**

1985 10 sheqalim, independence 37th anniversary (G) . . . . *proof* **1,100**

1984 50 sheqalim (AL-BZ) **1.00**

1985 50 sheqalim, David Ben Gurion (AL-BZ) **2.00**

1984 100 sheqalim (C-N) **1.50**

1985 100 sheqalim, Hanukkah (C-N) **2.00**

1985 agora (AL-BZ) **0.50**

1988 agora, independence 40th anniversary (AL-BZ) **1.00**

1985 5 agorot (AL-BZ) **0.20**

1988 5 agorot, independence 40th anniversary (AL-BZ) **0.75**

2001 50 agorot, Hanukkah (AL-BZ) **2.50**

2007 5 agorot (AL_BZ) **0.15**

1985 10 agorot (AL-BZ) **0.20**

1988 10 agorot, independence 40th anniversary (AL-BZ) **0.75**

2001 10 agorot, Hanukkah (AL-BZ) **3.00**

2008 10 agorot (AL-BZ) **0.20**

1985 sheqel, Hanukkah (S) **15.00**

1985 half new sheqel (AL-BZ) **0.75**

1986 half new sheqel, Edmond de Rothschild (AL-BZ) **3.00**

1986 half new sheqel, Akko (S) . . .**10.00**

1987 half new sheqel (AL-BZ) **0.85**

1987 half new sheqel, Jericho (S) .**12.50**

1988 half new sheqel, Caesarea (S) **15.00**

1988 half new sheqel, independence 40th anniversary (AL-BZ) **1.00**

1990 half new sheqel, Sea of Galilee (S) **20.00**

1994 half new sheqel, Hanukkah (C-AL-N) **8.00**

1996 half new sheqel, Hanukkah (C-AL-N) **10.00**

1996 half new sheqel, Jerusalem 3,000 (C-AL-N) **10.00**

1997 half new sheqel, Hanukkah (C-AL-N) **8.00**

UNC

1997 half new sheqel, first Zionist Congress centennial (C-AL-N) **12.00**

1998 half new sheqel, Hanukkah (C-AL-N) **8.00**

1998 half new sheqel, independence 50th anniversary (C-AL-N) **10.00**

1999 half new sheqel, Hanukkah (C-AL-N) **8.00**

2000 half new sheqel, "Love thy neighbor," (C-AL-N) **12.00**

2001 half new sheqel, Hanukkah (C-AL-N) **11.00**

2002 half new sheqel, Yemenite Hanukkah lamp (C-AL-N) **11.00**

2003 half new sheqel, Polish Hanukkah lamp (C-AL-N) **12.00**

2004 half new sheqel, Iraqi Hanukkah lamp (C-AL-N) **12.00**

2005 half new sheqel, Syrian Hanukkah lamp (C-AL-N) **12.00**

2006 half new sheqel, Dutch Hanukkah lamp (C-AL-N) **12.00**

2007 half new sheqel, Corfu (Greek) Hanukkah lamp (C-AL-N) **12.00**

2008 half new sheqel, Egyptian Hanukkah lamp (C-AL-N) **12.00**

2009 half new sheqel (AL-BZ) **3.50**

2010 half new sheqel, Hanukkah (C-AL-N) **12.00**

1985 new sheqel (C-N) **1.50**

1986 new sheqel, Hanukkah (C-N) **1.50**

1986 new sheqel, independence 38th anniversary (S) **12.00**

1986 new sheqel, Hanukkah (S) . .**20.00**

1987 new sheqel, Hanukkah (S) . .**20.00**

1988 new sheqel, independence 40th anniversary (C-N) **1.75**

1988 new sheqel, independence 40th anniversary (S) **12.50**

1988 new sheqel, Hanukkah (S) . .**20.00**

1989 new sheqel, independence 41st anniversary (S) **20.00**

1989 new sheqel, Hanukkah (S) . .**25.00**

1990 new sheqel, independence 42nd anniversary (S) **22.00**

1990 new sheqel, Hanukkah (S) . .**25.00**

1991 new sheqel, independence 43rd anniversary (S) **18.00**

1992 new sheqel, independence 44th anniversary (S) **35.00**

1992 new sheqel, B'nai B'rith 150th anniversary (S) **25.00**

1993 new sheqel, independence 45th anniversary (S) **25.00**

1993 new sheqel, Havdalah spice box (S) **20.00**

1994 new sheqel (N-clad ST) **1.00**

1994 new sheqel, Abraham's willingness to sacrifice Isaac (S) **25.00**

1995 new sheqel, peace treaty with Jordan (S) **28.00**

1995 new sheqel, Solomon's judgment (S) **30.00**

1996 new sheqel, Jerusalem 3,000 (S) **35.00**

1998 new sheqel, Noah's ark (S) **30.00**

1999 new sheqel, millennium (S) .**25.00**

2000 new sheqel, Joseph and his brothers (S) **25.00**

2001 new sheqel, Hanukkah (C-N) **4.00**

2002 new sheqel, Tower of Babel (S) **30.00**

2003 new sheqel, space exploration (S) **40.00**

2003 new sheqel, Jacob and Rachel (S) **30.00**

2004 new sheqel, World Cup soccer (S) **4.00**

2005 new sheqel, Einstein's Relativity Theory (S) **40.00**

2005 new sheqel, Moses and the Ten Commandments (S) **40.00**

2005 new sheqel, independence 57th anniversary (S) **45.00**

2006 new sheqel (N-clad ST) **1.00**

2008 new sheqel, Shmuel Yosef Agnon (S) **55.00**

2008 new sheqel, independence 60th anniversary (S) **60.00**

2008 new sheqel, parting of the Red Sea (G) . . . . *proof* **120**

2008 new sheqel, parting of the Red Sea (S) **60.00**

2009 new sheqel, independence 61st anniversary (S) **60.00**

1985 2 sheqalim, Hanukkah (S) . . . . *proof* **25.00**

1986 2 new sheqalim, independence 38th anniversary (S) . . . . . *proof* **25.00**

1986 2 new sheqalim, Hanukkah (S) . . . . *proof* **30.00**

1987 2 new sheqalim, Hanukkah (S) . . . . *proof* **30.00**

1988 2 new sheqalim, Hanukkah (S) . . . . *proof* **30.00**

1988 2 new sheqalim, independence 40th anniversary (S) . . . . . *proof* **25.00**

1989 2 new sheqalim, independence 41st anniversary (S) . . . . . *proof* **30.00**

1989 2 new sheqalim, Hanukkah (S) . . . . *proof* **40.00**

1990 2 new sheqalim, independence 42nd anniversary (S) . . . . *proof* **40.00**

1990 2 new sheqalim, Hanukkah (S) . . . . *proof* **45.00**

1991 2 new sheqalim, Hanukkah (S) . . . . *proof* **35.00**

1991 2 new sheqalim, Kiddush cup (S) . . . . *proof* **30.00**

1992 2 new sheqalim, independence 44th anniversary (S) . . . . . *proof* **50.00**

1992 2 new sheqalim, IX Paralympics (S) . . . . *proof* **45.00**

1993 2 new sheqalim, independence 45th anniversary (S) . . . . . *proof* **40.00**

1995 2 new sheqalim, defeat of Nazi Germany (S) . . . . *proof* **45.00**

1996 2 new sheqalim, Yitzhak Rabin (S) . . . . *proof* **60.00**

1998 2 new sheqalim, independence 50th anniversary (S) . . . . . *proof* **40.00**

1999 2 new sheqalim, millennium (S) . . . . *proof* **40.00**

2004 2 new sheqalim, Biblical burning bush (S) . . . . *proof* **55.00**

2005 2 new sheqalim, independence 57th anniversary (S) . . . . . *proof* **60.00**

2006 2 new sheqalim, Abraham and the three angels (S) . . . . *proof* **65.00**

2008 2 new sheqalim (N-plated ST) **5.00**

2009 2 new sheqalim, independence 61st anniversary (S) . . . . . *proof* **90.00**

1988 5 new sheqalim, Caesarea (G) . . . . *proof* **500**

1989 5 new sheqalim, Jaffa (G) . . . . *proof* **500**

1990 5 new sheqalim (C-N) **3.75**

1991 5 new sheqalim, Hanukkah (C-N) **4.00**

2000 5 new sheqalim, acacia tree (G) . . . . *proof* **575**

2008 5 new sheqalim (C-N) **3.00**

UNC

1986 10 new sheqalim, independence
38th anniversary (G) . . . . *proof* **1,100**

1988 10 new sheqalim, independence
40th anniversary (G) . . . . *proof* **1,100**

1990 10 new sheqalim, independence
42nd anniversary (G). . . . *proof* **1,100**

1991 10 new sheqalim, independence
43rd anniversary (G) . . . . *proof* **1,100**

1992 10 new sheqalim, independence
44th anniversary (G) . . . . *proof* **1,100**

1993 10 new sheqalim, revolt and
heroism (G) . . . . *proof* **1,100**

1995 10 new sheqalim, Golda Meier
(aureate-bonded BZ center in
N-bonded ST ring) **10.00**

1995 10 new sheqalim (aureate-
bonded BZ center, N-bonded ST
ring) **5.00**

1996 10 new sheqalim, Hanukkah
(aureate-bonded BZ center,
N-bonded ST ring) **7.00**

1996 10 new sheqalim, Jerusalem 3,000
(G) . . . . *proof* **1,100**

1998 10 new sheqalim, independence
50th anniversary (G) . . . . *proof* **1,100**

1999 10 new sheqalim, millennium
(G) . . . . *proof* **1,100**

2001 10 new sheqalim, Hanukkah
(aureate-bonded BZ center in
N-bonded ST ring) **9.00**

2005 10 new sheqalim, independence
57th anniversary (G) . . . . *proof* **1,100**

2005 10 new sheqalim, Naomi
Shemer (G) . . . . *proof* **1,100**

2006 10 new sheqalim (aureate-
bonded BZ center in N-bonded ST
ring) **5.00**

2006 10 new sheqalim, UNESCO World
Heritage Site (G) . . . . *proof* **1,150**

2009 10 new sheqalim, independence
61st anniversary (G) . . . . *proof* **1,150**

2009 10 new sheqalim, Samson and the
lion (G) . . . . *proof* **1,175**

1998 20 new sheqalim, independence
50th anniversary (G) . . . . *proof* **2,200**

1996 30 new sheqalim, Jerusalem 3,000
(S) . . . . *proof* **275**

ITALIAN STATES

From the fall of the Roman Empire until modern times, "Italy" was little more than a geographical expression. Although nominally included in the Charlemagne and Holy Roman empires, it was in reality divided into a number of independent states and kingdoms presided over by wealthy families, soldiers of fortune, and hereditary rulers.

The following listings begin in the 19th century and continue until the creation of the kingdom of Italy in 1860.

KINGDOM OF NAPOLEON

XF

1807 centesimo (C) **35.00**

1808 3 centesimi (C) **35.00**

1813 soldo (C) **35.00**

1813 10 centesimi (S). **30.00**

1810 5 soldi (S). **35.00**

1813 10 soldi (S) **45.00**

1809 15 soldi (S) **275**

1812 lira (S). **200**

1807 2 lire (S) **300**

1814 5 lire (S) **375**

1809 20 lire (G). **800**

1808 40 lire (G). **1,300**

LOMBARDY-VENETIA

XF

1846 centesimo (C) **15.00**

1862 5/10 soldo (C) **10.00**

1839 3 centesimi (C) **15.00**

1850 3 centesimi (C) **50.00**

1862 soldo (C) **13.00**

1852 10 centesimi (C) **35.00**

1823 quarter lira (S) **40.00**

1823 half lira (S) **40.00**

1825 lira (S). **65.00**

1827 half scudo (S) **100**

1830 scudo (S) **150**

1835 half sovrano (G) **550**

1840 sovrano (G). **1,600**

1848 5 lire (S) **250**

1848 20 lire (G). **2,600**

1848 40 lire (G). **1,500**

LUCCA

	XF
1806 3 centesimi (C)	200
1806 5 centesimi (C)	300
1808 franco (S)	200

1805 5 franchi (S)	375
1841 soldo (C)	55.00
1826 2 quattrini (C)	60.00
1826 5 quattrini (C)	100
1835 2 soldi (S)	60.00
1838 5 soldi (S)	65.00

1838 10 soldi (SS)	60.00
1834 lira (S)	120
1837 2 lire (S)	250

NAPLES & SICILY

	XF
1804 3 cavalli (C)	50.00
1804 4 cavalli (C)	75.00
1804 tornese (6 cavalli) (C)	75.00
1804 9 cavalli (C)	50.00
1802 6 tornesi (C)	90.00
1810 2 grana (C)	325
1810 3 grana (C)	350

1818 10 grana (S)	80.00
1805 60 grana (S)	350
1802 120 grana (S)	300

1810 dodici (12) carlini (S)	700

1813 3 centesimi (BZ)	1,500
1813 5 centesimi (BZ)	1,750
1813 10 centesimi (BZ)	2,000
1813 mezza (half) lira (S)	175

1813 lira (S)	160
1813 2 lire (S)	200

1813 5 lire (S)	550

1813 20 lire (G)	550
1813 40 lire (G)	1,000
1845 mezzo (half) tornese (C)	45.00
1851 uno (1) tornese (C)	20.00
1844 uno e mezzo (1-1/2) tornese (C)	35.00
1839 due (2) tornesi (C)	55.00
1858 tre (3) tornesi (C)	30.00
1817 quattro (4) tornesi (C)	100
1840 cinque (5) tornesi (C)	45.00
1818 otto (8) tornesi (C)	35.00

1839 dieci (10) tornesi (C)	60.00
1845 cinque (5) grana (S)	40.00
1840 10 grana (S)	40.00

1855 20 grana (S)	70.00

1857 60 grana (S)	150

1834 120 grana (S)	115

1832 3 ducati (G)	350
1850 6 ducati (G)	525
1856 15 ducati (G)	800
1831 30 ducati (G)	2,000

PAPAL STATES

	XF
1825 quattrino (C)	40.00
1835 mezzo (half) baiocco (C)	20.00
1843 baiocco (C)	20.00

1853 2 baiocchi (C)	22.00

1854 5 baiocchi (C) **45.00**
1817 giulio (S). **100**
1850 10 baiocchi (S). **35.00**
1818 doppio (2) giulio (1/5 scudo)
(S). **75.00**
1860 20 baiocchi (S). **35.00**
1834 30 baiocchi (S). **135**
1845 50 baiocchi (S). **120**

1823 half scudo (S) **220**

1823 scudo (S) **1,800**
1830 scudo (S) **275**

1846 scudo (S) **225**
1825 2 zecchini (G). **3,000**
1828 2 zecchini (G). **3,000**

1853 2-1/2 scudi (G). **800**

1854 5 scudi (G) **1,100**

1835 10 scudi (G) **2,000**
1807 doppia (G) **1,000**
1866 centesimo (C) **20.00**
1867 half soldo (2-1/2 centesimi)
(C) **15.00**
1867 soldo (5 centesimi) (C) **15.00**
1866 2 soldi (10 centesimi)
(C) **20.00**

1867 4 soldi (20 centesimi)(C) . . .**50.00**
1867 5 soldi (25 centesimi) (S) . . .**20.00**
1869 10 soldi (50 centesimi) (S) . .**18.00**
1868 lira (S). **20.00**
1866 2 lire (S) **40.00**
1867 2-1/2 lire (S) **200**

1870 5 lire (S) **200**
1866 10 lire (G). **900**
1868 20 lire (G) **800**
1870 50 lire (G) **4,000**
1869 100 lire (G) **7,000**

PARMA

                                      XF
1854 centesimo (C) **700**
1830 3 centesimi (C) **50.00**
1854 3 centesimi (C) **900**
1830 5 centesimi (C) **30.00**
1854 5 centesimi (C) **1,500**
1830 5 soldi (S). **35.00**
1815 10 soldi (S) **40.00**
1815 lira (S). **100**
1815 2 lire (S) **220**

1832 5 lire (S) **700**
1858 5 lire (S) **1,200**

1821 40 lire (G). **2,500**

ROMAN REPUBLIC

                                      XF
1849 half baiocco (C) **25.00**
1849 baiocco (C). **32.00**

1849 3 baiocchi (C) **50.00**
1849 4 baiocchi (S). **25.00**
1849 8 baiocchi (S). **50.00**
1849 16 baiocchi (S). **70.00**

1849 40 baiocchi (S). **150**

SARDINIA

                                      XF
1813 tre (3) cagliarese (C) **185**
1812 reale (S) **145**
1826 centesimo (C) **15.00**
1842 centesimo (C) **75.00**
1826 3 centesimi (C) **15.00**
1842 3 centesimi (C) **40.00**
1826 5 centesimi (C) **18.00**
1842 5 centesimi (C) **50.00**
1830 25 centesimi (S) **50.00**
1858 50 centesimi (S) **50.00**

1815 2.6 soldi (B) 35.00
1814 half scudo (S) 700
1860 lira (S). 100
1825 2 lire (S) 120

1830 5 lire (S) 200

1833 10 lire (G). 1,500
1840 20 lire (G). 500
1831 40 lire (G). 2,000
1833 50 lire (G). 7,200

1827 80 lire (G). 2,800

1835 100 lire (G). 3,000

SICILY

	XF
1836 mezzo (half) grano (C)	325
1815 un (1) grano (C)	.60.00
1804 due (2) grani (C)	.55.00
1816 cinque (5) grani (C)	100
1801 dieci (10) grani (C).	.65.00
1804 12 trai (S)	250
1814 2 oncie (G)	14,000

TUSCANY

	XF
1840 quattrino (C)	.25.00
1804 mezzo (half) soldo (C)	.75.00
1826 3 quattrini (C)	.30.00
1822 soldo (C)	.30.00
1830 5 quattrini (B)	.25.00
1822 2 soldi (C)	.12.50

1858 dieci (10) quattrini (B) 75.00
1853 half paolo (S) 75.00
1827 quarter di fiorino (S). 100
1821 10 soldi (S) 50.00
1845 paolo (S) 90.00
1822 lira (S) 100

1843 fiorino (S) 75.00
1859 fiorino (S) 165
1828 5 paoli (S) 245

1807 francescone (10 paoli) (S) . . . 130
1840 quattro (4) fiorini (S) 250
1804 5 lire (S) 240

	XF
1807 10 lire (S)	325
1853 zecchino (G).	.1,050

1805 ruspone (3 zecchini) (G) . . .2,500
1859 ruspone (3 zecchini) (G) . . .6,000

1827 ottanta (80) fiorini (G) 4,000
1859 centesimo (C) 17.50
1859 2 centesimi (C) 20.00
1859 5 centesimi (C) 22.00
1860 cinquanta (50) centesimi
(S). 35.00
1859 lira (S). 75.00
1860 2 lire (S) 110

VENICE

	XF
1802 mezza (half) lira (S)	195
1802 una (1) lira (S)	200
1802 1-1/2 lira (S)	.75.00
1801 due (2) lire (S)	280
1849 centesimo (C)	.15.00
1849 3 centesimi (C)	.12.00
1849 5 centesimi (C)	.15.00
1848 15 centesimi (S)	.25.00
1848 25 centesimi (S).	400

1848 5 lire (S) 200
1848 20 lire (G). 2,800

ITALY

The various Italian states began to unite as the Kingdom of Italy in 1860. Vittorio Emanuele II, king of Sardinia, was installed as king of Italy in 1861. He reigned until 1878, when he was succeeded by Umberto I. Vittorio

Emanuele III succeeded Umberto in 1900 and reigned until 1946.

Following World War I, Benito Mussolini came to power during a period of economic and political unrest. He installed a Fascist dictatorship with King Vittorio Emanuele III continuing as titular head of state. Italy aligned with Germany as part of the Axis powers in World War II.

Following the defeat of the Axis powers, the Italian monarchy was dissolved by plebiscite, and the Italian Republic was proclaimed.

The listings that follow begin with the reign of Vittorio Emanuele III.

KINGDOM

	XF
1915 centesimo (BZ)	**7.00**
1911 2 centesimi (BZ)	**7.00**
1925 5 centesimi (BZ)	**3.00**
1920 10 centesimi (BZ)	**4.00**

1908 20 centesimi (N)	**6.00**
1902 25 centesimi (N)	**200**
1949 50 centesimi (SS)	**4.00**

1917 lira (S)	**30.00**
1940 lira (SS)	**2.00**
1906 2 lire (S)	**500**
1911 2 lire, kingdom 50th anniversary (S)	**160**
1923 2 lire (N)	**20.00**
1939 2 lire (SS)	**4.00**

1911 5 lire, kingdom 50th anniversary (S)	**2,200**

1930 5 lire (S)	**10.00**
1930 10 lire (S)	**400**
1936 10 lire (S)	**110**
1905 20 lire (G)	**2,000**
1923 20 lire, Fascist government 1st anniversary (G)	**1,800**

1928 20 lire (S)	**500**
1928 20 lire, end of World War I 10th anniversary (S)	**500**

1931 50 lire, year "IX" (G)	**800**
1923 100 lire, Fascist government 1st anniversary (G)	**4,500**
1931 100 lire, year "X" (G)	**1,200**

REPUBLIC

	XF
1950 lira (AL)	**10.00**
1958 lira (AL)	**0.50**
1999 lira, 1901 lira design (S)	*unc* **55.00**
1999 lira, 1915 lira design (S)	*unc* **55.00**
2000 lira, 1922 lira design (S)	*unc* **100**
2000 lira, 1936 lira design (S)	*unc* **100**
2001 lira, Giuseppe Romagnoli (AL)	**20.00**
2001 lira, 1946 lira design (S)	**70.00**
2001 lira, 1951 lira (S)	**70.00**
1950 2 lire (AL)	**10.00**
1955 2 lire (AL)	**2.00**
2001 2 lire (AL)	**18.00**
1948 5 lire (AL)	**10.00**
1975 5 lire (AL)	**0.10**
2001 5 lire (AL)	**12.00**
1949 10 lire (AL)	**5.00**
1970 10 lire (AL)	**0.10**
2001 10 lire (AL)	**12.00**

1958 20 lire (AL-BZ)	**2.00**
1980 20 lire (AL-BZ)	**0.20**
2001 20 lire (AL-BZ)	**12.00**
1963 50 lire (SS)	**2.50**
1990 50 lire (SS)	**0.20**
1996 50 lire (C-N)	**0.20**
2001 50 lire (C-N)	**10.00**

1956 100 lire (SS)	**50.00**
1970 100 lire (SS)	**2.00**
1990 100 lire (SS)	**1.00**
1974 100 lire, Guglielmo Marconi (SS)	**1.50**
1979 100 lire (SS)	**1.50**
1981 100 lire, Livorno Naval Academy centennial (SS)	**1.50**
1988 100 lire, University of Bologna 900th anniversary (S)	**18.00**
1993 100 lire, Bank of Italy centennial (S)	**20.00**
1994 100 lire (C-N)	**0.75**
1995 100 lire (C-N)	**0.75**
2001 100 lire (C-N)	**12.00**
1980 200 lire, International Women's Year (AL-BZ)	**2.00**
1985 200 lire (AL-BZ)	**0.75**
1989 200 lire, Christopher Columbus (S)	**15.00**
1991 200 lire, Italian flora and fauna (S)	**20.00**
1992 200 lire, Genoa Stamp Exposition (AL-BZ)	**2.50**
1993 200 lire, military aviation 70th anniversary (AL-BZ)	**2.50**
1993 200 lire, Bank of Italy centennial (S)	**25.00**
1997 200 lire, Italian Naval League centennial (BR)	**1.25**
2001 200 lire (AL-BZ)	**18.00**
1961 500 lire, Italian unification centennial (S)	**9.00**
1965 500 lire, Dante Alighieri (S)	**12.00**
1974 500 lire, Guglielmo Marconi (S)	**8.00**
1981 500 lire, death of Virgil 2,000th anniversary (S)	**8.00**

XF

1984 500 lire, Los Angeles Olympics
(S) **22.00**

1985 500 lire (bronzital center in
acmonital ring). **2.00**

1985 500 lire, first Italian presidency of
Common Market (S) **25.00**

1985 500 lire, European Year of
Music (S). **18.00**

1985 500 lire, Etruscan culture
(S) **15.00**

1986 500 lire, Year of Peace (S). . .**20.00**

1986 500 lire, Donatello (S) **40.00**

1987 500 lire, Year of the Family
(S) **20.00**

1987 500 lire, World Athletic
Championships (S) **20.00**

1988 500 lire, Seoul Summer
Olympics (S) **7.00**

1988 500 lire, constitution
40th anniversary (S). **22.00**

1989 500 lire, Christopher Columbus
(S) **30.00**

1990 500 lire, Christopher Columbus
(S) **25.00**

1991 500 lire, Italian flora and fauna
(S) **40.00**

1991 500 lire, Antonio Vivaldi (S). . **100**

1992 500 lire, Lorenzo de Medici
(S) **30.00**

1992 500 lire, Christopher Columbus
(S) **25.00**

1992 500 lire, Gioacchino Rossini
(S) **40.00**

1992 500 lire, XXV Olympiad-
Barcelona (S). **25.00**

1993 500 lire, death of Horace 2,000th
anniversary (S). **20.00**

1993 500 lire, University of Pisa 650th
anniversary (S). **60.00**

1993 500 lire, Bank of Italy
centennial (S) **40.00**

2001 500 lire, Columbus' ships
(S) **40.00**

1970 1,000 lire, Rome as Italian
capital centennial (S). **15.00**

1994 1,000 lire, St. Mark's Basilica
900th anniversary (S) **35.00**

1996 1,000 lire, Atlanta Olympics
(S) **35.00**

1997 1,000 lire, European Union
(C-N center in AL-BZ ring). **2.50**

1998 1,000 lire (C-N center in AL-BZ
ring) **3.00**

2001 1,000 lire, European Union
(C-N center in AL-BZ ring). . . .**10.00**

2001 1,000 lire, Giuseppe Verdi
(S) **50.00**

1998 2,000 lire, Christian millennium
(S) **55.00**

1999 2,000 lire, National Museum in
Rome (S) **30.00**

1997 5,000 lire, Giovanni Antonio Canal
(S) **30.00**

1994 10,000 lire, World Cup soccer
(S) **60.00**

1995 10,000 lire, Conference of Messina
40th anniversary (S). **70.00**

1996 10,000 lire, republic
50th anniversary (S). **80.00**

1997 10,000 lire, Italian flag
200th anniversary (S) **45.00**

1995 50,000 lire, St. Anthony of
Padova (G). . . . .*proof* **650**

1997 50,000 lire, St. Ambrose
(G). . . . .*proof* **800**

2000 50,000 lire, Benvenuto Cellini
(G). . . . .*proof* **650**

1994 100,000 lire, Bank of Italy
centennial (G) . . . .*proof* **1,000**

1995 100,000 lire, Basilica of
Santa Croce in Florence
700th anniversary (G) . . .*proof* **1,100**

1998 100,000 lire, Palace of Siena (G)
. . . .*proof* **1,350**

1999 100,000 lire, Basilica of St. Francis
of Assisi (G). . . . .*proof* **1,350**

EURO COINAGE

UNC

2002 euro cent (C-plated ST) **0.25**

2003 2 euro cent (C-plated ST) . . .**0.25**

2004 5 euro cent (C-plated ST) . . .**0.25**

2005 10 euro cent (BR). **0.50**

2004 20 euro cent (BR). **0.30**

2006 20 euro cent, European
arts-Germany (G) . . . .*proof* **450**

2007 50 euro cent (BR). **1.00**

2003 euro (C-N center in BR ring) .**2.00**

2002 2 euro (BR center in C-N ring)
. . . .**4.00**

2004 2 euro, World Food Program (AL-
BZ center in C-N ring) **5.00**

2005 2 euro, European Constitution (BR
center in C-N ring) **4.00**

2007 2 euro, Treaty of Rome 50th
anniversary (BR center in C-N ring)
. . . .**5.00**

2009 2 euro, World Aquatics
Championships (S) **50.00**

2009 2 euro, European Monetary
Union 10th anniversary
(BR center in C-N ring) **5.00**

2004 5 euro, World Cup soccer
(S) . . . .*proof* **100**

2004 5 euro, Madam Butterfly
(S) **35.00**

2004 5 euro, Italian television
50th anniversary (S). **35.00**

2005 5 euro, Frederico Fellini
85th birthday (S) **30.00**

2005 5 euro, 2006 Olympics,
ski jumping (S) **30.00**

2005 5 euro, 2006 Olympics,
cross-country skiing (S) **30.00**

2005 5 euro, 2006 Olympics,
figure skating (S) **30.00**

2007 5 euro, Giuseppe Garibaldi
(S) **60.00**

2008 5 euro, Italian republic
60th anniversary (S). **60.00**

2008 5 euro, Anna Magnani
100th birthday (S) **60.00**

2008 5 euro, Italian constitution
60th anniversary (S). **50.00**

2003 10 euro, Italian presidency
of European Union (S) **45.00**

2004 10 euro, city of Genoa
(S) **55.00**

2005 10 euro, 2006 Olympics,
Alpine skiing (S) **60.00**

2005 10 euro, 2006 Olympics,
ice hockey (S) **60.00**

2005 10 euro, 2006 Olympics,
speed skating (S) **60.00**

2006 10 euro, Leonardo da Vinci
(S) **75.00**

2006 10 euro, UNICEF
60th anniversary (S). **75.00**

2007 10 euro, Treaty of Rome
50th anniversary (S). **75.00**

2007 10 euro, Rome Mint centennial
(S) **75.00**

2008 10 euro, Andrea Palladio
(S) **75.00**

UNC

2008 10 euro, University of Perugia
700th anniversary (S) **75.00**

2009 10 euro, International Year of
Astronomy (S) . . . . *proof* **75.00**

2009 10 euro, Futurist movement
centennial (S) . . . . *proof* **75.00**

2003 20 euro, European arts-Italy
(G) . . . . *proof* **500**

2004 20 euro, European arts-Belgium
(G) . . . . *proof* **500**

2005 20 euro, 2006 Olympics, Porte
Palatine Gate (G) . . . . *proof* **650**

2005 20 euro, 2006 Olympics,
Madama Palace (G) . . . . . . *proof* **500**

2005 20 euro, 2006 Olympics, Stupingi
Palace (G) . . . . *proof* **500**

2005 20 euro, European arts-Finland
(G) . . . . *proof* **500**

2007 20 euro, European arts-Iceland
(G) **500**

2008 20 euro, European arts-
Netherlands (G) **550**

2009 20 euro, Guglielmo Marconi
(G) . . . . *proof* **500**

2009 20 euro, European arts-Great
Britain (G) . . . . *proof* **500**

2003 50 euro, European arts-Austria
proof **1,200**

2004 50 euro, European arts-Denmark
(G) . . . . *proof* **1,200**

2005 50 euro, European arts-France
. . . . *proof* **1,200**

2006 50 euro, European arts-Greece
(G) . . . . *proof* **1,300**

2007 50 euro, European arts-Norway
(G) **1,250**

2008 50 euro, European arts-Portugal
(G) **1,250**

2009 50 euro, European arts-Spain
(G) . . . . *proof* **1,250**

JAPAN

Modern Japan began to take form after U.S. Commodore Matthew Perry's visit in 1854. Japan rapidly industrialized, abolished the centuries-old Shogunate form of government, and established a parliamentary form of government. A series of wars with China and Russia, and alignment with the Allies in World War I, enlarged Japanese territories but brought its interests into conflict with the Far Eastern interests of the United States, Britain, and the Netherlands. This caused Japan to align with the Axis Powers in World War II.

After its defeat in World War II, Japan renounced military aggression as a political instrument and instituted a democratic government. Today Japan is a constitutional monarchy and an economic world power.

The listings that follow begin with the introduction of a decimal coinage system in 1870.

XF

1983 rin (C) **28.00**

1873 half sen (C) **65.00**

1875 sen (C) **12.00**

1884 sen (C) **12.00**

1899 sen (BZ) **30.00**

1880 2 sen (BZ). **12.00**

1870 5 sen (S) **350**

1873 5 sen (S) **40.00**

1889 5 sen (C-N) **12.00**

1899 5 sen (C-N) **18.50**

1870 10 sen (S) **50.00**

1895 10 sen (S) **7.50**

1871 20 sen (S) **40.00**

1897 20 sen (S) **50.00**

1870 50 sen (S) **100**

1899 50 sen (S) **60.00**

1870 yen (S) **500**

1874 yen (S) **2,300**

1874 yen (G). **3,250**

1870 2 yen (G) **600**

1870 5 yen (G) **1,800**

1897 5 yen (G) **800**

1871 10 yen (G) **3,000**

1897 10 yen (G) **550**

1870 20 yen (G) **30,000**

1897 20 yen (G) **1,000**

1916 5 rin (BZ) **10.00**

1915 sen (BZ) **32.00**

1920 sen (BZ) **4.50**

1935 sen (BZ) **1.50**

1938 sen (BZ) **1.50**

1939 sen (AL) **1.50**

1941 sen (AL) **0.50**

1944 sen (T-Z) **0.50**

1945 sen (baked clay) **30.00**

1901 5 sen (C-N) **125**

1920 5 sen (C-N) **20.00**

1921 5 sen (C-N) **5.00**

1932 5 sen (C-N) **7.00**

1933 5 sen (N) **5.50**

1938 5 sen (AL-BZ) **4.00**

1941 5 sen (AL) **2.25**

1943 5 sen (AL) **2.00**

1944 5 sen (T-Z) **2.50**

1945 5 sen (T-Z) **3.50**

1945 5 sen (baked clay) **650**

1905 10 sen (S). **35.00**

1910 10 sen (S). **27.50**

1915 10 sen (S). **12.00**

1921 10 sen (C-N) **5.00**

1927 10 sen (C-N) **5.00**

1933 10 sen (N) **5.50**

1939 10 sen (AL-BZ) **4.50**

1940 10 sen (AL) **1.50**

1944 10 sen (T-Z) **1.25**

1945 10 sen (baked clay) **1,000**

1946 10 sen (AL) **1.50**

1905 20 sen (S). **60.00**

1907 20 sen (S). **75.00**

1905 50 sen (S) **125**

1907 50 sen (S) **75.00**

1917 50 sen (S) **35.00**

1925 50 sen (S) **20.00**

1946 50 sen (BR) **2.50**

1947 50 sen (BR) **0.90**

1905 yen (S) **200**

XF

1911 5 yen (G) **1,600**
1901 10 yen (G) **950**
1904 20 yen (G) **1,050**
1948 yen (BR) **2.00**
1965 yen (AL) **1.50**
1995 yen (AL) **0.15**
2010 yen (AL) **0.50**
1949 5 yen (BR) **8.00**
1950 5 yen (BR) **6.50**
1980 5 yen (BR) **0.75**
1995 5 yen (BR) **0.35**
2010 5 yen (BR) **0.35**
1975 10 yen (BZ) **1.00**
1990 10 yen (BZ) **0.45**
2010 10 yen (BZ) **0.45**
1955 50 yen (N) **15.00**
1966 50 yen (N) **1.25**
1967 50 yen (C-N) **0.75**
2010 50 yen (C-N) **5.00**
1957 100 yen (S) **7.00**
1959 100 yen (S) **2.50**
1964 100 yen, Tokyo Summer
 Olympics (S) **4.00**
1967 100 yen (C-N) **1.50**
1970 100 yen, Osaka Expo (C-N) . .**6.00**
1972 100 yen, Sapporo Winter
 Olympics (C-N) **7.50**
1975 100 yen, Okinawa Expo
 (C-N) **3.50**

1976 100 yen, Hirohito reign
 50th anniversary (C-N) **6.00**
1989 100 yen (C-N) **2.00**
2010 100 yen (C-N) **2.00**
1982 500 yen (C-N) **9.00**
1985 500 yen, Tsukuba Expo
 (C-N) **10.00**
1985 500 yen, governmental cabinet
 system centennial (C-N) **10.00**

1986 500 yen, Hirohito reign
 60th anniversary (C-N) **12.00**
1988 500 yen, Seikan Tunnel opening
 (C-N) **12.50**
1988 500 yen, Seto Bridge opening
 (C-N) **12.50**
1990 500 yen (C-N) **9.00**
1990 500 yen, Akihito enthronement
 (C-N) **13.50**
1992 500 yen, Okinawa reversion 20th
 anniversary (C-N) **14.50**
1993 500 yen, Crown Prince Naruhito
 and Masako Owada royal wedding
 (C-N) **16.00**
1994 500 yen, Kansai International
 Airport opening (C-N) **14.50**
1994 500 yen, 12th Asian Games,
 runners (C-N) **13.50**
1994 500 yen, 12th Asian Games,
 swimmers (C-N) **13.50**
1994 500 yen, 12th Asian Games,
 jumper (C-N) **13.50**
1997 500 yen, Nagano Winter Olympics,
 snowboarding (C-N) **14.50**
1997 500 yen, Nagano Winter Olympics,
 bobsledding (C-N) **14.50**
1998 500 yen, Nagano Winter Olympics,
 acrobatic skiing (C-N) **14.50**
1999 500 yen, Akihito reign 10th
 anniversary (C-N) **11.50**
2000 500 yen (N-BR) **9.00**
2002 500 yen, World Cup soccer,
 Europe and Africa (C-Z-N) . . .**10.00**
2002 500 yen, World Cup soccer, Asia
 and Oceania (C-Z-N) **10.00**
2002 500 yen, World Cup soccer,
 North America and South America

UNC

(C-Z-N) **10.00**
2005 500 yen, Aichi Expo
 (C-Z-N) **10.00**
2005 500 yen, Chubu International
 Airport (S) . . . . *proof* **85.00**
2007 500 yen, Japanese Antarctic
 research 50th anniversary
 (C-Z-N) **12.00**
2008 500 yen, Japan-Brazil
 immigration centennial,
 cherry blossoms (C-Z-N) **10.00**
2008 500 yen, Japan-Brazil
 immigration centennial, sprigs of
 cherry and coffee (C-Z-N) **10.00**
2008 500 yen, Japan-Brazil
 immigration centennial, Santos Port
 statue (C-Z-N) **15.00**

2008 500 yen, Shimane Prefecture (C-N
 center in BR ring) **15.00**
2008 500 yen, Hokkaido Prefecture
 (C-N center in BR ring) **15.00**
2008 500 yen, Kyoto Prefecture
 (C-N center in BR ring) **15.00**
2008 500 yen, Nagano Prefecture
 (C-N center in BR ring) **15.00**
2009 500 yen, Niigata Prefecture
 (C-N center in BR ring) **15.00**
2009 500 yen, Ibaral Prefecture
 (C-N center in BR ring) **15.00**
2009 500 yen, Nara Prefecture
 (C-N center in BR ring) **15.00**
2009 500 yen, Akihito reign
 10th anniversary (N-BR) **12.50**
2010 500 yen (N-BR) **9.00**
2010 500 yen, Kochi Prefecture
 (C-N center in BR ring) **15.00**
2010 500 yen, Gifu Prefecture
 (C-N center in BR ring) **15.00**
2010 500 yen, Fukui Prefecture
 (C-N center in BR ring) **15.00**
1964 1,000 yen, Tokyo Summer
 Olympics (S) **35.00**
2002 1,000 yen, World Cup soccer
 (S) . . . . *proof* **200**
2003 1,000 yen, Amami Islands
 reversion 50th anniversary (S) . . . .
 . . . . *proof* **220**
2003 1,000 yen, 5th Winter Asian
 Games (S) . . . . *proof* **625**
2004 1,000 yen, Aichi Expo
 (S) . . . . *proof* **165**
2006 1,000 yen, Japan's entry into
 United Nations 50th anniversary
 (S) . . . . *proof* **165**
2007 1,000 yen, International Skills
 Festival for All (S) . . . . . . *proof* **75.00**
2008 1,000 yen, Hokkaido Prefecture
 (S) . . . . *proof* **120**
2008 1,000 yen, Kyoto Prefecture
 (S) . . . . *proof* **120**
2008 1,000 yen, Shimane Prefecture
 (S) . . . . *proof* **115**
2008 1,000 yen, Ibarki Prefecture
 (S) . . . . *proof* **95.00**
2008 1,000 yen, Nara Prefecture
 (S) . . . . *proof* **90.00**
2009 1,000 yen, Nagano Prefecture
 (S) . . . . *proof* **80.00**
2009 1,000 yen, Niigata Prefecture
 (S) . . . . *proof* **85.00**
2010 1,000 yen, Kochi Prefecture
 (S) . . . . *proof* **80.00**

UNC

2010 1,000 yen, Gifu Prefecture
(S) . . . . *proof* **80.00**

2010 1,000 yen, Fukui Prefecture
(S) . . . . *proof* **80.00**

1990 5,000 yen, Osaka Expo (S). .**65.00**

1990 5,000 yen, parliament centennial
(S) **65.00**

1990 5,000 yen, judicial system
centennial (S) **65.00**

1993 5,000 yen, Crown Prince
Naruhito and Masako Owada
royal wedding (S) **70.00**

1997 5,000 yen, Nagano Winter
Olympics, hockey (S) **70.00**

1997 5,000 yen, Nagano Winter
Olympics, biathlon (S). **70.00**

1998 5,000 yen, Nagano Winter
Olympics, Paralympics skier
(S) **70.00**

1986 10,000 yen, Hirohito reign
60th anniversary (S). **150**

1997 10,000 yen, Nagano Winter
Olympics, ski jumper (G) . .*proof* **900**

1997 10,000 yen, Nagano Winter
Olympics, figure skating
(G). . . . .*proof* **900**

1998 10,000 yen, Nagano inter
Olympics, speed skating (G)*proof* **900**

1999 10,000 yen, Akihito reign 10th
anniversary (G) . . . . *proof* **1,250**

2002 10,000 yen, World Cup soccer
(G). . . . . *proof* **1,000**

2004 10,000 yen, Aichi Expo
(G) . . . . *proof* **1,000**

2009 10,000 yen, Akihito reign
20th anniversary (G) . . . . *proof* **1,200**

1993 50,000 yen, Crown Prince
Naruhito and Masako Owada
royal wedding (G) **1,000**

1986 100,000 yen, Hirohito reign 60th
anniversary (G) **1,250**

1990 100,000 yen, Akihito
enthronement (G) **1,750**

NETHERLANDS

After being part of Charlemagne's empire in the 8th and 9th centuries, the Netherlands came under control of Burgundy and the Austrian Hapsburgs, and then Spanish dominion in the 16th century. Led by William of Orange, the Dutch revolted against Spain in 1568. The seven northern provinces formed the Union of Utrecht and declared their independence in 1581 as the Republic of the United Netherlands.

The United Dutch Republic ended in 1795 when the French formed the Batavian Republic. Napoleon made his brother Louis king of Holland in 1806, but he abdicated in 1810 when Napoleon annexed Holland. The French were expelled in 1813, and the provinces of Holland and Belgium were merged into the Kingdom of the United Netherlands under William I in 1814. The Belgians withdrew in 1830 to form their own kingdom.

The listings that follow begin with the introduction of decimal coinage in 1860.

XF

1878 half cent (BZ) **15.00**

1909 half cent (BZ) **3.00**

1860 cent (C) **35.00**

1880 cent (BZ) **10.00**

1915 cent (BZ) **3.00**

1943 cent (Z). **2.00**

1948 cent, Wilhelmina I (BZ) **0.50**

1960 cent, Juliana (BZ) **1.00**

1877 2-1/2 cent (BZ) **15.00**

1903 2-1/2 cent (BZ) **6.50**

1941 2-1/2 cent (Z) **5.00**

1907 5 cents (C-N) **10.00**

1913 5 cents (C-N) **5.00**

1941 5 cents (Z) **6.00**

1948 5 cents, Wilhelmina I (BZ). . .**0.75**

1965 5 cents, Juliana (BZ) **0.25**

1985 5 cents, Beatrix (BZ) . . . *unc* **0.40**

1892 10 cents, Wilhelmina I (S)
. . . .**80.00**

1904 10 cents, Wilhelmina I (S)
. . . .**30.00**

1939 10 cents, Wilhelmina I (S) . . .**2.00**

1941 10 cents (Z) **3.50**

1948 10 cents, Wilhelmina I (N)
. . . .**0.50**

1955 10 cents, Juliana (N) **0.35**

1990 10 cents, Beatrix (N) **0.50**

1895 25 cents, Wilhelmina I (S) . . . **250**

1940 25 cents, Wilhelmina I (S) . . .**2.00**

1941 25 cents (Z) **12.00**

1948 25 cents, Wilhelmina I (N) . .**0.50**

1962 25 cents, Juliana (N) **0.30**

1982 25 cents, Beatrix (N) **0.20**

1898 half gulden, Wilhelmina I (S)
. . . . **110**

1930 half gulden, Wilhelmina I (S)
. . . .**2.75**

1892 gulden, Wilhelmina I (S) . . .**60.00**

1898 gulden, Wilhelmina I (S) **125**

1930 gulden, Wilhelmina I (S) **6.00**

1965 gulden, Juliana (S) **5.00**

1970 gulden, Juliana (N). **0.75**

1980 gulden, investiture of new queen
(N) . . . . *unc* **1.00**

1992 gulden, Beatrix (N) . . . . *unc* **1.50**

2001 gulden, Beatrix (S) . . . . *unc* **10.00**

2001 gulden, Beatrix, edge lettering
(S) . . . . *unc* **2,400**

2001 gulden, Beatrix (G). . . . .*unc* **800**

2001 gulden, Beatrix, edge lettering
(G) . . . . *unc* **580**

1898 2-1/2 gulden, Wilhelmina I
(S) **500**

XF

1940 2-1/2 gulden, Wilhelmina I (S) **30.00**

1960 2-1/2 gulden, Wilhelmina I (S) **10.50**

1969 2-1/2 gulden, Wilhelmina I (N). **1.00**

1979 2-1/2 gulden, Union of Utrecht 400th anniversary (N) . . . . . *unc* **1.00**

1980 2-1/2 gulden investiture of new queen (N) . . . . *unc* **1.00**

1989 2-1/2 gulden, Beatrix (N) *unc* **4.00**

2001 2-1/2 gulden, Beatrix (N) . . .**12.00**

1912 5 gulden, Wilhelmina I (G) . . **200**

1988 5 gulden, Beatrix (BZ-clad N) . . . . *unc* **8.00**

2000 5 gulden, soccer (BR-plated N) . . . . *unc* **4.00**

2001 5 gulden (N). . . . . *unc* **10.00**

1886 10 gulden, William III (G) . . . **375**

1897 10 gulden, Wilhelmina I (G) . **375**

1898 10 gulden, Wilhelmina I (G) . **525**

1913 10 gulden, Wilhelmina I (G) . **250**

1933 10 gulden, Wilhelmina I (G) . **250**

UNC

1970 10 gulden, liberation 25th anniversary (S). **18.00**

1973 10 gulden, Juliana reign 25th anniversary (S). **18.00**

1994 10 gulden, BE-NE-LUX Treaty (S) **11.00**

1985 10 gulden, Hugo de Groot (S) **12.00**

1986 10 gulden, Jan Steen (S) . . .**12.00**

1997 10 gulden, Marshall Plan (S) **12.00**

1999 10 gulden, millennium (S) . .**12.00**

1982 50 gulden, Dutch-American friendship (S). **25.00**

1984 50 gulden, William of Orange (S) **25.00**

1987 50 gulden, Juliana and Prince Bernhard golden wedding anniversary (S) **25.00**

1988 50 gulden, William and Mary 300th anniversary (S) **25.00**

1990 50 gulden, 100 years of queens (S) **25.00**

1991 50 gulden, Beatrix and Claus silver wedding anniversary (S) **25.00**

1994 50 gulden, Maastricht Treaty (S) **25.00**

1995 50 gulden, liberation 50th anniversary (S). **25.00**

1998 50 gulden, Treaty of Munster 350th anniversary (S) **25.00**

EURO COINAGE

UNC

1999 euro cent, Beatrix (C-plated ST) **0.50**

2005 2 euro cent, Beatrix (C-plated ST) **1.50**

2006 5 euro cent, Beatrix (C-plated ST) **1.00**

2005 10 euro cent, Beatrix (BR) . . .**1.75**

2010 euro cent, Beatrix (BR) **1.75**

2006 20 euro cent, Beatrix (BR) . . **2.50**

2007 50 euro cent, Beatrix (BR) . . **2.00**

2005 euro, Beatrix (C-N center in BR ring) **4.00**

2006 2 euro, Beatrix (BR center in C-N ring) **6.00**

2007 2 euro, Treaty of Rome 50th anniversary (BR center in C-N ring) **6.00**

2009 2 euro, European Monetary Union (BR center in C-N ring) **4.50**

2003 5 euro, Vincent Van Gogh (S) **11.00**

2004 5 euro, new EEC member countries (S) **11.00**

2004 5 euro, end of Netherlands Antilles colonization 50th anniversary (S) **11.00**

2005 5 euro, liberation 60th anniversary (S) **12.00**

2006 5 euro, Netherlands-Australian friendship (S). **12.00**

2006 5 euro, Rembrandt (S) **12.00**

2006 5 euro, tax service 200th anniversary (S). **12.00**

2007 5 euro, M.A. de Ruyter (S) **25.00**

2008 5 euro, architecture (S-plated C) **10.00**

2008 5 euro, architecture (S) . . . . *proof* **45.00**

2009 5 euro, Manhattan 400th anniversary (S-plated C) **10.00**

2009 5 euro, Dutch settlement in Manhattan 400th anniversary (S) . . . . *proof* **45.00**

2009 5 euro, Netherlands-Japanese friendship (S-plated C) **10.00**

2009 5 euro, Netherlands-Japanese friendship (S). . . . . *proof* **40.00**

2002 10 euro, crown prince's wedding (S) **16.00**

2002 10 euro, crown prince's wedding (G). **400**

2003 10 euro, Vincent Van Gogh (G). **400**

2004 10 euro, new EEC member countries (G) . . . . *proof* **700**

2004 10 euro, domestic autonomy 50th anniversary (G) . . . . *proof* **600**

2004 10 euro, birth of Crown Princess Catharina-Amalia (S). **18.00**

2005 10 euro, Beatrix silver jubilee (S) **20.00**

2005 10 euro, liberation 60th anniversary (G). . . . . *proof* **600**

2006 10 euro, tax service 200th anniversary (G) . . . . *proof* **600**

2006 10 euro, Netherlands-Australian friendship (G) . . . . *proof* **800**

2007 10 euro, M.A. de Ruyter (G) . . . . *proof* **400**

2008 10 euro, architecture (G). . . . . *proof* **400**

2009 10 euro, Dutch settlement in Manhattan 400th anniversary (G) . . . . *proof* **400**

2009 10 euro, Netherlands-Japanese friendship (G) . . . . *proof* **400**

2009 10 euro, Rembrandt (G) *proof* **400**

2004 20 euro, Crown Princess Catharina-Amalia (G) . . . . . *proof* **530**

2005 20 euro, Beatrix silver jubilee (G). . . . . *proof* **530**

2004 50 euro, Crown Princess Catharina-Amalia (G) . . . . *proof* **775**

2005 50 euro, Beatrix silver jubilee (G). . . . . *proof* **775**

NEW ZEALAND

New Zealand was granted self-government by Great Britain in 1852, a ministerial form of government in 1856, and full dominion status in 1907. Full internal and external autonomy, which New Zealand had possessed in effect for many years, was formally granted in 1947. New Zealand is a member of the Commonwealth of Nations. Elizabeth II is head of state as queen of New Zealand.

British coins circulated in New Zealand prior to 1933, when the country introduced its own coins based on the old English farthings-pence-shillings-pound system. Decimal currency was introduced in 1967.

The listings that follow begin with the 1933 issues.

XF

1940 half penny, George VI (BZ)
. . . .**8.00**

1964 half penny, Elizabeth II (BZ)
. . . .**0.75**
1949 penny, George VI (BZ) **5.00**

1964 penny, Elizabeth II (BZ). **0.50**

1933 3 pence, George V (S) **10.00**
1937 3 pence, George VI (S) **10.00**
1947 3 pence, George VI (C-N) . . .**6.00**
1955 3 pence, Elizabeth II (C-N). .**3.00**
1933 6 pence, George V (S) **25.00**

1943 6 pence, George VI (S) **20.00**
1952 6 pence, George VI (C-N) . .**15.00**
1954 6 pence, Elizabeth II (C-N) . .**8.00**
1933 shilling, George V (S) **25.00**
1946 shilling, George VI (S) **20.00**
1950 shilling, George VI (C-N). . .**35.00**

1964 shilling, Elizabeth II (C-N) . .**1.00**
1933 florin, George V (S) **35.00**

1943 florin, George VI (S). **30.00**
1950 florin, George VI (C-N) **8.00**
1961 florin, Elizabeth II (C-N) . . .**4.00**
1933 half crown, George V (S) . . .**45.00**
1940 half crown, New Zealand
   centennial (S) **20.00**
1945 half crown, George VI (S) . .**45.00**

XF

1951 half crown, George VI
   (C-N). **12.00**
1965 half crown, Elizabeth II
   (C-N). **3.50**
1935 crown, George V (S) **3,000**

1949 crown, George VI (S) **16.00**
1953 crown, Elizabeth II (C-N) . . .**6.50**

UNC

1974 cent (BZ) **0.50**
1986 cent (BZ) **0.50**

1967 2 cents (BZ) **0.15**
1987 2 cents (BZ) **2.00**
1969 5 cents (C-N) **1.00**
1990 5 cents (C-N) **3.00**
1990 5 cents, 1990 anniversaries
   (C-N). **6.00**
1990 5 cents, 1990 anniversaries
   (S) . . . . *proof* **15.00**
2000 5 cents (C-N) **12.00**
2006 5 cents (C-N) **8.00**
1969 10 cents (C-N) **0.50**
1979 10 cents (C-N) **1.00**
1992 10 cents (C-N) **2.00**
1990 10 cents, 1990 anniversaries
   (C-N). **7.00**
1990 10 cents, 1990 anniversaries
   (S) . . . . *proof* **10.00**
1999 10 cents (C-N) **10.00**
2004 10 cents (C-N) **5.00**
2006 10 cents (C-plated ST) **0.20**
2007 10 cents, Tuatara
   (C-plated ST) **0.50**
1982 20 cents (C-N) **2.00**
1989 20 cents (C-N) **2.00**
1990 20 cents, 1990 anniversaries
   (C-N). **10.00**
1990 20 cents, 1990 anniversaries
   (S) . . . . *proof* **12.00**
1995 20 cents (C-N) **4.00**
1995 20 cents, Maori language
   (S) . . . . *proof* **15.00**
1999 20 cents (C-N) **5.00**
2004 50 cents (C-N) **0.50**
2006 50 cents (C-plated ST) **0.40**
1969 50 cents, Capt. Cook's voyage
   200th anniversary (C-N) **3.00**
1972 50 cents (C-N) **5.00**
1990 50 cents (C-N) **5.00**
1990 50 cents, 1990 anniversaries
   (C-N). **8.00**
1990 50 cents, 1990 anniversaries
   (S) . . . . *proof* **20.00**

UNC

1994 50 cents, HMS Endeavour (AL-BZ center in C-N ring). . . . **15.00**

1994 50 cents, HMS Endeavour (G center in G ring). . . . . . *proof* **450**

2000 50 cents (C-N). **4.00**

2001 50 cents (C-N). **1.00**

2003 50 cents, Lord of the Rings, Frodo (C-N). **15.00**

2003 50 cents, Lord of the Rings, Gandalf (C-N). **15.00**

2003 50 cents, Lord of the Rings, Aragon (C-N). **15.00**

2003 50 cents, Lord of the Rings, Gollum (C-N). **15.00**

2003 50 cents, Lord of the Rings, Saruman (C-N). **15.00**

2003 50 cents, Lord of the Rings, Sauron (C-N). **15.00**

2003 50 cents, Lord of the Rings, Boromir (C-N). **18.00**

2003 50 cents, Lord of the Rings, Gimli (C-N). **18.00**

2003 50 cents, Lord of the Rings, Legolas (C-N) **18.00**

2003 50 cents, Lord of the Rings, Merry (C-N). **18.00**

2003 50 cents, Lord of the Rings, Pippin (C-N). **18.00**

2003 50 cents, Lord of the Rings, Sam (C-N). **18.00**

2003 50 cents, Lord of the Rings, Arwen (C-N). **20.00**

2003 50 cents, Lord of the Rings, Elrond (C-N). **20.00**

2003 50 cents, Lord of the Rings, Eowyn (C-N). **20.00**

2003 50 cents, Lord of the Rings, Galadriel (C-N). **20.00**

2003 50 cents, Lord of the Rings, Orc (C-N). **20.00**

2003 50 cents, Lord of the Rings, Treebeard (C-N) **20.00**

2006 50 cents (N-plated ST) **0.75**

2006 50 cents, Narnia, Peter (AL-BZ) **6.00**

2006 50 cents, Narnia, Susan (AL-BZ) **6.00**

2006 50 cents, Narnia, Edmund (AL-BZ) **6.00**

2006 50 cents, Narnia, Lucy (AL-BZ) **6.00**

2006 50 cents, Narnia, Mr. Tumnus (AL-BZ). **6.00**

2006 50 cents, Narnia, Ginarbrik (AL-BZ) **6.00**

1967 dollar, introduction of decimal coinage (C-N) **1.00**

1969 dollar, Capt. Cook's voyage 200th anniversary (C-N) **2.00**

1970 dollar, royal visit, Mount Cook (C-N). **1.00**

1970 dollar, Cook Islands (C-N). . . **9.00**

1971 dollar (C-N) **3.00**

1974 dollar, Commonwealth Games (C-N). **1.75**

1974 dollar, Commonwealth Games (S) . . . . *proof* **18.00**

1974 dollar, New Zealand Day (C-N). **5.00**

1977 dollar, Waitangi Day and Elizabeth II golden jubilee (C-N) **3.00**

1977 dollar, Waitangi Day and Elizabeth II golden jubilee (S). . . . . *proof* **16.50**

1978 dollar, Elizabeth II coronation 25th anniversary and opening of Parliament building (C-N). **2.00**

1978 dollar, Elizabeth II coronation 25th anniversary and opening of Parliament building (S) . . . . *proof* **16.50**

1979 dollar, crowned shield (C-N) **2.00**

1979 dollar, crowned shield (S) . . . . *proof* **16.50**

1980 dollar, fantail bird (C-N) . . . **3.00**

1980 dollar, fantail bird (S) . . . . *proof* **20.00**

1981 dollar, royal visit, English oak (C-N). **2.00**

1981 dollar, royal visit, English oak (S) . . . . *proof* **16.50**

1982 dollar, takahe bird (C-N) **8.00**

XF

1982 dollar, takahe bird (S) . . . . *proof* **18.50**

1982 dollar, royal visit, Prince Charles and Princess Diana (C-N). **4.00**

1982 dollar, royal visit, Prince Charles and Princess Diana (S) . . . . *proof* **16.50**

1983 dollar, New Zealand coinage 50th anniversary (C-N) **4.00**

1983 dollar, New Zealand coinage 50th anniversary (S). . . . . *proof* **16.50**

1984 dollar, Chatham Island (C-N) **2.50**

1984 dollar, Chatham Island (S) . . . . *proof* **18.50**

1985 dollar, black stilt bird (C-N) **4.00**

1985 dollar, black stilt bird (S) . . . . *proof* **18.50**

1986 dollar, royal visit (C-N). **3.00**

1986 dollar, royal visit (S) . . *proof* **16.50**

1986 dollar, kakapo bird (C-N) **5.00**

1986 dollar, kakapo bird (S) . . . . *proof* **24.00**

1987 dollar, national parks centennial (C-N) **3.00**

1987 dollar, national parks centennial (S) . . . . *proof* **16.50**

1988 dollar, yellow-eyed penguin (C-N) **10.00**

1988 dollar, yellow-eyed penguin (S) . . . . *proof* **25.00**

1989 dollar, Commonwealth Games, runner (C-N). **2.00**

1989 dollar, Commonwealth Games, runner (S) . . . . *proof* **16.50**

1989 dollar, Commonwealth Games, gymnast (C-N) **2.00**

1989 dollar, Commonwealth Games, gymnast (S) . . . . *proof* **16.50**

1989 dollar, Commonwealth Games, swimmer (C-N). **2.00**

1989 dollar, Commonwealth Games, swimmer (S) . . . . *proof* **16.50**

1989 dollar, Commonwealth Games, weightlifter (C-N) **2.00**

1989 dollar, Commonwealth Games, weightlifter (S). . . . . *proof* **16.50**

1990 dollar, kiwi bird (S). . . *proof* **30.00**

1990 dollar, 1990 anniversaries (C-N) **3.00**

1990 dollar, 1990 anniversaries, (S) . . . . *proof* **18.00**

1992 dollar (AL-BZ) **15.00**

2002 dollar (AL-BZ) **1.00**

2003 dollar, Lord of the Rings, The One Ring (AL-BZ). **15.00**

2003 dollar, Lord of the Rings, The One Ring (S) . . . . *proof* **70.00**

2003 dollar, Lord of the Rings, Frodo (AL-BZ). **10.00**

2003 dollar, Lord of the Rings, Sauron (AL-BZ). **10.00**

XF

2003 dollar, Lord of the Rings, Aragon (S) . . . . *proof* **70.00**

2003 dollar, Lord of the Rings, King Theoden . . . . *proof* **70.00**

2003 dollar, Lord of the Rings, Flight to the Ford (S) . . . . *proof* **70.00**

2003 dollar, Lord of the Rings, mirror of Galadriel (S) . . . . *proof* **70.00**

2003 dollar, Lord of the Rings, Frodo offering ring to Nazgul (S) *proof* **70.00**

2003 dollar, Lord of the Rings, Bridge of Kazad-Dum (S) . . . . *proof* **70.00**

2003 dollar, Lord of the Rings, Shelob's Lair (S) . . . . *proof* **70.00**

2003 dollar, Lord of the Rings, taming of Smeagol (S) . . . . *proof* **70.00**

2003 dollar, Lord of the Rings, Dark Lord's Tower and the Eye (S) . . . . *proof* **70.00**

2003 dollar, Lord of the Rings, Knife in the Dark (S) . . . . *proof* **70.00**

2003 dollar, Lord of the Rings, Gandalf and Saruman (S) . . . . *proof* **70.00**

2003 dollar, Lord of the Rings, Council of Elrond (S) . . . . *proof* **70.00**

2003 dollar, Lord of the Rings, Helm's Deep (S) . . . . *proof* **70.00**

2003 dollar, Lord of the Rings, Frodo and Company (S) . . . . . . *proof* **70.00**

2003 dollar, Lord of the Rings, Departure of Boromir (S) . . . . *proof* **70.00**

2003 dollar, Lord of the Rings, Meeting of Treebeard (S) . . . . *proof* **70.00**

2003 dollar, Lord of the Rings, Battle of Minas Tirith/Pelenor Fields (S) . . . . *proof* **70.00**

2003 dollar, Lord of the Rings, Gandalf Reappears (S) . . . . *proof* **70.00**

2003 dollar, Lord of the Rings, Army of the Dead (S) . . . . *proof* **70.00**

2003 dollar, Lord of the Rings, Travel to the Undying Lands (S) . . . . *proof* **70.00**

2003 dollar, Lord of the Rings, Great River (S). . . . . *proof* **70.00**

2003 dollar, Lord of the Rings, Death of the Witch King (S). . . . . . *proof* **70.00**

2003 dollar, Lord of the Rings, March of the Oliphants (S). . . . . . *proof* **70.00**

2004 dollar, little spotted kiwi (S) **45.00**

2005 dollar, rowi kiwi (S) **40.00**

2005 dollar, kiwi (S) . . . . . . *proof* **50.00**

2005 dollar, King Kong (AL-BZ) **20.00**

2005 dollar, King Kong, multicolored (AL-BZ) **35.00**

2005 dollar, King Kong, Carl Denham (AL-BZ) **35.00**

2005 dollar, King Kong, Ann Darrow and Jack Driscoll (AL-BZ) **35.00**

2005 dollar, King Kong, partially gold plated (S) . . . . *proof* **70.00**

2006 dollar, Narnia, White Witch (S) . . . . *proof* **70.00**

2006 dollar, Narnia, White Witch (AL-BZ) **20.00**

2007 dollar, Narnia, lion (AL-BZ) **20.00**

2006 dollar, Narnia, lion (S) . . . . *proof* **70.00**

2006 dollar, Narnia, wardrobe (S) . . . . *proof* **70.00**

2006 dollar, Elizabeth II 80th birthday (AL-BZ) **30.00**

2006 dollar, North Island brown kiwi (S) **50.00**

2007 dollar, Japanese friendship (S) . . . . *proof* **90.00**

2007 dollar, Scott Base in Antarctica 50th anniversary (S). . . . . *proof* **80.00**

2007 dollar, Scott Base in Antarctica 50th anniversary (G) . . . . . .*proof* **100**

2007 dollar, great spotted kiwi (S) **50.00**

2008 dollar, Sir Edmond Hillary (BR) **20.00**

2008 dollar, Sir Edmond Hillary (S) . . . . *proof* **90.00**

2008 dollar, Haast tokoeka kiwi (S) **60.00**

2009 dollar, southern right whale (S) **70.00**

2009 dollar, Haast eagle (S) **80.00**

2009 dollar, giant moa (S) **80.00**

2009 dollar, colossal squid (S). . . .**80.00**

2009 dollar, giant weta (S). **80.00**

2010 dollar, kiwi and Southern Cross (S) **60.00**

1990 2 dollars (AL-BZ) **3.00**

1990 2 dollars (S) . . . . *proof* **25.00**

1993 2 dollars, sacred kingfisher (AL-BZ). **7.50**

UNC

1993 2 dollars, sacred kingfisher (S) . . . . *proof* **20.00**

1999 2 dollars (AL-BZ) **3.00**

2005 2 dollars (AL-BZ) **2.50**

1991 5 dollars, Rugby World Cup (C-N) **4.50**

1991 5 dollars, Rugby World Cup (S) . . . . *proof* **18.00**

1992 5 dollars, decimal currency 25th anniversary (C-N) **5.00**

1992 5 dollars, decimal currency 25th anniversary (S). . . . *proof* **18.00**

1992 5 dollars, Capt. James Cook (C-N) **5.00**

1992 5 dollars, Christopher Columbus (C-N) **5.00**

1993 5 dollars, Elizabeth II coronation 40th anniversary (G) . . . . *proof* **2,500**

1994 5 dollars, Queen Mother (S). . . . . *proof* **30.00**

1994 5 dollars, Winter Olympics, skiing (S) . . . . *proof* **30.00**

1995 5 dollars, James Clark Ross (S) . . . . *proof* **30.00**

1995 5 dollars, tui bird (C-N) **12.50**

1995 5 dollars, tui bird (S) . *proof* **25.00**

1996 5 dollars, kaka bird (C-N) . .**12.00**

1996 5 dollars, kaka bird (S). . . . . *proof* **30.00**

1996 5 dollars, Auckland (C-N) . . .**8.00**

1996 5 dollars, Auckland (S) . . . . *proof* **40.00**

1997 5 dollars, saddleback bird (C-N) **9.00**

1997 5 dollars, saddleback bird (S) . . . . *proof* **35.00**

1997 5 dollars, Elizabeth II 50th wedding anniversary (C-N) **20.00**

1997 5 dollars, Elizabeth II 50th wedding anniversary (S) . *proof* **25.00**

1997 5 dollars, Christchurch (C-N) **10.00**

1997 5 dollars, Christchurch (S) . . . . *proof* **40.00**

1998 5 dollars, royal albatross (C-N) **15.00**

1998 5 dollars, royal albatross (S) . . . . *proof* **65.00**

UNC

1998 5 dollars, Larnach Castle (C-N) **10.00**

1998 5 dollars, Larnach Castle (S) . . . . *proof* **30.00**

2000 5 dollars, cormorant (C-N) . **12.00**

2001 5 dollars, wood pigeon (C-N) **25.00**

2001 5 dollars, royal visit (C-N) . . **20.00**

2002 5 dollars, Auckland Sky Tower (C-N) **12.50**

2002 5 dollars, Auckland Sky Tower (S) . . . . *proof* **37.50**

2002 5 dollars, Hector's dolphins (C-N) **30.00**

2002 5 dollars, Elizabeth II golden jubilee (S) . . . . *proof* **80.00**

2002 5 dollars, America's Cup (S) . . . . *proof* **50.00**

2003 5 dollars, giant kokopu (C-N) **12.00**

2003 5 dollars, giant kokopu (S) . . **75.00**

2004 5 dollars, magenta petrel (C-N) **27.50**

2003 5 dollars, Elizabeth II coronation 50th anniversary (S) . . . . . *proof* **80.00**

2004 5 dollars, Chatham Island taiko (S) . . . . *proof* **60.00**

2005 5 dollars, Fiordland crested penguin (C-N) **25.00**

2005 5 dollars, Fiordland crested penguin (S) **50.00**

2006 5 dollars, New Zealand falcon (C-N) **30.00**

2006 5 dollars, New Zealand falcon (S) . . . . *proof* **50.00**

2007 5 dollars, tuatara (C-N) **30.00**

2007 5 dollars, tuatara (S) . . *proof* **80.00**

2008 5 dollars, frog (C-N) **30.00**

2008 5 dollars, frog (S) . . . . *proof* **90.00**

2009 5 dollars, kakapo (C-N) **30.00**

2009 5 dollars, kakapo (S) . . *proof* **90.00**

1995 10 dollars, gold prospector (AL-BZ) **15.00**

1995 10 dollars, gold prospector (G) . . . . *proof* **850**

1996 10 dollars, sinking of the Gen. Grant (AL-BZ) **15.00**

1996 10 dollars, sinking of the Gen. Grant (G) . . . . *proof* **850**

1997 10 dollars, gold prospector (AL-BZ) **17.50**

1997 10 dollars, gold prospector (G) . . . . *proof* **850**

1998 10 dollars, century of motoring (C-Z) **15.00**

1998 10 dollars, century of motoring (C-N gilt) . . . . *proof* **45.00**

2002 10 dollars, America's Cup (G-plated N-BR) **45.00**

2002 10 dollars, America's Cup (G) . . . . *proof* **950**

2003 10 dollars, Lord of the Rings, The One Ring (G) . . . . *proof* **2,300**

2003 10 dollars, Lord of the Rings, Frodo (G) . . . . *proof* **2,300**

2003 10 dollars, Lord of the Rings, Sauron (G) . . . . *proof* **2,300**

2004 10 dollars, Pukaki (G) *proof* **5,000**

2006 10 dollars, Narnia (G) *proof* **2,100**

2006 10 dollars, Elizabeth II 80th birthday (G) . . . . *proof* **550**

2008 10 dollars, Sir Edmund Hilary (G) . . . . *proof* **525**

1997 20 dollars, Capt. Charles Upham (S) . . . . *proof* **40.00**

NORWAY

A united Norwegian kingdom was established in the 9th century. It was united briefly with Sweden in the 13th century, then passed through inheritance in 1380 to the rule of Denmark. Danish rule continued until 1814, when Norway again fell under Swedish rule.

The union lasted until 1905, when the Norwegian parliament arranged a peaceful separation. A Danish prince, King Haakon VII, ascended to the throne of an independent Kingdom of Norway, which continues today as a constitutional monarchy.

The listings that follow begin with the introduction of decimal coinage (100 ore = 1 krone) in 1874.

XF

1876 ore (BZ) **20.00**

1906 ore (BZ) **10.00**

1919 ore (I) **12.00**

1941 ore, German occupation issue (I) **1.75**

1950 ore (BZ) **1.00**

1955 ore (BZ) **0.75**

1970 ore (BZ) **0.10**

1891 2 ore (BZ) **12.00**

1907 2 ore (BZ) **25.00**

1920 2 ore (I) **65.00**

1943 2 ore, German occupation issue (I) **1.75**

1952 2 ore (BZ) **1.00**

1958 2 ore (BZ) **1.75**

1962 2 ore (BZ) **0.35**

1876 5 ore (BZ) **50.00**

1899 5 ore (BZ) **40.00**

1907 5 ore (BZ) **70.00**

1919 5 ore (I) **70.00**

1938 5 ore (BZ) **12.00**

1942 5 ore, German occupation issue (I) **5.00**

1953 5 ore (BZ) **2.25**

1965 5 ore, Olav V (BZ) **0.50**

1980 5 ore (BZ) **0.10**

1874 10 ore (S) **90.00**

1890 10 ore (S) **45.00**

1917 10 ore (S) **6.00**

1922 10 ore (C-N) **20.00**

1940 10 ore (C-N) **1.75**

1942 10 ore, German occupation issue (Z) **3.50**

1942 10 ore, German occupation issue (N-B) **150**

1957 10 ore (C-N) **1.50**

1958 10 ore (C-N) **3.00**

1973 10 ore (C-N) **0.25**

1990 10 ore (C-N) **0.10**

1876 25 ore (S) **100**

1904 25 ore (S) **60.00**

1918 25 ore (S) **45.00**

1921 25 ore (C-N) **20.00**

1923 25 ore, hole in center (C-N) **25.00**

1925 25 ore (C-N) **1.75**

1942 25 ore, government-in-exile issue (N-BR) **150**

1943 25 ore, German occupation issue (Z) **4.00**

1952 25 ore (C-N) **1.20**

1968 25 ore (C-N) **0.50**

1982 25 ore (C-N) **0.10**

1874 50 ore (S) **450**

XF

1895 50 ore (S) **100.00**

1919 50 ore (S) . . . . **.20.00**

1921 50 ore (C-N) . . . . **.25.00**

1922 50 ore, hole in center (C-N) . **100**

1942 50 ore, government-in-exile issue
(N-BR) **150**

1944 50 ore, German occupation issue
(Z) . . . . **.35.00**

1946 50 ore (C-N) . . . . **.3.50**

1955 50 ore (C-N) **2.25**

1958 50 ore, Olav V (C-N) **3.00**

1975 50 ore (C-N) . . . . **.0.15**

2000 50 ore (BZ) . . . . *unc* **0.40**

1875 krone (S) **550**

1892 krone (S) **200**

1901 krone (S) **220**

1915 krone (S) **100**

1951 krone (C-N) . . . . **.3.00**

1953 krone (C-N) **2.50**

1970 krone, Olav V (C-N) . . . . . . **.0.50**

1990 krone, Olav V (C-N) . . . . . . **.0.35**

1992 krone, Harald V (C-N) . . . . . **.0.35**

2000 krone (C-N) . . . . *unc* **0.65**

1890 2 kroner, Oscar II (S) **300**

1906 2 kroner, Norway independence
(S) **140**

1907 2 kroner, Norway independence
(S) **195**

1913 2 kroner, Haakon VII (S) **100**

1914 2 kroner, constitution centennial
(S) . . . . **.90.00**

1964 5 kroner (C-N) . . . . **.2.25**

1974 5 kroner, Olav V (C-N) **1.00**

1975 5 kroner, Olav V (C-N) **1.50**

1975 5 kroner, immigration to America
150th anniversary (C-N) **1.50**

1978 5 kroner, Norwegian army
350th anniversary (C-N) **1.50**

1986 5 kroner, mint 300th anniversary
(C-N) **1.50**

1991 5 kroner, national bank
175th anniversary (C-N) . . . *unc* **7.00**

1994 5 kroner (C-N) . . . . **.2.00**

1995 5 kroner, Norwegian coinage
1,000th anniversary (C-N) . *unc* **3.50**

1995 5 kroner, United Nations
(C-N) . . . . *unc* **3.50**

1996 5 kroner, Nansen's return from
Arctic centennial (C-N) . . . *unc* **3.00**

1997 5 kroner, Norwegian Postal Service
350th anniversary (C-N) . . . *unc* **3.00**

2000 5 kroner, Order of St. Olaf
(C-N) . . . . *unc* **1.50**

1874 10 kroner (G) **2,500**

1877 10 kroner (G) **2,200**

1902 10 kroner, Oscar II (G) **1,800**

1910 10 kroner, Haakon VII (G) . . . **800**

1964 10 kroner, constitution
sesquicentennial (S) . . . . **.9.00**

1990 10 kroner, Olav V
(C-N-Z) **1.75**

1995 10 kroner, Harald V
(C-N-Z) **3.50**

1874 20 kroner, Oscar II (G) **650**

1878 20 kroner, Oscar II (G) **425**

1902 20 kroner, Oscar II (G) **500**

1910 20 kroner, Haakon VII (G) . . **1,000**

1995 20 kroner, Harald V (C-N-Z) . **6.50**

UNC

1999 20 kroner, Akershus Fortress
(C-N-Z) . . . . **.7.50**

1999 20 kroner, Vinland (N-BZ) . . . **7.50**

2000 20 kroner, millennium (N-BR)
. . . . **12.50**

2002 20 kroner, Niels Henrik Abel
(N-BR) **10.00**

2004 20 kroner, first Norwegian railroad
(C-N-Z) . . . . **.20.00**

2006 20 kroner, Henrik Ibsen (C-N-Z)
. . . . **10.00**

1970 25 kroner, liberation 25th
anniversary (S) . . . . **.13.50**

1978 50 kroner, Olav V
75th birthday (S. **15.00**

1991 50 kroner, 1994 Olympics, skiers
(S) . . . . **.37.50**

1991 50 kroner, 1994 Olympics, child
skiing (S) . . . . **.37.50**

1992 50 kroner, 1994 Olympics,
grandfather and child (S) . . . . . **.37.50**

1992 50 kroner, 1994 Olympics, children
sledding (S) . . . . **.37.50**

1993 50 kroner, 1994 Olympics, cross-
country skiing (S) **37.50**

1993 50 kroner, children ice skating (S)
. . . . **37.50**

1995 50 kroner, United Nations
50th anniversary (S) . . . . . *proof* **42.50**

1995 50 kroner, World War II 50th
anniversary (S) . . . . *proof* **45.00**

1982 100 kroner, Olav V 25th
anniversary of reign (S) . . . . . . **.25.00**

1991 100 kroner, 1994 Olympics, cross-
country skiing (S). . . . . **.60.00**

1991 100 kroner, 1994 Olympics, speed
skating (S) . . . . **.60.00**

1992 100 kroner, 1994 Olympics, ski
jumping (S) . . . . **.60.00**

1992 100 kroner, 1994 Olympics, hockey
(S) . . . . **.60.00**

1993 100 kroner, World Cycling
Championships, cyclist (S) . . . . **.70.00**

1993 100 kroner, World Cycling
Championships, group of cyclists (S)
. . . . **.70.00**

UNC

1993 100 kroner, 1994 Olympics, figure skating (S) **60.00**

1993 100 kroner, 1994 Olympics, Alpine skiing (S) **60.00**

1999 100 kroner, year 2000 (S) . . . . *proof* **70.00**

2001 100 kroner, Nobel Peace Prize centennial (S) . . . . *proof* **85.00**

2003 100 kroner, 1905 independence from Sweden (S) . . . . . . *proof* **70.00**

2004 100 kroner, 1905 independence from Sweden (S) . . . . . . *proof* **70.00**

1989 175 kroner, constitution 175th anniversary (S) **75.00**

1980 200 kroner, liberation 35th anniversary (S) **45.00**

2008 200 kroner, Henrik Wergeland (S) . . . . *proof* **100**

2009 200 kroner, Knut Hansun (S) . . . . *proof* **100**

1991 1,500 kroner, 1994 Olympics, ancient skier (G) . . . . *proof* **1,000**

1992 1,500 kroner, 1994 Olympics, Birkebeiners (G) . . . . *proof* **1,000**

1993 1,500 kroner, World Cycling Championships (G). . . . . *proof* **1,200**

1993 1,500 kroner, Edvard Grieg (G) . . . . *proof* **1,500**

1993 1,500 kroner, 1994 Olympics, Telemark skier (G). . . . . *proof* **1,100**

1993 1,500 kroner, Roald Amundsen (G) . . . . *proof* **1,150**

2000 1,500 kroner, year 2000 (G) . . . . *proof* **1,250**

2001 1,500 kroner, Nobel Peace Prize centennial (G) . . . . *proof* **1,200**

2003 1,500 kroner, 1905 independence from Sweden (G). . . . . . *proof* **1,000**

2004 1,500 kroner, 1905 independence from Sweden (G). . . . . . *proof* **1,000**

PERU

T oday's Republic of Peru was once part of the great Inca Empire that reached from northern Ecuador to central Chile. The conquest of Peru by Francisco Pizarro began in 1531. Coveted as the richest of the Spanish viceroyalties, the region was torn by warfare between avaricious Spaniards until the arrival of Francisco de Toledo in 1569. More than two centuries of colonial rule followed until Jose de San Martin of Argentina proclaimed Peru's independence on July 28, 1821. Simon Bolivar of Venezuela secured it in December 1824 when he defeated the last Spanish army in South America. Spain finally recognized Peru's independence in 1879.

The listings that follow begin with the introduction of a new coinage system (100 centavos = 1 sol) in 1863.

XF

1863 centavo (C-N) **6.00**

1875 centavo (BZ). **8.00**

1935 centavo (BZ). **15.00**

1963 centavo (Z) **3.00**

1863 2 centavos (C-N) **12.50**

1876 2 centavos (C or BZ) **6.00**

1920 2 centavos (C or BZ) **5.00**

1958 2 centavos (Z). **4.50**

1918 5 centavos (C-N) **2.50**

1934 5 centavos (C-N) **3.00**

1970 5 centavos (BR) . . . . *unc* **0.20**

1863 half dinero (S) **5.00**

1901 half dinero (S) **2.50**

1918 10 centavos (C-N) **2.00**

1950 10 centavos (BR) **1.00**

1975 10 centavos (BR) . . . . . *unc* **0.25**

1863 dinero (S) **4.50**

1910 dinero (S) **4.00**

1918 20 centavos (C-N) **5.00**

1947 20 centavos (C) . . . . *unc* **150**

1965 20 centavos (BR) . . . . . . *unc* **1.00**

1863 1/5 sol (S). **8.00**

1913 1/5 sol (S). **6.00**

1965 25 centavos, Lima Mint 400th anniversary (BR) . . . . *unc* **0.75**

1864 half sol (S) **30.00**

1935 half sol (S) **6.00**

1935 half sol (BR) **2.25**

1950 half sol (BR) **4.50**

1965 half sol, Lima Mint 400th anniversary (BR) . . . . *unc* **0.50**

1974 half sol (BR). . . . . *unc* **1.00**

1976 half sol, Battle of Ayacucho 150th anniversary (G) . . . .*unc* **500**

1864 sol (S). **22.00**

1914 sol (S). **22.00**

1935 sol (S). **13.00**

1943 sol (BR) **3.00**

1965 sol, Lima Mint 400th anniversary (BR). . . . . *unc* **1.75**

1975 sol (BR) . . . . *unc* **0.25**

1976 sol, Battle of Ayacucho 150th anniversary (G) . . . . *unc* **1,250**

1863 5 soles (G) **500**

1956 5 soles (G) **85.00**

1969 5 soles (C-N) . . . . *unc* **1.50**

1971 5 soles, independence 150th anniversary (C-N) . . . . *unc* **2.00**

1980 5 soles (BR) . . . . *unc* **1.00**

1863 10 soles (G) **850**

1956 10 soles (G) **170**

1971 10 soles, independence 150th anniversary (C-N) . . . . *unc* **2.50**

1983 10 soles (BR) . . . . *unc* **0.85**

1984 10 soles, Adm. Miguel Grau (BR) . . . . *unc* **0.50**

1863 20 soles (G) **1,750**

1950 20 soles (G) **340**

1965 20 soles, Lima Mint 400th anniversary (S) . . . . . *unc* **7.00**

XF

1966 20 soles, Peru-Spain naval battle centennial (S) **18.50**

1930 50 soles (G) **2,500**

1950 50 soles (G) **1,250**

1965 50 soles, Lima Mint 400th anniversary (G) **1,250**

1966 50 soles, Peru-Spain naval battle centennial (G) **1,250**

1967 50 soles (G) **1,250**

1970 50 soles (G) **1,250**

1971 50 soles, independence 150th anniversary (S). **18.00**

1979 50 soles (AL-BZ) **1.00**

1984 50 soles, Adm. Miguel Grau (BR)
. . . .**0.50**

1959 100 soles (G) **2,450**

1965 100 soles, Lima Mint 400th anniversary (G) **2,450**

1966 100 soles, Peru-Spain naval battle centennial (G) **2,500**

1969 100 soles (G) **2,450**

1973 100 soles, Peru-Japan trade relations centennial (S) **18.00**

1982 100 soles (C-N) **1.50**

1984 100 soles, Adm. Miguel Grau (BR)
. . . .**1.00**

1974 200 soles, aviation heroes, Chavez and Guinones (S) **18.00**

1976 400 soles, Battle of Ayacucho 150th anniversary (S) **25.00**

1984 500 soles, Adm. Miguel Grau (BR)
. . . .**2.00**

1979 1,000 soles, National Congress (S)
. . . .**7.50**

1979 5,000 soles, Battle of Iquique centennial (S) **30.00**

1982 5,000 soles, soccer champions (S) . . . . *proof* **27.00**

1982 5,000 soles, soccer champions, soccer players in front of globe (S)
. . . . *proof* **27.00**

1982 10,000 soles, Battle of La Brena and Gen. Andres A. Caceres (S)
. . . .**15.00**

1979 50,000 soles, Alfonso Urgarte (G)
. . . . **900**

1979 50,000 soles, Elias Aguirre (G)
. . . . **900**

1979 50,000 soles, F. Garcia Calderon (G). **900**

1979 100,000 soles, Francisco Bolognese (G). **1,800**

1979 100,000 soles, Gen. Andres A. Caceres (G) **1,800**

1979 100,000 soles, Adm. Miguel Grau (G). **1,800**

1985 centimo (BR) **0.25**

1985 5 centimos (BR). **0.35**

1985 10 centimos (BR). **0.50**

UNC

1985 20 centimos (BR). **1.25**

1985 50 centimos (BR). **1.25**

1989 half inti (S). **20.00**

1985 inti (C-N). **1.75**

1986 5 intis (C-N). **3.50**

1986 100 intis (S) **18.00**

1986 200 intis, Marshal Andres A. Caceres (S) **35.00**

1991 centimo (BR) **0.35**

2006 centimo (BR) **0.25**

2008 centimo (AL) **0.50**

1991 5 centimos (BR) **0.50**

2006 5 centimos (BR) **0.35**

2008 50 centimos (AL) **0.50**

1991 10 centimos (BR) **0.65**

2008 10 centimos (BR) **0.65**

1991 20 centimos (BR) **0.85**

UNC

2008 20 centimos (BR). **0.85**

1991 50 centimos (C-N). **1.50**

2008 50 centimos (C-N). **1.50**

1991 nuevo sol, Ibero-America, supine conjoined heads on reverse (S)
. . . . *proof* **50.00**

1991 nuevo sol, Ibero-America, opposite conjoined heads on reverse (S) . . . . *proof* **55.00**

1992 nuevo sol (C-N) **5.00**

1994 nuevo sol, pre-Inca Moche cultural artifacts (S) . . . . *proof* **55.00**

1994 nuevo sol, pre-Inca Moche cultural artifacts (G) **1,000**

1994 nuevo sol, environmental protection, vicunas (S). . . *proof* **50.00**

1994 nuevo sol, environmental protection, llama, monkey, and crocodile (S) . . . . *proof* **50.00**

1994 nuevo sol, Jose Carlos Mariatgui (S) . . . .*proof* **100**

1995 nuevo sol, Grand Marshal Luis Jose de Orbegoso y Moncada (S) . . . . *proof* **60.00**

1995 nuevo sol, Victor Raul Haya de la Torre (S). **100**

1996 nuevo sol, National Mineral and Petroleum Society centennial (S) **45.00**

1997 nuevo sol, Central Bank 75th anniversary(S) . . . . *proof* **50.00**

1997 nuevo sol, Grand Marshal Ramon Castilla (S). . . . . *proof* **50.00**

1997 nuevo sol, Raul Porras Barrenechea (S) . . . . *proof* **55.00**

1998 nuevo sol, Chorrilos Military School centennial (S) . . . *proof* **47.50**

1999 nuevo sol (C-N) **4.00**

1999 nuevo sol, Japanese immigration centennial (S) . . . . *proof* **47.50**

2000 nuevo sol, Ibero-America, horse and rider (S). . . . . . *proof* **60.00**

2001 nuevo sol, San Marcos University 450th anniversary (S) . . . *proof* **55.00**

2001 nuevo sol, Numismatic Society of Peru 50th anniversary (S) *proof* **45.00**

2002 nuevo sol, Alexander von Humboldt visit 200th anniversary (S) . . . . *proof* **55.00**

2002 nuevo sol, Ibero-America, Indians in reed boats (S) . . . . *proof* **60.00**

2003 nuevo sol, Inmaculate Jesuitas College (S). . . . . *proof* **50.00**

UNC

2003 nuevo sol, congress 180th
anniversary (S) . . . . *proof* **55.00**

2004 nuevo sol, World Cup soccer
(S) . . . . *proof* **55.00**

2005 nuevo sol, Ibero-America, lost city
of the Incas (S) . . . . *proof* **60.00**

2008 nuevo sol (C-N) **2.50**

1994 2 nuevo soles (BR center in ST
ring) **4.50**

2008 2 nuevos soles (BR center in ST
ring) **4.50**

1994 5 nuevo soles (BR center in ST
ring) **6.50**

2008 5 nuevo soles (BR center in ST
ring) **6.50**

1992 20 nuevo soles, Rio de Janeiro
Protocal (S) **30.00**

1992 20 nuevo soles (S) . . . *proof* **35.00**

1993 50 nuevo soles, Peru-Japan
Commercial Exchange (S) **45.00**

PHILIPPINES

Ferdinand Magellan claimed the Philippine islands for Spain in 1521. A British expedition captured the city of Manila and occupied the Spanish colony in 1762 but returned it to Spain in 1763 under terms of the Treaty of Paris. Spain held the Philippines until 1898 when the archipelago was ceded to the United States under terms ending the Spanish-American War. The Philippines became a self-governing commonwealth of the United States in 1935 and attained independence as the Republic of the Philippines on July 4, 1946.

The listings that follow begin with coins issued under U.S. administration.

U.S. ADMINISTRATION

XF

1904 half centavo (BZ) **2.00**

1934 centavo (BZ) **7.50**

1918 5 centavos (C-N) **5.50**

1930 5 centavos (C-N) **5.00**

1903 10 centavos (S) **5.00**

1921 10 centavos (S) **3.00**

1903 20 centavos (S) **6.50**

1918 20 centavos (S) **4.00**

1903 50 centavos (S) **6.50**

1918 50 centavos (S) **7.50**

1903 peso (S) **25.00**

1908 peso (S) **8.00**

U.S. ADMINISTRATION – COMMONWEALTH

UNC

1940 centavo (BZ) **15.00**

1938 5 centavos (C-N) **20.00**

1945 5 centavos (C-N) **1.00**

1941 10 centavos (S) **7.50**

1938 20 centavos (S) **12.50**

1936 50 centavos, establishment of
commonwealth (S) **125**

1944 50 centavos (S) **5.00**

1936 peso, establishment of
commonwealth (S) **150**

REPUBLIC

UNC

1958 centavos (BZ) **0.25**

1960 5 centavos (BR) **0.15**

1962 10 centavos (C-Z-N) **0.20**

1962 25 centavos (C-Z-N) **0.50**

1947 50 centavos (S) **10.00**

1958 50 centavos (C-Z-N) **1.00**

1947 peso, Gen. Douglas MacArthur
(S) **20.00**

1961 peso, Dr. Jose Rizal (S) **13.00**

1963 peso, Andres Bonifacio (S) . . **13.00**

1964 peso, Apolinario Mabini
(S) **13.00**

1967 peso, Bataan Day 25th anniversary
(S) **13.00**

1967 sentimo (AL) **0.25**

1977 sentimo (AL) **1.00**

1981 sentimo (AL) **1.00**

1987 sentimo (AL) **0.75**

2000 sentimo (C-plated ST) **0.15**

2004 sentimo (C-plated ST) **0.10**

1967 5 sentimos (BR) **0.30**

1978 5 sentimos (BR) **1.50**

1982 5 sentimos (BR) **0.10**

1990 5 sentimos (AL) **0.25**

2000 5 sentimos (C-plated ST) **0.25**

2008 5 sentimos (C-plated ST) **0.20**

1970 10 sentimos (C-Z-N) **0.35**

1976 10 sentimos (C-N) **0.50**

1981 10 sentimos (C-N) **1.00**

1986 10 sentimos (AL) **1.00**

1992 10 sentimos (AL) **0.35**

1995 10 sentimos (BZ-plated ST)
. . . . **0.30**

2006 10 sentimos (BZ-plated ST) . . **0.30**

1967 25 sentimos (C-Z-N) **0.50**

1975 25 sentimos (C-N) **0.50**

1981 25 sentimos (C-N) **1.00**

1990 25 sentimos (BR) **0.75**

1991 25 sentimos (BR) **1.00**

1995 25 sentimos (BR) **0.75**

2003 25 sentimos (BR) **0.60**

2008 25 sentimos (BR-plated ST) . . **0.50**

1975 50 sentimos (C-Z-N) **1.00**

1985 50 sentimos (C-N) **1.00**

1992 50 sentimos (BR) **1.50**

1969 piso, Emilio Aguinaldo (S) . . **14.00**

1970 piso, Pope Paul VI visit (N) . . **2.50**

1970 piso, Pope Paul VI visit (S) . . **22.00**

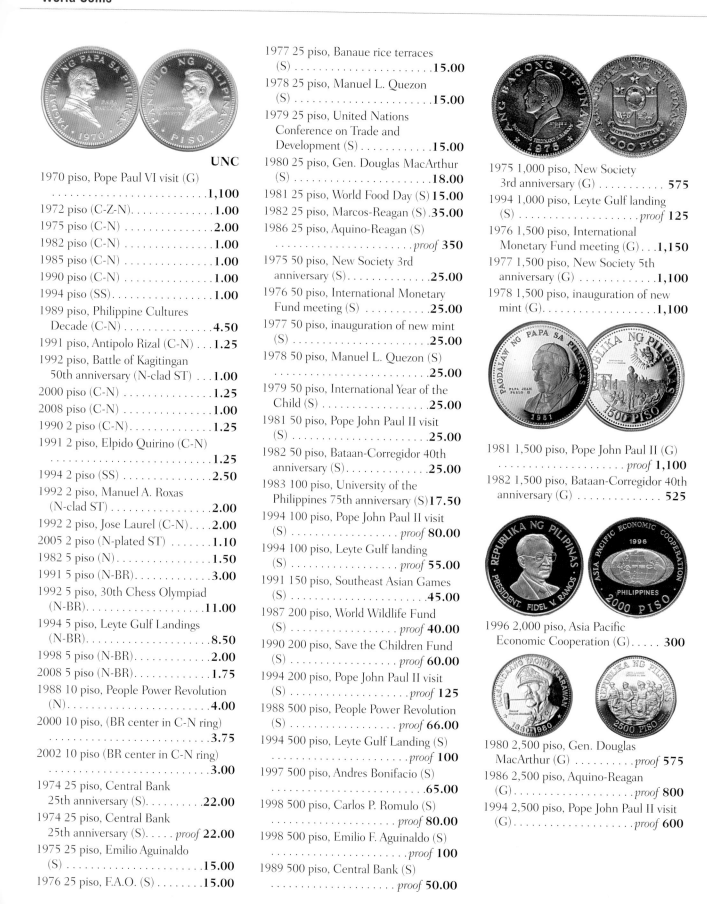

UNC

1970 piso, Pope Paul VI visit (G)
. . . .**1,100**

1972 piso (C-Z-N). **1.00**

1975 piso (C-N) **2.00**

1982 piso (C-N) **1.00**

1985 piso (C-N) **1.00**

1990 piso (C-N) **1.00**

1994 piso (SS). **1.00**

1989 piso, Philippine Cultures
Decade (C-N) **4.50**

1991 piso, Antipolo Rizal (C-N) . . .**1.25**

1992 piso, Battle of Kagitingan
50th anniversary (N-clad ST) . . .**1.00**

2000 piso (C-N) **1.25**

2008 piso (C-N) **1.00**

1990 2 piso (C-N). **1.25**

1991 2 piso, Elpido Quirino (C-N)
. . . .**1.25**

1994 2 piso (SS) **2.50**

1992 2 piso, Manuel A. Roxas
(N-clad ST) **2.00**

1992 2 piso, Jose Laurel (C-N). . . .**2.00**

2005 2 piso (N-plated ST) **1.10**

1982 5 piso (N) **1.50**

1991 5 piso (N-BR). **3.00**

1992 5 piso, 30th Chess Olympiad
(N-BR). **11.00**

1994 5 piso, Leyte Gulf Landings
(N-BR). **8.50**

1998 5 piso (N-BR). **2.00**

2008 5 piso (N-BR). **1.75**

1988 10 piso, People Power Revolution
(N). **4.00**

2000 10 piso, (BR center in C-N ring)
. . . .**3.75**

2002 10 piso (BR center in C-N ring)
. . . .**3.00**

1974 25 piso, Central Bank
25th anniversary (S). **22.00**

1974 25 piso, Central Bank
25th anniversary (S). . . . *proof* **22.00**

1975 25 piso, Emilio Aguinaldo
(S) **15.00**

1976 25 piso, F.A.O. (S) **15.00**

1977 25 piso, Banaue rice terraces
(S) **15.00**

1978 25 piso, Manuel L. Quezon
(S) **15.00**

1979 25 piso, United Nations
Conference on Trade and
Development (S) **15.00**

1980 25 piso, Gen. Douglas MacArthur
(S) **18.00**

1981 25 piso, World Food Day (S) **15.00**

1982 25 piso, Marcos-Reagan (S) .**35.00**

1986 25 piso, Aquino-Reagan (S)
. . . . *proof* **350**

1975 50 piso, New Society 3rd
anniversary (S). **25.00**

1976 50 piso, International Monetary
Fund meeting (S) **25.00**

1977 50 piso, inauguration of new mint
(S) **25.00**

1978 50 piso, Manuel L. Quezon (S)
. . . .**25.00**

1979 50 piso, International Year of the
Child (S) **25.00**

1981 50 piso, Pope John Paul II visit
(S) **25.00**

1982 50 piso, Bataan-Corregidor 40th
anniversary (S). **25.00**

1983 100 piso, University of the
Philippines 75th anniversary (S)**17.50**

1994 100 piso, Pope John Paul II visit
(S) . . . . *proof* **80.00**

1994 100 piso, Leyte Gulf landing
(S) . . . . *proof* **55.00**

1991 150 piso, Southeast Asian Games
(S) **45.00**

1987 200 piso, World Wildlife Fund
(S) . . . . *proof* **40.00**

1990 200 piso, Save the Children Fund
(S) . . . . *proof* **60.00**

1994 200 piso, Pope John Paul II visit
(S) . . . . *proof* **125**

1988 500 piso, People Power Revolution
(S) . . . . *proof* **66.00**

1994 500 piso, Leyte Gulf Landing (S)
. . . . *proof* **100**

1997 500 piso, Andres Bonifacio (S)
. . . .**65.00**

1998 500 piso, Carlos P. Romulo (S)
. . . . *proof* **80.00**

1998 500 piso, Emilio F. Aguinaldo (S)
. . . . *proof* **100**

1989 500 piso, Central Bank (S)
. . . . *proof* **50.00**

1975 1,000 piso, New Society
3rd anniversary (G) **575**

1994 1,000 piso, Leyte Gulf landing
(S) . . . . *proof* **125**

1976 1,500 piso, International
Monetary Fund meeting (G). . .**1,150**

1977 1,500 piso, New Society 5th
anniversary (G) **1,100**

1978 1,500 piso, inauguration of new
mint (G). **1,100**

1981 1,500 piso, Pope John Paul II (G)
. . . . *proof* **1,100**

1982 1,500 piso, Bataan-Corregidor 40th
anniversary (G) **525**

1996 2,000 piso, Asia Pacific
Economic Cooperation (G). **300**

1980 2,500 piso, Gen. Douglas
MacArthur (G) . . . .*proof* **575**

1986 2,500 piso, Aquino-Reagan
(G). . . . . *proof* **800**

1994 2,500 piso, Pope John Paul II visit
(G). . . . . *proof* **600**

UNC

1977 5,000 piso, New Society
  5th anniversary (G) **4,000**

1994 5,000 piso, Pope John Paul II visit
  (G) . . . .*proof* **925**

1999 5,000 piso, Central Bank 50th
  anniversary (G) **850**

1992 10,000 pesos, democracy restored
  6th anniversary (G) . . . . . *proof* **1,850**

POLAND

Poland, which began as a Slavic duchy in the 10th century and reached its peak of power between the 14th and 16th centuries, has had a turbulent history of invasions, occupation, and partition by Mongols, Turkey, Transylvania, Sweden, Austria, Prussia, and Russia.

Poland regained independence in 1919 but fell under German occupation and communist rule during and after World War II. A move toward democracy in the 1980s culminated in free elections in the 1990s and a new constitution in 1997.

XF

1925 grosz (BZ) **11.00**
1935 2 grosze (BZ) **12.00**
1939 5 groszy (BZ) **4.00**
1923 10 groszy (N) **1.50**

1923 20 groszy (N) **1.25**
1923 50 groszy (N) **1.50**
1925 zloty (S) **60.00**
1929 zloty (N) **40.00**
1936 2 zlote (S) **18.00**
1925 5 zlotych, adoption of constitution
  (S) **3,000**
1925 5 zlotych, adoption of constitution
  (BZ) **800**
1930 5 zlotych, revolution centennial
  (S) **175**
1934 5 zlotych (S) **12.00**
1936 5 zlotych, Gdynia Seaport
  15th anniversary (S) **120**
1938 5 zlotych (S) **16.00**

1925 10 zlotych (G) **210**
1932 10 zlotych, Queen Jadwiga (S)
  . . . .**25.00**
1933 10 zlotych, Jan III Sobieski (S)
  . . . . **200**
1933 10 zlotych, Ramuald Traugutt (S)
  . . . . **280**
1934 10 zlotych, Josef Pilsudski (S)
  . . . .**90.00**
1925 20 zlotych (G) **375**

UNC

1949 grosz (AL) **3.00**
1949 2 grosze (AL) **4.00**
1949 5 groszy (BZ) **4.00**
1949 5 groszy (AL) **5.00**
1949 10 groszy (C-N) **5.00**
1949 10 groszy (AL) **9.00**
1949 20 groszy (C-N) **7.00**
1949 50 groszy (C-N) **7.00**
1949 50 groszy (AL) **9.00**
1949 zloty (C-N) **14.00**
1949 zloty (AL) **20.00**

1962 5 groszy (AL) **0.60**
1970 10 groszy (AL) **0.70**
1980 20 groszy (AL) **0.30**
1972 50 groszy (AL) **0.70**
1985 zloty (AL) **0.40**
1975 2 zlote (BR) **1.00**
1995 2 zlote, Katyn Forest Massacre
  (C-N) **3.50**
1995 2 zlote, Battle of Warsaw
  (C-N) **3.50**
1998 2 zlote, Sigismund III (BR) .**12.00**
1998 2 zlote, discovery of radium and
  polonium (BR) **10.00**
1998 2 zlote, Polish independence 80th
  anniversary (BR) **10.00**
1999 2 zlote, Poland's accession to
  NATO (BR) **8.00**
2000 2 zlote, millennium (C-N center in
  BR ring) **3.00**
2000 2 zlote, Gniezno Convention
  1,000th anniversary (BR) **10.00**
2000 2 zlote, Wroclawia (Breslau)
  1,000th anniversary (BR) **7.00**
2002 2 zlote, August II (BR) **4.00**
2003 2 zlote, city of Poznan (Posen)
  (BR) **5.00**
2003 2 zlote, Easter Monday festival
  (BR) **4.00**
2004 2 zlote, modern zloty currency
  (BR) **3.00**
2004 2 zlote, Poland joining European
  Union (BR) **3.00**
2004 2 zlote, Warsaw Uprising 60th
  anniversary (BR) **3.00**
2004 2 zlote, Polish police 85th
  anniversary (BR) **3.00**
2005 2 zlote, owls (BR) **4.00**
2005 2 zlote, World War II 60th
  anniversary (BR) **3.00**
2005 2 zlote, Solidarity (BR) **3.00**
2006 2 zlote, Sandomierz Palace (BR)
  . . . .**3.00**
2007 2 zlote, history of zloty (BR) . .**3.00**
2007 2 zlote, Krakau 750th anniversary
  (BR) **3.00**
2008 2 zlote, Siberian exiles (BR) . .**3.00**
2008 2 zlote, freedom regained 90th
  anniversary (BR) **3.00**
2008 2 zlote, Polish settlement in North
  America 400th anniversary (BR) .**3.00**

UNC

2008 2 zlote, Greater Poland Uprising 90th anniversary (BR) **3.00**

2009 2 zlote, central banking 180th anniversary BR) **3.00**

2009 2 zlote, 1989 general elections (BR) **3.00**

2009 2 zlote, Warsaw Uprising poets 65th anniversary (BR) **3.00**

2009 2 zlote, Poles saving Jews (BR) **3.00**

2009 2 zlote, Polish Underground (BR) **3.00**

2010 2 zlote, liberation of Auschwitz (BR) **3.00**

1959 5 zlotych (AL). **27.50**

1990 5 zlotych (AL). **1.25**

1959 10 zlotych, Mikolaj Kopernik (C-N) **5.00**

1965 10 zlotych, Warsaw 700th anniversary, Nike of Warsaw (C-N). **5.00**

1965 10 zlotych, Warsaw 700th anniversary, Sigismund Pillar (C-N) **5.00**

1966 10 zlotych, Warsaw Mint 200th anniversary (C-N) **35.00**

1968 10 zlotych, People's Army 25th anniversary (C-N) **3.50**

1969 10 zlotych, People's Republic 25th anniversary (C-N) **3.50**

1970 10 zlotych, Tadeusz Kosciuszko (C-N). **4.00**

1975 10 zlotych, Boleslaw Prus (C-N) **2.50**

1988 10 zlotych (C-N) **2.00**

1990 10 zlotych (BR) **1.50**

1995 10 zlotych, capture of Berlin (S) . . . . *proof* **45.00**

1995 10 zlotych, organized peasant movement centennial (S) *proof* **45.00**

1996 10 zlotych, Poznan workers' protest 40th anniversary (S). . . . . *proof* **45.00**

1997 10 zlotych, St. Adalbert's martyrdom (S) . . . . *proof* **45.00**

1998 10 zlotych, independence 80th anniversary (S). . . . . *proof* **35.00**

2000 10 zlotych, holy year (S) . . . . *proof* **32.50**

2001 10 zlotych, constitutional court 15th anniversary (S). . . . . *proof* **65.00**

2001 10 zlotych, Cardinal Stefan Wyszynski (S). . . . . *proof* **30.00**

2002 10 zlotych, World Cup soccer (S) . . . . *proof* **27.50**

2002 10 zlotych, World Cup soccer, amber soccer-ball inset (S) . . . . . *proof* **75.00**

2003 10 zlotych, Great Orchestra of Christmas Charity (S) . . . *proof* **45.00**

2004 10 zlotych, Warsaw Fine Arts Academy centennial (S) . *proof* **25.00**

2005 10 zlotych, Japan's Aichi Expo, triangle shape (S) . . . . . . *proof* **45.00**

2005 10 zlotych, end of World War II 60th anniversary (S). . . . . *proof* **35.00**

2007 10 zlotych, Szymanowskiego (S) . . . . *proof* **30.00**

2007 10 zlotych, Arctic explorers (S). . . . . *proof* **30.00**

2007 10 zlotych, breaking the Enigma Code (S) . . . . *proof* **50.00**

2008 10 zlotych, Beijing Olympics (S center, G plated) . . . . . *proof* **40.00**

2008 10 zlotych, Rocznica March 40th anniversary (S). . . . . *proof* **50.00**

2009 10 zlotych, start of World War II 60th anniversary (S). . . . . *proof* **40.00**

2009 10 zlotych, Supreme Chamber 90th anniversary (S). . . . . *proof* **45.00**

2009 10 zlotych, Tatar rescues centennial (S) . . . . *proof* **40.00**

2010 10 zlotych, Vancouver Olympics (S) . . . . *proof* **40.00**

2010 10 zlotych, Napoleonic Imperial Guard, rectangle shape (S) . . . . *proof* **40.00**

1975 20 zlotych, International Women's Year (C-N) **4.00**

1976 20 zlotych (C-N) **2.50**

1978 20 zlotych, Maria Konopnicka (C-N). **4.00**

1978 20 zlotych, first Polish cosmonaut (C-N). **4.00**

1979 20 zlotych, International Year of the Child (C-N). **5.00**

1980 20 zlotych, 1980 Olympics (C-N) **5.00**

1985 20 zlotych (C-N) **2.50**

1995 20 zlotych, Plock Province 500th anniversary (S). . . . . *proof* **45.00**

1995 20 zlotych, catfish (S). . . *proof* **250**

1995 20 zlotych, Battle of Warsaw 7th anniversary (S). . . . . *proof* **120**

1995 20 zlotych, Copernicus (S) . . . . *proof* **150**

1996 20 zlotych, Warsaw 400th anniversary as capital (S) . *proof* **45.00**

1996 20 zlotych, Gdansk (Danzig) millennium (S) . . . . *proof* **100**

2001 20 zlotych, Christmas (S). . . . **225**

2002 20 zlotych, Jan Matejko (S) . . . . *proof* **200**

2003 20 zlotych, Jacek Malczewski, "Death" allegory (S) . . . . . *proof* **45.00**

2004 20 zlotych, harbor porpoises (S) . . . . *proof* **175**

2005 20 zlotych, defense of Gory 350th anniversary (S). . . . . *proof* **50.00**

2006 20 zlotych, spider web, multicolored holograph (S) . *proof* **115**

2007 20 zlotych, medieval principality of Sredniowiecznew in Torin (S) . . . . *proof* **55.00**

2009 25 zlotych, 1989 general elections (G) . . . . *proof* **65.00**

2009 37 zlotych, Fr. Jorzy Popieluszko murder 25th anniversary (G). . . . **100**

1972 50 zlotych, Fryderyk Chopin (S) . . . . *proof* **25.00**

1983 50 zlotych, Great Theater 1 50th anniversary (C-N) **8.00**

2008 50 zlotych, freedom regained 90th anniversary (G) . . . . *proof* **125**

1966 100 zlotych, Polish millennium (S) **35.00**

1974 100 zlotych, Maria Sklodowska (S) . . . . *proof* **25.00**

1975 100 zlotych, Royal Castle in Warsaw (S) . . . . *proof* **25.00**

1976 100 zlotych, Kazimierz Pulaski (S) . . . . *proof* **20.00**

1982 100 zlotych, Pope John Paull II (S) **150**

1984 100 zlotych, People's Republic 40th anniversary (C-N) **3.00**

1988 100 zlotych, Wielkopolskiego Insurrection 70th anniversary (C-N). **3.00**

UNC

2000 100 zlotych, Queen Jadwiga
(G) . . . . *proof* **1,000**

20001 100 zlotych, Jan Sobieski III
(G) . . . . *proof* **875**

2005 100 zlotych, Pope John Paul II, St.
Peter's Basilica (G) . . . . *proof* **450**

2008 100 zlotych, Polish settlement in
North America 400th anniversary
(G) . . . . *proof* **450**

1974 200 zlotych, People's Republic
30th anniversary (S) **9.00**

1975 200 zlotych, victory of fascism 30th
anniversary (S) **10.00**

1975 200 zlotych, XXI Olympics (S)
. . . . **9.00**

1983 200 zlotych, Jan III Sobieski
(S) . . . . *proof* **85.00**

1995 200 zlotych, XII Chopin Piano
Competition (G) . . . . . . *proof* **11,500**

1999 Juliusz Slowacki (G) . . *proof* **1,500**

2000 200 zlotych, Solidarity (G)
. . . . *proof* **2,250**

2000 200 zlotych, millennium (G center,
S inner ring, G outer ring) . . *proof* **550**

2001 200 zlotych, year 2001 (G with
palladium center, G with S ring, G
with C out limit) . . . . *proof* **900**

2002 200 zlotych, Pope John Paul II
(G) . . . . *proof* **1,200**

2003 200 zlotych, Pope John Paul II
(G) . . . . *proof* **1,300**

2007 200 zlotych, 15th-century knight
(G) . . . . *proof* **850**

2008 200 zlotych, Zbigniew Herbert
(G) . . . . *proof* **850**

2009 200 zlotych, central banking 180th
anniversary (G) . . . . *proof* **850**

1976 500 zlotych, Tadeusz Koscluszko
(G) . . . . *proof* **1,850**

1976 500 zlotych, Kazmierz Pulaski
(G) . . . . *proof* **1,850**

1985 500 zlotych, United Nations 40th
anniversary (S) . . . . *proof* **37.50**

1987 500 zlotych, Olympics, equestrian
(S) . . . . *proof* **35.00**

1987 500 zlotych, European Soccer
Championship (S) . . . . . . *proof* **37.50**

1989 50 zlotych, start of World War II
50th anniversary (C-N) **2.50**

1982 1,000 zlotych, Pope John Paul II
visit (S) **25.00**

1987 1,000 zlotych, papal visit to
America (G) . . . . *proof* **3,500**

1988 1,000 zlotych, Pope John Paul II
10th anniversary (G) . . . . *proof* **1,250**

1979 2,000 zlotych, Maria Skiodowska
(G) . . . . *proof* **425**

1982 2,000 zlotych, Pope John Paul II
(G) . . . . *proof* **1,750**

1989 5,000 zlotych, Torunia Town Hall
(S) . . . . *proof* **40.00**

1988 10,000 zlotych, Pope John Paul II,
Christmas (S) . . . . *proof* **325**

1988 5,000 zlotych, Polish independence
70th anniversary (S) **20.00**

1990 10,000 zlotych, Solidarity
10th anniversary (C-N) **4.50**

1991 10,000 zlotych, constitution 200th
anniversary (N-plated ST) **6.00**

1990 20,000 zlotych, Solidarity 10th
anniversary (G) . . . . *proof* **2,250**

1991 20,000 zlotych, Warsaw Mint
225th anniversary (C-N center in BR
ring) . . . . *proof* **22.00**

1994 20,000 zlotych, Zygmunt I (C-N)
. . . . **4.50**

1990 50,000 zlotych, Solidarity 10th
anniversary (G) . . . . *proof* **3,000**

1992 50,000 zlotych, Order Virtuti

Militari 200th anniversary
(C-N) . . . . *proof* **12.50**

1990 100,000 zlotych, Solidarity 10th
anniversary (S) . . . . *proof* **75.00**

1991 100,000 zlotych, World War II
(S) . . . . *proof* **47.50**

1991 100,000 zlotych, defense of Narvik
(S) . . . . *proof* **47.50**

1991 100,000 zlotych, Polish pilots in
Battle of Britain (S) . . . . . *proof* **47.50**

1992 100,000 zlotych, unification of
Upper Silesia and Poland (S) . . . . *proof*
47.50

1994 100,000 zlotych, Warsaw Uprising
(S) . . . . *proof* **32.50**

1989 200,000 zlotych, Pope John Paul II
(G) . . . . *proof* **30,000**

1991 200,000 zlotych, constitution
200th anniversary (S) . . . *proof* **40.00**

1991 200,000 zlotych, Albertville
Olympics, skier (S) . . . . . *proof* **30.00**

1992 200,000 zlotych, discovery of
America (S) . . . . *proof* **40.00**

1992 200,000 zlotych, Seville Expo '92
(S) . . . . *proof* **30.00**

1992 200,000 zlotych, Polish protection
of World War II sea convoys
(S) . . . . *proof* **27.50**

1993 200,000 zlotych, city of Szczecin
750th anniversary (S) . . . *proof* **30.00**

1993 300,000 zlotych, Warsaw
Uprising 50th anniversary
(S) . . . . *proof* **40.00**

1993 300,000 zlotych, Lancut Castle
(S) . . . . *proof* **65.00**

1994 300,000 zlotych, Polish National
Bank 70th anniversary (S) *proof* **50.00**

RUSSIA

EMPIRE

The Russian empire was enlarged,
solidified, and Westernized after
throwing off Mongol rule in the 15th
century. During the reigns of Ivan the
Terrible, Peter the Great, and Catherine
the Great, the empire expanded to the

Pacific Ocean and into Central Asia.

The Russian empire listings that follow focus on coins depicting Nicholas II, who reigned from 1894 to 1917.

	VF
1896 25 kopeks (S)	.20.00
1901 25 kopeks (S)	proof 1,250
1899 50 kopeks (S)	.12.00
1914 50 kopeks (S)	.25.00

1896 rouble, Nicholas II coronation (S)	.45.00
1898 rouble, star on rim (S)	.30.00
1898 rouble, two stars on rim (S)	.70.00
1898 rouble, moneyer's initials on edge (S)	.30.00
1912 rouble, Alexander III Memorial (S)	1,700
1913 rouble, Romanov dynasty 300th anniversary (S)	.80.00
1915 rouble (S)	120
1896 5 roubles (G)	27,000
1910 5 roubles (G)	325
1897 5 roubles (G)	240

1897 7 roubles 50 kopeks (G)	550
1895 10 roubles (G)	30,000
1900 10 roubles (G)	315
1901 10 roubles (G)	525
1897 15 roubles (G)	750

RUSSIAN SOVIET FEDERATED SOCIALIST REPUBLIC

Nicholas II abdicated under pressure in March 1917 and was replaced by a provisional government. This government rapidly lost ground to the Bolshevik wing of the Socialist Democratic Labor Party, which attained power following the Russian revolution of 1917. After the Russian civil war, the regional governments, national states, and armies became autonomous republics under the Russian Soviet Federated Socialist Republic.

	VF
1922 10 kopeks (S)	.5.00
1922 15 kopeks (S)	.10.00
1923 20 kopeks (S)	.7.00
1922 50 kopeks (S)	.15.00
1922 rouble (S)	.40.00

UNION OF SOVIET SOCIALIST REPUBLICS

The former Russian Soviet Federated Socialist Republic states united to form the Union of Soviet Socialist Republics, which was established as a federation with Lenin as premier on December 30, 1922.

	XF
1925 1/2 kopek (C)	.40.00
1924 kopek (BZ)	.30.00
1931 kopek (AL-BZ)	.4.00
1940 kopek (AL-BZ)	.3.00
1955 kopek (AL-BZ)	.3.00
1970 kopek (BR)	.0.50
1924 2 kopeks (BZ)	.50.00
1930 2 kopeks (AL-BZ)	.5.00
1940 2 kopeks (AL-BZ)	.4.00
1980 2 kopeks (BR)	.0.25
1924 3 kopeks, plain edge (BZ)	.40.00
1930 3 kopeks (AL-BZ)	.7.00
1950 3 kopeks (AL-BZ)	.4.00
1985 3 kopeks (AL-BZ)	.0.25
1924 5 kopeks, plain edge (BZ)	.50.00
1932 5 kopeks (AL-BZ)	.7.00
1940 5 kopeks (AL-BZ)	.6.00
1980 5 kopeks (AL-BZ)	.0.30
1924 10 kopeks (S)	.10.00

	UNC
1934 10 kopeks (C-N)	.4.00
1945 10 kopeks (C-N)	.4.00
1967 10 kopeks, revolution 50th anniversary (C-N-Z)	.1.00
1970 10 kopeks (C-N-Z)	.0.35
1930 15 kopeks (S)	.7.00
1934 15 kopeks (C-N)	.5.00
1935 15 kopeks (C-N)	.5.00

1941 15 kopeks (C-N)	.4.00
1955 15 kopeks (C-N)	.3.00

1965 15 kopeks (C-N-Z)	.1.00
1990 15 kopeks (C-N-Z)	.0.30
1928 20 kopeks (S)	.10.00
1932 20 kopeks (C-N)	.4.00
1936 20 kopeks (C-N)	.4.00
1955 20 kopeks (C-N)	.4.00
1967 20 kopeks, revolution 50th anniversary (C-N-Z)	.3.00
1985 20 kopeks (C-N-Z)	.0.50
1924 rouble (S)	.70.00
1965 rouble (C-N-Z)	.3.00
1965 rouble, World War II victory 20th anniversary (C-N-Z)	.3.00
1970 rouble, Lenin birth centennial (C-N-Z)	.3.00
1977 rouble, Bolshevik revolution 60th anniversary (C-N-Z)	.3.00
1982 rouble, Soviet Union 60th anniversary (C-N)	.13.50
1984 rouble, Alexander Popov (C-N)	.4.00
1985 rouble, World War II victory 40th anniversary (C-N)	.5.00
1986 rouble, International Year of Peace (C-N)	.15.00
1988 rouble, Leo Tolstoy (C-N)	.4.00
1990 rouble, Tchaikovsky (C-N)	.3.00
1990 rouble, Anton Chekhov (C-N)	.5.00
1991 rouble, Olympics, javelin thrower (C-N)	proof 7.50
1987 3 roubles, Bolshevik revolution 70th anniversary (C-N)	.8.00
1988 3 roubles, coin minting in Russia 1,000th anniversary (S)	proof 110
1989 3 roubles, first all-Russian coinage 500th anniversary (S)	proof 65.00
1989 3 roubles, Armenian earthquake relief (C-N)	.7.50
1990 3 roubles, Capt. Cook on Unalaska Island (S)	proof 60.00
1990 3 roubles, Peter the Great's naval fleet (S)	proof 35.00
1991 3 roubles, Yuri Gagarin Monument (S)	proof 45.00
1991 3 roubles, Moscow Arch of Triumph (S)	proof 35.00

UNC

1991 3 roubles, defense of Moscow 50th
anniversary (C-N) **6.00**

1980 5 roubles, Olympics, archery (S)
. . . .**15.00**

1980 5 roubles, Olympics, gymnastics
(S) **15.00**

1988 5 roubles, Novgorod Monument
(C-N). **8.00**

1990 5 roubles, St. Petersburg Palace
(C-N). **6.00**

1991 5 roubles, Cathedral of the
Archangel Michael (C-N) **6.00**

1979 10 roubles, Olympics, basketball
(S) **25.00**

1989 25 roubles, Russian state 500th
anniversary (palladium) . . . .*proof* **450**

1988 50 roubles, Cathedral of St. Sophia
(G). **475**

1991 50 roubles, Russian state 500th
anniversary (G) . . . .*proof* **475**

1978 100 roubles, Olympics, Lenin
Stadium (G). . . . .*proof* **925**

1978 100 roubles, Olympics, waterside
grandstand (G). **950**

1979 100 roubles, Olympics,
velodrome (G) **950**

1980 100 roubles, Olympics, flame
(G) . . . .*proof* **950**

1989 100 roubles, Russian state 500th
anniversary (G) . . . .*proof* **950**

1977 150 roubles, Olympics, Moscow
Olympics logo (platinum)
. . . . *proof* **1,000**

1979 150 roubles, Olympics, Greek
wrestlers (platinum). **1,000**

1988 150 roubles, Russian literature
1,000th anniversary (platinum) . . **950**

1989 150 roubles, Russian state 500th
anniversary (platinum). . . *proof* **1,000**

RUSSIAN FEDERATION

Estonia, Latvia, and Lithuania won
their independence and were recognized
by Moscow on September 6, 1991.
A commonwealth of independent
states was formed by Belarus, Russia,
and Ukraine the following December
in Mensk. Later that month, it was
expanded to include 11 of the 12
remaining republics (excluding Georgia)
from the old Soviet Union.

UNC

2000 kopek (C-N-plated ST) **0.30**

1997 5 kopeks (C-N-clad ST). **0.35**

1997 10 kopeks, small size (BR) . . .**0.50**

1997 10 kopeks, large size (BR) . . .**0.75**

2006 10 kopeks (tombac-plated ST)**0.50**

2005 50 kopeks (BR). **0.80**

2009 50 kopeks (tombac-plated ST)
. . . .**0.80**

1992 rouble (BR-clad ST) **1.00**

1992 rouble, Adm. Nakhimov (C-N)
. . . .**3.00**

1993 rouble, mountain goat (S)
. . . . *proof* **40.00**

1995 rouble, black sea dolphin (S)
. . . . *proof* **50.00**

1996 rouble, peregrine falcon (S)
. . . . *proof* **50.00**

1997 rouble (C-N-Z). **1.00**

1997 rouble, Mongolian gazelle
(S) . . . . *proof* **55.00**

1997 rouble, European bison
(S) . . . . *proof* **60.00**

1997 rouble, Moscow 850th anniversary,
university building (S) **10.00**

1997 rouble, Moscow 850th anniversary,
Temple of Christ the Savior (S)
. . . . *proof* **15.00**

1998 rouble, emperor goose (S)
. . . . *proof* **55.00**

1999 rouble, Caucasian viper (S)
. . . . *proof* **55.00**

2002 rouble, Chinese goral (S)
. . . . *proof* **30.00**

2002 rouble, golden eagle (S)
. . . . *proof* **30.00**

2003 rouble, Arctic foxes (S)
. . . . *proof* **30.00**

2003 rouble, Chinese soft-shell turtle (S)
. . . . *proof* **35.00**

2005 rouble, Volkhov whitefish (S)
. . . . *proof* **30.00**

2007 rouble (C-N-Z). **2.00**

2007 rouble, pallid harrier (S)
. . . . *proof* **30.00**

1995 2 roubles, Sergei Esenin (S)
. . . . *proof* **14.50**

1997 2 roubles, A.N. Skryabin (S)
. . . . *proof* **25.00**

1998 2 roubles (C-N-Z) **2.00**

1999 2 roubles (S), Last Day of Pompeii
(S) . . . . *proof* **20.00**

1999 2 roubles, I.P. Pavlov (S)
. . . . *proof* **18.50**

2002 2 roubles, zodiac signs, Capricorn
(S) . . . . *proof* **35.00**

2003 2 roubles, zodiac signs, Aquarius
(S) . . . . *proof* **35.00**

2008 2 roubles (C-N-Z) **4.00**

1992 3 roubles, International Space Year
(C-N) **3.50**

1992 3 roubles, St. Petersburg Trinity
Cathedral (S) . . . . *proof* **35.00**

1993 3 roubles, Battle of Stalingrad
(C-N). **3.50**

1993 3 roubles, Ivan the Great Cathedral
(S) . . . . *proof* **30.00**

1993 3 roubles, Russo-French space
flight (S). . . . . *proof* **32.50**

1994 3 roubles, Trans-Siberian Railway
(S) . . . . *proof* **35.00**

UNC

1994 3 roubles, Alexander Andreyevich Ivanov (S) . . . . *proof* **70.00**

1995 3 roubles, Vladimir's Golden Gate (S) . . . . *proof* **37.50**

1995 3 roubles, United Nations 50th anniversary (S) . . . . *proof* **45.00**

1996 3 roubles, Old Testament Trinity icon (S) . . . . *proof* **30.00**

1996 3 roubles, Russian navy 300th anniversary, icebreaker (S) *proof* **50.00**

1996 3 roubles, Russian navy 300th anniversary, aircraft carrier (S) . . . . *proof* **50.00**

1997 3 roubles, Moscow 850th anniversary, riverside view (S) . . . . *proof* **35.00**

1997 3 roubles, Swan Lake ballet (S) . . . . *proof* **50.00**

1999 3 roubles, St. Petersburg University 275th anniversary (S) . . . *proof* **50.00**

1999 3 roubles, A.S. Pushkin (S) . . . . *proof* **55.00**

1999 3 roubles, diplomacy with China 50th anniversary (S). . . . . . . *proof* **425**

2000 3 roubles, World Ice Hockey Championship (S) . . . . *proof* **600**

2000 3 roubles, State Bank of Russia 140th anniversary (S) . . . . . *proof* **475**

2001 3 roubles, Bolshoi Theater (S) . . . . *proof* **40.00**

2001 3 roubles, Yuri Gagarin space flight 40th anniversary (S). . . . . *proof* **40.00**

2002 3 roubles, Olympics, cross-country skiing (S) . . . . *proof* **40.00**

2002 3 roubles, Dionisy's The Crucifix (S) . . . . *proof* **40.00**

2002 3 roubles, World Cup soccer (S) . . . . *proof* **40.00**

2003 3 roubles, St. Daniel Monastery (S) . . . . *proof* **45.00**

2003 3 roubles, World Biathlon Championship (S) . . . . . . *proof* **40.00**

2003 3 roubles, zodiac signs, Capricorn (S) . . . . *proof* **35.00**

2007 3 roubles, Academy of the Arts 250th anniversary (S) . . . *proof* **32.50**

1992 5 roubles (BR-clad ST). **2.00**

1995 5 roubles, ballerina (palladium) . . . . *proof* **160**

1997 5 roubles (C-N-clad C) **3.00**

2009 5 roubles (C-N-clad C) **3.00**

1992 10 roubles (C-N) **2.00**

2002 10 roubles, ancient towns, Derbent (C-N center in BR ring) **4.00**

2002 10 roubles, ancient towns, Kostroma (C-N center in BR ring) . . .

. . . . **4.00**

1992 20 roubles (C-N) **3.00**

1992 25 roubles, Catherine the Great (palladium) . . . . *proof* **550**

1993 25 roubles, Russian Ballet (G) **175**

1996 25 roubles, Battle of Sinop (S) . . . . *proof* **300**

1997 25 roubles, polar bear, caribou and seal (S). . . . . *proof* **300**

2002 25 roubles, Czar Alexander I (S) . . . . *proof* **285**

2005 25 roubles, Battle of Kulikovo 625th anniversary (S) . . . . . *proof* **285**

1992 50 roubles (AL-BZ center in C-N ring). **3.00**

1992 50 roubles, Pashkov Palace (G) . . . . *proof* **475**

1993 50 roubles, Turkmenistan gecko (AL-BZ center in C-N ring). **5.00**

1993 50 roubles, oriental stork (AL-BZ center in C-N ring) **5.00**

1993 50 roubles, Olympics, figure skating (G). . . . . *proof* **475**

1993 50 roubles, Rachmaninov (G) . . . . *proof* **475**

1994 50 roubles, flamingos (AL-BZ center in C-N ring) **6.00**

1996 50 roubles, Nutcracker ballet (G) . . . . *proof* **475**

1997 50 roubles, polar bear (G) . . . . *proof* **525**

2003 50 roubles, zodiac signs, Virgo (G) **475**

2003 50 roubles, Peter I monetary reform (G) . . . . *proof* **600**

1993 100 roubles (C-N-Z) **3.00**

1993 100 roubles, Tchaikovsky (G) . . . . *proof* **950**

1995 100 roubles, World War II Allied commanders (S) . . . . *proof* **1,600**

1995 100 roubles, Sleeping Beauty ballet (S) . . . . *proof* **1,600**

1996 100 roubles, Amur tiger (G) . . . . *proof* **975**

1996 100 roubles, World War II battleships (G). . . . . *proof* **950**

1999 100 roubles, Raymonda ballet (S) . . . . *proof* **1,200**

2000 100 roubles, Mother Russia (S) . . . . *proof* **1,500**

2001 100 roubles, Siberian exploration (G). . . . . *proof* **1,150**

2004 100 roubles, Theophanous the Greek icon painting (S) . . *proof* **1,850**

1993 150 roubles, Igor Stravinsky (platinum) . . . . *proof* **1,100**

1993 200 roubles, bear (G) . *proof* **1,850**

1999 200 roubles, St. Petersburg Mint 275th anniversary (S) . . . *proof* **2,250**

1995 200 roubles, lynx (G) . *proof* **1,850**

1996 200 roubles, Amur tiger (G) . . . . *proof* **1,850**

SOUTH AFRICA

Portuguese navigator Bartholomew Diaz was the first European to lay eyes on today's South Africa when he rounded the Cape of Good Hope in 1488. Great Britain captured the region in 1795 and again in 1806, and received permanent title in 1814. On May 31, 1910, the two former Boer Republics (Transvaal and Orange Free State) were joined with the British colonies of Cape of Good Hope and Natal to form the Union of South Africa, a dominion of the British Empire.

South Africa became a sovereign state within the empire in 1934. It relinquished its dominion status on May 31, 1961, and withdrew from the British Commonwealth the following October.

Apartheid ended on April 27, 1994, with the first democratic election for all people of South Africa. Nelson Mandela was inaugurated president on May 10, 1994.

The listings that follow begin with 1961 issues of the independent South Africa.

UNC

1961 half cent, Jan van Riebeeck (BR)
. . . . **1.25**
1971 half cent (BZ). **2.50**
1979 half cent, President Diederichs
(BZ) **1.00**
1982 half cent, President Vorster (BZ)
. . . . *proof* **1.50**
1961 cent, Jan van Riebeeck (BR) . **1.50**
1966 cent, Jan van Riebeeck (BZ). . **0.50**
1968 cent, President Swart (BZ). . . **0.50**
1970 cent (BZ) **0.30**
1976 cent, President Fouche (BZ)
. . . . **0.50**
1979 cent, President Diederichs (BZ)
. . . . **0.50**
1982 cent, President Vorster (BZ). . **0.50**
1990 cent (C-plated ST). **0.25**
2000 cent (C-plated ST) **0.35**
1965 2 cents, Jan van Riebeeck (BZ)
. . . . **0.35**
1968 2 cents, President Swart (BZ) **0.50**
1976 2 cents, President Fouche (BZ)
. . . . **0.50**
1979 2 cents, President Diederichs (BZ)
. . . . **0.50**
1982 2 cents, President Vorster (BZ)
. . . . **0.50**
1990 2 cents (BZ) **0.50**
2000 2 cents (C-plated ST). **0.50**
1961 2-1/2 cents, Jan van Riebeeck (S)
. . . . **2.00**
1997 2-1/2 cents, Knysna seahorse (S)
. . . . *proof* **25.00**
1998 2-1/2 cents, jackass penguin (S)
. . . . *proof* **30.00**
1999 2-1/2 cents, great white shark (S)
. . . . *proof* **25.00**
2000 2-1/2 cents, octopus (S)
. . . . *proof* **30.00**

1961 5 cents (S) **2.00**
1965 5 cents, Jan van Riebeeck (N)
. . . . **0.75**
1968 5 cents, President Swart (N) . **0.75**
1976 5 cents, President Fouche (N)
. . . . **0.75**
1979 5 cents, President Diederichs (N)
. . . . **0.75**
1982 5 cents, President Vorster (N)
. . . . **0.75**
1989 5 cents (N) **0.75**
1995 5 cents (C-plated ST). **1.00**
2008 5 cents (C-plated ST). **1.00**
1961 10 cents, Jan van Riebeeck (S)
. . . . **2.50**
1965 10 cents, Jan van Riebeeck (N)
. . . . **0.35**
1968 10 cents, President Swart (N)
. . . . **2.00**
1970 10 cents (N). **0.35**
1976 10 cents, President Fouche (N)
. . . . **1.00**
1979 10 cents, President Diederichs (N)
. . . . **1.00**
1982 10 cents, President Vorster (N)
. . . . **1.00**
1990 10 cents (BR-plated ST) **0.40**
2008 10 cents (BZ-plated ST). **0.75**
1961 20 cents, Jan van Riebeeck (S)
. . . . **3.50**
1965 20 cents, Jan van Riebeeck (N)
. . . . **0.40**
1968 20 cents, President Swart (N)
. . . . **3.00**
1976 20 cents, President Fouche (N)
. . . . **1.50**
1979 20 cents, President Diederichs
(N) **1.50**
1982 20 cents, President Vorster (N)
. . . . **1.50**
1990 20 cents (N). **0.60**
1995 20 cents (BR-plated ST) **0.60**
2000 20 cents (BZ-plated ST). **0.90**
2007 20 cents (BZ-plated ST). **0.90**
1961 50 cents, Jan van Riebeeck (S)
. . . . **14.00**
1966 50 cents, Jan van Riebeeck (N)
. . . . **1.50**
1968 50 cents, President Swart (N)
. . . . **2.00**
1970 50 cents (N). **1.50**
1976 50 cents, President Fouche (N)
. . . . **3.00**

1979 50 cents, President Diederichs (N)
. . . . **3.50**
1982 50 cents, President Vorster (N)
. . . . **3.50**
1995 50 cents (BR-plated ST) **1.00**
1996 50 cents (BZ-plated ST). **1.00**
2008 50 cents (BZ-plated ST). **1.20**
1961 rand, Jan van Riebeeck (G) . . **170**

1966 rand, Jan van Riebeeck, English
legend (S) **12.00**

1967 rand, Dr. Hendrik Verwoerd,
English legend (S) **12.00**

1969 rand, Dr. T.E. Donges, English
legend (S) **12.00**

1971 rand (G) **170**
1974 rand, Pretoria Mint 50th
anniversary (S). **12.50**
1977 rand (N) **2.00**
1979 rand, President Diederichs (N)
. . . . **10.00**
1982 rand, President Vorster (N) . **10.00**
1985 rand, parliament 75th anniversary
(S) **16.50**
1985 rand, President Viljoen (N) . **10.00**
1986 rand, Johannesburg centennial
(S) **15.00**
1986 rand, Year of the Disabled (S)
. . . . **50.00**

UNC

1988 rand, Bartholomew Diaz (S)
. . . .*12.50*

1988 rand, Huguenots (S). **12.50**

1988 rand, the Great Trek (S). . . .**12.50**

1990 rand, President Botha (N) . . .**3.50**

1990 rand, President Both
(N-plated C). **10.00**

1991 rand, nursing schools (S) . . .**12.50**

1992 rand, coinage centennial (S)
. . . .**12.50**

1993 rand, banking 200th anniversary
(S) **15.00**

1994 rand, president inauguration (S)
. . . . *proof* **100**

1994 rand, conservation (S) **15.00**

1995 rand (N-plated C) **2.50**

1995 rand, railway centennial (S
) **15.00**

1996 rand, constitution (S) **16.50**

1997 rand, women of South Africa (S)
. . . .**20.00**

1998 rand, 16-section reverse design
(S) **20.00**

1999 rand, mine tower (S) **30.00**

2000 rand (N-plated C) **1.75**

2000 rand, wine making (S) **30.00**

2008 rand (N-plated C) **2.00**

1975 2 rand, Jan van Riebeeck (G)
. . . . *proof* **330**

1992 2 rand, Barcelona Olympics (S)
. . . . *proof* **30.00**

1992 2 rand, coin minting (S)
. . . . *proof* **37.50**

1993 2 rand, peace (S) . . . . *proof* **42.50**

1994 2 rand, World Cup soccer (S)
. . . . *proof* **45.00**

1995 2 rand (N-plated C) **2.00**

1995 2 rand, World Cup rugby (S)
. . . . *proof* **45.00**

1995 2 rand, F.A.O. 50th anniversary
(S) . . . . *proof* **47.50**

1995 2 rand, United Nations 50th
anniversary (S). . . . . *proof* **50.00**

1996 2 rand, African Cup soccer (S)
. . . . *proof* **45.00**

1997 2 rand, Knysna seahorse (S)
. . . . *proof* **45.00**

1998 2 rand, jackass penguin (S)
. . . . *proof* **50.00**

1999 2 rand, great white shark
(S) . . . . *proof* **60.00**

2000 2 rand (N-plated C) **2.50**

2000 2 rand, greater kudu (N-plated
C). **2.00**

2000 2 rand, octopus (S). . . *proof* **60.00**

2004 2 rand, 10 years of freedom
(N-plated ST) **2.00**

2007 2 rand (N-plated C) **2.00**

1994 5 rand (N-plated C) **4.50**

1994 5 rand, presidential inauguration
(N-plated C) **6.50**

2000 5 rand, Nelson Mandela
(N-plated ST) **25.00**

2003 5 rand (N-plated C) **4.50**

2005 5 rand (BR center in
C-N ring) **3.75**

2007 5 rand (N-plated C) **4.50**

2007 5 rand (BZ center in
C-N ring) **3.00**

SPAIN

The marriage of Isabella of Castile and Fernando II of Aragon in 1479 united the various smaller kingdoms on the Iberian Peninsula (except Portugal) and created the modern kingdom of Spain. The kingdom was once one of the world's great powers with extensive colonies in South America, Central America, and the Caribbean. These colonies supplied rich deposits of gold and silver, which were made into classic coins coveted by collectors today.

Spain began to decline as a world power in the early 1800s when discontent against the mother country increased in the colonies.

Spain was part of the Napoleonic empire from 1808 to 1814, when the monarchy was restored. It continued with one short-lived interruption – the republic of 1873-1874 – until 1931 when the second republic was established.

Turmoil in the second republic culminated with the Spanish Civil War

of 1936-1938. The Nationalists, under the leadership of Gen. Francisco Franco, won out over the Republicans. The monarchy was reconstituted in 1947 with the regency of Franco. Two days after Franco's death on Nov. 20, 1975, Juan Carlos de Borbon, grandson of Alfonso XIII, was proclaimed king of Spain.

Spain introduced its first in a series of decimal coinage systems in 1848, which is where the following listings begin.

VF

1853 1/20 real (C). **15.00**

1856 5 centimos, Isabel II (C) . . .**15.00**

1805 1/10 real (C). **20.00**

1860 10 centimos, Isabel II (C) . .**15.00**

1853 1/5 real (C). **75.00**

1855 25 centimos, Isabel II (C) . .**15.00**

1852 1/2 real (C). **40.00**

1853 real, Isabel II (S) **15.00**

1862 2 reales, Isabel II (S) **35.00**

1864 4 reales, Isabel II (S) **25.00**

1854 10 reales, Isabel II (S) **60.00**

1852 20 reales, Isabel II (S) **125**

1861 20 reales, Isabel II (G) **180**

1863 40 reales, Isabel II (G) **175**

1862 100 reales, Isabel II (G) **400**

1868 half centimo, Isabel II (C) . .**10.00**

1867 centimo, Isabel II (C). **15.00**

1868 2-1/2 centimos, Isabel II (C)**10.00**

1867 5 centimos, Isabel II (C) . . .**20.00**

1865 10 centimos, Isabel II (S). . .**25.00**

1865 20 centimos, Isabel II (S). . .**50.00**

1865 40 centimos, Isabel II (S). . .**12.50**

1867 escudo, Isabel II (S) **30.00**

1868 2 escudos, Isabel II (S). **150**

1865 2 escudos, Isabel II (G) **180**

1865 4 escudos, Isabel II (G) **180**

1868 10 escudos, Isabel II (G) **400**

XF

1870 centimo (C) **8.00**
1906 centimo, Alfonso XIII (BZ). . .**2.00**
1913 centimo, Alfonso XIII (BZ). .**14.00**
1870 2 centimos (C) **10.00**
1905 2 centimos, Alfonso XIII (C) **10.00**
1912 2 centimos, Alfonso XIII (C) . **5.00**
1870 5 centimos (C) **50.00**
1877 5 centimos, Alfonso XII (BZ)
. . . .**50.00**
1937 5 centimos (I) **2.00**
1941 5 centimos (AL) **5.00**
1870 10 centimos (C) **125**
1878 10 centimos, Alfonso XII (BZ)
. . . .**55.00**
1945 10 centimos (AL) **3.00**
1870 20 centimos (S) **1,000**
1925 25 centimos (C-N) **15.00**
1927 25 centimos (C-N) **12.00**
1934 25 centimos (C-N) **3.50**
1937 25 centimos (C-N) **1.00**
1938 25 centimos (C) **5.00**
1869 50 centimos (S) **250**
1880 50 centimos, Alfonso XII (S)
. . . .**35.00**
1894 50 centimos, Alfonso XIII (S)
. . . .**30.00**
1904 50 centimos, Alfonso XIII (S)
. . . .**10.00**
1910 50 centimos, Alfonso XIII (S)
. . . .**12.00**
1926 50 centimos, Alfonso XIII (S) .**7.00**
1937 50 centimos, value within beaded
circle on reverse (C) **5.00**
1937 50 centimos, border of rectangles
on reverse (C) **10.00**

1870 peseta (S) **200**
1885 peseta, Alfonso XII (S) **300**
1900 peseta, Alfonso XIII (S) **40.00**
1904 peseta, Alfonso XIII (S) **50.00**
1933 peseta (S) **25.00**
1937 peseta (BR) **2.50**
1944 peseta (AL-BZ) **5.00**
1869 2 pesetas (S) **225**

1881 2 pesetas, Alfonso XII (S) **200**
1891 2 pesetas, Alfonso XIII (S) . . . **500**
1892 2 pesetas, Alfonso XIII (S) . . . **500**
1905 2 pesetas, Alfonso XIII (S) . .**30.00**
1870 5 pesetas (S) **250**
1871 5 pesetas, Amadeo I (S) **150**
1875 5 pesetas, Alfonso XII (S) **200**

1883 5 pesetas, Alfonso XII (S) **125**
1889 5 pesetas, Alfonso XIII (S) . . . **100**
1892 5 pesetas, Alfonso XIII (S) . . . **100**
1896 5 pesetas, Alfonso XIII (S) . .**75.00**
1878 10 pesetas, Alfonso XII (G) . . **450**
1890 20 pesetas, Alfonso XIII (G) . . **350**
1892 20 pesetas, Alfonso XIII (G)
. . . .**2,250**

1899 20 pesetas, Alfonso XIII (G) . . **450**
1904 20 pesetas, Alfonso XIII (G) .**4,000**

1877 25 pesetas, Alfonso XII (G) . . **400**
1884 25 pesetas, Alfonso XII (G) . . **650**
1897 100 pesetas, Alfonso XIII (red gold)
. . . .**1,500**

1959 10 centimos, Franco (AL) . . .**0.25**
1963 50 centimos (C-N) **2.50**

1966 50 centimos, Franco (AL) . . .**0.75**
1975 50 centimos, Juan Carlos I (C-N)
. . . .**0.20**
1980 50 centimos, Juan Carlos I (AL)
. . . .**0.20**
1963 peseta, Franco (AL-BZ) **5.00**
1966 peseta, Franco (AL-BZ) **1.00**
1975 peseta, Juan Carlos I (AL-BZ)**0.25**
1980 peseta, World Cup soccer (AL-BZ)
. . . .**0.25**

1983 peseta, Juan Carlos I (AL) . . .**0.20**
1987 peseta, National Numismatic
Exposition (AL) . . . . *proof* **50.00**
2000 peseta, Juan Carlos I (AL) . . .**0.20**
1982 2 pesetas, Juan Carlos I (AL) .**0.50**
1953 2-1/2 pesetas, Franco (AL-BZ)
. . . .**6.00**

UNC

1949 5 pesetas, Franco (N) **20.00**
1957 5 pesetas, Franco (C-N) **7.00**
1975 5 pesetas, Juan Carlos I (C-N)
. . . .**0.25**
1980 5 pesetas, World Cup soccer (C-N)
. . . .**0.25**
1983 5 pesetas, Jacobeo (N-BR) . . .**0.25**
1990 5 pesetas (AL-BZ) **0.50**
1994 5 pesetas, Aragon (N-BR) . . .**0.25**
1995 5 pesetas, Asturias (AL-BZ) . .**0.25**
1996 5 pesetas, La Rioja (AL-BZ) . .**0.15**
1997 5 pesetas, Balearic Islands (BR)
. . . .**0.15**
1999 5 pesetas, Murcia waterwheel (BR)
. . . .**0.15**
2001 5 pesetas (AL-BZ) **0.25**
1984 10 pesetas, Juan Carlos I (C-N)
. . . .**0.40**
1992 10 pesetas, Juan Carlos I (C-N)
. . . .**0.40**
1993 10 pesetas, Juan Miro (C-N) .**1.50**
1994 10 pesetas, P. Sarasate (C-N) .**2.00**
1995 10 pesetas, Don Francisco de
Quevedo (C-N) **4.00**
1996 10 pesetas, Emilia Pardo Bazan
(C-N) **2.50**
1997 10 pesetas, Seneca (C-N) . . .**0.75**
2000 10 pesetas, Juan Carlos I (C-N)
. . . .**1.50**

UNC

1957 25 pesetas, Franco (C-N)....**5.00**

1975 25 pesetas, Juan Carlos I (C-N)
...................................**0.75**

1980 25 pesetas, World Cup soccer
(C-N)...........................**0.75**

1982 25 pesetas, Juan Carlos I (C-N)
...................................**2.00**

1990 25 pesetas, 1992 Olympics, discus
(N-BZ)..........................**1.50**

1990 25 pesetas, 1992 Olympics, high
jump (N-BZ) **2.00**

1992 25 pesetas, Giralda Tower of
Seville (N-BZ) **2.50**

1992 25 pesetas, Tower of Gold in
Seville (N-BZ) **1.00**

1993 25 pesetas, Vasc County (N-BZ)
...................................**1.00**

1994 25 pesetas, Canary Islands (N-BZ)
...................................**1.00**

1995 25 pesetas, Castilla and Leon (BR)
...................................**1.00**

1996 25 pesetas, Don Quixote (C-Z-N)
...................................**1.00**

1997 25 pesetas, Melilla (BR).....**1.00**

1998 25 pesetas, Ceuta (C-Z-N) ..**1.00**

1999 25 pesetas, Navarra (N-BR)..**1.50**

2000 25 pesetas, Navarra (N-BR)..**1.50**

1957 50 pesetas, Franco (C-N)....**3.50**

1975 50 pesetas, Juan Carlos I
(C-N)...........................**1.00**

1980 50 pesetas, World Cup soccer
(C-N)...........................**1.35**

1982 50 pesetas, Juan Carlos I (C-N)
...................................**2.00**

1990 50 pesetas, Expo '90, Juan Carlos I
on obverse (C-N).............**1.25**

1990 50 pesetas, Expo '90, city view on
obverse (C-N) **1.25**

1992 50 pesetas, 1992 Olympics, La
Pedrera building (C-N) **1.25**

1992 50 pesetas, 1992 Olympics,
Cathedral Sagrada Familia (C-N)**1.25**

1993 50 pesetas, Extremadura (C-N)
...................................**1.25**

1994 50 pesetas, Altamira cave paintings
(C-N)...........................**2.50**

1995 50 pesetas, Alcala Gate (C-N)
...................................**5.00**

1996 50 pesetas, Philip V (C-N)...**1.25**

1997 50 pesetas, Juan De Herrera (C-N)
...................................**1.25**

1999 50 pesetas, Juan Carlos I (C-N)
...................................**2.25**

1966 100 pesetas, Franco (S) **15.00**

1975 100 pesetas, Juan Carlos I (C-N)
...................................**1.50**

1980 100 pesetas, World Cup soccer
(C-N)...........................**1.00**

1986 100 pesetas, Juan Carlos I (AL-BZ)
...................................**5.00**

1989 100 pesetas, discovery of America
(S) **8.00**

1990 100 pesetas, Brother Juniper Sierra
(S) **9.00**

1991 100 pesetas, Celestino Mutis (S)
..................................**10.00**

1992 100 pesetas, Juan Carlos I (AL-BZ)
...................................**4.00**

1992 100 pesetas, Seville Expo '92 (S)
...................................**9.50**

1993 100 pesetas, European unity
(N-BR)..........................**3.00**

1994 100 pesetas, Museo del Prado
(N-BR)..........................**2.50**

1995 100 pesetas, F.A.O. (C-N)...**2.00**

1996 100 pesetas, National Library
(C-Z-N) **2.50**

1997 100 pesetas, Royal Theater
(C-Z-N) **2.00**

1999 100 pesetas, Juan Carlos I (BR)
...................................**2.50**

2000 100 pesetas, Juan Carlos I (AL-BZ)
...................................**2.50**

2001 100 pesetas, peseta 132nd
anniversary (AL-BZ) **2.25**

1987 200 pesetas, Juan Carlos I (C-N)
..................................**12.00**

1987 200 pesetas, Madrid Numismatic
Exposition (C-N)...... *proof* **60.00**

1989 200 pesetas, discovery of America
(S) **9.00**

1990 200 pesetas, Juan Carlos I and
crown prince (C-N)..........**5.00**

1990 200 pesetas, Alonso de Ercilla
(S) **10.00**

1991 200 pesetas, Las Casas (S). .**11.00**

1991 200 pesetas, Madrid, lions on
reverse (C-N)..................**3.00**

1992 200 pesetas, Madrid, lions on
reverse (S) .... *proof* **150**

1992 200 pesetas, Madrid, equestrian on
reverse (C-N)..................**4.00**

1992 200 pesetas, Madrid, bear on
reverse (C-N)..................**4.00**

1992 200 pesetas, Seville Expo '92 (S)
..................................**12.00**

1993 200 pesetas, Luis Vives (C-N)
...................................**7.00**

1994 200 pesetas, Valasquez and Goya
paintings (C-N) **5.50**

1995 200 pesetas, Murillo and El Greco
paintings (C-N) **22.00**

1996 200 pesetas, Fortuny and Balleau
paintings (C-N) **3.50**

1997 200 pesetas, Jacinto Benavente
(C-N)...........................**3.50**

1999 200 pesets, Juan Carlos I and
crown prince (C-N)..........**5.00**

1988 500 pesetas, Juan Carlos I and
Sofia (C-AL-N) **9.00**

1989 500 pesetas, Discovery of America
(S) **12.00**

1990 500 pesetas, Juan de la Cosa (S)
..................................**12.00**

1991 500 pesetas, Jorge Juan (S) .**18.00**

1992 500 pesetas, Seville Expo '92 (S)
..................................**20.00**

1997 500 pesetas, Juan Carlos I and
Sofia (C-AL-N) **12.00**

2001 500 pesetas, Charles II silver reales
coin design (S)........ *proof* **20.00**

1989 1,000 pesetas, Discovery of
America (S) **15.00**

1991 1,000 pesetas, Simon Bolivar and
San Martin (S)..............**20.00**

1992 1,000 pesetas, Seville Expo '92 (S)
..................................**25.00**

1995 1,000 pesetas, 1996 Olympics
(S) .... *proof* **25.00**

1996 1,000 pesetas, 1996 Olympics
(S) .... *proof* **25.00**

1998 1,000 pesetas, Lisbon Expo
'98 (S) .... *proof* **22.50**

1998 1,000 pesetas, constitution (S)
.... *proof* **25.00**

1999 1,000 pesetas, 2000 Sydney
Olympics (S) .... *proof* **22.50**

1999 1,500 pesetas, millennium (S)
.... *proof* **25.00**

2000 1,500 pesetas, millennium (S)
.... *proof* **30.00**

1989 2,000 pesetas, discovery of
America (S) **22.50**

1990 2,000 pesetas, 1992 Olympics,
Olympic rings (S) **20.00**

1990 2,000 pesetas, 1992 Olympics,
archery (S)...............**20.00**

UNC

1990 2,000 pesetas, 1992 Olympics, soccer (S) **20.00**

1990 2,000 pesetas, 1992 Olympics, human pyramid (S) **22.50**

1990 2,000 pesetas, 1992 Olympics, Greek runner (S) **25.00**

1990 2,000 pesetas, 1992 Olympics, ancient boat (S) **25.00**

1990 2,000 pesetas, 1992 Olympics, basketball (S) **25.00**

1990 2,000 pesetas, 1992 Olympics, pelota (S) **28.00**

1990 2,000 pesetas, Hidalgo, Morelos, and Juarez (S) **27.50**

1991 2,000 pesetas, 1992 Olympics, torch and Olympic rings (S) . . .**40.00**

1991 2,000 pesetas, 1992 Olympics, tennis (S) **42.00**

1991 2,000 pesetas, 1992 Olympics, medieval rider (S) **40.00**

1991 2,000 pesetas, 1992 Olympics, bowling (S) **45.00**

1992 2,000 pesetas, 1992 Olympics, tug of war (S) **50.00**

1992 2,000 pesetas, 1992 Olympics, wheelchair basketball (S) **50.00**

1992 2,000 pesetas, 1992 Olympics, sprinters (S) **40.00**

1992 2,000 pesetas, 1992 Olympics, chariot racing (S) **50.00**

1992 2,000 pesetas, Seville Expo '92 (S) **35.00**

1993 2,000 pesetas, Holy Jacobean Year, German Jacobean pilgrims (S) . . . . *proof* **75.00**

1993 2,000 pesetas, Holy Jacobean Year, Santiago cross and scallop shell (S) . . . . *proof* **75.00**

1994 2,000 pesetas, International Monetary Fund and Bank (S) . .**20.00**

1994 2,000 pesetas, Courtyard of the Lions (S) . . . . *proof* **40.00**

1995 2,000 pesetas, United Nations 50th anniversary (S) . . . . . . *proof* **110**

1996 2,000 pesetas, Francisco de Goya (S) **20.00**

1996 2,000 pesetas, Taj Mahal (S) . . . . *proof* **35.00**

1996 2,000 pesetas, Djenne (S) . . . . *proof* **35.00**

1996 2,000 pesetas, Abu Simbel (S) . . . . *proof* **35.00**

1996 2,000 pesetas, Palenque (S) . . . . *proof* **35.00**

1996 2,000 pesetas, Merida (S) . . . . *proof* **35.00**

1997 2,000 pesetas, Don Quixote (S) **20.00**

1997 2,000 pesetas, Easter Island statues (S) . . . . *proof* **30.00**

1997 2,000 pesetas, Acropolis (S) . . . . *proof* **30.00**

1997 2,000 pesetas, House of Borbon, crowned arms (S) . . . . . . *proof* **30.00**

1997 2,000 pesetas, House of Borbon, Spanish galleon (S) . . . . . *proof* **30.00**

1998 2,000 pesetas, House of Borbon, Prado Museum (S) . . . . . *proof* **30.00**

1998 2,000 pesetas, Philip II (S) .**20.00**

1999 2,000 pesetas, St. Jacob (S) .**32.00**

1999 2,000 pesetas, House of Borbon (S) . . . . *proof* **32.50**

1999 2,000 pesetas, Barcelona city government 750th anniversary (S) . . . . *proof* **30.00**

1999 2,000 pesetas, House of Borbon, Isabel II (S) . . . . *proof* **30.00**

1999 2,000 pesetas, House of Borbon, Alfonso XII (S) . . . . *proof* **32.50**

1999 2,000 pesetas, House of Borbon, Alfonso XIII young portrait (S) . . . . *proof* **30.00**

1999 2,000 pesetas, House of Borbon, Alfonso XIII adult portrait (S) . . . . *proof* **30.00**

2000 2,000 pesetas, Charles V (S)**32.00**

2001 2,000 pesetas, peseta 132nd anniversary (S) **25.00**

2001 2,000 pesetas, Segovia Mint 500th anniversary (S) . . . . *proof* **55.00**

1989 5,000 pesetas, Santa Maria ship (S) **45.00**

1990 5,000 pesetas, Cortes, Montezuma, and Marina (S) **60.00**

1990 5,000 pesetas, Philip V (G) . .**115**

1991 5,000 pesetas, Pizarro and Atahualpa (S) **85.00**

1991 5,000 pesetas, Fernando VI (G) **115**

1992 5,000 pesetas, Seville Expo '92 (S) **100**

1994 5,000 pesetas, imperial eagle (S) . . . . *proof* **70.00**

1995 5,000 pesetas, Spanish ibex (S) . . . . *proof* **75.00**

1989 10,000 pesetas, regional autonomy (S) **125**

1990 10,000 pesetas, Spanish royal family (S) **145**

1990 10,000 pesetas, 1992 Olympics, field hockey (G) **220**

1990 10,000 pesetas, 1992 Olympics, gymnast (G) **220**

1991 10,000 pesetas, 1992 Olympics, tae kwon do (G) **220**

1991 10,000 pesetas, discoverers and liberators (S) **175**

1992 10,000 pesetas, 1992 Olympics, baseball (G) **240**

1992 10,000 pesetas, Holy Jacobean Year (S) . . . . *proof* **265**

1994 10,000 pesetas, The Parasol painting by Goya (S) . . . . . . *proof* **200**

1996 10,000 pesetas, The Naked Maja painting by Velazquez (S). . . *proof* **150**

1997 10,000 pesetas, House of Borbon, Juan Carlos I (S) . . . . *proof* **150**

2000 10,000 pesetas, Charles I (S) . . . . *proof* **150**

1990 20,000 pesetas, 1992 Olympics, La Sagrada family (G) **425**

1990 20,000 pesetas, 1992 Olympics, Empuries ruins (G) **500**

1994 20,000 pesetas, Paleolithic cave painting (G) . . . . *proof* **475**

1995 20,000 pesetas, Dama de Elche ancient sculpture (G) . . . . . *proof* **475**

1989 40,000 pesetas, Discovery of America (G) **825**

1990 40,000 pesetas, Felipe II . . .**1,000**

1992 40,000 pesetas, horse-powered coin press (G) **1,100**

1997 40,000 pesetas, Horyu-Ji pagoda (G) . . . . *proof* **900**

1989 80,000 pesetas, Ferdinand and Isabella (G) **1,800**

UNC

1990 80,000 pesetas, Carlos V
(G). **1,800**

1991 80,000 pesetas, 1992 Olympics
(G). **2,400**

1991 80,000 pesetas, Carlos III
(G). **1,850**

1992 80,000 pesetas, 1992 Olympics,
children playing (G). **2,400**

1995 80,000 pesetas, Leda and the Swan
(G). . . . . *proof* **1,800**

1996 80,000 pesetas, folk dancers
(G). . . . . *proof* **1,800**

EURO COINAGE

UNC

2001 euro cent (C-plated ST). 0.25

2002 2 euro cent (C-plated ST) . . .0.25

2003 5 euro cent (C-plated ST) . . .0.50

2004 10 euro cent (BR). 0.40

2007 10 euro cent (BR). 0.75

2006 20 euro cent (BR). 0.60

2010 20 euro cent (BR). 1.00

2005 50 euro cent (BR). 1.25

2008 50 euro cent (BR). 1.25

2002 euro (C-N center in BR ring)
. . . . .2.00

2007 euro (C-N center in BR ring)
. . . . .3.00

2001 2 euro (BR center in C-N ring)
. . . . .4.50

2005 2 euro, Don Quixote (BR center in
C-N ring). 5.00

2007 2 euro (BR center in C-N ring)
. . . . .7.00

2007 2 euro, Treaty of Rome
50th anniversary (BR center in
C-N ring). 7.00

UNC

2009 2 euro, European monetary unit
10th anniversary (BR center in C-N
ring). 6.00

2010 2 euro (BR center in C-N ring)
. . . . .4.75

2009 2 euro (BR center in C-N ring)
. . . . .6.00

2002 10 euro, Spanish presidency of
European Union (S) . . . . *proof* **50.00**

2002 10 euro, Salt Lake City
Winter Olympics, cross-country
skiing (S) . . . . *proof* **60.00**

2002 10 euro, Luis Cermuda
(S) . . . . *proof* **60.00**

2002 10 euro, annexation of Minorca
(S) . . . . *proof* **50.00**

2003 10 euro, euro 1st anniversary
(S) . . . . *proof* **60.00**

2003 10 euro, Miguel Lopez de
Legazpi (S). . . . . *proof* **50.00**

2004 10 euro, Dali self portrait
(S) . . . . *proof* **50.00**

2004 10 euro, St. James (S) *proof* **50.00**

2004 10 euro, Isabel I (S) . . *proof* **50.00**

2004 10 euro, European Union
expansion (S). . . . . *proof* **75.00**

2004 10 euro, Athens Summer Olympics
(S) . . . . *proof* **60.00**

2004 10 euro, wedding of Prince Philip
and Letizia Ortiz (S) . . . . *proof* **55.00**

2005 10 euro, Don Quixote, windmill
(S) . . . . *proof* **65.00**

2005 10 euro, European peace and
freedom (S) . . . . *proof* **40.00**

2006 10 euro, Christopher Columbus,
Santa Maria ship (S) . . . . *proof* **60.00**

2006 10 euro, Christopher Columbus,
Pinta ship (S). . . . . *proof* **65.00**

2006 10 euro, Christopher Columbus,
Nina ship (S). . . . . *proof* **65.00**

2007 10 euro, Eurobasket 2007 (S)
. . . . *proof* **65.00**

2007 10 euro, El Cid 700th anniversary
(SS) . . . . *proof* **65.00**

2007 10 euro, International Polar Year
(S) . . . . *proof* **60.00**

2003 12 euro, constitution 25th
anniversary (S). **25.00**

2004 12 euro, wedding of Prince Philip
and Letizia Ortiz (S) **22.50**

2007 20 euro, silver "pillar" reales coins
(G) . . . . *proof* **110**

2003 50 euro, euro 1st anniversary (S)
. . . . *proof* **550**

2004 50 euro, Dream State painting by
Dali (S) . . . . *proof* **175**

2007 50 euro, El Cid 700th anniversary
(S) . . . . *proof* **200**

2004 100 euro, XVIII World Football
Games (G). . . . . *proof* **600**

2002 200 euro, XVII World Football
Games (G). . . . . *proof* **1,050**

2003 200 euro, Parliament building in
Madrid (G) . . . . *proof* **825**

2004 200 euro, wedding of Prince Philip
and Letizia Ortiz (G) . . . . *proof* **1,200**

2007 200 euro, Treaty of Rome 50th
anniversary (G) . . . . *proof* **1,050**

2005 300 euro, XVIII World Football
Games (G center in S ring)
. . . . *proof* **1,350**

2002 400 euro, Antoni Gaudi (G)
. . . . *proof* **2,000**

2004 400 euro, Girl at the Window
painting by Dali (G). . . . . *proof* **2,000**

2006 400 euro, Christopher Columbus
(G). . . . . *proof* **2,000**

SWEDEN

Olaf Skottkonung founded Sweden as a Christian stronghold in the late 10th century. After conquering Finland in the late 13th century, Sweden, together with Norway, came under Danish rule from 1397 to 1523.

Modern Sweden had its beginning in 1523 when Gustaf Vasa drove the Danes out of Sweden and was chosen king. Under Gustaf Adolphus II and Charles XII, Sweden was one of the great powers of 17th-century Europe until Charles invaded Russia in 1708 and was defeated at the Battle of Pultowa in June 1709.

In the early 18th century, a coalition of Russia, Poland, and Denmark took away Sweden's Baltic empire, and in 1809 Sweden was forced to cede Finland to Russia. The Treaty of Kiel ceded Norway to Sweden in January 1814. The union was dissolved in 1905, when Norway gained independence.

Sweden is still a kingdom, but a new constitution that took effect on Jan. 1, 1975, restricts the monarchy to a largely ceremonial role.

The listings that follow begin with the introduction of a new coinage system in 1873, which continues today.

XF

1875 ore (BZ) **20.00**

	XF
1900 ore (BZ)	7.50
1925 ore (BZ)	3.00
1960 ore (BZ)	2.00
1874 2 ore (BZ)	30.00
1899 2 ore (BZ)	11.00
1917 2 ore (I)	8.50
1930 2 ore (BZ)	1.75
1945 2 ore (I)	1.50
1967 2 ore (BZ)	0.10
1883 5 ore (BZ)	60.00

1901 5 ore (BZ)	12.50
1917 5 ore (I)	18.00
1925 5 ore (BZ)	8.50
1942 5 ore (I)	4.00
1960 5 ore (BZ)	1.25

1979 5 ore (BZ)	0.10
1980 5 ore (C-T-Z)	0.10
1876 10 ore (S)	70.00
1896 10 ore (S)	20.00
1917 10 ore (S)	2.50
1920 10 ore (N-BZ)	5.00
1942 10 ore (S)	1.25
1952 10 ore (S)	0.85
1970 10 ore (C-N)	0.15
1990 10 ore (C-N)	0.10

1878 25 ore (S)	325
1897 25 ore (S)	22.50
1907 25 ore (S)	6.00
1930 25 ore (S)	3.00
1946 25 ore (N-BZ)	1.25
1950 25 ore (S)	1.25

1956 25 ore (S)	3.50
1965 25 ore (C-N)	0.50
1984 25 ore (C-N)	0.10

1880 50 ore (S)	250
1906 50 ore (S)	35.00
1935 50 ore (S)	7.00
1947 50 ore (N-BZ)	4.00
1950 50 ore (S)	1.50
1961 50 ore (S)	1.50
1968 50 ore (C-N)	0.25
1990 50 ore (C-N)	0.10
2000 50 ore (BZ)	0.10
1875 krona, Oscar II (S)	175
1898 krona, Oscar II (S)	80.00
1924 krona, Gustaf V (S)	17.50
1935 krona, Gustaf V (S)	4.00
1942 krona, Gustaf V (S)	3.50
1963 krona, Gustaf VI (S)	1.85
1973 krona, Gustaf VI (C-N-clad C)	0.40
1980 krona, Carl XVI Gustaf (C-N-clad C)	0.40
1982 krona, Carl XVI Gustaf (C-N)	0.30
2000 krona, millennium (C-N)	unc 2.00
2007 krona (C-N)	unc 0.65
2009 krona, separation from Finland 200th anniversary (C-N)	unc 0.65
1878 2 kronor, Oscar II (S)	450

1897 2 kronor, Oscar II silver jubilee (S)	15.00
1907 2 kronor, Oscar II (S)	75.00
1907 2 kronor, Oscar II and Sofia golden wedding anniversary (S)	11.50
1940 2 kronor, Gustaf V (S)	10.00

1921 2 kronor, political liberty 400th anniversary (S)	9.00
1932 2 kronor, Gustaf II Adolf death 300th anniversary (S)	10.00
1938 2 kronor, settlement of Delaware 300th anniversary (S)	9.00
1950 2 kronor, Gustaf V (S)	4.50
1966 2 kronor, Gustaf VI (S)	6.00
1968 2 kronor, Gustaf VI (C-N)	1.25
1881 5 kronor, Oscar II (G)	150
1901 5 kronor, Oscar II (G)	120
1920 5 kronor, Gustaf V (G)	120
1935 5 kronor, Riksdag 500th anniversary (S)	16.50
1952 5 kronor, Gustaf VI Adolf 70th birthday (S)	14.50
1955 5 kronor, Gustaf VI (S)	4.50
1959 5 kronor, constitution sesquicentennial (S)	5.00
1962 5 kronor, Gustaf VI Adolf 80th birthday (S)	13.50
1966 5 kronor, constitution reform centennial (S)	5.00
1972 5 kronor, Gustaf VI (C-N-clad N)	1.25
1992 5 kronor (C-N)	1.00
1995 5 kronor, United Nations 50th anniversary (C-N-clad C)	1.00
2000 5 kronor (C-N-clad C)	unc 1.00
1874 10 kronor, Oscar II (G)	215
1901 10 kronor, Oscar II (G)	240

1972 10 kronor, Gustaf VI Adolf 90th birthday (S)	8.50
1991 10 kronor, Carl XVI Gustaf (C-AL-Z)	2.00
2005 10 kronor, Carl XVI Gustaf (C-AL-Z)	unc 1.75
1873 20 kronor, Oscar II (G)	450

XF

1886 20 kronor, Oscar II (G) **415**

1925 20 kronor, Gustaf V (G) **500**

UNC

1975 50 kronor, constitution reform (S)
. . . .**18.50**

1976 50 kronor, Carl XVI Gustaf and
Silvia wedding (S) **18.50**

2002 50 kronor, Astrid Lindgren (BR)
. . . .**8.00**

2005 50 kronor, first Swedish postage
stamp 150th anniversary (BR) . . .**8.00**

1983 100 kronor, Parliament (S) . .**18.50**

1984 100 kronor, Stockholm Conference
(S) **18.50**

185 100 kronor, International Youth Year
(S) **20.00**

1985 100 kronor, European Music Year
(S) **20.00**

1985 100 kronor, International Year of
the Forest (S) **22.50**

1988 100 kronor, Swedish colony in
Delaware 350th anniversary (S) **27.50**

1980 200 kronor, Swedish royal
succession (S) **30.00**

1983 200 kronor, Carl XVI Gustaf reign
10th anniversary (S). **35.00**

1989 200 kronor, ice hockey (S)
. . . .**32.50**

1990 200 kronor, Vasa warship (S)
. . . .**35.00**

1992 200 kronor, Gustaf III death 200th
anniversary (S) **35.00**

1993 200 kronor, Carl XVI Gustaf reign
20th anniversary (S). **35.00**

1993 200 kronor, Queen Silvia 50th
birthday (S) **35.00**

1995 200 kronor, Swedish coinage
1,00th anniversary (S) **35.00**

1996 200 kronor, Carl XVI Gustaf 50th
birthday (S) **35.00**

1997 200 kronor, Kalmar Union (S)
. . . .**35.00**

1998 200 kronor, Carl XVI Gustaf reign
25th anniversary (S). **35.00**

1999 200 kronor, millennium (S)
. . . .**30.00**

2001 200 kronor, Carl XVI Gustaf and
Silvia 25th wedding anniversary (S)
. . . .**35.00**

2002 200 kronor, Stockholm 750th
anniversary (S). . . . . *proof* **35.00**

2003 200 kronor, Carl XVI Gustaf reign
30th anniversary (S). **35.00**

2003 200 kronor, St. Birgitta 700th
anniversary (S). **35.00**

2004 200 kronor, Royal Palace in
Stockholm 250th anniversary (S)
. . . . *proof* **35.00**

2005 200 kronor, Dag Hammarskjold
(S) . . . . *proof* **35.00**

2005 200 kronor, Sweden-Norway union
dissolution centennial (S) **35.00**

1988 1,000 kronor, Swedish colony in
Delaware 350th anniversary (G)
. . . . **340**

1989 1,000 kronor, ice hockey (G)
. . . . **340**

1990 1,000 kronor, Vasa arms (G)
. . . . **340**

1992 1,000 kronor, Gustaf III death
200th anniversary (G) **340**

1993 1,000 kronor, Carl XVI Gustaf
reign 20th anniversary (G). **340**

1993 1,000 kronor, Queen Silvia 50th
birthday (G) **340**

1995 1,000 kronor, Swedish coinage
1,000th anniversary (G). **340**

1996 1,000 kronor, Carl XVI Gustaf 50th
birthday (G) **340**

1997 1,000 kronor, Kalmar Union (G)
. . . . **340**

1998 1,000 kronor, Carl XVI Gustaf
reign 25th anniversary (G). **340**

1999 2,000 kronor, millennium (G) **700**

2002 2,000 kronor, Stockholm 750th
anniversary (G) . . . . *proof* **600**

2003 2,000 kronor, Carl XVI Gustaf
reign 30th anniversary (G). **625**

2003 2,000 kronor, St. Birgitta 700th
anniversary (G) **325**

2004 2,000 kronor, Royal Palace in
Stockholm 250th anniversary (G) **650**

2005 2,000 kronor, Dag Hammarskjold
(G) . . . . *proof* **650**

2005 2,000 kronor, Sweden-Norway
union dissolution centennial (G). **625**

SWITZERLAND

As a nation, Switzerland originated in 1291 when the districts of Nidwalden, Schwyz, and Un united to defeat Austria and attain independence as the Swiss Confederation. After acquiring new cantons in the 14th century, Switzerland gained independence from the Holy Roman Empire through terms of the Treaty of Westphalia in 1648. The armies of Napoleonic France who occupied Switzerland set up the Helvetian Republic (1798-1803). After the fall of Napoleon, the Congress of Vienna in 1813 recognized Switzerland's independence and guaranteed its neutrality.

The listings that follow begin with the modern confederation.

XF

1877 rappen (BZ) **60.00**

1918 rappen (BZ) **5.00**

1943 rappen (Z). **3.00**

1975 rappen (BZ) **0.10**

2005 rappen (BZ) . . . . *unc* **0.50**

1875 2 rappen (BZ). **12.00**

1937 2 rappen (BZ). **6.00**

1944 2 rappen (Z) **1.50**

1963 2 rappen (BZ). **0.25**

1874 5 rappen (B) **40.00**

1882 5 rappen (C-N) **12.00**

XF

1925 5 rappen (C-N) 2.00
1937 5 rappen (N). 1.00
1985 5 rappen (AL-BR) . . . . *unc* 0.50
2005 5 rappen (AL-BR) . . . . *unc* 0.50
1850 10 rappen (B). 45.00
1885 10 rappen (C-N) 9.00
1925 10 rappen (C-N) 3.00
1932 10 rappen (N) 1.00
2009 10 rappen (C-N) . . . . *unc* 0.50
1850 20 rappen (B). 50.00
1894 20 rappen (N) 15.00

1920 20 rappen (N) 2.00
1970 20 rappen (C-N) 1.00
2001 20 rappen (C-N) . . . . . *unc* 1.00
1850 half franc (S) 175
1898 half franc (S) 18.00
1950 half franc (S) 2.50
1980 half franc (C-N) . . . . . . *unc* 2.50
2000 half franc (C-N) . . . . . . *unc* 2.50
2009 half franc (C-N) . . . . . . *unc* 2.00
1851 franc (S) 200

1899 franc (S) 60.00
1920 franc (S) 5.00

1956 franc (S) 6.50
1978 franc (C-N) 3.00
1995 franc (C-N) 3.00
2004 franc (C-N) 3.00
1862 2 francs (S) 250
1894 2 francs (S) 125

1911 2 francs (S). 60.00
1940 2 francs (S). 9.00
1980 2 francs (C-N) . . . . . . *unc* 5.00
1990 2 francs (C-N) . . . . . . *unc* 5.00
2008 2 francs (C-N) . . . . . . *unc* 4.50
1851 5 francs (S) 330
1890 5 francs (S) 300
1908 5 francs (S) 400

1926 5 francs (S) 160.00
1949 5 francs (S) 22.00
1975 5 francs (C-N) . . . . *unc* 8.00
2007 5 francs (C-N) . . . . *unc* 7.50

1913 10 francs (G) 185
1892 20 francs (G) 350
1900 20 francs (G) 240
1922 20 francs (G) 240

1925 100 francs (G). 9,000

COMMEMORATIVES

UNC

1934 5 francs, Federal Shooting Festival
    in Fribourg (S) 500
1936 5 francs, Confederation Armament
    Fund (S) 25.00

1939 5 francs, Battle of Laupen 600th
    anniversary (S) 400
1939 5 francs, Zurich Exposition (S)
    . . . . .80.00
1939 5 francs, Federal Shooting Festival
    in Lucerne (S) 55.00
1941 5 francs, confederation 650th
    anniversary (S). 55.00

1944 5 francs, Battle of St. Jakob an der
    Birs 500th anniversary (S) 30.00
1948 5 francs, Swiss constitution
    centennial (S) 15.00

1963 5 francs, Red Cross centennial
    (S) 15.00
1974 5 francs, Swiss constitution
    revision centennial (C-N) 7.00
1976 5 francs, Battle of Murten 500th
    anniversary (C-N) 8.00
1978 5 francs, Henry Dunant (C-N)
    . . . . .8.00
1979 5 francs, Albert Einstein, portrait
    (C-N). 10.00
1979 5 francs, Albert Einstein, formula
    (C-N). 10.00
1980 5 francs, Ferdinand Hodler (C-N)
    . . . . .12.00
1981 5 francs, Stans Convention 500th
    anniversary (C-N) 10.00

UNC

1984 5 francs, Auguste Piccard (C-N)
. . . . **8.00**

1985 5 francs, European Year of Music
(C-N). **7.00**

1986 5 francs, Battle of Sempach 500th
anniversary (C-N) **7.00**

1987 5 francs, Le Corbusier (C-N) **8.00**

1988 5 francs, Gen. Guisan, 1939
mobilization (C-N) **8.00**

1990 5 francs, Gottfried Keller (C-N)
. . . . **7.00**

1999 5 francs, wine festival (BR center
in C-N ring). **8.00**

2000 5 francs, Swiss national coinage
150th anniversary (G center in C-N)
ring. **8.00**

2004 10 francs, Matterhorn Mountain
(C-N center in AL-BZ ring). . . .**20.00**

2005 10 francs, Jungfrau mountain (C-N
center in AL-BZ ring) **17.00**

2006 10 francs, Piz Bernina mountain
(C-N center in AL-BZ ring). . . .**16.00**

2007 10 francs, Swiss National Park,
ibex (C-N center in AL-BZ ring)**16.00**

2008 10 francs, Swiss National Park,
golden eagle (C-N center in AL-BZ
ring) **16.00**

2009 10 francs, Swiss National Park, red
deer (C-N center in BR ring) . .**16.00**

2010 10 francs, Swiss National Park,
marmot (C-N center in BR ring)
. . . .**16.00**

1991 20 francs, confederation 700th
anniversary (S). **22.00**

1993 20 francs, Paracelsus (S) . . .**22.00**

1996 20 francs, Gargantua (S) . . .**22.00**

1997 20 francs, Swiss Railway 150th
anniversary (S). **30.00**

1998 20 francs, Helvetia Republic 200th
anniversary (S). **30.00**

1998 20 francs, confederation 150th
anniversary (S). **30.00**

1999 20 francs, Swiss Postal Service
150th anniversary (S) **25.00**

2000 20 francs, year 2000, peace on
earth (S). **30.00**

2001 20 francs, Mustair Cloister (S)
. . . .**25.00**

2002 20 francs, St. Gall Cloister (S)
. . . .**25.00**

2002 20 francs, Expo '02 (S). . . .**25.00**

2003 20 francs, St. Moritz Ski
Championships (S) **25.00**

2004 20 francs, three castles of
Bellinzona (S) **25.00**

2004 20 francs, FIFA centennial (S)
. . . .*proof* **110**

2005 20 francs, Chapel Bridge in
Lucerne (S) **25.00**

2005 20 francs, Geneva Motor Show (S)
. . . .**25.00**

2006 20 francs, 1906 Post bus (S) **25.00**

2006 20 francs, Swiss Parliament
building (S) **25.00**

2007 20 francs, Swiss National Bank
centennial (S) **25.00**

2007 20 francs, Munot castle of
Schaffhausen (S). **30.00**

2008 20 francs, ice hockey centennial
(S) **30.00**

2008 20 francs, Vitznau-Rigi cog railway
(S) **25.00**

2009 20 francs, Swiss Museum of
Transport (S) **25.00**

1984 50 francs, Zurich Field Shoot in
Oberhasli (S) . . . .*proof* **650**

1985 50 francs, Uri Shooting Festival in
Altdorf (S) . . . .*proof* **165**

1986 50 francs, Federal Shooting
Festival in Appenzell (S) . . .*proof* **135**

1988 50 francs, Aargau Shooting Festival
in Brugg (S) . . . .*proof* **190**

1989 50 francs, Zug Shooting Festival in
Menzingen (S). . . . .*proof* **165**

1991 50 francs, Bern Shooting Festival
in Langenthal (S). . . . .*proof* **150**

1992 50 francs, Zurich Shooting Festival
in Dielsdorf (S) . . . .*proof* **180**

1993 50 francs, Thurgau Shooting
Festival in Weinfelden (S) . .*proof* **145**

1996 50 francs, Sempach Battle Shoot in
Lucerne (S) . . . .*proof* **125**

1997 50 francs, Schaffhausen Shooting
Festival (S). . . . .*proof* **165**

1999 50 francs, Wallis Shooting Festival
in Sion (S) . . . .*proof* **150**

2001 50 francs, Uri Shooting Festival
(S) . . . .*proof* **100**

2002 50 francs, Zurich Shooting
Festival (S). . . . .*proof* **165**

2003 50 francs, Alpine World Ski
Championships (G). . . . . . .*proof* **650**

2004 50 francs, Matterhorn Mountain
(G) . . . .*proof* **700**

2004 50 francs, FIFA centennial
(G) . . . .*proof* **900**

2005 50 francs, Geneva Motor Show
(G) . . . .*proof* **650**

2005 50 francs, Brusio Shooting Festival
(S) . . . .*proof* **100**

2006 50 francs, Swiss guardsmen (G)
. . . .*proof* **750**

2006 50 francs, Solothurn Shooting
Festival (S). . . . .*proof* **100**

2007 50 francs, Swiss National Bank
centennial (G) **650**

2008 50 francs, International Year of
Planet Earth (G) . . . .*proof* **650**

2008 50 francs, Geneva Shooting
Festival (S). . . . .*proof* **100**

2009 50 francs, Obwalden Shooting
Festival (S). . . . .*proof* **100**

2010 50 francs, Aarau Shooting
Festival (S). . . . .*proof* **75.00**

1934 100 francs, Federal Shooting
Festival in Fribourg (G). **2,800**

1939 100 francs, federal festival in
Lucerne (G). **750**

UNC

1998 100 francs, Helvetian Republic
200th anniversary (G) . . . *proof* **1,500**

2000 100 francs, 2,000 years of
Christianity (G) . . . . *proof* **1,350**

1998 200 francs, Albisgutli (G) . . . **1,950**

1991 250 francs, confederation 700th
anniversary (G) **450**

1995 500 francs, Federal Shooting
Festival in Bern (G) . . . . . *proof* **1,200**

1998 500 francs, Schwyz Shooting
Festival (G) . . . . *proof* **2,000**

1999 500 francs, Wallis Shooting
Festival in Sion (G) . . . . . *proof* **2,000**

2001 500 francs, Uri Shooting Festival
(G) . . . . *proof* **1,500**

2002 500 francs, Zurich Shooting
Festival (G) . . . . *proof* **1,950**

2003 500 francs, Basel Shooting Festival
(G) . . . . *proof* **1,600**

2007 500 francs, Luzern Shooting
Festival (G) . . . . *proof* **1,000**

2009 500 francs, Obwalden Shooting
Festival (G) . . . . *proof* **1,000**

1984 1,000 francs, Zurich Field Shoot in
Oberhasli (G) . . . . *proof* **1,700**

1985 1,000 francs, Un Shooting Festival
in Altdorf (G) . . . . *proof* **1,700**

1986 1,000 francs, Federal Shooting
Festival in Appenzell (G) . *proof* **1,350**

1987 1,000 francs, Federal Battle Shoot
in Glarus (G) . . . . *proof* **1,625**

1988 1,000 francs, Aargau Shooting
Festival in Brugg (G) . . . . *proof* **1,625**

1989 1,000 francs, Zug Shooting Festival
in Menzingen (G) . . . . . . *proof* **1,650**

1990 1,000 francs, Federal Shooting
Festival in Zurich (G) . . . *proof* **1,375**

1991 1,000 francs, Bern Shooting
Festival in Langenthal (G)
. . . . *proof* **1,525**

1992 1,000 francs, Zurich Shooting
Festival in Dielsdorf (G)
. . . . *proof* **1,875**

UNITED ARAB EMIRATES

The former Trucial Sheikhdoms came under British influence in 1892 when the Maritime Truce Treaty provided for British protection from external aggression in exchange for certain concessions from the states. In March 1971, Britain reaffirmed its decision to terminate the relationship, whereupon the seven states joined Bahrain and Qatar in an effort to form a union of Arab emirates under British protections. When an agreement among the prospective members could not be reached, Bahrain and Qatar each declared their independence, and six of the remaining sheikhdoms formed the United Arab Emirates on Dec. 2, 1971. The last skeikhdom, Ras al-Khaimah, joined a few weeks later.

UNC

1973 fils (BZ) **0.50**

1973 5 fils (BZ) **0.35**

1996 5 fils, F.A.O. **0.30**

2001 5 fils, F.A.O. (BZ) **0.30**

1973 10 fils (BZ) **1.00**

1996 10 fils (BZ) **0.80**

2005 10 fils (BZ) **0.80**

1973 25 fils (C-N) **0.75**

2005 25 fils (C-N) **0.75**

1973 50 fills (C-N) **1.50**

1995 50 fils (C-N) **1.35**

2005 50 fils (C-N) **1.35**

1973 dirham (C-N) **2.00**

1995 dirham (C-N) **1.85**

1986 dirham, 27th Chess Olympiad
(C-N) **9.00**

1987 dirham, offshore oil drilling
25th anniversary (C-N) **9.00**

1987 dirham, al-Ain University
10th anniversary (C-N) **8.00**

1991 dirham, United Arab Emirates
soccer team qualification for 1990
World Cup (C-N) **6.50**

1998 dirham, Bank of Dubai 35th
anniversary (C-N) **4.50**

1998 dirham, College of Technology
(C-N) **4.50**

1998 dirham, Rashid bin Humaid Award
for Culture 15th anniversary (C-N)
. . . . **3.50**

1998 dirham, Sharjah (C-N) **3.50**

1999 dirham, Dubai Islamic Bank 25th
anniversary (C-N) **6.00**

1999 dirham, Abu Al Bukhoosh oil field
25th anniversary (C-N) **4.50**

1999 dirham, Sheikh Zayed (C-N) . **3.50**

2000 dirham, General Women's Union
25th anniversary (C-N) **3.50**

2001 dirham, armed-forces unification
25th anniversary (C-N) **3.50**

2003 dirham, formal education
50th anniversary (C-N) **3.50**

2003 dirham, Abu Dhabi National Bank
35th anniversary (C-N) **3.50**

2003 dirham, crude-oil export
40th anniversary (C-N) **3.50**

2003 dirham, World Bank Group
and International Monetary Fund
meeting in Dubai (C-N) **4.00**

2004 dirham, first gulf bank 25th
anniversary (C-N) **4.00**

2007 dirham (C-N) **1.85**

2007 dirham, United Arab Emirates Boy
Scouts 50th anniversary (C-N) . . **3.50**

2007 dirham, Sheikh Hamdan Bin
Rashed Al-Maktoum Award for
Distinguished Academic Performance
10th anniversary (C-N) **4.00**

2007 dirham, Zakum Development Co.
(C-N) **3.50**

2007 dirham, Sharjah International
Airport 75th anniversary (C-N) . . **3.00**

2007 dirham, Dubai police golden
jubilee (C-N) **3.50**

2007 dirham, first liquefied natural gas
shipment 30th anniversary (C-N)
. . . . **3.50**

2008 dirham, Abu Dhabi National Bank
40th anniversary (C-N) **3.00**

1981 5 dirhams, al-Hegira 1,500th
anniversary (C-N) **15.00**

UNC

1998 25 dirhams, Dubai National Bank
35th anniversary (S). . . . . *proof* **60.00**

1999 25 dirhams, Abu Al Bukhoosh oil
field 25th anniversary (S). . .*proof* **400**

2000 25 dirhams, Dubai Islamic
Bank (S). . . . .*proof* **300**

1980 50 dirhams, International Year of
the Child and UNICEF (S) . . .**25.00**

1990 50 dirhams, Shaikh Rashid Bin
Saeed Al-Maktoum (S) . . . .*proof* **250**

1992 50 dirhams, United Arab Emirates
Central Bank 10th anniversary (S)
. . . .*proof* **400**

1995 50 dirhams, Arab League
50th anniversary (S). . . . . .*proof* **300**

1996 50 dirhams, United Arab Emirates
25th anniversary (S). . . . . .*proof* **150**

1996 50 dirhams, Shaikh Zayed reign
25th anniversary (S). . . . . .*proof* **130**

1998 50 dirhams, Dubai National Bank
35th anniversary (S). . . . . .*proof* **100**

1998 50 dirhams, College of Technology
10th anniversary (S). . . . . .*proof* **250**

1998 50 dirhams, UNICEF (S)
. . . . *proof* **37.50**

1998 50 dirhams, Sharjah (S)
. . . . *proof* **80.00**

1999 50 dirhams, Abu Dhabi Chamber
of Commerce and Industry 30th
anniversary (S). . . . . *proof* **75.00**

1999 dirhams, Sharjah (S). . *proof* **80.00**

2000 50 dirhams, Sheikh Zayed (S)
. . . . *proof* **95.00**

2000 dirhams, Dubai Islamic Bank 25th
anniversary (S). . . . .*proof* **120**

2001 50 dirhams, Dubai Airport
(S). . . . .*proof* **75.00**

2001 50 dirhams, General Women's
Union 25th anniversary (S)
. . . . *proof* **75.00**

2001 50 dirhams, Arab Bank of
Investment Foreign Trade 25th
anniversary (S). . . . . *proof* **95.00**

2001 50 dirhams, armed-forces
unification 25th anniversary (S)
. . . . *proof* **70.00**

2002 50 dirhams, Al-Ain National
Museum 30th anniversary (S)
. . . . *proof* **80.00**

2002 50 dirhams, University of
the United Arab Emirates 25th
anniversary (S). . . . . *proof* **80.00**

2002 50 dirhams, Etisalat
Telecommunications 25th anniversary
(S) . . . . *proof* **80.00**

2002 50 dirhams, Sheikh Hamdan
Bin Rashid Al-Maktoum Award for
Medical Sciences (S). . . . *proof* **95.00**

2002 50 dirhams, Al Ahmadia School
90th anniversary (S). . . . . *proof* **80.00**

2002 50 dirhams, Administrative
Development Institute 20th
anniversary (S). . . . . *proof* **95.00**

2003 50 dirhams, United Arab Emirates
Central Bank 30th anniversary (S)
. . . . *proof* **80.00**

2003 50 dirhams, World Bank Group
and International Monetary Fund
meeting (S) . . . . *proof* **70.00**

2003 50 dirhams, FIFA World Youth
Soccer Championship (S)
. . . . *proof* **80.00**

2003 50 dirhams, Ministry of
Finance and Industry certification
by International Organization for
Standardization (S) . . . . . *proof* **90.00**

2004 50 dirhams, Abu Dhabi oil fields
first export (S) . . . .*proof* **300**

2005 50 dirhams, Sharjah 25th
anniversary (S). . . . . *proof* **80.00**

2005 50 dirhams, Sheikha Fatima Bint
Mubarak (S) . . . . *proof* **80.00**

2007 50 dirhams, Emirates Banks
Association 25th anniversary
(S) . . . . *proof* **85.00**

2008 50 dirhams, , Sheikh Hamdan
Bin Rashid Al-Maktoum Award for
Academic Performance (S)
. . . .*proof* **600**

1999 100 dirhams, Dubai Department of
Ports and Customs centennial (S)
. . . . *proof* **95.00**

2004 100 dirhams, Sheikh Zayed Bin
Sultan (S). . . . . *proof* **90.00**

1976 500 dirhams, United Arab
Emirates 5th anniversary (G)
. . . . *proof* **1,250**

1992 500 dirhams, Sheikh Rashid Bin
Saeed Al-Maktoum (G) . . . . . *proof* **1,250**

1992 500 dirhams, United Arab
Emirates Central Bank 10th
anniversary (G) . . . . *proof* **1,250**

1996 500 dirhams, Women's Union 20th
anniversary (G) . . . . *proof* **1,250**

1980 750 dirhams, International Year of
the Child and UNICEF (G)
. . . . *proof* **1,100**

1976 1,000 dirhams, United Arab
Emirates 5th anniversary (G)
. . . . *proof* **2,300**

1992 1,000 dirhams, Sheikh Rashid Bin
Saeed Al-Maktoum (G)
. . . . *proof* **2,400**

1992 1,000 dirhams, United Arab
Emirates Central Bank 10th
anniversary (G) . . . . *proof* **2,500**

1996 1,000 dirhams, General Women's
Union 20th anniversary (G)
. . . . *proof* **2,500**

WORLD PAPER MONEY

AUSTRALIA

1923-1925 ISSUE

	VG
Half sovereign	350
Pound	250
5 pounds	350

1926-1927 ISSUE

	VG
Half sovereign	125
Pound	30.00
5 pounds	200
10 pounds	650

1933-1934 ISSUE

	VG
10 shillings	100
10 shillings, reduced size	85.00
Pound	30.00
5 pounds	150
10 pounds	175

1938-1940 ISSUE

	VF
10 shillings	20.00
Pound	15.00

	VF
5 pounds	40.00
10 pounds	100

1953-1954 ISSUE

	VF
10 shillings	6.00
Pound	6.00
5 pounds	20.00
10 pounds	40.00

1960-1961 ISSUE

	VF
10 shillings	70.00

	VF
Pound	40.00
5 pounds	45.00
10 pounds	100

1966-1967 ISSUE

	VF
Dollar	10.00
2 dollars	20.00
5 dollars	50.00

	VF
10 dollars	30.00
20 dollars	75.00

1973, 1984 ISSUE

	VF
Dollar	5.00
2 dollars	5.00
5 dollars	10.00
10 dollars	15.00
20 dollars	35.00
50 dollars	80.00
100 dollars	140

1988 ISSUE

	UNC
10 dollars, Capt. James Cook	25.00

1992-2001 ISSUES

	VF
5 dollars	10.00
10 dollars	15.00
20 dollars	30.00
50 dollars	70.00

	VF
100 dollars	120

2001 ISSUE

	UNC
5 dollars, commonwealth centennial	16.00

2002-2003 ISSUE

	UNC
10 dollars	10.00
20 dollars	17.50

AUSTRIA

1949-1954 ISSUE

	VG
5 schilling	5.00
10 schilling	1.00
20 schilling	2.00
50 schilling	4.00
100 schilling	7.00
500 schilling	40.00
1,000 schilling	75.00

1956-1965 ISSUE

	VF
20 schilling	7.50
50 schilling	9.00
100 schilling	10.00

	VF
500 schilling	50.00
1,000 schilling	90.00

1966-1970 ISSUE

	UNC
20 schilling	4.50
50 schilling	12.00

	UNC
100 schilling	22.50
1,000 schilling	150

1983-1988 ISSUE

	UNC
20 schilling	3.25
50 schilling	7.00
100 schilling	17.50
500 schilling	75.00
1,000 schilling	150
5,000 schilling	625

1997 ISSUE

	UNC
500 schilling	70.00
1,000 schilling	135

BELGIUM

1950-1952 ISSUE

	VF
100 francs	6.50
500 francs	60.00
1,000 francs	50.00

1961-1971 ISSUE

	VF
100 francs	6.00
500 francs	30.00
1,000 francs	50.00
5,000 francs	275

1964-1966 ISSUE

	UNC
20 francs	2.00

	UNC
50 francs	4.00

1978,1980 ISSUE

	UNC
100 francs	30.00
500 francs	75.00

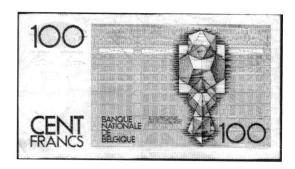

1981-1982 ISSUE

	UNC
100 francs	10.00
500 francs	50.00

	UNC
1,000 francs	120
5,000 francs	350

1992 ISSUE

	UNC
10,000 francs	600

1994-1997 ISSUE

	UNC
100 francs	7.50
200 francs	15.00
500 francs	35.00
1,000 francs	60.00
2,000 francs	100
10,000 francs	450

BRAZIL

1961 ISSUE

	UNC
5 cruzeiros	2.00
10 cruzeiros	2.00
20 cruzeiros	2.00
50 cruzeiros	7.50
100 cruzeiros	4.50
200 cruzeiros	12.00
500 cruzeiros	20.00
1,000 cruzeiros	40.00
5,000 cruzeiros	30.00

1962-1963 ISSUE

	UNC
5 cruzeiros	1.00
10 cruzeiros	1.50

	UNC
20 cruzeiros	2.25
50 cruzeiros	4.00
100 cruzeiros	9.00
1,000 cruzeiros	15.00
5,000 cruzeiros	25.00

1965, 1966 ISSUE

	UNC
5,000 cruzeiros	35.00
10,000 cruzeiros	70.00

1966, 1967 ISSUE

	UNC
1 centavo on 10 cruzeiros	1.00
5 centavos on 50 cruzeiros	1.50
10 centavos on 100 cruzeiros	2.00
50 centavos on 500 cruzeiros	4.50
1 cruzeiro novo on 1,000 cruzeiros	7.50
5 cruzeiros novos on 5,000 cruzeiros	22.50
10 cruzeiros novos on 10,000 cruzeiros	20.00

1970 ISSUE

	UNC
Cruzeiro	2.00
5 cruzeiros	1.50
10 cruzeiros	2.00
50 cruzeiros	3.00
100 cruzeiros	6.00

1972 ISSUE

	UNC
500 cruzeiros, independence 150th anniversary	35.00

1978 ISSUE

	UNC
1,000 cruzeiros	35.00

1981-1985 ISSUE

	UNC
100 cruzeiros	0.50

	UNC
200 cruzeiros	0.50
500 cruzeiros	1.00

	UNC
1,000 cruzeiros	0.75
5,000 cruzeiros	1.50
10,000 cruzeiros	4.50
50,000 cruzeiros	12.50
100,000 cruzeiros	5.50

1986 PROVISIONAL ISSUE

	UNC
10 cruzados on 10,000 cruzeiros	1.50
50 cruzados on 50,000 cruzeiros	2.50
100 cruzados on 100,000 cruzeiros	5.00

1986 ISSUE

	UNC
50 cruzados	0.75
100 cruzados	2.00
500 cruzados, H. Villa-Lobos birth centennial	1.00

1987 ISSUE

	UNC
1,000 cruzados	0.75
5,000 cruzados	4.00
10,000 cruzados	7.00

1989 PROVISIONAL ISSUE

	UNC
1 cruzado novo on 1,000 cruzados	1.25
5 cruzados novos on 5,000 cruzados	1.75
10 cruzados novos on 10,000 cruzados	1.50

1989 ISSUE

	UNC
50 cruzados novos	1.50
100 cruzados novos	1.50
200 cruzados novos, republic centennial	5.00

1990 ISSUE

	UNC
500 cruzados novos	7.50

1990 PROVISIONAL ISSUE

	UNC
50 cruzeiros on 50 cruzados novos	0.50
100 cruzeiros on 100 cruzados novos	1.50

	UNC
200 cruzeiros on 200 cruzados novos	1.00
500 cruzeiros on 500 cruzados novos	0.75

1992 ISSUE

	UNC
5,000 cruzeiros	2.00

1990-1993 ISSUE

	UNC
100 cruzeiros	0.50

	UNC
200 cruzeiros	0.50
500 cruzeiros	3.00
1,000 cruzeiros	2.00
5,000 cruzeiros	1.50
10,000 cruzeiros	1.25
50,000 cruzeiros	1.25
5,000 cruzeiros	1.50

	UNC
10,000 cruzeiros	1.25
50,000 cruzeiros	1.25
100,000 cruzeiros	5.00
500,000 cruzeiros	4.00

1993 PROVISIONAL ISSUE

	UNC
50 cruzeiros reais on 50,000 cruzeiros	1.00
100 cruzeiros reais on 100,000 cruzeiros	1.00
500 cruzeiros reais on 500,000 cruzeiros	3.00

1993-1994 ISSUE

	UNC
1,000 cruzeiros reais	2.00
5,000 cruzeiros reais	12.50
50,000 cruzeiros reais	50.00

1994 ISSUE

	UNC
Real	4.00
5 reais	17.50
10 reais	30.00
50 reais	40.00
100 reais	225

2000 ISSUE

	UNC
10 reais, Portuguese discovery of Brazil 500th anniversary	10.00

2001-2002 ISSUE

	UNC
2 reais	2.50
20 reais	10.00

2003 ISSUE

	UNC
Real	2.00

CHINA

1953 SECOND ISSUE

	UNC
Fen	0.50
2 fen	0.50
5 fen	0.50

1962, 1965 ISSUE

	UNC
Jiao	1.00
2 jiao	0.50
10 yuan	10.00

1972 ISSUE

	UNC
5 jiao	1.50

1980 ISSUE

	UNC
Jiao	0.50
2 jiao	0.50
5 jiao	0.75
Yuan	0.75

	UNC
2 yuan	0.75
5 yuan	2.50

	UNC
10 yuan	4.00
50 yuan	12.50
100 yuan	20.00

1999 ISSUE

	UNC
Yuan	0.50
5 yuan	1.00

	UNC
10 yuan	2.50
20 yuan	4.50
50 yuan	10.00
100 yuan	20.00
50 yuan, revolution 50th anniversary	15.00

2000 ISSUE

	UNC
100 yuan, year 2000	32.50

2005 ISSUE

	UNC
5 yuan	1.00
10 yuan	2.50
20 yuan	5.00
50 yuan	10.00
100 yuan	20.00
50 piastres	3.50
Pound	4.00
5 pounds	20.00
10 pounds	25.00

DENMARK

1952-1963 ISSUE

	VF
5 kroner	15.00
10 kroner	10.00
50 kroner	40.00

	VF
100 kroner	40.00
500 kroner	200

1972, 1979 ISSUE

	UNC
10 kroner	6.00
20 kroner	12.00
50 kroner	30.00
100 kroner	40.00

	UNC
500 kroner	150

	UNC
1,000 kroner	300

1972A ISSUE

	UNC
100 kroner	30.00

1997-2001 ISSUE

	UNC
50 kroner	12.50
100 kroner	30.00

	UNC
200 kroner	50.00
500 kroner	135

	UNC
1,000 kroner	240

2002 ISSUE

	UNC
50 kroner	12.50
100 kroner	22.50
200 kroner	45.00

	UNC
500 kroner	110
1,000 kroner	220

EGYPT

1961-1964 ISSUE

	UNC
25 piastres	6.00
50 piastres	15.00
Pound	6.00
5 pounds	25.00

	UNC
10 pounds	30.00

1967-1969 ISSUE

	UNC
25 piastres	3.00
50 piastres	3.50
Pound	4.00
5 pounds	20.00

	UNC
10 pounds	25.00

1976 ISSUE

	UNC
25 piastres	3.50
20 pounds	35.00

1978-1979 ISSUE

	UNC
25 piastres	2.00
Pound	1.50
10 pounds	10.00
20 pounds	20.00
100 pounds	100

1980-1981 ISSUE

	UNC
25 piastres	1.50
50 piastres	2.00
5 pounds	15.00

1985 ISSUE

	UNC
25 piastres	1.00
50 piastres	1.25

1989-1994 ISSUE

	UNC
5 pounds	5.00
50 pounds	30.00

	UNC
100 pounds	70.00

1995 ISSUE

	UNC
50 piastres	0.75

2000-2003 ISSUE

	UNC
5 pounds	5.00
10 pounds	8.00
20 pounds	15.00
50 pounds	27.50
100 pounds	50.00
200 pounds	85.00

FRANCE

1906-1908 ISSUE

	VG
20 francs	30.00
100 francs	75.00

1909-1912 ISSUE

	VG
5 francs	10.00
100 francs	7.50

1916-1918 ISSUE

	VG
5 francs	5.00
10 francs	7.50
20 francs	20.00

1923-1927 ISSUE

	VG
50 francs	35.00
100 francs	2.00
1,000 francs	2.50

1930 ISSUE

	VG
50 francs	12.50

1934 ISSUE

	VG
50 francs	4.50
5,000 francs	35.00

1937-1939 ISSUE

	VF
5 francs	4.50
10 francs	5.00
50 francs	15.00
100 francs	2.25
300 francs	180
500 francs	125
1,000 francs	45.00
5,000 francs	350

1939-1940 ISSUE

	VF
20 francs	15.00
50 francs	4.50

	VF
100 francs	4.00
500 francs	15.00
1,000 francs	27.50
5,000 francs	40.00

1941-1943 ISSUE

	VF
5 francs	1.50
10 francs	6.00
20 francs	2.25
100 francs	25.00
1,000 francs	10.00
5,000 francs	35.00

1945-1949 ISSUE

	VF
50 francs	7.50
100 francs	5.00
500 francs	35.00

	VF
1,000 francs	15.00
5,000 francs	45.00
10,000 francs	110

1953-1957 ISSUE

	VF
500 francs	30.00
1,000 francs	20.00
10,000 francs	50.00

1959 ISSUE

	VF
5 nouveaux francs	50.00
10 nouveaux francs	20.00
50 nouveaux francs	200

	VF
100 nouveaux francs	40.00
500 nouveaux francs	200

	UNC
100 francs	50.00
200 francs	70.00
500 francs	125

1962-1966 ISSUE

	VF
5 francs	20.00

1993-1997 ISSUE

	UNC
50 francs	15.00
100 francs	30.00
200 francs	60.00
500 francs	150

GERMANY (FEDERAL REPUBLIC)

1960 ISSUE

	UNC
5 deutsche mark	14.00
10 deutsche mark	50.00
20 deutsche mark	65.00
50 deutsche mark	80.00

	VF
10 francs	15.00
50 francs	15.00
100 francs	25.00

1968-1981 ISSUE

	UNC
10 francs	20.00
20 francs	15.00
50 francs	20.00

	UNC
100 deutsche mark	190
500 deutsche mark	750
1,000 deutsche mark	1,100

1967 ISSUE

	UNC
10 pfennig	15.00
Deutsche mark	75.00
2 deutsche mark	20.00

1970-1980 ISSUE

	UNC
5 deutsche mark	9.00
10 deutsche mark	25.00
20 deutsche mark	35.00

	UNC
50 deutsche mark	75.00
100 deutsche mark	125
500 deutsche mark	500
1,000 deutsche mark	950

1989-1991 ISSUE

	UNC
5 deutsche mark	7.50

	UNC
10 deutsche mark	12.50
20 deutsche mark	30.00
50 deutsche mark	70.00
100 deutsche mark	130
200 deutsche mark	225
500 deutsche mark	400

	UNC
1,000 deutsche mark	775

1996 ISSUE

	UNC
50 deutsche mark	65.00
100 deutsche mark	130
200 deutsche mark	225

GREECE

1964-1970 ISSUE

	UNC
50 drachmai	2.50
100 drachmai	3.00
500 drachmai	25.00
1,000 drachmai	10.00

1978 ISSUE

	UNC
50 drachmai	2.50
100 drachmai	2.00

1983-1987 ISSUE

	UNC
500 drachmes	4.50
1,000 drachmes	6.00

	UNC
5,000 drachmes	45.00

1995-1998 ISSUE

	UNC
200 drachmes	3.75
5,000 drachmes	35.00
10,000 drachmes	65.00

IRELAND

1961-1963 ISSUE

	VF
10 shillings	20.00
Pound	12.00
5 pounds	65.00
10 pounds	80.00
20 pounds	150
50 pounds	425

	VF
100 pounds	525

1976-1982 ISSUE

	VF
Pound	5.00
5 pounds	17.50
10 pounds	30.00
20 pounds	50.00
50 pounds	100

1992-1996 ISSUE

	UNC
5 pounds	20.00
10 pounds	30.00
20 pounds	65.00
50 pounds	150
100 pounds	325

ISRAEL

1958-1960 ISSUE

	UNC
Half lira	5.00
Lira	4.00
5 lirot	5.00
10 lirot	12.00

	UNC
50 lirot	30.00

1968 ISSUE

	UNC
5 lirot	9.00
10 lirot	5.00
50 lirot	7.00

	UNC
100 lirot	30.00

1973-1975 ISSUE

	UNC
5 lirot	1.50

	UNC
10 lirot	1.50
50 lirot	5.00
100 lirot	7.00

	UNC
500 lirot	45.00

1978-1984 ISSUE

	UNC
Sheqel	1.50
5 sheqalim	3.00
10 sheqalim	5.00
50 sheqalim	2.00
100 sheqalim	10.00
500 sheqalim	6.00
1,000 sheqalim	25.00
5,000 sheqalim	45.00
10,000 sheqalim	30.00

1985-1992 ISSUE

	UNC
New sheqel	2.00
5 new sheqalim	15.00
10 new sheqalim	30.00
20 new sheqalim	20.00
50 new sheqalim	50.00
100 new sheqalim	85.00
200 new sheqalim	120

ISRAEL

1998 ISSUE

	UNC
50 new sheqalim, independence 50th anniversary	45.00

1999 ISSUE (DATED 1998)

	UNC
20 new sheqalim	20.00
50 new sheqalim	30.00
100 new sheqalim	50.00
200 new sheqalim	100

ITALY

1947 ISSUE

	VG
500 lire	4.00
1,000 lire	5.00
5,000 lire	45.00

1948 ISSUE

	VG
1,000 lire	4.00
10,000 lire	35.00

1950 ISSUE

	VG
500 lire	800

1951 ISSUE

	VF
50 lire	6.00
100 lire	6.00

1962 ISSUE

	VF
1,000 lire	9.00
10,000 lire	10.00

1964 ISSUE

	VF
5,000 lire	50.00

1967 ISSUE

	VF
50,000 lire	150
100,000 lire	225

1969, 1971 ISSUE

	VF
1,000 lire	1.00
5,000 lire	20.00

1973, 1974 ISSUE

	VF
2,000 lire	3.00
20,000 lire	60.00

1976-1979 ISSUE

	VF
5,000 lire	5.00
10,000 lire	7.50
50,000 lire	40.00
100,000 lire	65.00

1982, 1983 ISSUE

	UNC
1,000 lire	3.00
100,000 lire	120

1984, 1985 ISSUE

	UNC
5,000 lire	10.00

	UNC
10,000 lire	12.50
50,000 lire	60.00

1990-1994 ISSUE

	UNC
1,000 lire	3.00

	UNC
2,000 lire	4.50
50,000 lire	60.00
100,000 lire	120

	VF
5,000 yen	50.00
10,000 yen	100

1997 ISSUE

1963-1969 ISSUE

	VF
500 yen	6.00

	UNC
500,000 lire	400

	VF
1,000 yen	10.00

JAPAN

1984 ISSUE

1950-1958 ISSUE

	VF
100 yen	2.00
500 yen	6.00
1,000 yen	15.00

	VF
1,000 yen	10.00
5,000 yen	55.00
10,000 yen	110

1993 ISSUE

	VF
1,000 yen	10.00
5,000 yen	70.00
10,000 yen	110

2000 ISSUE

	UNC
2,000 yen, Okinawa economic summit	25.00

2004 ISSUE

	UNC
1,000 yen	13.00
5,000 yen	65.00
10,000 yen	125

NORWAY

1948-1955 ISSUE

	VF
5 kroner	20.00
10 kroner	7.00

	VG
50 kroner	50.00

	VG
100 kroner	50.00
500 kroner	140
1,000 kroner	200

1962-1978 ISSUE

	VF
10 kroner	4.00
50 kroner	15.00
100 kroner	17.50
500 kroner	100
1,000 kroner	150

1977 ISSUE

	VF
100 kroner	17.50

1983-1991 ISSUE

	UNC
50 kroner	15.00
100 kroner	30.00
500 kroner	120

	UNC
1,000 kroner	225

1994-1996 ISSUE

	UNC
50 kroner	15.00
100 kroner	30.00
200 kroner	45.00

1999-2002 ISSUE

	UNC
100 kroner	27.50
200 kroner	45.00

	UNC
500 kroner	125
1,000 kroner	275

RUSSIA

1923 ISSUE

	VG
10,000 roubles	15.00
15,000 roubles	20.00
25,000 roubles	25.00

1924 ISSUE

	VG
Gold rouble	10.00
3 gold roubles	100
5 gold roubles	100

1925 ISSUE

	VG
3 roubles	2.50
5 roubles	5.00

1928 ISSUE

	VG
Gold rouble	3.50

1934 ISSUE

	VG
Gold rouble	1.50
3 gold roubles	1.00
5 gold roubles	1.00

1938 ISSUE

	UNC
Rouble	5.00
2 roubles	6.00
5 roubles	6.00

1947 ISSUE

	UNC
Rouble	5.00
3 roubles	5.00
5 roubles	6.00
10 roubles	12.50
25 roubles	20.00
50 roubles	25.00
100 roubles	25.00

1961 ISSUE

	UNC
Rouble	2.00
3 roubles	3.00
5 roubles	5.00
10 roubles	3.00
25 roubles	30.00
50 roubles	15.00
100 roubles	10.00

1991 ISSUE

	UNC
Rouble	2.00
3 roubles	3.00
5 roubles	2.00
10 roubles	2.00

	UNC
50 roubles	12.00
100 roubles	15.00
200 roubles	40.00
500 roubles	55.00
1,000 roubles	60.00

1992 ISSUE

	UNC
50 roubles	3.00
200 roubles	5.00
500 roubles	6.00
1,000 roubles	3.00
5,000 roubles	3.00
1,000 roubles	50.00
10,000 roubles	4.00

1993 ISSUE

	UNC
100 roubles	2.00
200 roubles	3.00
500 roubles	2.00
1,000 roubles	8.00
5,000 roubles	25.00
10,000 roubles	25.00
50,000 roubles	120

1995 ISSUE

	UNC
1,000 roubles	6.00
5,000 roubles	15.00
10,000 roubles	20.00
50,000 roubles	50.00
100,000 roubles	60.00
500,000 roubles	225

1997 ISSUE

	UNC
5 roubles	2.00
10 roubles	6.00

	UNC
50 roubles	20.00
100 roubles	50.00
500 roubles	80.00
1,000 roubles	65.00

2004 ISSUE

	UNC
10 roubles	1.50
50 roubles	4.00
100 roubles	7.50
500 roubles	35.00
1,000 roubles	70.00
5,000 roubles	175

SOUTH AFRICA

1961 ISSUE

	VF
Rand	11.00
2 rand	6.50
10 rand	17.50
20 rand	50.00

1966 ISSUE

	UNC
Rand	8.00
5 rand	20.00
10 rand	16.50

1973-1984 ISSUE

	UNC
Rand	5.00
2 rand	6.50
5 rand	12.50
10 rand	16.50
20 rand	25.00
50 rand	40.00

1992-1994 ISSUE

	UNC
10 rand	4.50
20 rand	7.50
50 rand	25.00

	UNC
100 rand	30.00
200 rand	60.00

2005 ISSUE

	UNC
10 rand	4.00
20 rand	7.00
50 rand	13.00

	UNC
100 rand	30.00
200 rand	60.00

SPAIN

1945 ISSUE

	VG
Peseta	2.50
5 pesetas	3.50

1946 ISSUE

	VG
20 pesetas	6.00
100 pesetas	8.00
500 pesetas	175
1,000 pesetas	175

1947 ISSUE

	VG
5 pesetas	7.50

1948 ISSUE

	VG
Peseta	1.00
5 peseta	2.50
100 peseta	10.00

1949 ISSUE

	VG
1,000 pesetas	45.00

1951 ISSUE

	VF
Peseta	3.50
5 pesetas	4.50

	VF
50 pesetas	35.00
500 pesetas	65.00
1,000 pesetas	65.00

1953 ISSUE

	VF
Peseta	2.00
100 pesetas	4.00

1954 ISSUE

	VF
5 pesetas	4.50
25 pesetas	7.50
500 pesetas	20.00

1957 ISSUE

	VF
1,000 pesetas	45.00

1965 ISSUE

	VF
100 pesetas	7.00
1,000 pesetas	45.00

1970-1971 ISSUE

	VF
100 pesetas	3.50

500 pesetas	25.00

1974 ISSUE

	VF
1,000 pesetas, centennial of Banco de Espana becoming sole issuing bank	27.50

1976 ISSUE

	VF
5,000 pesetas	100

1982-1987 ISSUE

	VF
500 pesetas	12.50
1,000 pesetas	17.50
2,000 pesetas	32.50
5,000 pesetas	70.00
10,000 pesetas	110

1992 ISSUE

	VF
1,000 pesetas, discovery of America 500th anniversary	
2,000 pesetas	17.50
5,000 pesetas	50.00
10,000 pesetas	100

SWEDEN

1948 ISSUE

	VF
5 kronor, Gustaf V 90th birthday	5.00

1952-1955 ISSUE

	VF
5 kronor	2.00
10 kronor	1.50
1,000 kronor	100

1958, 1959 ISSUE

	VF
50 kronor	12.50
100 kronor	15.00
10,000 kronor	1,750

1962 ISSUE

	VF
5 kronor	2.00

1963-1976 ISSUE

	VF
5 kronor	2.00
10 kronor	2.00

	VF
50 kronor	**10.00**

	VF
100 kronor	**20.00**
1,000 kronor	**200**

1968 ISSUE

	VF
10 kronor, Sveriges Riksbank 300th anniversary	**3.00**

1985-1989 ISSUE

	UNC
100 kronor	**25.00**
500 kronor, gray-blue and red-brown	**150**
500 kronor, red and multicolored underprint	**120**
1,000 kronor	**200**

1991, 1996 ISSUE

	UNC
20 kronor	**10.00**

	UNC
50 kronor	**10.00**

1997 ISSUE

	UNC
20 kronor	**5.00**

2001 ISSUE

	UNC
100 kronor	**20.00**
500 kronor	**100**

2005 ISSUE

	UNC
100 kronor, Tumba Paper Mill 250th anniversary	**60.00**

SWITZERLAND

1954-1961 ISSUE

	VG
10 franken	**1.50**
20 franken	**3.00**

50 franken	20.00
100 franken	15.00
500 franken	140
1,000 franken	175

1976-1979 ISSUE

	UNC
20 franken	25.00
50 franken	55.00

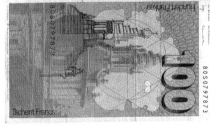

	UNC
10 franken	12.00

100 franken	120
500 franken	550
1,000 franken	1,000

1994-1998 ISSUE

	UNC
10 franken	10.00
20 franken	20.00
50 franken	50.00
100 franken	120
200 franken	210
1,000 franken	1,000

UNITED ARAB EMIRATES

1973, 1976 ISSUE

	VF
Dirham	15.00

	VF
5 dirhams	15.00
10 dirhams	15.00
50 dirhams	60.00
100 dirhams	70.00
1,000 dirhams	900

1982, 1983 ISSUE

	VF
5 dirhams	15.00
10 dirhams	30.00
50 dirhams	110
100 dirhams	130
500 dirhams	425

1986-1996 ISSUE

	UNC
5 dirhams	7.50
10 dirhams	10.00
50 dirhams	65.00
100 dirhams	85.00
200 dirhams	110
500 dirhams	400

1997-2000 ISSUE

	UNC
5 dirhams	5.00

	VF
10 dirhams	8.00
20 dirhams	16.00
50 dirhams	45.00
100 dirhams	70.00
500 dirhams	275
1,000 dirhams	425

2003-2004 ISSUE

	UNC
50 dirhams	30.00
100 dirhams	50.00
500 dirhams	220